THEODOR STERNBERG

Zur Methodenfrage der Rechtswissenschaft und andere juristische Schriften

Schriftenreihe zur
Rechtssoziologie und Rechtstatsachenforschung

Begründet von Prof. Dr. Dr. h. c. Ernst E. Hirsch
Herausgegeben von Prof. Dr. Manfred Rehbinder

Band 67

Th. Sternberg

Zur Methodenfrage der Rechtswissenschaft und andere juristische Schriften

Von

Theodor Sternberg

ausgewählt und eingeleitet von

Manfred Rehbinder

Duncker & Humblot · Berlin

Gedruckt mit Unterstützung der Fritz Thyssen Stiftung, Köln

CIP-Titelaufnahme der Deutschen Bibliothek

Sternberg, Theodor:
Zur Methodenfrage der Rechtswissenschaft und andere juristische Schriften / von Theodor Sternberg. Ausgew. u. eingeleitet von Manfred Rehbinder. — Berlin: Duncker u. Humblot, 1988
(Schriftenreihe zur Rechtssoziologie und Rechtstatsachenforschung; Bd. 67)
ISBN 3-428-06406-2
NE: GT

Satz: Werksatz Marschall, Berlin 45
Druck: W. Hildebrand, Berlin 65
Printed in Germany

ISBN 3-428-06406-2

Inhalt

Einleitung des Herausgebers

Als Theodor Sternberg am 17. April 1950 völlig vergessen und vereinsamt im Seibo-Hospital in Tokyo verstarb, ging ein wechselvolles Gelehrtenleben zu Ende, voller Fehlschläge und Tragik. Als Sohn des Kaufmanns Max Sternberg am 5. Januar 1878 in Berlin geboren, war er jüdischer Herkunft und evangelisch-reformierter Konfession. Nach juristischen Studien in den Jahren 1896-1899 in Heidelberg und Berlin promovierte er 1899 in Berlin zum Dr. iur. bei Josef Kohler mit einer Arbeit über „Die Begnadigung bei den Naturrechtslehrern" (Diss. Berlin 1899, zugleich in ZvglRw. XIII, 1899). In der Folgezeit leistete er Militärdienst in München und arbeitete als Referendar sowie als juristischer Repetitor in Berlin. Daneben beschäftigte er sich mit wissenschaftlichen Arbeiten im Seminar von Franz v. Liszt, wo er mit Kohlrausch, Dohna, Kantorowicz, vor allem aber mit Gustav Radbruch zusammentraf, mit dem er sich lebenslang eng befreundete[1].

1904 erschien in der Sammlung Göschen sein schmales Bändchen „Allgemeine Rechtslehre", das gute Aufnahme fand. So bezeichnete es Eugen Ehrlich als eine „vortreffliche Arbeit", die den dogmatischen Unterbau für eine neue soziologische Rechtswissenschaft abgeben könne[2]. Im literarischen Nachlaß von Sternberg, der in mehreren Kisten in der Bibliothek der Chuo-Universität (Tokyo) lagert, befindet sich auch ein Schreiben von Ehrlich (Bern, im Mai 1906), in dem er Sternberg fragt: „Sind Sie vielleicht Gnaeus Flavius? Oder wissen Sie, wer es ist? Er schickte mir neulich einen Aufsatz[3], der sich mit methodologischen Fragen beschäftigt u. zu ihnen in unserem Sinne Stellung nimmt". Eine zweite, erweiterte Auflage der Allgemeinen Rechtslehre erschien als „Einführung in die Rechtswissenschaft" in zwei Taschenbuch-Bänden im Jahre 1912 und erlangte, auch in mehreren Nachdrucken aus den 20er Jahren, eine große Verbreitung. Eine dritte, vermehrte Auflage erschien dann wieder unter dem Titel „Allgemeine Rechtslehre. Das Rechtssystem" im Jahre 1919 in Tokyo. Sternberg gelangte

[1] Gustav Radbruch: Der innere Weg, 1951, S. 96; ders.: Briefe, hg. von Erik Wolf, 1968, S. 30, 99.

[2] Eugen Ehrlich: Soziologie und Jurisprudenz, öRiZ III 1, 1906, Sp. 57-72, 70 = ders.: Gesetz und lebendes Recht, 1986, S. 101. Siehe auch die Besprechung unter dem Namen Radbruch in DJZ 1904, S. 1648, die von H. Kantorowicz stammte, vgl. Radbruch: Briefe (N 1), S. 260.

[3] Es handelte sich hier um Gnaeus Flavius (Pseudonym für Hermann U. Kantorowicz): Der Kampf um die Rechtswissenschaft, 1906.

zu den Freirechtlern der ersten Stunde, von denen er sich später, weil ihm zu konservativ, distanzierte, durch seine Studien über Julius von Kirchmann, dem er als Vorläufer der Bewegung eine umfangreiche Monographie widmete (H. J. v. Kirchmann und seine Kritik der Rechtswissenschaft. Zugleich ein Beitrag zur Geschichte des Realpolitischen Realismus, 1908).

Im Jahre 1905 wurde Sternberg zum Privatdozenten der Universität Lausanne ernannt, jedoch unter dem Vorbehalt, daß er eine Habilitationsschrift über Zivilprozeßrecht bald nachreichen werde. Seine Antrittsvorlesung vom 17.5.1906 wurde unter dem Titel: Aktionswissenschaft und Prozeßwissenschaft. Ein Beitrag zur Methodik des modernen Zivilprozesses (Lausanne/Leipzig 1908) veröffentlicht. Er hielt in Lausanne Vorlesungen über Strafrecht, Strafprozeß, Zivilprozeß, Rechtsphilosophie sowie Juristisches Denken und juristische Stilistik. 1908 wurde er zugleich zum ao. Prof. der dortigen Handelsakademie ernannt, wo er hauptsächlich Urheberrecht las. Zur Fertigstellung des Buches über Zivilprozeßrecht ist es aber nicht mehr gekommen, da Sternberg in Lausanne das unschuldige Opfer hochschulpolitischer Auseinandersetzungen wurde, die ihn zur Aufgabe seiner Dozentur zwangen. Wie sich aus den umfangreichen Akten des Staatsarchivs des Kantons Waadt ergibt[4], lag dem folgender Sachverhalt zugrunde.

Lausanne, wo im Jahre 1536 von den Berner Eroberern die älteste protestantische Hochschule begründet wurde, hatte im Jahre 1889 seine Akademie zu einer Universität erhoben. Diese Hochschule war nur dann lebensfähig, wenn sie zu einem wesentlichen Teile ausländische Studierende anzuziehen verstand. Das gelang — zum ökonomischen Vorteile des kleinen Städtchens — so hervorragend, daß von der Universität als einem „hotelartigen Gelderwerbsinstitut"[5] gesprochen wurde. Die Besoldungsverhältnisse der Professoren waren so geregelt, daß sie zu einem ganz erheblichen Teil auf Hörergelder angewiesen waren. Zu den Attraktionen des Lehrkörpers gehörten der Rechtswissenschaftler Ernst Roguin und der Nationalökonom und Soziologe Vilfredo Pareto. Für einen Anteil deutscher Hörer sorgte auch ein Lehrstuhl für Deutsches Recht, der von 1889 bis 1902 von Heinrich Erman besetzt war[6]. Erman wählte als Dekan bei seinem Weggang nach Münster aus den zahlreichen Bewerbern den Jenaer Rechtsanwalt Dr. Ludwig Kuhlenbeck aus, der zur Schriftleitung der Juristischen Wochenschrift gehörte. Kuhlenbeck, Jhering-Schüler, Kommentator im Staudinger und Giordano Bruno-Forscher, gesellte sich nach seiner 1904

[4] Sie bestehen aus einer Fülle von Zeitungsausschnitten sowie den beiden Broschüren: Heinrich Erman: Das Lausanner Deutschtum und der Streit Kuhlenbeck und Herzen, Münster 1908, sowie Ludwig Kuhlenbeck: Lausanne. Ein Wort zur Berichtigung und Abwehr, München 1908.

[5] Vgl. Erman ebd. S. XIII.

[6] Dieser war nach seiner Promotion in Berlin im Jahre 1883 sofort zum ao. und 1885 zum o. Prof. an der Akademie ernannt worden.

erfolgten Berufung zum (antisemitischen) Alldeutschen Verband (sog. Pangermanisten) und verkündete in Schriften wie „Rasse und Volkstum" (1905) oder „Die natürlichen Grundlagen des Rechts und der Politik" (o. J.) ein „Arierevangelium" (Erman).

Da das früher von Erman gelesene römische Recht nach dessen Weggang von seinem Schwager übernommen worden war, dem italienischsprachigen Schweizer Professor Nicolas Herzen, der es in deutscher Sprache las, versuchte Kuhlenbeck, die deutschen Studenten dieses sehr populären Dozenten, den er irrtümlich für einen Juden hielt, zu sich und vor allem zu dem ebenfalls die deutschen Fächer vertretenden ao. Prof. Max van Vleuten herüberzuziehen, indem er durch Anschläge und in Vorlesungen erklärte, daß nur die Kurse deutscher Professoren in Deutschland als ordnungsgemäßes Studium anerkannt würden. Die Frage der Anrechnungsfähigkeit war von entscheidender Bedeutung für die Hörergeldeinnahmen. Daher entbrannte in der Fakultät recht bald ein heftiger Streit über das, was man damals offiziell „Kollegabtreibung" nannte.

Sternberg, der davon an sich nicht betroffen war, schrieb an das preußische Kultusmisterium nach Berlin und erhielt die Auskunft, daß die Frage der Anrechnungsfähigkeit von Fall zu Fall entschieden werde. Er teilte dies den Studenten mit, die ganz mehrheitlich auf seiten von Herzen standen, und stellte sich später auch als Zeuge zur Verfügung, daß Kuhlenbeck im Hörsaal „Kollegabtreibung" zugunsten von van Vleuten betrieben habe. Kuhlenbeck und van Vleuten, die sich studentischen Unmutsäußerungen gegenübersahen, versuchten daraufhin, durch Abgeordnete des Reichtstags und des preußischen Landtags politischen Druck auf die Universität mit der Drohung auszuüben, man werde allen juristischen Lehrveranstaltungen in Lausanne die Anrechnungsfähigkeit aberkennen, falls die anrechnungsfähigen Vorlesungen im deutschen Recht nicht den deutschen sog. Vertragsdozenten vorbehalten würden. Es entspann sich darüber eine lebhafte Kontroverse in der deutschen Presse, besonders zwischen der dem Alldeutschen Verband nahestehenden Täglichen Rundschau und dem Berliner Tageblatt, wobei die Sympathie eine Rolle spielte, die Herzen, ein Enkel des russischen Revolutionärs und Publizisten Alexander Iwanowitsch Herzen, der russischen Revolution entgegenbrachte[7], was als politische Gefährdung deutscher Studenten im Auslande angeprangert wurde. Nachdem auch in der Schweizer Presse die Wogen hochschlugen und Kuhlenbeck wie van Vleuten sich weigerten, sich von der Berliner Kampagne zu distanzieren, wurden sie am 17. Juli 1908 von der Waadtländer Regierung aus ihrer Dozentenstellung entlassen. Darüber hinaus wurde es aber bis zur „totalen Reorganisation des deutschen Unterrichts" allen Dozenten untersagt, deutsche Vorlesungen

[7] Er kümmerte sich um russische Flüchtlinge in Lausanne und hielt akademische Vorträge über die russische Revolution im zustimmenden Sinne.

anzukündigen. Das betraf neben Herzen besonders Sternberg, der sich in dieser Situation eigentlich Hoffnung auf eine Nachfolge von Kuhlenbeck hätte machen können. Da dieser Zustand bis zum WS 1909/10 andauerte, sah sich Sternberg nach vergeblichen Eingaben an die Regierung genötigt, auf Ende dieses WS seine Demission einzureichen[8].

Nach diesem mißglückten Einstieg in die akademische Laufbahn kehrte Sternberg wieder nach Berlin zurück, wo er von 1910 bis 1912 Vorlesungen über Strafrecht und Kriminalpolitik an der Humboldt-Akademie hielt. 1911 erschien seine Broschüre über „Die Selektionsidee in Strafrecht und Ethik", ferner die Abhandlung „Der Geist des chinesischen Vermögensrechts" (ZvglRw. 26, 1911, 143-153), 1912 die Broschüre „Das Verbrechen in Kultur und Seelenleben der Menschheit". Von 1911 bis 1913 arbeitete er für die Internationale Vereinigung für vergleichende Rechtswissenschaft und Volkswirtschaftlehre (siehe seinen umfangreichen Gesetzgebungs- und Literaturbericht „Deutschland" im Jahrbuch dieser Vereinigung, 1912) und erstellte Register sowie Glossar zur großangelegten Publikation: Die Handelsgesetze des Erdballs (1914), ferner wirkte er im Vorstand der Internationalen Gesellschaft für Hochschulpädagogik.

Trotz dieser Aktivitäten und Publikationen gelang es ihm nicht, an eine Hochschule berufen zu werden, insbesondere zerschlugen sich konkrete Versuche in Berlin, Münster und Königsberg. Die Gründe dafür sind nicht klar auszumachen, und Sternberg hat später in seinen Erklärungen gewechselt. Zum einen war es generell für einen Wissenschaftler jüdischer Abstammung schwerer als für andere, Eingang in die Hochschule zu finden. Zum anderen war Sternberg zusammen mit Franz v. Liszt, Hugo Preuss und seinem Freunde Ernst Feder, dem bekannten Journalisten des Berliner Tageblatts, in der kleinen Liberal-Demokratischen Partei tätig, die zwar den Sozialismus ablehnte, aber politisch als zu weit links eingestuft wurde. Ferner vermutete Sternberg nach seinem Debakel in Lausanne, daß im preußischen Kultusministerium Pangermanisten seine Berufung verhinderten. Nicht auszuschließen ist auch, daß man seine Publikationen für Berufungen auf bestimmte Lehrstühle nicht als ausreichend ansah und daß andere persönliche Gründe eine Rolle spielten. Gegen Ende seines Lebens wies Sternberg in einem ausführlichen Brief an seinen Arzt darauf hin, er sei mit einer hysterischen Frau verheiratet gewesen, und dies habe ihn zum Alkoholiker gemacht. Erst ab seinem 40. Lebensjahr habe er sich vom Alkoholismus befreien können.

Seine private Lehrtätigkeit in Berlin war es am Ende, die ihm die wissenschaftliche Laufbahn eröffnete. Mit Hilfe der „Freien Studentenschaft" begründete er eine „Freie Universität", die von linksliberalen und sozialisti-

---

[8] Die Krise der Fakultät wurde erst später durch die Berufung von Max Pagenstecher beigelegt.

schen Dozenten getragen war. An seinen dortigen Vorlesungen[9], die teilweise von der Polizei behindert wurden, nahmen Anfang 1913 u. a. drei junge japanische Professoren von der kaiserlichen Universität Tokyo teil, nämlich Hideo Hatoyama, Kuranosuke Matsuzaki und Baron Shigetoo Hozumi[10]. Mit ihnen hat er u. a. über den aufklärerischen philosophischen Publizisten Hiroyuki Kato (1836-1916) diskutiert. Wie Sternbergs Schüler Kotaro Tanaka, später Professor des Handelsrechts (Universität Tokyo), Kultusminister (1947-48), Präsident des japanischen Obersten Gerichts (1950-1960) und Mitglied des Internationalen Gerichtshofs im Haag, in seinen Memoiren berichtet, war es Shigetoo Hozumi, der ihn seiner Universität für eine Berufung empfohlen hat[11]. Als dann in der Tat an Sternberg der Ruf erging, an der kaiserlichen Universität in Tokyo einen Lehrstuhl für Deutsches Recht zu übernehmen, ließ er seine Frau und seinen Sohn in der Obhut seiner verwitweten Mutter in Berlin zurück und fuhr nach Japan.

Hier begannen, wie Tanaka schreibt, die besten Jahre seines Lebens, die allerdings nur bis zum Jahre 1919 dauern sollten. Er erhielt mit seiner Einstellung am 16. Sept. 1913 ein verhältnismäßig hohes Gehalt, was ihm zum ersten Mal in seinem Leben ermöglichte, ganz im akademischen Leben aufzugehen. Er liebte es, mit Professoren aller Fakultäten bei ausgedehnten Abendessen zu diskutieren. Er mietete ein Haus und nahm auf Anraten eines japanischen Kollegen den jungen Kotaro Tanaka bei sich auf, der ihm das Einleben in die besonderen japanischen Verhältnisse erleichtern sollte. Dieser hat dann zwei Jahre lang bei ihm gewohnt. Tanaka hat ihn bereits aus dieser Zeit als „komisch wie ein Akademiker"[12] in Erinnerung. Insbesondere erwähnt Tanaka zwei Eigenschaften, die Sternberg bis zu seinem Tode kennzeichnen sollten: Er legte auf Kleidung keinen Wert, und er war übersensibel.

Für die Überempfindlichkeit wird allerdings von Tanaka ein Beispiel angeführt, das auf einen Europäer nicht sehr überzeugend wirkt, nämlich sein Kampf gegen die Lärmbelästigung durch Hunde. Japaner sind nämlich geradezu heroisch im klaglosen Hinnehmen von Verkehrslärm, terrorähnli-

---

[9] Zu seinen Hörern gehörte damals Martin Domke, der ihm zeitlebens, auch noch während seiner Tätigkeit als Anwalt und Professor in New York, freundschaftlich verbunden blieb.

[10] Hozumi, der bereits Sternbergs Allgemeine Rechtslehre gelesen hatte und diese schätzte, war zu Sternberg durch Gustav Radbruch geschickt worden, so Shigetoo Hozumi: Jurisprudenz im Urlaub (japanisch), Tokyo 1940, Bd. 2, S. 391.

[11] Kotaro Tanaka: Mein Lebensweg (japanisch), Tokyo 1950, S. 8-12 („Erinnerungen an Theodor Sternberg").

[12] Dieser Ausdruck erinnert an den Eindruck, den die deutschen Emigranten-Professoren während der Nazizeit auf die türkische Gesellschaft machten: „Tous les professeurs allemands sont un peu drôle" (Ernst E. Hirsch: Aus des Kaisers Zeiten durch die Weimarer Republik in das Land Atatürks, München 1982, S. 196).

cher Lautsprecherreklame auf der Straße[13], Fernsehen im Haus rund um die Uhr u. ä., geradezu als hätten sie keine Nerven. Sternberg wohnte damals in einer Villengegend und konnte nachts nicht schlafen, weil überall Hunde kläfften. Das kann man auch heute noch erleben. Um 2 Uhr nachts mußte Tanaka dem Meister folgen, der mit einer Tasche voller Steine, einer Bambusstange und einem Eimer Wasser bewaffnet die Hunde der Nachbarschaft zum Schweigen bringen wollte. Seiner Nachbarin stattete er einen Besuch ab und ließ der vornehmen Dame erklären, sie möge ihren Hund besser erziehen. In Deutschland gäbe es spezielle Hundeschulen. Bis dahin müsse er von ihr verlangen, daß sie den Hund nachts nicht draußen vor der Tür lasse, sondern ihn ins Haus nehme. Die Dame lehnte entsetzt ab. Sternberg ahnte wohl nicht, welche Zumutung die Forderung war, ein Tier, das in die Hundehütte gehört, in ein reinliches japanisches Haus zu lassen!

Sternberg war aber zweifellos empfindlich, denn er litt an nervösen Magenbeschwerden. Ein anderer Charakterzug, der ihn in Japan scheitern ließ, geht nur indirekt aus den Schilderungen seiner japanischen Umwelt hervor, nämlich seine intellektuelle Arroganz. Er wollte nicht einsehen, daß er in Japan als Universitätslehrer völlig versagte, weil er über die Köpfe hinwegredete. Anstatt wie die japanischen Dozenten rechtsdogmatisch das Gesetz zu erklären, verbreitete er sich über die philosophischen, geschichtlichen und soziologischen Hintergründe des Rechts im allgemeinen, und das nicht nur in seinem Seminar über die Geschichte der Rechtswissenschaft, sondern auch in seinen dogmatischen Vorlesungen über Bürgerliches Recht sowie Wechsel- und Scheckrecht. Auf die Vorhaltungen des Dekans, dies sei für die Studenten zu hoch, erwiderte er ständig, er habe als Akademiker die Pflicht, nicht das Gesetz zu erklären, sondern das Recht. Seine erste japanische Veröffentlichung war die hier wiedergegebene Abhandlung „Die Entwicklungslinie der Rechtsphilosophie und das Problem ihrer Geschichtsschreibung" aus dem Jahre 1915. Man muß sich — bei allem Respekt vor seiner Leistung — einmal vorstellen, wie solche Ausführungen auf japanische Hörer und Leser gewirkt haben müssen, die noch mit der Sprache zu kämpfen hatten. Trotz höflich verpackter Proteste von allen Seiten hielt Sternberg an seinen Lehrinhalten fest, was ihm — der im Umgang sehr bescheiden war — als Arroganz ausgelegt wurde und Studenten wie Kollegen gegen ihn aufbrachte. Nur wenige Schüler hielten treu zu ihm wie der Rechtssoziologe Takeyoshi Kawashima oder Kotaro Tanaka, der in seinen Memoiren dazu ausführt: Wir haben ihn nicht verstanden, aber wir fühlten, daß dies ein echt akademisches Vorgehen sei. Nach Verlassen der Universität haben wir später erneut seine Werke gelesen, und da fanden wir, mit welch reichen Gaben uns Sternberg beschenkt hatte.

---

[13] Für den Verkauf von Süßkartoffeln, den Ankauf alter Zeitungen, politische Propaganda aller Art.

Aber nicht nur Sternberg hatte keinen Lehrerfolg. Den beiden anderen Ausländern in der Fakultät, den Lehrstuhlinhabern für englisches und französisches Recht, ging es nicht anders. Die Fakultät fand, die Einstellung von Ausländern habe sich nicht bewährt. Für deren hohes Gehalt könne man jeweils zwei japanische Professoren einstellen, und die würden den Unterrichtsbedürfnissen mit Sicherheit besser entsprechen. Es kam daher im Jahre 1918 zu dem Beschluß, alle ausländischen Professoren zu entlassen. Das Anstellungsverhältnis mit Sternberg wurde zum 31. August 1919 beendet. Dadurch kam dieser in eine bedrängte wirtschaftliche Lage. Er war zunächst ohne jede Anstellung und fand auch später keine dauernde Stellung mehr. Seine Tätigkeit als freier politischer Korrespondent für das Berliner Tageblatt brachte kaum etwas ein, desgleichen gelegentliche Rechtsberatung. Einfachen Sprachunterricht zu geben, sollte er sich bis zu seinem Ende in bitterster Armut weigern. Das sei unter seinem Niveau. Lieber verkaufte er 1920 schweren Herzens der Meiji-Universität seine wertvolle Bibliothek von Erstausgaben deutscher philosophischer Klassiker, die er von seinem Großvater (erst Landwirt, später philosophischer Schriftsteller) geerbt hatte und die im großen Erdbeben vom 1.9.1923 dort verbrannte. Der Plan einer Zusammenfassung seiner Vorlesungen über deutsches Recht zu einem „Handbuch des Privatrechts in soziologischer und synthetischer Methode", von dem schon viele Teilstücke in japanischen Fachzeitschriften und als Privatdrucke für den Unterrichtsgebrauch erschienen waren, wurde nach der Vernichtung seiner Manuskripte durch das Erdbeben aufgegeben.

Ab 1920 erhielt er wieder einzelne Lehraufträge von den verschiedensten Universitäten, ab 1929 und dann 21 Jahre lang von der Keio-Universität (Deutsches Recht, Römisches Recht, Soziologie und Wirtschaftsphilosophie), die ihm zum Ende seines Lebens, am 20. Februar 1950, die Stellung eines Professor emeritus verlieh. Später unterrichtete er auch in einem Gemisch von deutsch, japanisch und englisch an der Meiji- und der Chuo-Universität (Rechtsphilosophie und Soziologie), auch an der Nippon-Universität (Allgemeine Psychologie) und der Hosei-Universität (Literatur). Von 1921 bis 1925 beschäftigte ihn ferner das Justizministerium mit Fragen der Prozeßrechtsreform. Doch alles brachte ihm — wie ihm die deutsche Botschaft bestätigen mußte — nicht soviel ein, daß er für seine Frau und seinen Sohn in Deutschland aufkommen konnte. Diese fielen daher der Fürsorgebehörde in Berlin zur Last. Er selbst lebte in einem kleinen Haus in Tsujido in der Umgebung von Tokyo und verbrachte die heißen Sommermonate im Kurort Karuizawa.

Seine wissenschaftlichen Interessen neigten sich immer mehr der Philosophie und der Sexualpsychologie zu, wobei er frühere Veröffentlichungen über „Charakterologie als Wissenschaft" (Lausanne 1907) und „Das Gefühls- und geistige Leben des Mannes", in Weiß/Koßmann: Mann und Weib, Bd. I,

1908, 2. Aufl. 1927, fortführte. In der Chuo-Universität befindet sich eine ganze Kiste unveröffentlichter, handschriftlicher Manuskripte aus dem Gebiete der Sexualwissenschaft. Nach übereinstimmenden Berichten liebte er es, auf der Prachtstraße Tokyos, der Ginza, spazierenzugehen und schönen Frauen nachzulaufen. Auch scheint er, wie schon in Deutschland, wechselnde Liebschaften unterhalten zu haben, die oft von schwärmerischer Verehrung geprägt waren. Während der Nazi-Herrschaft ließ er sich von seiner Frau formell scheiden, um sie als Arierin in Deutschland nicht zu gefährden. Seinen Sohn Robert, der — ähnlich lebensuntüchtig wie er selbst — als promovierter Jurist lange stellungslos war, holte er im Februar 1937 nach Japan, doch gelang es ihm nicht, dort eine Anstellung für ihn zu finden. Wie der Briefwechsel mit seiner Frau ergibt, kam es bald zu Auseinandersetzungen, weil er ihm als Mittellosen die Heirat mit einer Japanerin verbot. Dann plötzlich starb ihm der Sohn, an dem er sehr hing, am 2. April 1938 an Magengeschwüren.

Dies beschleunigte eine Entwicklung, die sich schon seit Jahren angedeutet hatte. Lehre und Schriften verwirrten sich. Kleidung und Äußeres kamen immer mehr herunter. Auf der Straße liefen ihm die Kinder nach. Er lebte als Einsiedler in bitterster Armut, da er zu stolz war, um von seinen Schülern Geldgeschenke anzunehmen. So fehlte ihm die ganzen Jahre das Geld für Heizungsmaterial. Nur einige alte Schüler (fünf oder sechs Personen, darunter der später berühmte Rechtssoziologe Takeyoshi Kawashima[14]) hörten bei ihm Privatvorlesungen, diskutierten mit ihm und gaben ihm ein kleines Honorar. Auch das hörte dann mit Kriegsbeginn auf. Von der Nachbarschaft, die ihren großen, wenn auch merkwürdigen „sensei" (Gelehrten) mit Respekt und Verehrung behandelte, erhielt er häufig Lebensmittel als Geschenk.

Noch während des Bombardements von Tokyo fuhr Sternberg in die Stadt zu seinen Universitätsvorlesungen. Am Ende des 2. Weltkrieges war er jedoch zu schwach, um in den überfüllten Zügen die Reise nach Tokyo unternehmen zu können. Sein Schüler Kotaro Tanaka besorgte ihm 1947 ein kleines Staatsstipendium. Auch erhielt er über seinen Schüler Prof. Minoru Tanaka den Auftrag, ein Lehrbuch über deutsches Recht für den Fernunterricht der Keio-Universität zu schreiben. Doch ein Versuch, das Manuskript ins Japanische zu übersetzen, mußte abgebrochen werden, da der Text für Studenten nicht geeignet war. Am 3. April 1950 brachte ihn Kotaro Tanaka gewaltsam aus seinem Hause in Tsujido ins Krankenhaus nach Tokyo, wo er wenig später verstarb. Einen Monat davor, am 13. März 1950, war er noch auf Betreiben Tanakas in Anerkennung seines 37jährigen Wirkens in Japan zum Ehrenmitglied der Japanischen Akademie der Wissenschaften ernannt worden.

---

[14] Takeyoshi Kawashima: Die Lebensspur eines Rechtslehrers (japanisch), Tokyo 1978, S. 98 ff.

Seine treue Schülerin und Sekretärin, Frau Anni Crowell geb. Vogel, die heute in den USA lebt und der ich — außer dem Foto, das im Frontispiz wiedergegeben ist — zahlreiche Hinweise und Briefabschriften verdanke, konnte nach seinem Tode einige Bücher, Manuskripte sowie Korrespondenz aus seinem Hause sicherstellen, nachdem der Hauptteil der Manuskripte und der Bibliothek von der Chuo-Universität abgeholt worden war. Der Rest wurde von der Wirtschafterin bei der Wohnungsauflösung verbrannt.

Alle Angaben über das Leben und Wirken Sternbergs in Japan sowie die Gründe seiner Berufung nach Tokyo verdanke ich Herrn Prof. Takao Yamada (Staatliche Universität Yokohama), der mir auch bei der Durchsicht des umfangreichen Nachlasses in der Chuo-Universität und dem Auffinden zeitgeschichtlicher Zusammenhänge unschätzbare Hilfe geleistet hat[15]. Die Druckfassungen vieler Aufsätze konnte ich anhand der Originalmanuskripte, die sich im Nachlaß fanden, an manchen Stellen verbessern. Besonderer Dank gebührt der Fritz Thyssen-Stifung, die den Japan-Aufenthalt und die Drucklegung finanziell ermöglichte.

Tokyo, im Oktober 1987 Manfred Rehbinder

[15] Ferner hat mich dessen Doktorand, Herr Minoru Matsukawa, tatkräftig unterstützt.

I. Schriften zur Rechtsmethodologie

Die Rechtsfindung*

I. Prinzip der subjektiven Rechtsbeurteilung: Das Rechtsgefühl

So mancher verwirft die Rechtswissenschaft oder zweifelt an ihrem Wert, weil er sie für den Inbegriff und das Erlernen veralteter und leblos starrer Vorschriften hält: er möchte lieber dem eigenen Rechtsgefühl die Schlichtungsnorm für auftretende Streitfälle entnehmen, nach dem Grundsatz „Tue recht und scheue niemand". Das ist ein edles Wollen und unentbehrlich als die letzte und höchste treibende Kraft der Rechtsfindung. Das Rechtsgefühl vermag es über uns, daß wir uns in die Seele des in seinem Recht Gekränkten hineinversetzen; und auf Grund der „Einfühlung", des „Nachsichselbstbeurteilens", des „Prinzips der subjektiven Beurteilung", drängt sich machtvoll unserem Bewußtsein die Art und das Maß der Genugtuung auf, die dem Rechtsbrecher auferlegt werden muß.

Doch man prüfe die Erscheinung des Rechtsgefühls näher an einigen Fällen. „Diesen Rohling sollte man nach meinem Rechtsgefühl prügeln." „Nach meinem Rechtsgefühl genügt hier Todesstrafe nicht, man müßte für solchen Schlimmeres erdenken." „Für einen, der borgen muß, ist es schwer genug, das Darlehn zurückzuzahlen; ihm Zinsen abzuverlangen ist für mein Rechtsgefühl unter allen Umständen Unrecht; ist es einmal üblich, so mögen 5% zugelassen werden, darüber hinaus ist's sträflicher Wucher." „Nach meinem Rechtsgefühl erscheint es unbegreiflich, wie es dem Handlungsgehilfen verboten sein soll, für sich Geschäfte zu machen."

Es erhellt an diesen alltäglichen Beispielen das Eigentümliche des Rechtsgefühls: daß es nicht nur machtvoll sich äußert, sondern heftig, „emotional". Erregt in Leidenschaft, verfällt es der Übertreibung. Es ist „subjektiv" auch in einem Sinne, der es für das Recht als unzulänglich erscheinen läßt. Es ist einseitig. Das Wesen des Rechts aber ist Rücksicht auf beide Seiten.

Äußerungen, wie sie den Rechtsgefühlswallungen der hier verwendeten Beispiele entspringen, vermag doch niemand für die Gegenwart aufrecht zu erhalten, der nicht die moderne Humanität, Kultur- und Wirtschaftsentwicklung preiszugeben entschlossen ist. Wir verabscheuen es, gegen den Ver-

* Einführung in die Rechtswissenschaft Bd. 1 (Methoden- und Quellenlehre), verbesserter Neudruck der 2. Aufl., Berlin/Leipzig 1927, S. 112-167.

brecher, wer er auch sei, mit einer Gerechtigkeit zu wüten, die von grausamer Lust nicht frei ist. Es gibt nicht nur bedrängte Schuldner und hartherzige Gläubiger, sondern auch bedürftige, schnöde um ihr Letztes geprellte Gläubiger, leichtsinnige, betrügerische und auch gewalttätige Schuldner, die ihre wirtschaftliche, politische oder soziale Macht benutzen, um sich ihren Verpflichtungen zu entziehen. Ein Gläubiger gefährdet stets zugunsten des Schuldners das Seine. Will man die Wohltat des Kredits ermöglichen, so muß man die Gefahr vergüten. Das rechtfertigt den Zins, der die Gefälligkeit, vielleicht Opferwilligkeit des Leihenden und die Dankbarkeit des Unterstützten in ein Rechtsverhältnis bringt. Der Kaufmann, der um seinen Absatz kämpfen muß, braucht die volle Arbeitskraft des Gehilfen; noch schwerer kann er dulden, daß dieser in seinem eigenen Geschäftszweig auf eigene Rechnung arbeite, die durch seine Dienststellung erlangte Verbindung mit dem Kundenkreis ausnutzend. Während wiederum dem nicht glänzend gestellten Gehilfen einige Groschen Nebenverdienst zu gönnen sind. Es gibt auch einseitige Rechtsgefühle zugunsten des Verbrechers, z. B. Tolstois u. a., die bei jedem Verbrechen den überwältigenden Schuldanteil auf seiten der Gesellschaft sehen und außerdem das Strafverfahren viel roher und niederträchtiger finden als irgendeine Missetat. Einseitige Rechtsgefühle zugunsten des zinsheischenden Gläubigers und des strengen Prinzipals. Vor allem deren eigenes Rechtsgefühl. Dann aber auch derer, die sie ihrem Interesse vertraut zu machen wissen. Die Wallung des Rechtsgefühls schlägt subjektiv zugunsten desjenigen aus, der, über Rechtskränkung klagend, es momentan in Anspruch nimmt.

Wie die Beispiele erweisen, äußert das ursprüngliche Rechtsgefühl sich einseitig entweder als Mitgefühl oder als Gegengefühl. Unrichtig ist die verbreitete Ansicht, daß nur in Gegengefühlen, insbesondere in der Rache, der Ursprung des Rechtsgefühls zu finden sei. Zur wirklichen Gerechtigkeit aber gehört die unbedingte Vereinigung von Mitgefühl und Gegengefühl in jedem einzelnen Fall, wie er auch beschaffen sei. Setzt das Rechtsgefühl als ein Komplex von Gegengefühlen, als Rache-, Anklage- und Verurteilungsgefühl ein, so muß alsbald mit gleicher Macht der Komplex der Mitgefühle auftreten, der Verstehens- und Bedauerns-, der Hilfsdrang- und Verteidigungsgefühle. Wenn aber das Mitgefühl mit einem der Teile das erste war, so muß unmittelbar auch die Bereitschaft zum Mitfühlen der Lage des andern Teils sich regen. Diese *Heterogonie des Rechtsgefühls* ist bei einem gebildeten Rechtsgefühl tatsächlich vorhanden, und sie ist es wesentlich, durch die der berufsmäßige Pfleger des Rechts von dem Nichtjuristen sich zu unterscheiden hat.

Vielfach wird daher der Jurist vom Nichtjuristen verkannt vermöge des Mangels an Verständnis für eine Höhe und Zusammengesetztheit der (besonderen) Seelentätigkeit, hinter der die Masse der Nichtjuristen weit zurückbleibt. Freilich ist die Eindeutigkeit und die elementare Kraft des Rechtsgefühls, auf die das ursprüngliche, populäre Rechtsbewußtsein sich beruft, im gebildeten Rechtsbewußtsein verloren bzw. gefährdet. „Das Rechtsgefühl nimmt Partei" — „für" oder „gegen"; so hört man's jeden Tag; so liest man in den Zeitungen. Das populäre Rechtsgefühl setzt selber sein Wesen in die Parteinahme. Und in Wahrheit besteht im Ausschluß der Parteinahme das Wesen der richtenden Gerechtigkeit. Die Parteinahme zu vermeiden ist das Ziel der Bildung des Rechtsbewußtseins, nach dem jeder wahre Jurist sein ganzes Leben lang ringend strebt. Es ist dem Rechtsgefühl der Menschheit unendlich schwer geworden, sich zu der Erkenntnis durchzuringen, daß, wenn auf seiten einer Person ein Rechtsanspruch, eine Rechtslage besteht, nicht auf der anderen Seite eine Rechtlosigkeit oder doch eine Unrechtslage vorliegen muß, sondern daß in allen Fällen jede Partei, wie schwer auch belastet und selbst verurteilt, Rechts genießt, Rechtsschutzes teilhaftig ist. Die Menschheit hat noch heute übergenug an dieser Entwicklung zu tun. Noch ist lange nicht das Rechtsgefühl, das — heterogen — über der Parteinahme steht, das angeborene menschliche Rechtsgefühl; so daß immer noch das ursprüngliche, ungebildete, eindeutig-leidenschaftliche und parteinehmende Rechtsgefühl sich als das Rechtsgefühl schlechthin bezeichnen darf, oder als „natürliches Rechtsgefühl". Zwischen ihm und dem besonderen, gebildeten Rechtsgefühl liegt aber — wie das Wort *„gebildetes Rechtsgefühl"* sagt — die ganze Welt des Denkens über das Recht, der Rechtswissenschaft, der Rechtsnorm (des Rechtsgesetzes), kurz: der gesamten *objektiven* Faktoren der Rechtschöpfung.

Noch in einem zweiten Sinne aber erscheint das Rechtsgefühl als „subjektiv". Sei von deiner gefühlsmäßig gefundenen Rechtsmeinung noch so tief und ehrlich überzeugt: du wirst finden, daß andere sie nicht teilen. Es genügt aber für die Rechtsordnung nicht, daß du selbst die Gerechtigkeit der Entscheidung fühlst, sie muß allen bewußt sein. In naiver Zeit hatte man bei seinen anerzogenen und sonstigen Rechtsmeinungen (die zugleich religiöse waren) ein so sicheres Bewußtsein des Nichtandersseinkönnens, daß man den Andersempfindenden, wähnend, er müsse vom Bösen besessen sein, um das klare Gute nicht fassen zu können und zu wollen, einfach totschlug und so die Gegensätze aus der Welt schaffte. Heute ist das Rechtsgefühl nur selten noch so gewaltig, daß es für verworfene Meinungen den Tod fordert.

Das Rechtsgefühl bedarf in den beiden Hinsichten, die ihm eine für das Recht untaugliche Subjektivität anheften, der Korrektive, die ihm die erforderliche Objektivität seiner Entscheidungen verleihen. Der Mangel an Abwägung und der Mangel an *Überzeugungskraft* muß behoben, das Recht muß *unparteilich* und *allgemeingültig* sein; das ist seine *Objektivität.*

II. Prinzip der objektiven Rechtsbeurteilung: Die Rechtswissenschaft

1. Allgemeine Voraussetzungen des juristischen Denkens

a) Zur Findung objektiven Rechtsspruchs sind folgende Möglichkeiten denkbar:

(1) Wunderbar erleuchtete Männer (Propheten, Genies);

(2) Göttliche Offenbarung (durch Zeichen von Fall zu Fall — „Rechtsmagie" —, Urkunden, Tradition);

(3) Feststehen des Rechts in zu erforschenden Naturgesetzen, also durch Natur(rechts)wissenschaft;

(4) Menschliche willkürliche Festlegung (in Gewohnheiten, in gesetztem Recht);

(5) (Positive) Rechtswissenschaft.

Davon scheiden die naturrechtlichen aus, weil es kein Naturrecht gibt, also Nr. 3, 2, und zum Teil auch 1, soweit es sich nämlich auch da um Inspiration, Theurgie, Magie handelt.

Unter den Mitteln, die der Menschheit in Wirklichkeit zur Verfügung stehen, fällt der Blick zunächst auf die personale Garantie der Rechtsobjektivität (Nr. 1), auf die individuelle rechtschöpferische Begabung, wie sie in den Idealbildern des Richters Salomo beleuchtet ist und des platonischen Philosophen. Aber gerade Platon erkannte, daß die *Sophokratie,* das Regiment und Richteramt des *Weisen,* in der Welt nicht vorherrschen kann, nicht zwar, weil sein Wissen und Walten der Abwägung, Unparteilichkeit, Allgemeingültigkeit ermangelte, also in Wirklichkeit subjektiv wäre, sondern weil es keine Sicherheit dafür gibt, daß der Weise nicht der Subjektivität, der Blindheit und Parteilichkeit verdächtigt, keine Sicherheit mit anderen Worten, daß der Weise als solcher überhaupt erkannt werde. Deshalb gilt in aller Kulturwelt das Paar der beiden letzten Garantien der Rechtsobjektivität: Die Menschensatzung (4) in Verbindung mit der positiven Rechtswissenschaft (5), die ja die vermeintlichen prophetisch-magischen, gottes- und naturrechtlichen Rechtschöpfungsmethoden notwendig mit umfaßten (*Nomokratie*).

Es sind nur *relative Garantien* im Gegensatz zu den unmöglichen Garantieformen 1, 2 und 3, die *absolute* Geltung beanspruchen. Aber sie haben eine höhere Objektivität als 1 und 2, weil sie im Gegensatz zur subjektiven Rechtsfindung (Gefühlsrechtsprechung) und zu dem in diesem Zusammenhang als subjektiv sich enthüllenden ersten Garantienpaar die *Allgemeingültigkeit* zur Erscheinung bringen und das Problem der Unparteilichkeit und schließlich das der Objektivität des Rechts überhaupt durch Entfaltung der Allgemeingültigkeit zu lösen suchen. Diese bleibt freilich bei der *Gewohnheit* auf der niederen Stufe bloßer *Wiederholung* stehen und steigt erst in der Wissenschaft und dem Wissenschaft voraussetzenden systematischen Gesetz zum *Zusammenhang* auf, innerhalb dessen jede einzelne Rechtsentscheidung nicht nur mehr lediglich aus und in sich selbst, sozusagen durch ihre eigene Schwere sich dauernd behauptet, sondern durch die anderen Rechtsentscheidungen nach dem Satze des Grundes getragen und gefordert, bedingt und gerechtfertigt erscheint. Durch die rationale Evidenz, durch die demonstrable Notwendigkeit der Gründe, des logischen Schließens wird die Sachgemäßheit, Allgemeingültigkeit und Unparteilichkeit des Rechts gewährleistet. An die Stelle der vereinzelten, individuell-konkreten Ansprüche und Rechtslagen, der bloß *„subjektiven Berechtigungen"*, die die subjektive Methode der Rechtsfindung (die Rechtsfindung durch bloßes Rechtsgefühl) nebst ihren pseudo-objektiven Anhängseln des prophetischen und magischen Gottesrechts hervorbringt, ist — und zwar bereits im Gewohnheitsrecht, da bereits hier das Recht als (Rechts-)*Regel* sich gibt — die immer wieder, die in abstracto geltende *Norm* getreten, das „Recht im objektiven Sinne".

Mit den Rechts*normen* zugleich erwachsen (notwendig) die Rechts*begriffe;* Rechtsnormen, Rechtsbegriffe, Rechtswissenschaft sind die (abstrahierten) Bestandteile der (untrennbaren) Gesamterscheinung: *„Objektives Recht"*.

b) Zusammenhänge zu erforschen ist das Wesen der Wissenschaft. Gegenstand der Rechtswissenschaft sind die Zusammenhänge der sozialen Zwecke und der sie setzenden und als ihre Interessen vertretenden Willensmächte. Kraft dieser im objektiven Recht sich betätigenden und auf eine ideale Einheit und Widerspruchslosigkeit hinstrebenden Zusammenhänge hat die Kulturwelt selber ihre Einheit, ist sie befähigt zu durchgängigem Austausch der Gedanken und Güter, zur Verständigung und zum Verkehr. Die Normen, also auch die Rechtsnormen treten als die ethischen Forderungen auf, an denen die einzelnen Zwecke, Willenskundgebungen, Handlungen gemessen werden. Die Wissenschaft bestimmt als *ethisch richtig* den Zweck, den Willen, das Tun, das ins Gesamtgefüge der ethischen Forderungen hineinpaßt.

Die *ethische Richtigkeit* wird vom Bewußtsein der Menschen stark der *logischen Richtigkeit,* die ethischen Zusammenhänge den logischen angeähnelt. Man hört z. B. häufig sagen: Es ist „logisch", daß der Käufer eines Hauses vom Verkäufer mit dem Hause auch die Schlüssel zu dessen Türen übertragen erhält; es ist „logisch", daß jemand, der einem anderen eine Sache vorenthält, bezüglich der Früchte der Sache bei der Rückgabe schärfer angefaßt werde, wenn er die Sache in bösem Glauben, als wenn er sie in gutem Glauben besaß. (Nach römisch-gemeinem Recht muß der redliche

Besitzer die zur Zeit der Klageerhebung noch bei ihm vorhandenen Früchte herausgeben, sowie auch die, die er nachher zieht, und die, die er nach der Klageerhebung hätte ziehen können. Die vor der Klageerhebung verbrauchten behält er. Der unredliche Besitzer ist *von vornherein* für die Früchte haftbar, die er hätte ziehen können. — Nach heutigem BGB etwas komplizierter.) Umgekehrt erscheint es „logisch", daß der Eigentümer dem Besitzer für die ordnungsmäßigen Aufwendungen, die jener auf die Sache gemacht hat, einstehe. Andererseits wird es als „unlogisch" empfunden, daß unser Staat gleichzeitig den Zweikampf bestraft und, in den Offiziersehrengerichten, die ja in Erlassen des Staatsoberhauptes als des obersten Kriegsherrn höchst offiziell anerkannt sind, Institutionen besitzt, durch die Zweikämpfe organisiert werden. Ebenso bezeichnet man es wohl als „unlogisch", wenn jemand gegen einen anderen eine, wenn auch gerechtfertigte Forderung geltend macht, deren Betrag er ihm doch aus einem anderen Rechtsgrunde unmittelbar wieder erstatten müßte, z. B. wenn der Erbe den Schuldner des Erblassers verklagt, dem dieser Befreiung von der Schuld vermacht hatte (sog. Liberationslegat). Oder man findet es „unlogisch", wenn der Käufer angehalten würde, den Preis zu zahlen, während der Verkäufer die Waren nicht liefert usw.

In allen diesen Fällen müßte man statt „es ist unlogisch" setzen: „es ist unethisch", denn es handelt sich durchaus um Zweckzusammenhänge, um ethische Forderungen. Aber dem naiven Bewußtsein ist ersteres bei weitem geläufiger. Erscheint uns doch sogar gemeinhin der Begriff der Richtigkeit ins Ethische erst aus dem Logischen übertragen, eine Tatsache, die durch den bildlichen Ausdruck „sittliche *Wahrheiten*" (für „sittliche Normen", „sittlich Richtiges") besonders erleuchtet wird. Der Unkundige verfällt daher häufig darein, die ethischen Zusammenhänge nicht bloß den logischen anzuähneln, sondern sie vollständig in solche *umzudeuten:* er vollzieht statt der *Assimilation des logischen und ethischen Urteilens* eine *Identifikation* desselben. Das aber ist ein methodischer Fehler von den schwersten Folgen. In Wahrheit ist die Notwendigkeit, mit der Rechtssätze aneinander als Grund und Folge geknüpft sind, doch stets nur eine ethische, nicht eine logische[1].

Sie ist daher historisch wandelbar, nicht, wie die z. B. in der Mathematik ausgeprägte rein logische Notwendigkeit, streng allgemeingültig und ewig. Wer behaupten will, daß aus irgendeinem Rechtssatz irgendein anderer mit unbedingter Notwendigkeit folge und daß es nicht anders sein könne, z. B. daß, wenn ein Recht den Kauf zulasse, es absolut notwendig die Möglichkeit

[1] Sehr scharf drückt dies der römische Jurist Paulus bezüglich eines unserer obigen Beispiele aus. Er bemerkt zu dem Fall vom Erben, der den testamentarisch befreiten Schuldner verklagt: *Dolo* facit, qui petit, quod redditurus est. Aus der Einrede der Arglist (exceptio doli), die in solchen Fällen gegen den Kläger gegeben wurde (durch das prätorische Edikt), ist die *Aufrechnung* (Kompensation) entstanden.

geben müsse, im Prozeßverfahren wegen des Kaufpreises auch den Anspruch auf Lieferung der Ware geltend zu machen[2], der hat den Grundsatz von der Positivität des Rechts verlassen und ist ins Naturrecht hinübergeglitten. Denn er wird keine Grenze angeben können, wo die Verknüpfungen von logischer Notwendigkeit ihr Ende finden. Die Rechtsgeschichte erweist es in der Tat, daß Normen und Rechtsbegriffe, die einer Epoche als unvereinbar erscheinen, in einer anderen aufs schönste zusammenbestehen, ja als notwendig durcheinander bedingt erachtet werden.

Bei jeder Entscheidung eines Rechtsfalles wird der Rechtsgelehrte die einschlägigen sozialen Zusammenhänge, die Lebensverhältnisse und Daseinsformen der beteiligten Personen sich vergegenwärtigen und, untersuchend, welcher Partei Begehren dem Gesamtgefüge des menschlichen Zusammenlebens, der menschlichen Kultur sich besser, welches minder gut sich einpasse, die streitenden Interessen gegeneinander abwägen. Wenn es nottut, wird er soziale Tatsachen über die bisher bekannten hinaus — etwa die in der Literatur noch nicht erwähnte besondere Lage irgendeines Gewerbszweigs — oder selbst neue Zusammenhänge solcher Tatsachen, z. B. Einfluß der Beschäftigungsart auf die Gesundheit oder auf das Familienleben in irgendeiner sozialen Gruppe erforschen. In alledem treibt er freie, voraussetzungslose Sozialwissenschaft.

Aber das Recht ist nicht in allen Fällen damit bereits gefunden. Sondern viele Fälle werden den in Gewohnheiten oder Gesetzen befestigten sowie den in Volksüberzeugung und Rechtswissenschaft frei ausgewirkten Normen unterliegen, und der Richter muß vermöge der Beugung der Sophokratie unter die Nomokratie der Norm sich unterordnen. Er steht vor einer zweiten wissenschaftlichen Aufgabe: die Normen (und die Rechtsbegriffe) wissenschaftlich, d. h. in ihren Zusammenhängen zu durchdringen. Er treibt hier die an die geltenden Normen und Rechtsbegriffe gebundene (also nicht voraussetzungslose, sondern gleich der konfessionellen Theologie dogmatische) im engeren Sinne sog. Rechtswissenschaft. Die hat nicht Tatsachen und kausale Zusammenhänge der Erfahrung zu entnehmen wie die Sozialwissenschaft im engeren Sinne, sondern nur Zweck- und Sinnzusammenhänge auszuspinnen zwischen den Normen und Rechtsbegriffen — die ihr die Erfahrung ersetzen und abschneiden. Die Bedeutung der Normen und Rechtssätze soll sie wissenschaftlich erkennen: Interpretation.

c) Die interpretatorische Aufgabe der Jurisprudenz rückt sie in Parallele mit den philologischen Wissenschaften. Wenn *August Böckh* es als die Aufgabe der philologischen Interpretation bezeichnet, „das bereits Erkannte noch einmal zu erkennen" (um es *verstehend* recht zu würdigen), so gilt das noch in weit höherem Maße von der juristischen. Vertieftes Verständnis

[2] Im ältesten römischen Recht z. B. war diese Möglichkeit nicht gegeben, sondern es mußte eine besondere Klage angestrengt werden.

eines Rechtssatzes, dahin führend, daß er als richtig, als ins Gefüge des Rechtsganzen passend oder als ihm zuwider, als falsche Rechts- (wissenschaftliche) Behauptung erkannt wird, wird erreicht, indem man ihn entweder einem allgemeineren Prinzip (d. i. ein umfassenderer Rechtssatz, ein „Obersatz") unterordnet oder in Beispielen seine konkreten Anwendungen aufstellt. In der Praxis ist natürlich letzteres weit häufiger; die Aufsuchung allgemeinerer Prinzipien dient nur dem Zwecke, auf fruchtbaren Umwegen zur Bestimmung des in concreto passenden zu gelangen. Danach bezeichnet man wohl als Aufgabe der interpretatorischen Tätigkeit die *Ermittlung der passenden Rechtsnorm mittels Subsumtion.*

Es ist aber sonach jede *richtige* rechtswissenschaftliche Aussage gleichzeitig ein Rechtssatz; und das selbst, wenn man mit Strenge als Kriterium des Rechtssatzes eine gewisse Allgemeingültigkeit des Inhalts fordert, denn es gibt keine konkrete Rechtsentscheidung, deren Inhalt sich nicht noch weiter spezialisieren ließe, es gibt keine Grenzen der Spezialisierung. Jede Äußerung des rechtswissenschaftlichen Bewußtseins ist zugleich eine solche des Rechtsbewußtseins, jede richtige rechtswissenschaftliche (juristische) Aussage zugleich eine Rechtsnorm. So erweist sich die *Identität der Jurisprudenz mit ihrem Gegenstande*; eine wichtige Einsicht, denn in ihr wurzelt die Erkenntnis, daß wie das Recht selber positiv, so auch die Jurisprudenz eine *positive Wissenschaft ist,* was die Philologie z. B. in der Hauptsache nicht ist, wohl aber die *Theologie*. Von ihr gilt, ganz entsprechend dem bei der Jurisprudenz Erwiesenen, daß eine wirkliche theologische Wahrheit stets zugleich auch eine religiöse Wahrheit sein müsse.

Interpretation ist Erkenntnis des Erkannten. Für den Juristen als Interpreten von Gesetzen gilt es, jeweils die Lösung eines sozialen Problems, die die Gründer des Gesetzes in Gestalt irgendeiner Rechtsnorm gefunden haben, in höherer Bewußtheit nochmals zu finden. Von diesem Standpurkt die Aufgabe des Juristen betrachtend, pflegt man zu sagen, er habe *„den Willen des Gesetzgebers zu ermitteln"*.

d) Der einzelnen Regeln der juristischen Interpretationskunst (Hermeneutik) sind wenige, fast alle schon von der römischen Wissenschaft geprägt.

Interpretation ist tieferes Verständnis des zu interpretierenden Geisteserzeugnisses. „Littera necat, spiritus autem vivificat" ist ihre Devise. Sie darf nicht am Worte kleben. *Sinninterpretation,* nicht Wortinterpretation[3]! Das ist die Grundregel vorgeschrittener Jurisprudenz. Um ihren Anforderungen zu genügen, wird man häufig dem Gesetzeswort eine andere Bedeutung

[3] Als wissenschaftliches Verfahren der Feststellung des allgemeinen Sprachgebrauchs (Philologie des Gesetzestextes) wird diese „grammatische Interpretation" genannt. Sie bildet als solche eine Vorarbeit zur Sinninterpretation, die in dieser Gegenüberstellung „logische Interpretation" heißt. (Sehr schlecht! Besser: „juristische".)

beilegen müssen, als auf den ersten Blick ihm zu entspringen scheint, und zwar entweder eine weitergreifende: *„extensive Interpretation"*, oder eingeschränkte: *„restriktive Interpretation"*.

Extensive Interpretation ist Sichhinwegsetzen über das *argumentum e contrario,* das im übrigen aller Rechtsfindung zugrundeliegt, d. i. der Grundsatz, daß, wenn auf irgendeinen Tatbestand ein bestimmter determinierender Rechtssatz geprägt ist, in jedem Falle, der über die durch die betreffende Determination gesetzten Grenzen hinausgreift, das Gegenteil stattfindet. Erklärt z. B. das Gesetz, daß *einer Frau* bei der Eheschließung Dispens von dem Erfordernis der Ehemündigkeit erteilt werden kann, so ist schon aus dieser Formulierung des Rechtssatzes, ohne daß es weiter besonderer Bestimmung bedürfe, zu schließen, daß dem Manne ein gleiches nicht nachgelassen ist. „Omnis determinatio est negatio" (Spinoza).

Die zutreffende Behandlung für den konkreten Fall wird, wie bemerkt, gefunden durch *Subsumtion des Tatbestandes unter die auf ihn passende Rechtsnorm.* In der Kunst des richtigen Subsumierens hat der Jurist sein Können zu bewähren. Der Grundsatz der Sinninterpretation fordert bisweilen die Anwendung einer Norm auf einen Tatbestand, für den sie ihrer Entstehung nach nicht bestimmt war, der aber den bestimmungsgemäß ihr unterfallenden Tatbeständen innerlich verwandt ist, die „analoge Anwendung" oder schlechthin *„Analogie"*. Ausgeschlossen ist diese in der Interpretation der *Rechtssingularitäten.*

Solche treten meist in Gestalt *historischer Anomalien* auf. Aus einer Zeit vergangener Rechtsauffassung, überlebter Systematik, ragen noch Reste des alten Rechtsgebäudes hinein ins moderne System, in die herrschende ratio iuris, dieser fremd und im Gehege ihrer Begriffseinteilungen nicht mehr recht zu rubrizieren. Non omnium, quae a maioribus constituta sunt, ratio reddi potest.

Damit ist natürlich nicht gesagt, daß nicht die Rechtsgeschichte den Zweckgedanken in dergleichen Rechtschöpfungen der Vorfahren sollte angeben können, sondern, daß diese in den Zusammenhang der nach modernem Bewußtsein gültigen Zwecke nicht mehr passen wollen. Es ist einfach eine Konsequenz des Gesetzes von der historischen Differenzierung der Rechtsinstitute. Doch bedenklich wäre es, deshalb mit allen Rechtssingularitäten aufräumen zu wollen: alioquin multa ex his, quae certa sunt, subvertuntur. Sie erhalten sich also als Rudimente der Vergangenheit. Aber sie wachsen nicht mehr. Sie bleiben eingeschränkt auf ihren einmal gegebenen Boden, bis sie schließlich absterben. Sie durch analoge Ausdehnung zu neuem Leben erwecken wollen, heißt, sich mit den in der Gegenwart gültigen Zwecken in offenen Widerspruch setzen, verderblicher juristischer Romantik huldigen, deshalb muß Analogie bei Rechtssingularitäten grundsätzlich unterbleiben. Quod contra rationem iuris receptum est, non est producendum ad consequentias.

Ferner hat man gefunden, daß der Staatswillkür der Weg bereitet und die persönliche Freiheit gefährdet ist, wenn jemand wegen irgendwelcher Handlungen strafbar zur Rechenschaft gezogen werden kann, für die nicht bereits vor Begehung der Tat eine Strafe in den Gesetzen ausdrücklich angeordnet ist. Seit Ende des 18. Jahrhunderts hat man daher die Maxime: nulla poena sine lege (auch: nulla poena ante legem poenalem) ins Recht aller zivilisierten Staaten aufgenommen, mit der von der herrschenden Meinung noch immer aufrechterhaltenen Ansicht, daß dadurch außer bei den Rechtssingularitäten auch bei den *Strafgesetzen* die Analogie ausgeschlossen sei.

Eine altertümliche, unbehilfliche Abart der Analogie ist die (Teilanalogie oder) *Fiktion*. So heißt die Analogie dann, wenn der Tatbestand, auf den ein Rechtssatz analog angewendet werden soll, in irgendeiner Hinsicht als das konträre Gegenteil desjenigen Tatbestandes erscheint, für den der Rechtssatz ursprünglich gemacht worden, obwohl die ratio, der Grund der Anwendung der gleiche ist.

So, wenn man im Lande ansässige Gesandte einer fremden Macht als *exterritorial* bezeichnet, als ob sie nicht im Lande ansässig und den inländischen Machtmitteln unterworfen wären, oder im Erbrecht nach dem Satze „nasciturus pro iam nato habetur" den ungeborenen Erben dem geborenen gleichstellt, oder wenn man gewisse Rechte, die im übrigen den *Eigentümer* vor allen sonstigen dinglich Berechtigten auszeichnen, auch Nichteigentümern überträgt, oder wenn nach der ZPO ein zur Abgabe einer Willenserklärung verurteilendes rechtskräftiges Erkenntnis wirkt, wie wenn der Verurteilte die Erklärung abgegeben hätte usw.

Die Fiktion ist ein begrifflich ziemlich nichtssagendes, häufig sogar verwirrendes und insofern bedenkliches Mittel, wird jedoch wegen der Bequemlichkeit und Anschaulichkeit, mit der sich durch sie Rechtswirkungen, die bisher mit einem gewissen Tatbestand verknüpft waren, auf einen anderen übertragen lassen, bei der Einführung von Neuerungen der Rechtsidee ihre bereits bei den Römern erworbene Beliebtheit behalten. Besonders in England.

2. Logische Kritik der traditionellen Hermeneutik und Begründung der modernen wissenschaftlichen Rechtsfindung[4]

a) Die objektive oder wissenschaftliche Methode der Rechtsfindung ist notwendigerweise zwiespältig (dualistisch) wegen der unaufhebbaren Ver-

[4] Literatur. *Rechtsmethodologie: Adickes,* Lehre von den Rechtsquellen, 1872; Grundlinien durchgreifender Justizreform, 1906 — *Fuchs,* Wilhelm: Logische Stu-

schiedenheit ihrer beiden Stücke: der soziologischen Behandlungsweise, die von altersher unter dem Namen „Entscheiden aus der *Natur der Sache*" bekannt ist, und dem interpretatorischen Verfahren, dessen Ergebnis, die subsumtive Zuordnung eines Tatbestandes einer Norm oder eines Rechtsbegriffs zu einer höheren Norm, einem weiteren Begriff (einem allgemeineren Tatbestandstypus), *Konstruktion* heißt. (Genauer: *Juristische* Konstruktion, denn auch die aus der Natur der Dinge soziologisch durch Interessenwägung und -ausgleichung zustandekommende Entscheidung ist, als technische Leistung, *Konstruktion,* nämlich Mittelding zwischen Handwerksstück und Erfindung.)

Ich konstruiere z. B. im Privatrecht den Entstehungsakt des *Wechsels* als einen Vertrag oder aber als ein „einseitiges Rechtsgeschäft": im einen Fall entstehen die wechselmäßigen Verpflichtungen durch die Begebung des Wechsels, im anderen schon durch den bloßen Schriftakt, also auch dann, wenn der Wechsel ohne Begebung, etwa durch Fund, in die Hände eines zufolge dem Text des Wechsels Berechtigten gerät. (So die gesetzliche Konstruktion des heutigen deutschen Rechts.) Jemand konstruiere die *Ehe* als zur Fortpflanzung bestimmte Geschlechtsgemeinschaft; Folgerung: also ist die kinderlose Ehe trennbar.

An diesem zweiten Fall ist besonders klar das Wesen der juristischen Konstruktion und Interpretation ersichtlich: die Interpretation[5], die die juri-

---

dien im Gebiet der Jurisprudenz I, 1920 — *Jung:* Die logische Geschlossenheit des Rechts, 1900; Positives Recht, 1907; Das Problem des natürlichen Rechts, 1912 — *Kelsen:* Über Grenzen zwischen juristischer und soziologischer Methode, 1911 — *Kipp:* Über Doppelwirkungen im Recht, FS Martitz, 1911, S. 211 — *Kiß:* Billigkeit und Recht ARWPh 1910; Gesetzesauslegung und ungeschriebenes Recht, 1911. — *Lambert:* Fonction du droit civil comparé, 1903 — *Müller-Erzbach:* Gefühl oder Vernunft als Rechtsquelle, ZHR Bd. 73; Rechtsbildung durch Wertschöpfung ZHR Bd. 88. — *Nußbaum,* Arthur: Die Rechtstatsachenforschung, 1914 — *Oertmann:* Gesetzeszwang und Richterfreiheit, 1909 — *Rümelin:* Werturteile und Willensentscheidungen, 1899 — *Savigny:* System des heutigen römischen Rechts I, 1840 — *Schuppe:* Über die metaphysisch-naturwissenschaftliche Richtung in der Jurisprudenz, Gruchots Beiträge 34 (1890), 801.

Insbesondere die Freirechtsschule: *Cruet,* La vie du droit et l'impuissance des lois 1908 — *Ehrlich:* Lücken im Recht, Burians Juristische Blätter 1888; Freie Rechtsfindung und freie Rechtswissenschaft, 1903; Erforschung des lebenden Rechts, Schmollers Jahrbuch für Gesetzgebung, 1911 — *Fuchs:* Schreibjustiz und Richterkönigtum, 1907; Recht und Wahrheit in unserer heutigen Justiz, 1908; Die Gemeinschädlichkeit der konstruktiven Jurisprudenz, 1909 — *Gény:* Science et technique en droit privé positif, 1. Aufl. 1899, jetzt 4 Bde. 1915-1924 — *Gnaeus Flavius* (Herrmann U. Kantorowicz): Der Kampf um die Rechtswissenschaft, 1906; Rechtswissenschaft und Soziologie, 1911; Aus der Vorgeschichte der Freirechtslehre, 1925 — *Radbruch:* Rechtswissenschaft als Rechtschöpfung, Archiv für Sozialwissenschaft 1905 — *Rumpf:* Gesetz und Richter, 1906; Volk und Recht, 1910 — *Stampe:* Die Freirechtsbewegung, 1911 — *Sternberg:* Allgemeine Rechtslehre (erste Auflage dieses Werks), 1904; J. H. v. Kirchmann und seine Kritik der Rechtswissenschaft, 1908.

stisch-konstruktive Methodik als Folgerung, als Ableitung aus dem „Prinzip"[6] oder aus dem „Begriff"[7], als „Deduktion" bezeichnet, ist in Wahrheit nur eine Wiederholung des in der „Prinzip"form oder der „Begriff"form aussagend oder substantivisch Ausgesprochenen in der Form der Imperative, aus denen die Normen, Prinzipien und Begriffe zusammengeflossen sind. Es stecken nur *die* Fälle und Gebote in den Prinzipien und Begriffen, die vorher hineingetan sind, und nur die können von einer (ehrlichen) Interpretation wieder herausgeholt werden. Die Interpretation ist durchaus nur Wiedererinnerung eines früher schon deutlich bewußt und nur in breviloquistischen Fassungen versteckt Gewesenen. Will man in einem bisher noch nicht gedachten Falle Recht finden, so hilft die Interpretation nicht, so muß das Recht neu gemacht, geschaffen werden. Dazu bedarf es dann also erneuter *soziologischer* Untersuchung, neuer Prüfung der Natur der Sachen.

Neben ihr und nach ihr hat die dogmatische Methode den Zusammenhang der neuen Entscheidung mit den herrschenden Rechtsbegriffen herzustellen, durch welchen sie erst ethisch begriffen und annehmbar gemacht wird; die dogmatische Rechtswissenschaft „interpretiert" damit einen bestehenden Rechtsbegriff oder Rechtssatz als die neue Erscheinung umschließend, sie „konstruiert" die neue Erscheinung als jenem Begriffe bzw. Satze zugehörig. Man sieht sogleich, daß diese Interpretation und Konstruktion etwas ganz anderes ist als die bloß wiedererinnernde.

b) Dessen ist sich aber die Rechtswissenschaft im allgemeinen nicht bewußt gewesen. Man warf beide Arten zusammen und hegte die Überzeugung, durch bloße Interpretation der *Texte* allen Erfordernissen des sozialen Lebens gerecht werden zu können. Die Rechtswissenschaft war monistisch, und zwar rein dogmatisch aufgefaßt: ebenso wie man durch Lektüre der Bibel allen Naturgeheimnissen glaubte auf die Spur kommen zu können, so dachte man auch, durch Lektüre der heiligen und profanen Rechtsbücher das Heilmittel für jeden menschlichen Konflikt ausfinden zu können ... wenn man nur richtig interpretierte, richtig auffaßte, was im Text gemeint sei. Das führte dazu, daß die Rechtslehre sich wenigstens auf dem Kontinent lediglich auf die Normen und Begriffe bezog. Man lernte wirklich im Rechtsunterricht nur das Gesetz auswendig.

Solche Auffassung muß jeden heute Lebenden befremden und es ihm schwer begreiflich erscheinen lassen, wie unter solchen Umständen eine gedeihliche Rechtspflege möglich war. Gleichwohl entsprach die Methode im wesentlichen den Anforderungen der Zeit. In dieser Zeit waren entsprechend den kleineren Bevölkerungsziffern und der unvergleichlich geringe-

---

[5] „Die kinderlose Ehe ist trennbar."

[6] „Ehe ist Fortpflanzungsgemeinschaft."

[7] „Fortpflanzungsgemeinschaft."

ren Entfaltung jeglichen Verkehrs die neuen Fälle viel seltener, die Typizität der Fälle demgemäß viel stärker und imposanter. Daß die Fälle, die in eine einmal konzipierte Rechtslehre nicht paßten, sehr selten waren, legte bei der nie völlig überwundenen naturrechtlichen Stimmung den Gedanken nahe, daß es im Grunde solche inadäquaten Fälle gar nicht gebe.

Da die wirtschaftlichen und sozialen Lebensbedingungen immer einfach genug blieben, daß im wesentlichen jeder Gebildete über Wirtschafts- und Lebensweise jedes anderen sozusagen von selbst Bescheid wußte, so konnte die Nötigung, eine systematische sozial-ökonomische Wissenschaft der Rechtsdogmatik gegenüberzustellen, gar nicht aufkommen. Es waren so auch wirklich die obwaltenden tatsächlichen Verhältnisse in den überlieferten Rechtsnormen mitbefaßt. Die Entwicklung des Tatsächlichen, die die Normen obsolet macht, war gering und wurde vor allen Dingen nicht bewußt; auch wenn man sich genötigt sah, Recht zu ändern, meinte man im wesentlichen nur, ein besseres Dogma gefunden zu haben, ohne sich recht klar zu werden, daß man mit einer neuen Entwicklungsstufe sich hatte abfinden müssen. Man nahm an, daß die ganze Schöpfung, wie Gott sie im Siebentagewerk gemacht hat, so bleibt bis zum jüngsten Tage. Und wenn *Aristoteles'* prometheischer Genius — in diesem Punkte aber von der ihm sonst ergebenen christlichen und islamischen Scholastik verworfen — einer Entwicklungslehre Gestalt gegeben hat, so ist ihm die Weltentwicklung doch eine Sache Gottes, menschlicher Wahrnehmung entrückt.

Im 19. Jahrhundert ist dank der Technik die Entwicklung in ein so scharfes Tempo geraten, daß über ihrem eiligen und dröhnenden Gange uns Hören und Sehen vergeht, daß wir sie wohl oder übel spüren und ihr gerecht werden müssen. Da bringt jeder Tag so viele Fragen, daß das beste Gesetz einfach über den Haufen gerannt wird. Dazu kommt die ungeheure Komplikation des sozialen und wirtschaftlichen Lebens, die an Stelle der früheren selbstverständlichen Vertrautheit mit der Wirtschafts- und Wesensart des Nächsten den Notbehelf einer sozialökonomischen Wissenschaft gesetzt hat, weil heute das Mitglied einer Klasse die Lebensverhältnisse seines Nachbarn aus anderer Klasse, der mit ihm im selben Hause wohnen mag, in förmlichen Forschungsreisen erkunden muß.

Ward nun auch unter solchen Umständen der Naturrechtsglaube weggefegt, so wurde doch die alte, nur auf Worte und nicht auf das Tatsächliche gestellte Methode einer angeblich rein deduktiven Interpretation beibehalten. Ja, sie erfuhr erst jetzt eine Zuspitzung, wie sie der Okzident noch nicht gekannt hat. Wenn es auch Naturrechtsglaube war, der Glaube an ewiges Feststehen des wahren Rechts, der der älteren Zeit dazu verholfen hatte, an die Macht und Ewigkeit des Gesetzes zu glauben und dem Gesetz inkongruente neue Erscheinungen des tatsächlichen Lebens zu mißachten, wo nicht zu ächten, so stand die Jurisprudenz doch wieder kraft des Naturrechtsglaubens diesen Erscheinungen frei gegenüber, da sie die für dieselben etwa aufzustellenden Normen und Konstruktionen als bisher von der Wissenschaft übersehenes Naturrecht nehmen konnte und auch nahm. „Ausfüllung der Lücken des positiven Rechts" (das aber stets als im wesentlichen mit dem Naturrecht übereinstimmend postuliert wurde . . . sonst wäre ja nach der Zeitidee statt der „Welt" die „Hölle" auf Erden gewesen) „durch Naturrecht" war jedem Zeitalter vor dem 19. Jahrhundert geläufig. Nun fehlte auf einmal das Naturrecht; was die Wissenschaft frei zu schaffen sich erkühnen wollte, alles „Naturrechtliche", wie man es nannte, fiel als des Bodens im einzig existierenden positiven Recht entbehrend, als Willkür dem Schimpf anheim und als überwundene oder dilettantische Unmethode der Verachtung. Nun mußte aus Gesetzen alles deduziert werden; denn daß das Gewohnheitsrecht naturrechtsverdächtig erscheinen und darum beiseite geschoben werden mußte, ist klar. Es gefiel der Bequemlichkeit der Bürokratie, nur in Worten kramen und Paragraphen nachschlagen zu brauchen, und es entsprach den Tendenzen der herrschenden Mächte, des absoluten Monarchen und seiner Bürokratie, ihren Befehl zum Grund- und Ausgangspunkt jeder Regung der Untertanen zu machen, alles zu normieren und für Recht nur gelten zu lassen, was „gesetzlich" war. Die liberale Strömung aber, die jetzt mit diesen Mächten in Wettbewerb trat, ging gerade in diesem Punkte mit jenen vollständig einig. Was jene um der Autorität willen heischten, das verlangte sie um der Freiheit willen. Wie die Aristotelische Lehre von der Gewaltenteilung von *Montesquieu* aufgenommen wird, so auch der Aristotelische Gedanke der absoluten Bindung des Richters an das Gesetz. Durch diesen Gedanken erscheint die Wirkung der Gewaltenteilung erst besiegelt: wenn der Richter an das Gesetz absolut gebunden ist, wenn er wie ein Automat nur den Fall dem Gesetze subsumieren, nie aber einen eigenen Rechtsgedanken aussprechen, etwas auch nur entfernt gesetzgebender Gewalt Ähnliches üben darf, scheint die Freiheit des Bürgers gegen alle Willkür jeglicher Gewalt gesichert. Von Aristoteles gefaßt unter dem Eindruck der in den hellenischen Stadtstaaten herrschenden Korruption und der Unzuverlässigkeit der von den politischen Strömungen und der Cliquenwirtschaft bis ins Mark angefressenen Gerichte wurde das Prinzip, der Gesetzgeber solle dem Richter so wenig als möglich übrig lassen, von dem auch nicht eben sauberen 18. Jahrhundert lebhaft nachempfunden und gar aus einem empiristischen „möglichst wenig übrig lassen" in ein rationalistisches „nichts übrig lassen" verschärft. Der Satz, daß, wer einen Anspruch erhebt, die zugrundeliegenden Tatsachen beweisen muß, wurde nun in einer völlig mißverständlichen Weise auf die Gesetzestechnik und die dem Anspruch zugrundeliegenden Rechtssätze angewendet: und wie jede Strafe (jeder Strafanspruch des Staates) im Gesetz ihre Begründung haben muß *(nulla poena sine lege)*, so verlangte man seitdem, daß auch jeder Anspruch des Gläubigers gegen den Schuldner und jeder verwaltungsrechtliche Anspruch im Gesetz (oder Gewohnheitsrecht, das aber praktisch nach Herstellung der Kodifikationen keine Rolle mehr gespielt hat) seine Begründung haben sollte. *„Nulla actio sine lege."*

So entstanden denn die Kodifikationen, in denen „alles" enthalten sein sollte; in die man alles hineinpackte, was die Wissenschaft wußte. Da dies aber nicht half, versuchte die Gesetzgebung den Wettlauf mit der Entwicklung, sie trat, Jahr für Jahr eine große Reihe Einzelgesetze produzierend, in ihr Massenbetriebs- und Maschinenzeitalter ein. Ein juristisch und sozial feinhöriges Ohr spürt hier schon die Dissonanz.

Und in der Tat, schnell genug bröckelten die Kodifikationen an allen Ecken und ging der Einzelgesetzgebung der Atem aus. In dem löblichen Bestreben, alle Willkür zu vernichten und sich darin über das Naturrecht leuchtend zu erheben, hatte man das teure Kleinod der Gerechtigkeit mit einer ungeheuren Dornenhecke von Paragraphen eingehegt, in der zwar nicht der Richter und nicht die Willkür hängen bleibt, wohl aber das Recht. Und elend geschunden wird oder verdirbt, wenn der Richter, nach Auffindung irgendeiner Entscheidung, die zu den Paragraphen paßte, im Bewußtsein treulich erfüllter Pflicht nach Hause geht: verboten ist ja nur, eine Entscheidung abzugeben, die nicht zu dem Gesetze paßt. Freilich sind die Richter der westeuropäischen kontinentalen Kulturwelt alles in allem zu gewissenhaft gewesen, um den nur auf die Unterwerfung des Rechtnehmenden unter das Recht bezüglichen Satz „Was nicht verboten ist, das ist erlaubt", auch auf ihr Offizium der Rechthandhabung anzuwenden. Die Franzosen etwas kühner und unruhiger, die Österreicher etwas behender und nachlässiger, die Reichsdeutschen etwas schwerfälliger und gründlicher, haben sich doch alle übereinstimmend... in der alten naturrechtlichen Weise geholfen, „nach dem Zweck", nach der „Natur der Sache", „unter Berücksichtigung des gesunden Menschenverstandes" (da man nicht den Gesetzgeber als einzige Ausnahme des von ihm aufgestellten Satzes „Quisque praesumitur bonus" für schlecht und dumm ansehen darf) über die Paragraphen hinaus und gegen die Paragraphen geurteilt; nur bogen und zogen sie diese so lange, bis das Resultat mit dem „Gesetz" auf irgendeine merkwürdige Weise in Einklang stand, um alsdann als einzige vom Gesetz gewollte Entscheidung ausgegeben zu werden. Man war — und wie wäre es anders möglich — zur Praxis der naturrechtsgläubigen Vergangenheit zurückgekehrt oder hatte sich vielmehr nie von ihr entfernt. Nur der Unterschied war, daß in der Vergangenheit die freie Rechtsfindung aus der Natur der Sache (eben als Naturrecht) anerkannt und relativ selten, in der Gegenwart hingegen streng verpönt und unendlich häufig, die überwältigende Forderung des Tages ist.

So war die Gesetz gewordene Lehre von der Gesetzförmigkeit (Gesetzbegriffenheit, Gesetzbefangenheit) ein Druck, der Rechtsprechung und Wissenschaft teils in die Verkümmerung und fakirmäßige Apathie, teils in die Heuchelei und Erschleichung hineinzwang. Sofern aus dem Gesetz nicht zu entnehmende Entscheidungen als gesetzförmig ausgegeben wurden, wurde die Gefahr der Willkür natürlich nicht verringert, sondern durch die listige Einkleidung noch schlimmer gemacht. Für Richtende und Rechtnehmende mußte die Justiz und die Jurisprudenz in hohem Grade abstoßend werden: steril, seelenlos und die Verkörperung scheinheiliger Unaufrichtigkeit.

c) In einigen Köpfen reifte da die „Oeuvre de franchise", die Begründung und Forderung des Bekenntnisses: Das Recht (Gesetz) hat Lücken[8]. Die angebliche „logische Geschlossenheit des Rechts" (Gesetzes) ist ein Wahn[9]. Die Lücken sind notwendig und lassen sich in methodischer Weise feststellen[10]. Da die zu Gericht stehenden Fälle nicht warten können, so ist es in diesen Fällen Sache des Richters, die Funktion des Gesetzgebers auszuüben[11] und mittels einer „libre recherche de droit"[12], einer freien Rechtsfindung und freien Rechtswissenschaft[13], die sich auf den Willen des Gesetzgebers nicht beruft, sondern bewußt schöpferisch vorgeht[14], die Lücken zu füllen.

Eine *„Theorie der Rechtslücken"* keimt und grünt, kaum mehr, noch weniger beachtet als jede andere juristische Theorie, und auch wirklich wichtig und neu nur für diese Zeit, durch die ethische Bedeutung ihres Aufrichtigkeitsstrebens, während ihre rechtslogische Bedeutung kaum eine andere ist als die der Rückkehr zur Natur der Sache[15] im Sinne eines Naturrechts mit wechselndem Inhalt (Stammler) — skeptisch begrüßt und von ihren Vertretern selbst nicht mit allzugroßem Wagemut verfochten, weil die alten Vorwürfe gegen die Natur der Sache ungebannt waren: bloßes Gutdünken, Gefühlsjurisprudenz, Subjektivismus (also alles in allem Willkür) schreckten — bis auch der deutschen Wissenschaft *Eugen Ehrlich*[16] den zuerst von *François Gény* ausgesprochenen Hinweis gab, daß soziologisch das frei geschaffene Recht gefunden werden müsse.

Lückentheorie und soziologische Methode sind die beiden Grundforderungen der *Freirechtlichen Bewegung*, der nun *Kantorowicz*[17] durch eine

---

[8] Ehrlich 1888.

[9] Jung 1900.

[10] Zitelmann 1903.

[11] Bülow 1885.

[12] Gény, der alle rechtsmethodologischen Probleme am tiefsten und gründlichsten behandelt hat, 1889; Lambert 1903.

[13] Ehrlich 1903.

[14] Dies Buch, 1. Aufl. 1904.

[15] Adickes schon 1872.

[16] 1903 ff.

[17] 1906.

flammende Agitationsschrift den Namen machte. In den Vordergrund der Agitation hat sich, mit reicherem Material, aber in vergröbertem Stil arbeitend, später der „Modernist" *Ernst Fuchs* gestellt. Durch die „soziologische Methode" wird dem Richter und dem Juristen überhaupt die Aufgabe gestellt, anstatt der bloßen Normkenntnis und Wortwissenschaft der Sachkenntnis und Sachforschung sich hinzugeben; es wird dem für die Rechtspflege wie für die, die in der Rechtspflege einen hohen Beruf suchen, und für den Rechtsunterricht unerträglichen Zustand Fehde angesagt, der den Juristen z. B. die Kenntnis des Bodenwertrechts durch Erlernen der Gesetzesvorschriften über Hypothek usw. erwerben läßt, ohne eine Ahnung von den diesen Formeln zugrundeliegenden verwickelten und für das wirtschaftliche Leben der Nation unendlich wichtigen tatsächlichen Verhältnissen, ohne Ahnung von den tiefgreifenden Lehren, die die nationalökonomische und die privatökonomische Wissenschaft über diese Dinge entwickelt haben.

Diese Dinge — in entsprechender Übertragung auf das Ganze des Rechtslebens — können nicht gelegentlich und zufällig errafft werden, es bedarf des Studiums, der Wissenschaft. Der Jurist soll *real-sozialwissenschaftliche Bildung* haben. Das bedeutet, zunächst und äußerlich genommen, eine Verdoppelung des Inhalts des Rechtsstudiums: der Jurist soll nicht nur ein solcher im alten Sinne, sondern auch ein voll ausgebildeter Nationalökonom und Kommerzialist sein. Daraus leitet sich für die freirechtliche Schule die Forderung der Studienreform her.

Allerdings ergibt die *Vermehrung der Studiengegenstände* in Wahrheit eine großartige *Vereinfachung des Rechtsstudiums;* es wird Erlernung und Ausübung des juristischen Berufs allgemein wie besonders für eine realistisch empfindende Zeit dadurch erleichtert, daß ein trockener und toter Stoff von abstrus-literarischem Gepräge durch Aufnahme allerlebendigster Sachwissenschaft anziehend und anregend gemacht ist. Jedoch ist auch der Stoff des von der vereinheitlichten Sozialwissenschaft und ihren Vertretern zu Beherrschenden um ein Vielfaches gewachsen, und vor allen Dingen verlangt die neue realwissenschaftliche Bildung und Tätigkeit dem Juristen eine ganz andere Spannung seiner geistigen und seelischen Kräfte ab, als die alte wortwissenschaftliche Paragraphendoktrin. Denn bei allem Kopfzerbrechen, bei aller mühseligen Mikrotomie, bei allen logischen Akrobatenkünsten, die sie verlangt, ist diese doch unvergleichlich bequemer als das selbständig untersuchende Zusammenfassen und Durchdringen der an hundert Enden sich durchkreuzenden sozialen, politischen, wirtschaftlichen Interessenströmungen und als das verantwortungsbewußte Vorstoßen ins Ungebahnte. Mancher praktische Jurist, der schon jetzt, unter der absoluten Herrschaft des Gesetzes, das Recht mittels Vertiefung in die Dinge und die Menschen, in die sozialen Fragen, in die Seelenzustände der Parteien und das im Bewußtsein der Nation wirklich Geltende frei zu finden weiß, weiß doch auch und fühlt es immer wieder mit Entsetzen, wie mit dem Nachlassen der Kräfte im Tages- und im Jahreslauf seine Rechtsfindung unfrei wird, der Versuchung, nur den bequemen Schablonen der Texte genügen zu wollen, erliegt, wie dann auf seinem Stuhle statt eines Recht empfindenden Richters eine Maschine saß, die nachher nicht mehr sagen kann, ob gerichtet oder nur, zwecks Hervorbringung des in der Arbeitsordnung geforderten Quantums Entscheidungen, das vorgeworfene Material — aber Material von Fleisch und Blut, von Schweiß und Tränen — unter ihren Messern und Rädern exakt zerkleinert worden ist. Der Rechtshistoriker weiß, welche gewaltige Rolle das Drängen nach solcher vom Schema gegängelten Bequemlichkeit bei den Juristen aller Zeit gespielt hat; wie sie unschätzbare Zeit und Arbeit auf „logische" Auslegungstifteleien und auf die Beschaffung und Nachahmung von Vorlagen verwendet haben, um nur nichts selber denken und verantworten zu müssen. Und jeder Mitlebende weiß, daß der *bürokratische Geist,* in dem doch das Justizbeamtentum Deutschlands und Österreichs noch erzogen ist, durchaus auf diesen geschäftigen, oft aufreibend und aufopfernd geschäftigen Müßiggang gestimmt ist, daß er in Vorschriftenkenntnis und das Kombinationsspiel der Vorschriftenmischung größte Ehre setzt, die soziale Sachforschung, die Vertiefung in das Psychische der Fälle und das Forschen nach außerhalb der Paragraphen lebendem Recht aber ablehnt.

Den Anforderungen der freien Rechtsfindung gegenüber ist die Bürokratie *subaltern.* Die Wissenschaft, die sie leistet, ist, bei aller Subtilität, doch gegenüber dem Maßstabe, den die Freirechtsbewegung an den Begriff der Rechtswissenschaft legen muß, nur noch Handwerk. Die freirechtliche Schule kommt so zu der vierten *Forderung, das Persönliche des Richters auf einen höheren Grad zu bringen,* einen Grad, der die Mehrbelastung mit geistiger Arbeit und Verantwortung erträgt. Sie verficht gemäß ihrer Ansicht, daß nie die Rechtsfindung von dem Gesetz allein als dessen opus operatum besorgt werden konnte, den Grundsatz, daß überhaupt der juristische Beruf ein solcher der Persönlichkeit ist[18]. Darum muß der Studienplan außer auf realwissenschaftliche Grundlage auf Charakterbildung gestellt werden[19] und eine Auslese des Richtertums nach englischem Muster dahin eingeführt werden, daß nicht die Herde der Juristen gut fürs Richteramt erscheint, sondern ausgezeichnete Männer den Richtersitz als höchste Ehre erlangen[20].

Dies führt dann unmittelbar zu der Forderung einer durchgreifenden *Justizreform*[21]; will man den in Charakter und Wissenschaft höchstgebilde-

---

[18] Ehrlich; 1. Aufl. dieses Buches 1904; Kantorowicz; Adickes 1906; Radbruch.

[19] Dies Buch 1904.

[20] Adickes 1906.

[21] Adickes.

ten Qualitätsrichter, so läßt sich das bei dem gegenwärtig auf dem Kontinent herrschenden System stark besetzter Kollegialgerichte, in denen ein Heer nicht gerade aus den seelisch tüchtigsten Elementen der studierenden jungen Männer aufgewachsener, handwerksmäßig gedrillter und schlecht besoldeter Beamten front, einer englischem Muster angenäherten Gerichtsverfassung weichen, die den gelehrten Richter vorzugsweise als einzelnen (mit und ohne Laienbeteiligung) oder in ganz kleinen Kommissionen verwendet. Es muß die soziale Stellung des Richterbeamten durch Rang und Besoldung (aber nicht durch Orden) so gehoben werden, daß sie nicht mehr hinter der des Verwaltungsbeamten zurücksteht. Es muß der Prozeß dahin geändert werden, daß dem Richter alle subalterne Schreibarbeit und vergebliche Vorbereitungen erspart werden. Der ungeheure Unterschied, den der Kontinent und England gerade in diesen Hinsichten aufweisen, ist historisch tief begründet: die staatlichen Richter auf dem Kontinent, namentlich in Deutschland, sind die Nachfolger der kleinen Leute, die als Patrimonial-, fürstliche und städtische Richter allerhand mittleren, kleineren und kleinsten lokalen Gewalten dienten, während in England, von den lokalen Friedensrichtern und einigen besonderen Formationen neuerer Zeit abgesehen, die Justiz seit alters über das ganze Land hin vom Reichsgericht (durch Reisekommissare) ausgeübt wird. Auf dem Kontinent hingegen waren die Zentralgerichtsbehörden (der Pariser Kassationshof, das frühere preußische Obertribunal, das deutsche, das österreichische Reichsgericht, das bayrische oberste Landesgericht, das schweizerische Bundesgericht usw.) nur Gerichte der letzten Instanz, während die erst- und zweitinstanzlichen Gerichte lokalen bzw. provinzialen Charakter behalten haben, und überdies steht die gesamte Justiz, obschon im Richterspruch „unabhängig und nur dem Gesetz unterworfen", doch in ihren Verwaltungsangelegenheiten unter einem Minister, also einem Verwaltungsbeamten in einer solchen Art, daß die Justizämter den Verwaltungsämtern weder sozial noch in Hinsicht auf die in ihnen zu erfüllenden Anforderungen gleichgeachtet werden, während in England und Amerika die Justiz die allervornehmste der Gewalten ist.

3. Kritik der Freirechtslehre

a) Die freirechtliche Schule hat sehr bewußt auf einen Teil der rein objektiven Garantierung des Rechts verzichtet und ebenso bewußt durch Verstärkung der personalen Garantie Ersatz gesucht. Daß damit das subjektive Moment wieder in die Rechtsfindung eingelassen wird, wer möchte das übersehen! Aber der mechanistische Glaube, daß das Gesetz in Verbindung mit der Wissenschaft eine absolute, rein objektive Garantie zu bieten vermöge und daß man daher eine absolute Nomokratie aufrichten könne, ist nichts anderes als die schärfste Form und Konsequenz der Naturrechtslehre.

Weil sie diese verwirft, weil sie weiß, daß Recht nicht in der Natur vorhanden und erkennbar ist, sondern von einem Ich kraft seines ethischen Wollens geschaffen werden muß, lehrt die freirechtliche Schule, daß jedes Recht, und halte es sich selbst noch so sehr für rein nomokratisch, ein Ausgleich zwischen Nomokratie und Sophokratie ist. Die objektiven Garantien, die in der Subjektivität des nach eingestandenen Grundsätzen der Sophokratie zu Richter-, Anwalts-, Rechtslehrertätigkeiten auserlesenen, gebildeten Rechtsbewußtseins liegen, sind viel stärker als der Aberglaube an absolut objektive Gesetzes- und Wissenschaftsmächte, die gar nicht existieren, sondern in Wahrheit der Willkür gerade die bequemsten Schlupfwinkel bieten — der bloß trägen Lieblosigkeit und Geistlosigkeit zu schweigen.

b) Nicht bewußt genug ist hingegen der freirechtlichen Schule außer etwa Gény die *Bedeutung* geworden, die der Aufnahme *der soziologischen Methode* zukommt. Diese Bedeutung aber ist keine geringere als eine direkte *Verstärkung der objektiven Garantien des Rechts.* Die freirechtliche Schule braucht nicht ihre Apologetik (wie meist geschieht) einzig aus dem Punkt zu bestreiten, daß die der Rechtsfindung notwendig innewohnenden subjektiven Elemente wieder zur Anerkennung gebracht werden mußten. Einst mochte die Tätigkeit des Juristen, der von der Not oder vom Geist getrieben den Boden des Gesetzes verließ, als durchweg oder vorwiegend subjektiv erscheinen. Was er aus der lebendigen Anschauung der tatsächlichen Verhältnisse neues hervorbrachte, das schien und war zum guten Teil aus der Intuition, aus Seelenkräften, deren Wirkung so wenig wie die des musikalischen Talents im einzelnen kontrollierbar sind, aus der subjektiven Phantasie weit mehr als aus dem objektiven Denken entsprungen; aus dem, was man den *„juristischen Takt"* genannt hat. Die genaue Erfassung des Ineinandergreifens der einzelnen Glieder in einem Ausschnitt sozialen Lebens, die allezeit das Wesen dieser Art des „juristischen Takts" war, ist nun jetzt nicht mehr auf Grund unmittelbarer Lebensanschauung zu vollziehen. Was früher nur plastisch dargestellt, ja nur durch die Zauberkraft des Aussprechens der gesuchten zutreffenden Entscheidung erinnert zu werden brauchte, um vorgestellt zu werden, das will heut diskursiv auseinandergesetzt sein, um begriffen zu werden.

Damit rückt aber die Rechtsfindung „aus Billigkeit" (ex aequo et bono), „mittels des juristischen Takts", die freie Rechtsfindung hinüber aus dem Irrationalen ins Rationale; sonst auf in dunkle Seelenkräfte versenkte Eingebung gestellt, wird jetzt ihre kombinatorische *Arbeit* kontrollierbar. Damit erlangt ihr Ergebnis Objektivität, da es von den Gesamtverstandeskräften der Menschheit nach Gründen geprüft und verifiziert werden kann. Denn das eben ist die Bedeutung der Objektivität im Wissen und Erkennen, daß nicht nur mit der intuitiven, sondern auch mit der rationalen Demonstration Gewißheit erzielt werden kann. Die Soziologie, ursprünglich nur leidige

Notwendigkeit zwecks Übersicht der dem einfachen Menschenverstande und der ungeschulten Erfahrung unübersehbar gewordenen Verwicklung, Vermannigfachung und Ausdehnung der sozialen und wirtschaftlichen Erscheinungen, ist zu der in der ganzen Menschengeschichte gesuchten, vollkommenen, objektiven und objektivwissenschaftlichen („natürlichen und naturwissenschaftlichen") Garantie des Rechts geworden. Oder, historisch vorsichtig gesprochen: eine neue *Stufe* der objektiven Garantie, von hoher Vollkommenheit, und darin allen früheren Stufen überlegen, daß sie die letzten Elemente des Aberglaubens ausscheidet, aus denen immer bisher das Kriterium der Objektivität des Rechts begründet war: die Inspirationsidee, den Fetischismus der Naturdinge und -vorgänge, der in Loswurf und Gottesrecht (Gottesgesetzurteil und -beweis) sein Dasein hatte, den Bücherfetischismus, der über Wortfetischismus in die mehr geistige Stufe des Begriffsfetischismus und den Glauben an eine wundersame, rechtschaffende Kraft der formalen Logik überging und seine letzte Befestigung in dem Vernunftrecht der sich selber mißverstehenden Lehre Kants fand[22]. Endlich den tiefsinnigen Geisterfetischismus der historischen Schule, demzufolge der „Volksgeist" in den Urgründen des Unbewußten mit nachtwandlerischer Sicherheit seiner Nation und seiner Zeit das Recht erzeugt.

Die soziologische Methode bringt, spät genug, der Rechtswissenschaft die Gabe zu, daß sie entsprechend den Grundsätzen der Vernunftkritik nur durch methodische Anordnung und Verwertung des in der Erfahrung wirklich Wahrgenommenen ihre Leistung und Objektivität sucht ohne weitere Spekulation auf okkulte Kräfte des Worts oder der Natur oder der Geister, die im Verborgenen geheimnisvoll bereiteten, was doch nur am hellen Tageslichte der methodischen Diskussion menschlicher Wille und Fleiß hervorbringen kann.

Die *Soziologie als Wissenschaft ist die objektive Garantie des Rechts.* Das mahnt dazu, daß man die Soziologie zu einer systematischen Einheit und Geschlossenheit bringe. Diese wird heute noch in hohem Grade vermißt, und viele, namentlich in Deutschland, leugnen deshalb überhaupt die soziologische Wissenschaft. Aber nicht umsonst ist die Soziologie als Wissenschaft ein Kind der jüngsten Zeit. Sie ist entstanden, um viel Komplexeres zu umfassen als irgendeine der alten Wissenschaften. Darum muß sie auch selbst eine viel reichere und freiere Struktur haben als alle jene alten Wissenschaften, und ihre Systematik und der Begriff der Einheit darf in ihr nicht an den einfachen Vorstellungen von Systematik und Einheit gemessen

[22] Die, anstatt ihre Kritik des Erkenntnisvermögens zur Beseitigung der magizistischen Aberglaubenselemente in der Lehre von der Möglichkeit objektiver Rechtsgarantie und damit des Rechts überhaupt anzuwenden, ein objektiv gültiges „richtiges Recht" in einem Geschiebe etlicher oberster Grundsätze logisch festgelegt zu finden hofft, wobei sie nur an Stelle der alten scholastischen, mehr religiös gefärbten die eigentümlich kantischen, mehr abstrakten und humanitären Formeln setzt.

werden, denen die alten Wissenschaften entsprechen. Sie ist von ihnen so verschieden wie die Integration aus Differentialen von einer Summe oder einem Produkt aus endlichen Zahlen. In einer Wissenschaft wie der Soziologie gelangt der menschliche Geist selbst auf eine neue Stufe seiner Entwicklung.

Die soziologische Methode vollzieht eine Wiederannäherung an das Naturrecht insofern, als sie die Argumentation aus der Natur der Dinge zuläßt, nicht aber bedeutet sie eine Rückkehr zum Naturrecht und eine Verleugnung der Errungenschaften der historischen Methode. Vielmehr ist die historische Methode in der soziologischen mit aufgehoben und verstärkt, denn die Soziologie als Wissenschaft beruht eben in der Anwendung des entwicklungsgeschichtlichen Denkens auf wirtschaftliche und allgemein soziale Zusammenhänge; sie entstand dadurch, daß man diese Anwendung lernte.

c) Man hat der Schule der freien Rechtsfindung zum Vorwurf gemacht, sie predige den juristischen Umsturz, die anarchische Freiheit des Richters vom Gesetze, das dieser zugunsten „freien Rechts" nach Gelüsten brechen könne. Kein Vorwurf ist weniger berechtigt. Denn die freirechtliche Schule steht streng auf dem Boden der Lückentheorie. Auch sie rechnet, wie die alte Schule, mit einem durchgreifenden Walten des Gesetzes. Nur an wenigen Stellen, an denen das Paragraphennetz offenkundig schadhaft geworden, soll der Richter vorläufig nachflicken. Andererseits hat von der alten Schule her erwidert werden können, das, was die Freirechtler proklamierten, sei gar nicht neu, da man von jeher in der Auslegung der Gesetze den gesunden Menschenverstand zu soviel Recht habe kommen lassen, als er füglich überhaupt beanspruchen dürfe. Und wenn die jüngste Äußerung der alten Schule dahin geht, Rechtsnormen könnten als *Normen,* gemäß ihrer Allgemeingültigkeit, stets nur abstrakt sein, sie könnten also nur rechtliche Grenzbestimmungen, nur *Rahmen* geben, innerhalb deren die Natur der Sache, die Soziologie, der Menschenverstand usw. sich frei zu ergehen, nicht nur verstattet, sondern schuldig seien[23], so ist es klar, daß es Anhänger der alten Schule gibt, die freirechtlicher sind als die Freirechtler selber, und ebenso klar, daß die wichtige Methodenfrage in einem Wortstreit auszulaufen droht. Auch die Lückentheorie ist ja der alten Schule nicht fremd, hat sie doch gerade im Lückenfalle die Lehre von der Analogie in Bereitschaft[24].

In der Tat könnte wohl eine ärgere Ungereimtheit nicht gedacht werden als die, Gesetze zu geben und anzuerkennen, um sie nachher nicht zu halten. Und darin eben stimmt ja die freirechtliche Richtung mit der alten Schule genau überein, daß sie das Recht mit Ausnahme einzelner Fälle und Mög-

---

23 G. Kiß 1911.

24 Bezeichnend ist es, daß *Zitelmann* (Lücken im Recht, 1903) diesen als Vorkämpfer, jenen als Gegner der Freirechtslehre gilt.

lichkeiten, die sie zu katalogisieren trachtet, in dem ungeheuren umfassenden Gesetzesapparat der modernen Kodifikationen und „Nebengesetze" verkörpert sieht. In dieser Stellung zum Gesetz zeigt es sich allerdings, daß der Unterschied der beiden Schulen, wenn auch ideell hochbedeutsam, sich praktisch fast auf nichts reduzieren läßt. Auch wird zufolge dem oben festgestellten und erklärten Versagen des Gesetzes gegenüber wesentlichen Anforderungen des modernen Verkehrs die konservative Stellung, die beide dem Gesetze gegenüber einnehmen, abgelehnt und das Urteil gefällt werden müssen, daß die rechtsmethodologische Gedankenwelt beider den Zeitbedürfnissen nicht genügt.

4. Das Wissenschaftsrecht der Zukunft und Gegenwart

a) Umgekehrt ist das Verhältnis des Gesetzes und des freien Rechts oder, wie es nunmehr heißen soll, um seine wesentliche Objektivitätsbasis wahrnehmbar zu machen, des *wissenschaftlichen Rechts* anzusetzen. Der Jurist soll nicht regelmäßig ein schülerhafter Nachbeter unmittelbar gegebener Sprüche und nur gelegentlich zu freiem Schaffen verstattet, sondern er soll von Beruf ein sozialer Denker und an Gesetze nur ausnahmsweise gefesselt sein.

Solange die Welt die Objektivität des Rechts durch umfassende lückenlose oder lückenarme Gesetzgebung, durch Kodifikation zu erzielen träumt, so lange wird ihr auch zugerufen, es sei vergeblich, da der Gesetzgeber nie alle oder „die meisten" oder selbst nur „die wichtigsten" Fälle voraussehen könne. Sie hat es dennoch immer wieder versucht. Immer wieder hat der juristische Takt und hat insbesondere die Wissenschaft ratlos von Augenblick zu Augenblick der ungeheuren Mannigfaltigkeit der Rechtsfragen Genüge zu leisten gewußt und gezeigt, daß der menschliche Geist sie zu beherrschen vermag. Da hat man denn ... *die Wissenschaft zum Gesetze gemacht, man hat sie kodifiziert.* „Die Wissenschaft gibt uns das Recht bis in all seine feinsten Verzweigungen," so sagte man sich, „also räumen wir mit unseren lückenhaften Einzelreglements, die das nicht tun, und mit den knappen Texten auf und machen zum Gesetz den ganzen wissenschaftlichen Stoff, das ganze wissenschaftliche System!"

So hat man es seit Ende des 18. Jahrhunderts gehalten; man hat das Ding eingefangen und tot und starr sich zu eigen gemacht, das nur frei, lebendig und beweglich überhaupt einen Sinn und ein Wesen hat, dessen Beruf in der Beweglichkeit und beständig abwechselnden Leistung besteht. Ist die Wissenschaft in den Köpfen und in den Lehrbüchern, so gibt sie ihre Inhalte in größter Mannigfaltigkeit der Form und des Wortlauts, so daß immer eine Fassung die andere beleuchtet und der Kern der Sache ohne Rücksicht auf die zufälligen Ausdrucksarten rein sachlich herausgeschält und verwertet wird. Steht der Inhalt der Wissenschaft hingegen im Gesetz, so bindet der Ausdruck! Jedes Wort ist wie eine Schuldverschreibung, ein Schein, auf dem der stehen kann, der zufällig durch den Wortlaut sich begünstigt sieht. Dies Wort nun vertritt er mit aller Kraft, sein Anwalt mit all seinem Wissen und all seiner Beredsamkeit; entsprechend erwidert die Gegenpartei, und diesen Kampf um das Jota nimmt die (interpretatorische) *Wissenschaft* auf als ihre Probleme und ihren würdigen Gegenstand; so bemächtigt sie sich der hunderttausende (durch unglücklichen Zufall, wie die hergebrachte Meinung annimmt, kraft unabweislicher Notwendigkeit, wie wir wissen) unvollkommener, auf den konkreten Fall nicht passender Wortsetzungen, liest sie zusammen und macht dicke Bücher daraus. Nicht genug damit; in dem an sich ganz richtigen Gedanken, daß die Wissenschaft vorauszudenken berufen ist (savoir c'est prévoir) und der Praxis eine Führerin sein soll, müht sie sich Tag für Tag, neue derartige Jotaprobleme, die vielleicht irgendwann einmal aktuell werden könnten, vielleicht aber auch nicht, aus dem Gesetz herauszulesen; und wer ihrer die größte Fülle aufklaubt, gilt leicht als tüchtigster Jurist. Und Dissertationen, Monographien, Kommentare, Lehrbücher entstehen, mit wenig anderem angefüllt, als mit der „Darstellung" und „Untersuchung" dieser nichtigen Dinge, die die gelegentliche Wahl anderer Worte aus der Welt schafft... „ein Federstrich des Gesetzgebers, und Bibliotheken werden Makulatur" (Kirchmann). Eine wertlose und sinnlose Wissenschaft die Jurisprudenz, die in solcher „exakten" Spielerei, mit der alles, nur natürlich keine sichere Voraussehbarkeit der Entscheidungen erzielbar, ihr Wesentliches sieht, eine Wissenschaft des Nichtwissenswerten.

Solange man aber mit der vorgeschritteneren „alten" und der freirechtlichen Schule an die wenigstens relative oder ideale (am besten *virtuelle)* Lückenlosigkeit der Gesetzgebung glaubt und demnach möglichst alles Recht in Gesetzen niederzulegen, die Geschlossenheit des Gesetzessystems aufrechtzuerhalten sich emsig bemüht und also die ungeheure Masse von Gesetzen stehen und sich noch fortgesetzt vermehren läßt, so lange muß auch jene Unwissenschaft in der Jurisprudenz in einem unerträglichen Maße fortbestehen und fortwuchern, und mit ihr die Rechtsunsicherheit und die Menge vernunftswidriger oder aber gezwungener Entscheidungen, die sie hervorruft. Deshalb heißt es mit der Masse der Gesetze aufzuräumen, die Wissenschaft frei, lebendig walten zu lassen und nur solche Gesetze zu machen, die nötig sind.

„Also sollen gewisse allgemeine Grundsätze festgelegt werden?" Gerade das nicht; gerade solche allgemeine Grundsätze sind zum großen Teil ganz überflüssigerweise in die Gesetze hineingeschrieben. Im deutschen Bürgerlichen Gesetzbuch sind z. B. die beiden ersten Paragraphen des Schuldrechts (241, 242) typisch als Sätze, die in das Gesetz nicht gehören, weil sie allbekannte Lehren, Normen eines eingewurzelten Weltgewohnheitsrechts darstellen, wenn man dem § 241, der eine rein lehrhafte Begriffsbestimmung des Schuldverhältnisses gibt, diese Eigenschaft überhaupt noch zuerkennen will. Und es ist nicht etwa unschädlich, wenn dergleichen im Gesetz steht; wir wissen: jedes Wort ist der Nährboden für die übergewaltig um sich fressenden Bakterien der wertlosen Wortjurisprudenz und der formalistischen Rechtsunsicherheit. Darum muß der Stamm der allgemeinen Grundsätze des Verkehrs dem Gewohnheitsrecht, das sie erzeugt hat, auch überlassen bleiben und darf nicht in Gesetzesform übergeführt werden. Die Besonderungen jedoch übernimmt, soweit nicht auch sie in Gewohnheitsrecht sowie in Usancen usw. auf längere oder kürzere Zeit konsolidiert sind, die Wissenschaft.

Was bleibt dem Gesetze? Vor allem die *uniformen* Regeln des Verkehrs. Freilich wird ein großer Teil von ihnen, die Zeitbestimmungen (rechtlich geordnete Fristen, z. B. Verjährungsfristen, ferner Altersstufen für Mündigkeit u. dgl.), ebensogut dem Gewohnheitsrecht überlassen werden können, ebenso selbst Summenbestimmungen; die Domäne des Gesetzesrechts aber ist die Formularuniformität, die Bestimmung über die Form von Grundbüchern und mehr dergleichen Registern; es ist der handwerksmäßige oder wie man auch sagt, der technische, der subalterne Teil der Rechtsbetätigung, dem die Behandlung durch Gesetz und Gesetzeskunde vor allem angepaßt ist. Dann aber auch die reglementsmäßigen Verwaltungsnormen wie vor allem das Finanzrecht, zumal das Steuerrecht. In solchen Normen werden so viel konkrete, formale Einzelheiten befaßt und herrscht eine solche Uniformität, daß gewohnheitsrechtliche Behandlung auch für Menschen von wunderbarstem Gedächtnis untunlich wäre; es wäre so untunlich, wie wenn ein Kaufmann den Inhalt seiner Bücher Pfennig um Pfennig im Kopf haben sollte. Andererseits halten sich steuerliche Bestimmungen doch wenigstens für Jahrzehnte, so daß ihr Fluß für den Gesetzgebungsapparat nicht zu schnell läuft.

Sodann sind dem Gesetze vorzubehalten alle öffentlichen Strafen (nulla poena sine lege). Endlich aber und vor allem müssen der Regelung durch die staatliche Gesetzgebung überwiesen werden alle diejenigen Fragen, die Gegenstände eines heftigen und umfassenden Interessenstreits sozialer Gruppen geworden sind. In den Gesetzen des Verkehrsrechts sollen diese Fragen bindend beantwortet, diese Streitigkeiten geschlichtet sein, nicht aber sollen sich hunderte und tausende von Einzelpunkten, sei es in unverhüllt kasuistischer, sei es in äußerlich allgemein und abstrakt anmutender Art, geregelt sein, die die Wissenschaft aufgegriffen hat. Vom Gesetzgeber erwarten wir Entscheidungen gleichwie vom Richter und nicht schätzenswerte Belehrungen und gedruckte juristische Vorlesungen.

Also: Gewohnheitsrecht für den Stamm und teilweise für die Verzweigungen des Verkehrsrechts. Gesetzesrecht für die Formularuniformitäten, Organisationsnormen, Verwaltungsneuerungen, Strafrecht, und in der richteramtlichen Funktion der Gesetzgebung. Prinzipiell aber und allem voran das wissenschaftliche Recht.

Savignys unsterbliches Verdienst ist es, die Idee erfaßt zu haben, daß das Recht wesentlich Wissenschaft sein müsse, in einer doch noch naturrechts- und blind gesetzesgläubigen Zeit die Lehre vom beständigen Fluß des Rechts und damit die weitere vorgetragen zu haben, daß das Recht sich mit dem Gesetz, dem gelegentlich festgelegten, nicht identifizieren dürfte. Sein Fehler aber war es, daß er neben das Gesetzesrecht nur das Gewohnheitsrecht zu stellen wußte. Im Gewohnheitsrecht vereinigten ihm sich die schwerflüssige Rechtssitte der Vorväter und die flinke Arbeit moderner Juristen, moderner Rechtsmassenproduktion. Deshalb wußte das gegenwärtige Zeitalter mit seiner Empfehlung des Gewohnheitsrechts als wesentlicher Rechtsquelle neben dem Gesetzesrecht nichts anzufangen; ob man denn zu den Zuständen der germanischen Wälder zurückkehren solle, fragte da mancher, der der wortwissenschaftlichen Jurisprudenz des alleinherrschenden Gesetzesrechts doch herzlich überdrüssig war. Und Savigny selbst war noch so im Glauben an die langsame, unmerkliche, unbewußte Entwicklung des Rechts (im Volksgeist) befangen, daß er die Festlegung von Kodifikationen auf Jahrhunderte hinaus nicht nur für möglich, sondern für das sehnlichst zu wünschende Ziel ansah; sein „Beruf unserer Zeit zur Gesetzgebung" hat nur angesichts des unfertigen Zustandes der damaligen Rechtswissenschaft den Aufschub einer in der patriotischen Begeisterung von 1813 geplanten Kodifikation des deutschen bürgerlichen Rechts empfohlen und durchgesetzt. Er hat damit nur zum Teil Recht gehabt, die Nachwelt dürfte geneigt sein, für seinen Gegner, *Thibaut,* zu entscheiden.

Denn eine Notwendigkeit der kodifikatorischen Rechtsformulierung und einer daran anschließenden unvermeidlichen Periode einer Alleinherrschaft des Gesetzesrechts gibt es allerdings: die historische Notwendigkeit, auf einem großen, rechtszersplitterten Gebiet Rechtseinheit zu schaffen. Ein solches war das damalige Deutschland. England hat nie der Kodifikationen des Verkehrsrechts bedurft, weil seine Reichsgerichte die Jahrhunderte hindurch die Rechtseinheit gewahrt haben. Das ist die Tragik in Savigny, daß, während er seinem Zeitalter den Beruf zur Gesetzgebung absprach, im Grunde gerade dies und nur dies Zeitalter das Bedürfnis und den Beruf zur Kodifikation gehabt hat. Savigny wollte die Wissenschaft erst kodifikationsreif werden lassen, um sie dann zu kodifizieren, wie es später in den Reichsjustizgesetzen und im Bürgerlichen Gesetzbuche in erheblichem Maße zur Tat geworden ist. Diesen ferneren Fehler Savignys, dem Zeitalter, in dem er schrieb, noch selbstverständlich, hat erst und allein *Julius Hermann v.*

Kirchmann berichtigt, dem Zeitalter, in dem er schrieb, vorauseilend und von ihm und der folgenden Zeit unverstanden, da er lehrte, daß es der Ruin des Rechts und der Rechtswissenschaft ist, wenn die Wissenschaft zum Gesetz erhoben wird.

Das eine hat freilich Kirchmann so wenig wie Savigny bemerkt, daß der Grund, der uns zwingt, mit der Alleinherrschaft und später auch mit der Vorherrschaft des Gesetzesrechts eine Ende zu machen, wesentlich in der modernen Entwicklung gelegen ist, der Entwicklung, deren vergrößerte Geschwindigkeit und deren beständig gesteigerte Beschleunigung vor allem die Mannigfaltigkeit der Rechtsfragen zur Unerschöpflichkeit hinaufgetrieben hat. Solange man dieser beschleunigten Entwicklung nicht inne wurde, gab es eigentlich keinen Einwand gegen diejenigen, die zugunsten des Gesetzesrechts auf die abstrakte und allgemeine Fassung der modernen Gesetze hinweisen. In der Tat deckt diese Dutzende von Spielarten neuer Fälle; erst die Entwicklung wirft ihr von Moment zu Moment Dutzende neuer Spielarten hin, die aus dem Rahmen herausfallen und des Gesetzes spotten, seine Macht zur Ohnmacht verkehren, seine Allbereitschaft und Allwissenheit zur Ratlosigkeit und Unbrauchbarkeit.

Wohl darf man urteilen: Das preußische Allgemeine Landrecht war aufrichtig kasuistisch, wenn es treuherzig „alle" Fälle zu berücksichtigen meinte („Was von Zäunen gilt, gilt auch von Staketen"), ebenso wie sein Vorbild, das achtbändige Naturrecht Wolfs, in dem u. a. abgehandelt wird, wie es zu halten sei, wenn zwei Personen aus einem engen Fenster zu sehen wünschten; moderne Kodifikationen wie das deutsche BGB, aber auch schon das österreichische und zumal der code Napoléon sind in ihrer scheinbaren Abstraktheit und Allgemeinheit doch in jeder ihrer Bestimmungen auf einen engen Kreis von Fällen zugeschnitten, auf bestimmte Anlässe hin gemacht und somit versteckt kasuistisch; aber erst im Verhältnis zur Entwicklung sind sie das: eng und im Grunde kasuistisch. Also auch erst für die hochmoderne Zeit, und noch nicht für diejenige Savignys, kaum für diejenige Kirchmanns.

Die beschleunigte Entwicklung der modernen Kultur hat es gefügt, daß heute Rechtsentwicklungen sich in fünf Jahren vollziehen, die früher gerade in 500 Jahren möglich waren; so ist die weitgehende Rechtsentwicklung innerhalb unseres deutschen Kartellwesens in einem derartigen kurzen Zeitraum, im ganzen etwa in den letzten 15 Jahren zustandegekommen. Nie hätte den vielfachen Bedürfnissen und ihren schnellen Veränderungen die staatliche Gesetzgebung zu folgen vermocht, sondern nur die Kartellschiedsgerichte mit ihrem freien wissenschaftlichen Rechte konnten es. Wie die staatliche Gesetzgebung würde auch die staatliche Justizgebung versagt haben, besetzt, wie sie ist, mit Richtern, denen das Recht begrifflich als ein stabiles, als wesenseins mit Gesetzesrecht erscheint und die, selbst wenn sie die Möglichkeit flüssiger Kristalle eingesehen haben, die Möglichkeit des wissenschaftlichen Rechts noch nicht zu fassen vermögen. Ganz ähnlich wie im Bereich der Unternehmerkartelle verhält es sich in den Beziehungen der Unternehmer- und Arbeiterverbände, im Tarifrecht (Recht der Tarifverträge) und namentlich auch in dem Rechte des die moderne Industrie beherrschenden Stücklohnvertrages, dem Recht der Akkordarbeit. Die vielfach verzweigten und geltenden, weil unentbehrlichen Rechtssätze dieser Institutionen sind ganz ohne staatliche Sanktion und wesentlich im letzten Jahrzehnt gemacht worden. Null oder verschwindend klein, gleich null ist das, was davon im Bürgerlichen Gesetzbuch bzw. in der Gewerbeordnung steht. Natürlich läßt sich das System des Kartellrechts, des Tarifrechts und Akkordarbeitsrechts mit den paar anklingenden Vorschriften jener Gesetze irgendwie in Beziehung setzen; aber einleuchtenderweise ist hier nichts anderes gegeben als ein nachträgliches Anstücken des längst vorher frei gestalteten Rechts, ein müßiges Vergnügen; denn es sind nur Beziehungen negativer Art, die sich zwischen dem Recht und den Vorschriften herstellen lassen, nicht aber eine positive Herleitung des Rechts aus dem Sinne der Vorschriften.

Natürlich herrscht bei der noch allgemein üblichen wesentlichen Identifikation von „Recht" und „Gesetz" die Überzeugung, daß alles wissenschaftliche Recht so bald als möglich in Gesetzeszustand übergeführt, den bestehenden Kodifikationen behufs deren Ergänzung einverleibt werden müßte. Es ist durchgreifend erwiesen, daß das zu nichts dient und auf die Dauer nicht sein kann. Daß die Zeit, in der Wissenschaft zum Gesetze zu erheben war, zu Ende geht. Nicht gesetzlich, sondern autonom von den beteiligten Interessentengruppen wird das moderne Verkehrsrecht zu regeln sein, durch ihre Vereinbarungen (die auf mäßige Fristen zu laufen pflegen) und durch die Wissenschaft ihrer Syndici und sonstigen Rechtsberater, ihrer Schiedsrichter und ihrer Schriftsteller. Einwurzelndes mag auch hier zum Gewohnheitsrecht werden, und durch Gesetz werden auch hier die Punkte geregelt werden müssen, die erheblich über die unmittelbar Beteiligten hinaus weitere Kreise in Mitleidenschaft ziehen. Und sodann solche, in denen die sozialen Gegensätze unvereinbar scharf aufeinander prallen. Aber in diesem Falle werden die widereinanderstehenden, ihr Recht suchenden Interessentengruppen je länger desto mehr auf die Entscheidung durch Gesetz verzichten, denn die Gesetzgebung ist ein Verfahren, das die Interessenten teuer zu stehen kommen kann. Es werden ihnen Gebühren abgenommen in Gestalt von Vorteilen, die anderweitige Gruppen sich in dem Gesetz zu sichern wissen: der Staat selbst, die herrschende Partei, irgendwie „ausschlaggebende" oder „zu berücksichtigende" Parteien, womöglich selbst einzelne Parteiführer. Dadurch und durch das Mitberaten der Unkundigen mit den Sachverständigen wird überhaupt die Sachlichkeit und exakte Zweckmäßigkeit des Gesetzes beeinträchtigt, die gewahrt bliebe, wenn nur die, die es angeht, sich damit befaßten. Man sieht, daß das Vordringen des wissenschaftlichen Rechts in großem Maße auch vom Umsichgreifen der Selbstverwaltung abhängen wird. Dies jedoch, daß an Stelle des Staats mehr und mehr die gesellschaftlichen Gruppen ihre eigenen Angelegenheiten in die Hand nehmen, ist durchaus zu erwarten und auch zu wünschen. Eine so hohe Organisation wie der Staat soll der Herr in großen Dingen sein und der Helfer in der Not, nicht das Mädchen für alles.

b) Das Wissenschaftsrecht ist keine bloße Vorstufe des Gesetzrechts; aber ebensowenig ist es bloßes Gewohnheitsrecht. Wenn auch ein bestimmter Zeitraum zur Entstehung von Gewohnheitsrecht der neueren Lehre zufolge nicht erforderlich ist, so doch ein Zeitraum immerhin; es muß ein gewisses Alter des Rechtssatzes nachgewiesen werden können. Das wissenschaftliche Recht aber hat gar keine Zeit, die Entwicklung, für die es da ist, läßt ihm keine. Nicht kraft irgendeiner vorangegangenen Festlegung, sondern vermöge seiner augenblicklichen Überzeugungskraft erlangt es Geltung. Im Bereiche des stabilen Rechts, des Gesetzes und Gewohnheitsrechts ist eine Entscheidung *richtig,* weil sie *Rechtens* ist. Im Bereiche des mobilen, des wissenschaftlichen Rechts ist eine Entscheidung *Recht,* weil sie *richtig* ist. Die Geltungskraft wird gewonnen nicht wie beim Gewohnheitsrecht in der Dauer durch langes Festliegen, sondern in der Geschwindigkeit durch die Arbeit, die rational von vielverzweigten Geisteskräften geübt wird und im Entstehen selbst schon wie in der Vollendung bewährt werden muß unter der rastlosen Kritik hunderter von wachsamen Rechtsgelehrten und Politikern.

Wenn man dies Recht der eilenden Hochmoderne mit dem Recht hindämmernder Vorzeit in eins zusammenwirft unter dem üblichen Savignyschen Begriffe des Gewohnheitsrechts, so hat man den Schlüssel zum Verständnis des Rechts als eines Begriffs, der auch und gerade die heutige und zukünftige Erscheinung des Rechts mit umfassen soll, von vornherein verworfen. Es ist kein müßiger terminologischer Streit, der hier erhoben wird. Für verschiedene Dinge muß man verschiedene Namen haben oder mit der Verwirrung vorlieb nehmen.

Gewohnheitsrecht und Wissenschaftsrecht sind zwei Erscheinungen sozialen Lebens, die zwei historisch weit voneinander getrennten, soziologisch völlig disparaten Stufen der menschlichen Kulturentwicklung angehören. Setzt man dem Gesetzesrecht gegenüber in der üblichen Weise unter der Bezeichnung „Gewohnheitsrecht" das wirkliche Gewohnheitsrecht und das Wissenschaftsrecht in eins, so ergibt das eine ebenso schiefe Anschauung, als wollte jemand dem geschichtlichen Pfluge gegenüber die vorgeschichtliche Hacke und den modernen Dampfpflug in eins setzen, weil beide nicht von Pferden oder Ochsen bewegt werden.

Wenn die Gegenwart und die Zukunft sich, anstatt in der Stabilisierung die alleinige Garantie des Rechts zu suchen, der Wissenschaft anvertraut, so folgt sie nur einer Entwicklungsnotwendigkeit, die im sonstigen Gebiete der Kultur bereits zum Durchbruch gelangt ist. Den Transport besorgten einst Wagen und Bote, die jeder Bauer und Fischer lenkte; auf Lokomotiven und Automobilen und auf Dampfschiffen der Binnengewässer dienen Handwerker; auf dem Ozeandampfer regelt den Gang der Maschine der Ingenieur oder gar ein Stab von Ingenieuren, von Wissenschaftlern also. Einst wurde die Menschheit durch Urproduktion ernährt, durch Jagd, Fischerei, Landwirtschaft, deren einfache Betriebsformen in der allgemeinen Gewohnheit überliefert wurden; sodann durch die immerhin schon besonders zu erlernenden, aber doch durch die Jahrhunderte hin selbstbegründeten Geschicklichkeiten des Handwerks; heute durch die Wissenschaften der Technik und der Nationalökonomie. Einst heilte die Menschheit ihre Krankheiten durch die in der Volksgewohnheit allgemein verbreiteten Sprüche und Mittel („Hausmittel" wie „Hauswirtschaft"); dann durch das medizinische Handwerk; und heute durch die medizinische Wissenschaft, die nicht nur sich selbst entwickelt, sondern bereits mit einer Veränderung des Gesundheitsstandes und der menschlichen Körpertypen durch die sich wandelnden Siedelungs-, Kleidungs-, Ernährungs- und Arbeitsverhältnisse und darüber hinaus selbst mit geschichtlich wahrnehmbaren Entwicklungen der „Krankheiten" zu rechnen hat. Und so muß die Menschheit, die einst mit dem im Volksbewußtsein allgemein verbreiteten Gewohnheitsrecht die etwa vorkommenden Händel schlichtete, dann mit dem Handwerk des Gesetzesrechts den bereits regelmäßigen und fortgesetzten, aber doch im Typus wenig veränderlichen Bedarf an rechtlicher Regelung des bürgerlichen Lebens deckte, jetzt durch Wissenschaft die beständig in neuen Formen aufschießenden Interessenkonflikte ausgleichen.

Die Gewohnheit ist die Form, in der der menschliche (individual-soziale) Geist stabile einfache Verhältnisse, das Handwerk die Form, in der er stabile mannigfaltige Verhältnisse, die Wissenschaft die Form, in der er mannigfaltige mobile Verhältnisse beherrscht. Gewohnheit, Handwerk, Wissenschaft, die Grundformen der menschlichen Kulturtätigkeit, der Verständigung über sie und insbesondere auch der lehrenden Verständigung über sie, ihrer Tradition. Sie folgen einander, aber nie und nirgends kann die höhere die vorhergehende Stufe ausschalten. Vielmehr muß sie sich ihrer bedienen und bereichert sie. Vielleicht wird so die absolute Zahl der Erscheinungen juristischer Handwerksstufe, des Gesetzesrechts also, gar nicht sinken; aber im Verhältnis des siegreichen Wissenschaftsrechts zu dem Gesetzesrecht und der Textjurisprudenz wird der Übergang zur wissenschaftlichen Periode der Rechtsübung sich zeigen. Dem Gewohnheitsrecht bestätigt gerade das Wissenschaftsrecht seine Geltung. Die Handwerksstufe, die gesetzesrechtliche, hat gedacht, die vorhergehende ausschalten zu können und zu sollen. Sie hat darin schwer geirrt. Sätze wie die oben zitierten Eingangssätze des deutschen Obligationsrechts gelten als Gewohnheitsrecht; nicht etwa weil sie im Gesetz stehen, sondern sie würden auch gelten, wenn das Gesetz ihnen direkt widerspräche. Das Gesetz hätte nie vermocht, sie abzuschaffen. Wie sehr hat das Zeitalter des Gesetzesrechts die Kraft und Selbständigkeit des Gewohnheitsrechts stets unterschätzt! Selbst die vor allem gewohnheitsrechtsfreundliche historische Schule faßt das Verhältnis des Gewohnheitsrechts und Gesetzesrechts zuletzt in die Frage zusammen, ob Gewohnheitsrecht dem Gesetze derogieren, d. h. ob Gewohnheitsrecht contra legem sich bilden könne... daß also das Gesetz nur zu wollen und zu sprechen brauche, um mit jedem Gewohnheitsrechte aufzuräumen, setzt auch sie voraus! In Wahrheit trifft diese Voraussetzung nur auf Gewohnheitsrechtssplitter von untergeordneter Bedeutung zu. Im übrigen aber ist das Gewohnheitsrecht nicht durchaus darauf angewiesen, sich langsam und heimlich einzuschleichen; Gewohnheitsrecht von großer, welt- und zeitbeherrschender Bedeutung macht mit elementarer Gewalt jede gesetzgeberische Bemühung zuschanden, die ihm entgegenstrebt; solches Gewohnheitsrecht, dem Gesetze von vornherein trotzend, hat nicht nur derogatorische, es hat auch irrogatorische Kraft.

Es ist für die besondere Überlegenheit der wissenschaftsrechtlichen Anschauung im Gegensatz zur bisherigen rechtshandwerklichen (gesetzesrechtlichen) bezeichnend, daß sie sich durchaus in keiner Weise dahin vergißt, die überwundenen Stufen ausmerzen zu wollen, sondern sie ihrem eigenen Organismus bewußt einfügt. Allgemein genommen ist es die geschichtliche Denkweise der wissenschaftlichen Stufe, in der ihre Überlegenheit über die ungeschichtliche der Handwerksstufe zutage tritt.

c) Verkehrt wäre nun freilich die Annahme, es müßte die große Menge der einzelnen Entscheidungen unter Aufbietung eines wissenschaftlichen Apparats gefunden werden. Nein, dies so wenig, wie der Arzt jede Erkältung und jede Schramme mit tiefgründiger wissenschaftlicher Erwägung bedenken darf. Im Gegenteil! Gerade das ist mit ein Hauptübelstand der modernen gesetzesrechtlichen Periode, daß sie auch die Masse der alleralltäglichsten Streitigkeiten, auch die mit ganz geringem Streitwert, unter Wissenschaft setzt, denn die freie soziologische und rechtsdogmatische Wissenschaft anzuwenden ist sie stets in der Lage, und die gesetzesinterpretatorische Wortwissenschaft anzuwenden ist sie gezwungen; darin liegt ja das Wesen der Herrschaft des Gesetzesrechts. Dadurch wird der Gang der Justiz natürlich sehr verlangsamt, und beständig sieht man die Justiz in Gefahr, hinter dem Tempo des modernen Lebens ebenso zurückzubleiben wie die Gesetzgebung. Nur daß die Gesetzgebung zurückbleiben mußte, während die Justiz nie zurückbleiben darf.

Die wissenschaftsrechtliche Einsicht befreit die Kleingerichtsbarkeit von dem Wissenschaftszwang, den die gesetzesrechtliche Zeit ihr, und zwar am meisten in Deutschland, auferlegt hat. Sie gestattet ihr, zu arbeiten ohne das Rüstzeug der juristischen *Schule*, ohne die Wissenschaft, unter Beobachtung der gesetzlichen Grenzen, die in jedermanns Bewußtsein sind, aus verständiger Würdigung des Falles heraus (ex arbitrio boni viri) zu entscheiden. Die Verständigkeit der Würdigung wird erzeugt dadurch, daß die Gegenstände der Gerichtsbarkeit spezialisiert, in soziale Sphären aufgeteilt werden, deren je eine jeder dem betreffenden Berufskreise (Gewerbetreibende, Kaufleute usw.) oder Interessenkreise (Hausbesitzer, Mieter, Versicherer, Versicherungsnehmer usw.) zugehörige gut kennt. Ferner durch allmählich mittels Einarbeitung erlernte Geschäftsgewandtheit. Hier ist es, wo eine neue blühende Entwicklung des Rechtshandwerks, durch die Rechtswissenschaft begünstigt, sich anbahnt. Eine andere gleichartige Entwicklung des Rechtshandwerks geht ihr zur Seite, indem die Vertreter spezifischen Rechtshandwerks, die rechtstechnisch gebildeten „Subalternen" (deutscher Terminologie) mehr und mehr zur wissenschaftslosen Behandlung der geringeren Rechtsangelegenheiten berufen werden: Gerichtsschreiber, Gerichtsvollzieher, expedierende Sekretäre, Bürovorsteher, Prozeßagenten usw. Längst sind die Geschäftsanwälte Englands (solicitors) und Frankreichs (avoués) auf diesem Wege weit vorausgeeilt. Ja, England hat bereits in seinen „Masters" Gerichtsorgane geschaffen, die auch große Aufgaben erledigen, ohne daß der Richter selbst bemüht wird, die zwischen den Rechtshandwerkern und den Richtern stehen nicht anders als in unseren industriellen Unternehmen die Ingenieure und Oberingenieure zwischen den unteren Technikern und den technischen Direktoren. Die Träger der herrschenden Gesetzesjurisprudenz und Gesetzesrechtsprechung vereinigten Wissenschaft und Handwerk. Sie waren Gelehrte, vom Handwerk beständig niedergezogen, und ihr Handwerk wurde durch Wissenschaft kompliziert und altfränkisch bizarr und steif gestaltet. Der moderne Rechtshandwerker ist wissenschaftslos, ist *Geschäfts*handwerker, der flott arbeitet, dessen Gesetzeskunde — denn eben mit Gesetzen und Reglementen arbeitet er — dessen Vorschriftenkenntnis weder Mittel noch Zweck irgendeiner gelehrten Scholastik ist. Er regelt geschäftsmäßig, wissenschaftslos das Gewöhnliche, und im Bereich der großen Aufgaben waltet mit den großen Mitteln der Wissenschaft der gelehrte Richter und Rechtsanwalt.

Unter der Herrschaft des Gesetzesrechts ist die gesamte Rechtsprechung von wissenschaftlicher (äußerer) Form und von sehr fragwürdigem und unreinem wissenschaftlichem Gehalt. Unter der Herrschaft des Wissenschaftsrechts ist der eine Teil der Rechtsprechung wissenschaftsfrei und von vollwertigem geschäftlichen Gehalt, der andere von wissenschaftlicher Form und vollwertigem wissenschaftlichen Gehalt. Auch hierin zeigt sich nun das Ende der Zeit gekommen, in der begriffsmäßig die Wissenschaft zum Gesetz und das Gesetz zur Wissenschaft erhoben wurde; zeigt sich die Scheidung der Wissenschaft vom Gesetz, die Zerreißung der primitiven Einheit, die Gesetz und Wissenschaft bisher bildeten, vollzogen. Selbst in der Freirechtsschule konnte, da sie immer noch den Hauptstock des Rechts und der Wissenschaft in dem Gesetz und der interpretatorischen Wissenschaft sieht, die Doppelung der freien Rechtsfindung in freie wissenschaftslose und freie wissenschaftliche Rechtsfindung nicht genügend klar erfaßt und in ihrer Bedeutung erkannt werden.

Gerade die wissenschaftslose Rechtsprechung ist von den Anhängern der alten Rechtswissenschaft erbittert bekämpft; sie müsse zur Willkür, zur Bedrückung führen. Die freirechtliche Schule hat das positiv kaum zu widerlegen gewußt, sie hat wesentlich nur darauf hinweisen können, daß es in der Gerichtsbarkeit des täglichen Lebens „so (ohne wissenschaftslose Rechtsfindung) nicht weitergehe". Da ist nunmehr festzustellen: innerhalb der Verhältnisse, die die bisherige Rechtsgeschichte der lebenden Völker bis an die Schwelle der jüngsten Zeit befaßt, ist allerdings die freie wissenschaftslose Rechtsprechung gleich einer Gewalt, die immer droht, alle Stützen der Ordnung und Moral einzudrücken. Und zwar ist es die Ausdehnung der Gerichtsbezirke und die Massenhaftigkeit der Arbeit nebst der Zahl, der Dichtigkeit und der von Tag zu Tage steigenden Beweglichkeit (Fluktuation) der Bevölkerung, die unserem Zeitalter die erforderlichen objektiven Garantien für eine wissenschaftslose Rechtsprechung darbietet. Jeder der vielen Fälle wird hier zur bloßen Nummer, die Parteien sind den Richtern persönlich ganz unbekannt; sie haben keinen Anlaß und nicht einmal Zeit, parteilich zu sein. Und sie haben allen Anlaß, unparteilich zu sein. Niemand könnte sie vor der Wachsamkeit der Parteien und der Presse sowie der sozialen Organisationen schützen. Auch die Regierung, auch die Klasse, die einzelne Partei hat nicht die Macht dazu, gegenüber dem ungeheuren Druck einer großzügigen und international wie auch sozial verzweigten öffentlichen Meinung. In den kleinen Verhältnissen der früheren Zeit und teilweise, z. B. in Schweizer Kantonen, auch noch der jetzigen wirken nicht nur die Motive persönlicher Neigung und persönlicher Abneigung im Richter, der jeden kennt, wie er von jedem gekannt wird. Es konnte auch der Richter eines alten deutschen Bezirks nicht wagen, sich mit dem Patrimonial- oder kleinen Territorialherrn oder mit dem Geistlichen, es kann der Richter einer kleinen Republik es nicht wagen, sich mit der herrschenden Clique in ernstlichen Widerspruch zu setzen, denn die große öffentliche Meinung kümmert sich um so kleine Verhältnisse nicht, und die heimatliche kleine vermag nichts gegen die heimatliche organisierte Clique oder Herrenmacht; wiederum ist der Richter gegen alle Anfechtung gesichert, solange nur die Clique oder der Herr ihn hält.

Die objektiven Garantien der wissenschaftslosen Rechtsprechung liegen also a) in der großen Macht der öffentlichen Meinung in den Verhältnissen der Gegenwart, b) in der handwerksmäßigen Routiniertheit und persönlich indifferenten Maschinenmäßigkeit des Betriebs. Sodann c) darin, daß im Schoße des Gerichts selbst doch einmal der Gegensatz der Parteien repräsentiert wird. Denn das moderne, im Wege geschäftlichen Rechtshandwerks arbeitende Laiengericht ist Gericht über Klassengegensätze, und es hat jeweils sowohl die Arbeiterschaft wie das Unternehmertum, der Mieter wie der Vermieter den Vertreter seiner Gruppe als Beisitzer im Gericht; über diesen beiden sachverständigen Laien führt den Vorsitz der rechtsgelehrte Richter, und der kann d) jederzeit auf die Wissenschaft zurückgreifen.

Wer die moderne wissenschaftslose Rechtsprechung und die ihr dienenden Gerichte verwirft, indem er sie mit der wissenschaftslosen patriarchalischen Rechtsprechung zusammentut und sich um den Nachweis bemüht, daß dieser angebliche Fortschritt in Wahrheit ein Atavismus sei, der irrt nicht anders als derjenige, der das Wissenschaftsrecht nicht anzuerkennen weiß, weil er sich außer dem Gesetzesrecht nur Gewohnheitsrecht denken und im Wissenschaftsrecht nur solches sehen kann. Die moderne wissenschaftslose Rechtsprechung ist so gänzlich ein Erzeugnis neuester Kulturentwicklung, daß selbst die scheinbare Paradoxie nicht gescheut werden durfte, das Wissenschaftslose moderner Rechtsprechung als Begleiterscheinung und Teilbegriff des Wissenschaftsrechts zu bezeichnen. Letzten Endes ist aber doch das, was die freie wissenschaftslose Rechtsprechung unbedenklich und sohin möglich macht, die Existenz einer großen, freien, international verbreiteten und gefestigten Rechtswissenschaft, in der ja auch die Hauptgarantie, die öffentliche Meinung, ihre Gründe findet, wenn sie einmal Anlaß hat, sich mit einem Urteil der Alltagsgerichtsbarkeit zu beschäftigen.

Freie Rechtsfindung und unmittelbare Demokratie

*Zur Grundlegung moderner Rechts- und Staatsethik**

I.

Das methodologische Problem ist keineswegs bloß Angelegenheit der Philosophie. Vielmehr stellt es sich zugleich als ein juristisches Problem allerersten Ranges dar. Dies so sehr, daß lange Zeit hindurch überhaupt nur die juristische Fragestellung im Schwange war. Ein Beispiel fast rein juristischer Behandlung ist insbesondere *Adickes* Abhandlung über die Natur der Sache. Es ist im Grunde erst ein Gedanke der letzten Jahre gewesen, das Problem in weiterem, allgemeinem Kulturzusammenhange anzuschauen und vor allem es erkenntnistheoretisch zu behandeln, es zu einem Gegenstande der Logik und Wissenschaftslehre zu machen und neben die archipraktische Frage: quomodo sit interpretandum? die rein philosophische nach dem Wahrheitsgehalt der Jurisprudenz zu setzen. Ich habe an anderer Stelle darauf hingewiesen, wie sehr die Agitatoren der Freirechtsbewegung und ihre Gegner, die besorgten Verteidiger der Gesetzestreue, sich irren, wenn sie im just einmal wieder etwas heftiger entbrannten und ein wenig popularisierten Kampf um die Interpretation eine neuartige Erscheinung sehen. Diesen Kampf gab es immer: in der Seele jedes Juristen, der den Namen eines solchen verdiente, in der Literatur, in den Polemiken des Instanzenzugs und den Deduktionen der Sachwalter. Sogar populär war er immer: das einzige, was die Rechtspflege neben den Schaustellungen barbarischer Strafakte an Volkstümlichem aufzuweisen hatte. Das Gerede über die „juristischen", dem Volke unverständlichen Entscheidungen kräuselte immer seine Wellen, wenn auch zu Zeiten, da der Grundherr oder der König Gedanken über die Weltfremdheit seiner Richter nicht erlaubte, nur das Schimpfen über die Advokaten übrig blieb. Hier sei demgegenüber nun betont, daß die gegenwärtige Bewegung gleichwohl ihr Neues hat , wodurch sie sich von allen früheren Regungen der Methodologie scharf abhebt, und das eben ist nichts anderes als die kulturphilosophische und erkenntnistheoretische oder epistemologische Behandlung. Bei ihr geht es nicht mehr lediglich darum, Entscheidungsbehelfe zu gewinnen, sondern einmal darum, einem umfassenden und allgemeinen Kulturbewußtsein Ausdruck auch im

---

* Hogaku Kenkyo III (1924) Heft 1 und 3, VII (1928) Heft 1, 2 und 4.

Rechtsleben zu verschaffen, die unheilvolle und absurde Abspaltung des Rechts vom Leben zu beseitigen, sodann darum, Begriff und Wesen der *Wissenschaft* unter Beachtung der Charaktere der Rechtswissenschaft zu bestimmen — später dann, den verbesserten allgemeinen Wissenschaftsbegriff auch zu Nutz' und Frommen der Rechtswissenschaft zu verwenden.

Offenbar ist die kulturphilosophische Aufgabe die bequemere. Sie verbleibt in weiten Grenzen praktisch und ist dies insbesondere in den bisherigen Leistungen so sehr verblieben, daß man in ihr mit gutem Recht einfach die zeitgemäße Umbildung der alten juristischen Behandlung des Interpretationsproblems sehen darf. Die ist eben *soziologisch* geworden. Es bedarf da auch noch nicht einmal notwendig der bohrenden Arbeit der Philosophie: die Interpretationstheorie bildet einen ziemlich späten Nachkömmling der Soziologie, deren gebildete Sprache für sie dichtet und denkt. So läßt sich die Sache denn sehr anständig in journalistischem Rahmen erledigen, wofür die *Fuchs*'schen Broschüren Zeugnis ablegen.

Anders steht es mit der Lehre von der juristischen Methode als einem Teil und Gegenstande der allgemeinen Wissenschaftslehre. Die fordert subtile philosophische Arbeit. Sie anzuregen war die Absicht und hauptsächliche Neuerung meiner kleinen allgemeinen Rechtslehre, ihr Verdienst, wenn sie ein solches hat, und die Ursache, weshalb sie in der folgenden Literatur zur juristischen Methodologie notwendig fast unbeachtet blieb, obwohl sie als eine der ersten in Deutschland auch die kulturphilosophischen Erwägungen in Gang bringen half. Nach dem Wahrheitsgehalt der Jurisprudenz zu fragen, ist ein Unterfangen, das auch heute vielen nur belächelnswert erscheinen mag, weil man sich damit abfindet, ernsthafterweise könne nur von einem Fiktionengehalt der Jurisprudenz die Rede sein.

Das heißt freilich: die Binde der Themis im Sinne des Blindekuhspiels nehmen; und mancher Leser dieser Schrift wird über die in Selbstbeobachtung wahrgenommene Stimmung ironischer Ablehnung, die ihm der Wortklang „Wahrheitsgehalt der Jurisprudenz" erregt, einigermaßen bestürzt sein. Und es hilft ihm nicht, zu bedenken, daß die Binde doch einen erheblichen Spalt frei lasse... dem Augurenlächeln. Er wird seinen Zweifel am Wahrheitsgehalt und Wissenschaftscharakter in diesem Augenblick unangenehm empfinden, aber nichts dazu vermögen, über ihn hinwegzukommen. Bezeichnend ist für den latenten juristischen Skeptizismus namentlich die Haltung *Stammlers,* der ausgesprochener Erkenntnistheoretiker und sicherlich nicht geneigt ist, mit geringen intellektuellen und ethischen Ansprüchen der Jurisprudenz gegenüberzutreten. Stammler spricht vom objektiv Gültigen in der Jurisprudenz, aber von ihrer Wahrheit spricht er nicht; er gleitet hin, ohne (ein Rationalist!) es jemals recht zu wagen, das Gewicht ein wenig auf die logische Seite hinüberzuneigen. Was er vom Wissenschaftlichen der Jurisprudenz gesagt hat, ist überhaupt ganz farblos und ohne Ertrag.

Es liegt mir nun ganz gewiß fern, all den heimlichen Kaisern im juristischen Genieland die Huldigung zu versagen, die sich gesalbt und gekrönt wissen, weil sie es erraten haben, daß es sich in der Jurisprudenz um Werturteile und Interessengegensätze handelt und nicht um „Konstruktion" in dem Sinne, daß an schiefen Metaphern der Gesetzestexte und Präjudizien gerade ihre Schiefe respektiert werden müsse. Werturteile contra Aussagen! Dabei, daß der Streit, ob das Recht außer Normen (also Werturteilen) noch etwas anderes enthalte, nicht ausgetragen sei, mag ich mich nicht aufhalten, obschon die naturrechtliche Meinung, daß Rechtssätze auch andere als imperativische Bedeutung haben, leider von *Bekkers* Autorität neuerdings verfochten wird. Ich habe es selbst immer hervorgehoben, daß die Jurisprudenz keine Erkenntniswissenschaft ist, sondern eine Dogmenwissenschaft. Jurisprudenz macht keine Mitteilungen und Entdeckungen, so wenig wie die Philosophie und Theologie, ja noch viel weniger. Sie spricht nicht von Dingen, wie sie sind, sondern von Gedanken, wie sie zu denken sind. Kurz: Ideen, Dogmen bilden ihren Inhalt. Dogmen sind mit Vorstellungselementen behaftete Werturteile oder mit Werturteilen behaftete Vorstellungen — wie man es stellt, ist ziemlich gleich; die erste Wendung mag für die Jurisprudenz, die zweite für die Theologie besser passen. Aber wir können Ideen, Dogmen unmöglich mit Fiktionen gleichsetzen. Darum eben handelt es sich: den Wahrheitsgehalt des Dogmas zu bestimmen, den des juristischen Dogmas ebenso, wie *Eucken* bereits den des religiösen zu bestimmen unternommen hat.

In exakter Weise kann das nur geschehen im Wege des Vergleichs der Wissenschaften, der *vergleichenden Wissenschaftslehre* also. Es genügt nicht, wenn man wie Stammler die Nationalökonomie und etwa noch die Geschichte heranzieht. Es muß der volle Kreis der Wissenschaften herangezogen, es muß, wie ich das in jener „Allgemeinen Rechtslehre" angeregt habe, auch die Vergleichung der Jurisprudenz mit der Naturwissenschaft, der Medizin, der Psychologie, Chemie, Mathematik, der Philologie, der Geschichte etc. auf ihr Maß zurück- und über ihre anstößige Trivialität hinausgeführt werden; es muß genau erkannt werden, mit welchen ihrer Form- und Inhaltselemente diese einzelnen Wissenschaften an der Jurisprudenz beteiligt sind. Das ist im Sinne einer wirklich kritischen Betrachtung der Jurisprudenz und einer richtigen Fassung des Begriffs der Wissenschaft und der Wahrheit notwendig; das bedeutet eine über den bloßen Rationalismus hinausgeführte Wissenschaftslehre und Erkenntniskritik.

Hier hat die Philosophie einzusetzen, speziell die Rechtsphilosophie, und die Aufgabe der Rechtsphilosophie gegenüber dem Rechtsmethodenproblem ist hiermit abgegrenzt. Das ist deshalb von Wichtigkeit, weil durch das Zusammenwerfen der philosophischen und der juristischen Behandlung eine beständige Verwirrung der Gesichtspunkte entsteht, die auf die Jurisprudenz und die Rechtsphilosophie gleichermaßen lähmend wirkt.

Die *juristische Fragestellung* der Rechtsmethodologie — um diese nun gleichfalls positiv näher zu bestimmen — will erkunden, *welche Art der Rechtsfindung ein geltendes Recht gebiete*. Es diskutiert die Frage der Rechtsfindung so, wie die Parteien in einem Prozeß sie plädieren würden: als „Rechtsfrage". Wie die philosophische Untersuchung der juristischen Methode früher und zum Teil auch noch jetzt durch das Überwuchern der juristischen Interessen hintangehalten wurde, so litt und leidet gemeinhin die juristische Behandlung an der unvorsichtigen Einbeziehung philosophischer Elemente. Es wurden namentlich kulturphilosophische Erwägungen zu Hilfe genommen, weil es an positiven Rechtsnormen fehlte; nun war aber dies Fehlen zum guten Teil nur ein scheinbares: man glaubte, aufs Naturrecht, dem man die allgemein kulturphilosophischen Räsonnements als ihrem Grunde zuschrieb, angewiesen zu sein, während man bei einiger rechtsvergleichenden Einsicht bald bemerkt hätte, daß auch und gerade die Quellenlehre, oder wie wir hier lieber sagen möchten: das Recht der Quellen, nicht vom Himmel gefallen, sondern geschichtlich vom positiven Recht und verschiedenartig genug gestaltet worden ist. Es ist namentlich das Studium des englischen *Quellenrechts,* das dem römisch-kanonischen den Nimbus naturrechtlicher Geltung weggenommen hat.

Es gibt positive Normen genug, die Methodenfragen betreffen, wenn man nur näher hinsieht, oder doch wenigstens Kreise der positiven Institutionen, die auf die Methode einwirken und wiederum von ihr beeinflußt und modifiziert werden. Da stößt die *Methodenfrage im Strafrecht* zusammen mit dem Satze nulla poena ante legem poenalem, mit der Frage nach dem Normenadressaten und mit der nach dem Bewußtsein der Rechtswidrigkeit und error iuris. Da hat *A. S. Schultze* gezeigt, wie ungeheuer die Rechtsfindungstheorie den *Prozeß* zu wandeln imstande ist. Und vor allem ist es im modernen gewaltenteiligen Staat das *Staatsrecht,* und zwar der Grundbestand des konstitutionellen Gedankens, der von der Methodenfrage in Mitleidenschaft gezogen wird, denn um die Grenzen der Justiz gegen Gesetzgebung und Verwaltung wird gestritten, wo um des Richters Imperium in iudicando gestritten wird. Dies war gemeint, diese außerordentlich tiefe und weit verzweigte Wurzelung des Methodenproblems in allen Einzelteilen des positiven Rechts, wenn es vorhin hieß, daß die Methodenfrage als juristisches Problem ein solches vom ersten Range sei.

Im folgenden soll die staatsrechtliche Funktion der juristischen Methode innerhalb der unmittelbaren Demokratie untersucht und speziell die Reform gekennzeichnet werden, die der Apparat der Gerichtsverfassung, jedoch vor allem die staatsrechtliche Ideengrundlage dieser Konstitutionsform verlangen, wenn, wie es in der Schweiz 1912 geschehen wird, die Justiz das Prinzip der freien Rechtsfindung in sich aufnimmt.

Hierbei soll von einer Arbeit des Genfer Zivilrechtlers *Martin* ausgegangen werden, die zwar keineswegs in die Materie eigentlich eindringt, jedoch für die Fragestellung Anregungen gibt, da er wie *Gmür* einigermaßen deutlich allgemeine Quellentheorie und besonderes schweizerisches Quellenrecht nebeneinander diskutiert.

Martin zählt *die 6 Freiheiten des schweizerischen Richters* (der Zukunft) auf:

1. Interpretation,
2. Feststellung und Anwendung von Gewohnheitsrecht,
3. freie Rechtsfindung bei Rechtslücken,
4. freie Rechtsfindung bei gesetzlich aufgetragenem Ermessen,
5. Rechtsschutzverweigerung bei Rechtsmißbrauch (Schikane),
6. freie Beweiswürdigung.

Letztere dünkt Martin so exorbitant gegenüber der sonst in welschen Kantonen (außer in Handelssachen) wie in Frankreich eingeführten Bindung zwar nicht der Gültigkeit, aber der Rechtsschutzfähigkeit der Verträge an die Schriftform (vor allem den Registern gegenüber), daß er verlangt, die Fälle müßten ohne Rücksicht auf den Streitwert revisibel sein. Er übersieht, daß die Fälle, in denen die untere Instanz für Zeugnis gegen Schrift entscheidet, sehr selten und aller Wahrscheinlichkeit nach besonders gut erwogen sein werden, besonders wo die Möglichkeit überhaupt noch neu und die Rechtsüberzeugung dem alten System günstig ist. Wer hier Befürchtungen hegt, kann nicht Fehlsprüche, sondern nur dolus des Richters meinen. Inwieweit diese letzte Befürchtung gerechtfertigt ist, soll weiter unten geprüft werden.

II.

Das gleiche Instanzenprivileg verlangt Martin da, wo der Richter erklärt, nach einem von ihm anstelle des Gesetzgebers gekorenen Rechtssatz entschieden zu haben (*Ballot-Beauprésche* Formel des Art. I schweizerisches ZGB). Desgleichen da, wo es sich um Ausübung des Schikaneverbots handelt. *Martin* ist wie der alte *Demolombe* und einige deutsche Pandektisten des 19. Jahrhunderts (er nennt freilich weder jenen noch diese) Gegner des Schikanebegriffs, den er bereits in ZSR XXV, S. 21 bekämpft hat. Meines Erachtens ist es ihm aber nicht gelungen, die Frage, ob Schikane möglich sei oder es sich bei Bildung dieses Begriffs lediglich um eine Folge unsauberer Abgrenzung der Begriffe des subjektiven Rechts einerseits, des Zivildelikts andererseits handle, zu lösen. So lange nicht klar und deutlich objektive und subjektive Theorie in der Schikanelehre ausgearbeitet sind, was nicht von *Martin* und auch nicht von *Saleilles,* wohl aber von einigen deutschen Dissertationen und auch da nicht mit besonderem Glück geschieht, kommt man hierin nicht weiter.

In der Beurteilung der *Ballot-Beaupréschen Formel*, daß der Richter bei der freien Rechtsfindung die Regel befolgen solle, die er als Gesetzgeber aufstellen würde, äußert sich Martin ganz im Sinne der in diesem Punkte bahnbrechenden Arbeit über Art. I ZGB von *Gmür*, der seinerseits wieder unmittelbar auf *Huber*, dem Schöpfer der legislatorischen Verwendung der Ballot-Beaupréschen Formel, steht. *Gmür* weist nach, oder versucht es, daß der freien Rechtsfindung in der Tat der gesuchte objektive Maßstab, die notwendige vernünftige Begrenzung dargeboten ist. Nicht seinem subjektiven Empfinden, sondern dem, was er für das gegenwärtige Rechtsbewußtsein des Schweizervolks halten muß, hat der Richter zu folgen.

Man wird sich aber, denke ich, darüber klar sein müssen, daß auch dann mehrere Lösungen einer Rechtsfrage möglich bleiben. Doch wird ausschweifendes Willkür- und Phantasierecht damit gebannt. Darin erweist sich die Ballot-Beauprésche Formel vor anderen im gleichen Sinne verwandten Mitteln wirksam. Das von *Brütt* eingesetzte Prinzip der Kulturförderung z. B. würde diesen Dienst nicht leisten; im Gegenteil! Subjektive Kulturideale hätten leichtes Spiel. Man beachte, daß *Kohler*, dem Brütt die Anregung verdankt, die Kulturförderung nie als objektiven Maßstab der Rechtschöpfung bewertet hat, so sehr er sie auch sonst in den Mittelpunkt seiner ganzen Welt- und Rechtsauffassung stellt. Treibender Grund und Ideal von unbegrenzter Wirksamkeit ist sie ihm, aber niemals Grenze.

Ich habe schon früher in Vorträgen und in Rezensionen das, worauf es zwecks Begrenzung des richterlichen Ermessens ankommt und was auch die Ballot-Beauprésche Formel meint, in dem Schlagwort angedeutet: „Freie Rechtsfindung bis zur Grenze des politischen Verbots". Ich setze ein Beispiel: Der deutsche Richter, der etwa überzeugter Gegner des Börsengesetzes ist, darf wohl im Börsenrecht freies Recht finden, aber nicht die politischen und wirtschaftstheoretischen Absichten, denen das Gesetz seine Entstehung verdankt, illusorisch machen. Er sei liberal gesinnt und halte das Gesetz für schädlich und absurd; er muß doch den konservativen Standpunkt auch in der Auslegung vertreten, denn dieser hat die Sanktion der rechtsstaatlichen Legislaturfaktoren erhalten. Nimmt man hinzu, was ich die *Wertpapierqualität des Gesetzes* nenne, daß nämlich *der* Gesetzeswortlaut maßgebend sein muß, daß *die* Wortbestimmungen unantastbar sein müssen, auf die sich eine redliche Partei als auf ihr verbrieftes Gut verlassen konnte (namentlich *Jung* hat das näher ausgeführt), so hat man in nuce eine vollständige juristische Theorie der Rechtsfindung.

Zurück zu *Martin*. Er hält sich im wesentlichen an *Gmür* auch in der Auffassung des „Er (der Richter) folgt dabei bewährter Lehre und Überlieferung." Für „bewährte Lehre und Überlieferung" hat der französische Text: „Les solutions consacrées par la doctrine", der italienische die m. E. nicht unbedenkliche Fassung : „Doctrina e giurisprudenza più autorevoli".

Das führt nicht mit Sicherheit zu eindeutigen Lösungen, kann es auch gar nicht, denn es gibt in Hinsicht auf die doktrinale und präjudiziale Tradition keine Orthodoxie, und es darf auch keine geben. Es ist auch nicht die Absicht des Gesetzes, eine solche zu züchten. Auch ist das „Folgen" an sich ein sehr dehnbarer Begriff: Folgen in welchem Maße? In welchem Grade? Ebenso steht es mit dem französischen „Il s'inspire". Nur das italienische „Egli s'attienne" kann dem Sprachgebrauch nach eher als eine Anweisung auf engeren Anschluß verstanden werden. Das hat aber nichts auf sich, denn in der Interpretation würde der italienische durch die Kongruenz des deutschen und französischen Textes sozusagen überstimmt werden. Doktrinarismus und Präjudizienkult werden auch dadurch noch lange nicht der Rechtsprechung nahegelegt. Immerhin wäre auch der Gedanke, daß man in der Justiz sie als eines der geringsten oder das geringste der möglichen Übel bevorzugen sollte, nicht eben schlecht.

Worin liegt also der Anteil dieser Klausel, die ich die *Traditionsklausel* nennen möchte, an der Darbietung eines objektiven Maßstabs? Wie vermag darin die Traditionsklausel die Ballot-Beaupré sche Formel zu unterstützen? Meines Erachtens liegt der objektive Maßstab darin, daß *seriöse Literatur seriös verwendet wird*; ... man könnte sagen: in einer Weise, die als wissenschaftlich internationale Klasse hat. So läßt sich die Gmür-Martinsche Ansicht vielleicht doch ein wenig schärfer fassen. Was als seriöse Literatur gilt, wird natürlich in großem Maße von rein äußerlichen Gesichtspunkten abhängen müssen wie alle Kanonik. Es wird sich wesentlich um das handeln, was in der Zunft anerkannt ist durch Aufnahme in die angesehenen Zeitschriften und die gut eingeführten Verlage. Daß kühne Neuerer, die abseits publizieren mußten, zu Worte kommen, ist aber im Sinne der „bewährten" Lehre und Überlieferung auch gar nicht erwünscht, es handelt sich ja eben darum, der freien Rechtsfindung konservative Hemmungen anzuhängen, und überhaupt muß Justiz nach dem Worte des Meisters *Gneist* von konservativen Sitten sein.

Wie verhalten sich nun des näheren die beiden Maßstabsbestimmungen, die der *Ballot-Beaupréschen Formel* und die der *Traditionsklausel* zueinander?

a) *Wiederholend*. So wenig der Richter Phantasierecht aus den eigenen Fingern saugen darf, darf er sich etwa auf Schriften und Urteile von derartigem Habitus berufen. Auch hier soll zunächst das Utopische, Subjektive von jedem Einfluß ausgeschlossen sein, mag es auch geistig noch so hoch stehen und wahrhaft „vers les temps meilleurs" deuten; man kann den schweizerischen Gesetzgebern das Lob nicht versagen, daß sie das, was sie wollten, durch die Ausdrücke „bewährt", „autorevole" und namentlich „consacré" in einer dem Genius der Sprachen aufs feinste gerechten Formulierung angedeutet haben. Die in den Worten mitklingenden Gefühlstöne prägen den

Rechtssatz, der den Anschluß an Vätersitte, ans Befestigte, Geweihte statuiert, dem empfindenden Gemüte ein, er gebietet nicht nur, er predigt ihn auch.

Es wird also hiernach die zugelassene, die kanonische Literatur und Judikatur, diejenige, die zur Rechtfertigung einer frei gefundenen Entscheidung fähig ist, einer Aussiebung nach dem Grundsatz der Ballot-Beaupréschen Formel unterworfen. Ihre Autoren müssen selbst so gearbeitet haben, wie diese es vorschreibt, ein jeder so, als ob er selbst der *schweizerische* Gesetzgeber seiner Zeit und Gelegenheit gewesen wäre. Es ist gewissermaßen die ununterbrochene Reihe der Handauflegungen durch die Ballot-Beauprésche Formel, die der Tradition ihre Kanonizität verleiht.

b) *Ergänzend,* wie schon oben angedeutet, dahin, daß das offenbar minderwertige Material ausgeschaltet bleibt. Der Richter soll sich nicht auf Stümperarbeiten und Abderitenjudikatur berufen können. Diese Meinung des Rechtssatzes hat speziell für die Schweiz eine erhebliche Bedeutung, weil das schweizerische Recht und ganz besonders das kantonale nur in kleinen Kreisen gepflegt wird. Klein sind die gelehrten Zünfte und mögen leicht den rechten Maßstab für die Leistungen der Eingesessenen verlieren, klein und der Bildung bornierter Meinungen leicht ausgesetzt die Gerichtssprengel, die Richter mit dem Volk in zu unmittelbarer Fühlung, um sich dem Einfluß solcher Meinungsströmung bequem entziehen zu können. Die nationale Kritik ist demnach nicht anspruchsvoll, und die Stimme der internationalen Kritik erklingt nur schwach. Das Bundesgericht, das als Resonanzboden der internationalen Kritik in bekannter trefflicher Leistung die Aufgabe der nationalen Kritik erfüllt, wird, die Mängel der lokalen Rechtspflege auszugleichen, zwar durch die berühmte Interpretation des Art. 4 der Bundesverfassung in sehr weitem Umfange zum Spruch berufen, aber es kann auch nicht alles machen. Es hat auch nicht einmal einer Fiktion nach die Stellung des englischen oder anderer Reichsgerichtshöfe und wird sie nie haben, zumal die gegenwärtige Entwicklung eher auf Einengung seiner Kompetenz hinzielt.

An diesem Punkte zeigt sich bereits, daß — wie übrigens auch *Gmür* und besonders *Martin* stark betonen — die Schweiz mehr als bisher gelehrte Richter zur Rechtsprechung wird heranziehen müssen, weil man auf die Bewertung des vorliegenden wissenschaftlichen Materials nicht so viel Gewicht legen, nicht geradezu die Geltung des Richterspruchs von der darin geleisteten wissenschaftlichen Arbeit abhängig machen, die Qualität dieser Arbeit für die Bewertung des richterlichen Spruchs entscheidend sein lassen kann, wenn man nach wie vor die Beschaffung und Sichtung des wissenschaftlichen Stoffs vorwiegend den Gerichtsschreibern und Advokaten überlassen wollte, die bisher hauptsächlich die Träger des wissenschaftlichen Elements im kantonalen Rechtspflegewesen waren.

Die Unterstützung und die Modifikation, die die Traditionsklausel der Ballot-Beaupréschen Formel beibringt, ist also nicht die Festlegung auf bestimmte Präjudizien und Doktrinen, wie sie sich im englischen Recht und im römischen Kaiserrecht findet, kein case law, kein ius respondendi wird begründet, die Traditionsklausel ist kein Zitiergesetz in blanco, das etwa vom Gewohnheitsrecht ausgefüllt zu werden berufen wäre. Gleichwohl ist das von ihr eingeführte Prinzip keineswegs neu und beispiellos. Wir alle befolgen es bei den moralischen Urteilssprüchen, die wir über das Tun und Treiben unseres Nächsten im täglichen Leben abzugeben haben. Wir können die Maxime einer Handlungsweise bedenklich finden und die Handlung tadeln, so auch eine Arbeitsleistung unzulänglich finden: es fällt gleichwohl zugunsten der Handlung und Leistung ins Gewicht, daß ihr Urheber die vorhandenen guten Autoritäten und Hilfsmittel berücksichtigt, benutzt habe. Man entnimmt daraus den äußeren Anhaltspunkt zu dem Schlusse, daß der Handelnde wenigstens die subjektiven Bedingungen vollwertigen Handelns aufgebracht, die laudanda voluntas bewährt habe. Es hat von diesem Maßstab denn auch die offizielle Organisation der moralischen Menschenbeurteilung, die als die großartigste in der Geschichte auftritt, die Jurisdictio in foro interno der römischen Kirche entschiedensten Gebrauch gemacht. Es handelt sich also, kurz gesagt, um den *Probabilismus,* den die schweizerische Gesetzgebung als Korrektiv dem Prinzip der freien Rechtsfindung eingefügt hat.

Und die Frage lautet nun: Ist die Aufnahme des Probabilismus in die moderne Rechtspflege zu billigen? Ferner: Welche Bedeutung hat der Probabilismus angesichts der spezifisch schweizerischen Verhältnisse?

Den kirchlichen Parteien wird die Aufnahme eines kirchlichen Zuges in das moderne Leben willkommen sein, der Protestantismus und die Aufklärung werden ihm ebenso ihre Sympathie entgegenbringen. Natürlich kann keine dieser Tendenzen in unserer Beurteilung der Sache das Wort haben.

Der unvermeidliche und von niemand geleugnete Mangel alles Probabilismus, seine Kehrseite, sei vorab erledigt. Es ist natürlich immer möglich, daß eine minderwertige Gesinnung sich das Vertrauen, das in dem probabilistischen Schlusse liegt, in verwerflicher Weise zunutze macht. Man kann, sofern man es darauf anlegt, mit fleißiger Allegation recht vieler Autoren ein bewußter- und gewolltermaßen schändliches Resultat stützen, man kann auch sich vor der Arbeit pflichtmäßig eindringenden Denkens in den geschäftigen Müßiggang der Zitatenstapelei hineinflüchten; so vermögen allerdings dolus sowohl wie Trägheit im Probabilismus ihren Nährboden zu finden. Aber es gibt kein menschliches System, in dem das nicht der Fall wäre, und es kommt also nur auf die Grade an. Dolus und Trägheit des schweizerischen Richters hatten es ohne den Probabilismus jedenfalls leichter, wie noch des näheren zu zeigen.

Und es kann dieser Mangel den Probabilismus als Prinzip der Rechtsprechung nicht untauglich machen, weil nach Verwerfung des starren Tutiorismus der „alten Schule" ein anderes Prinzip gar nicht übrigbleibt. Ja, sofern auch die alte Schule das Billigkeitsprinzip, die Natur der Sache, die guten Sitten, Treu und Glauben, das allgemeine Zivildelikt (§ 826 BGB) usw. in der Requisitenkammer ihrer Quellen- und Interpretationslehre hält, läßt auch sie sich auf den Probabilismus zurückführen. Denn das liegt im Wesen jeder positiven und somit auch der herrschenden geschichtlichen Rechtsansicht. Nur eine Naturrechtslehre kann an die Möglichkeit eindeutig richtigen Rechts glauben. Nur wenn ein feststehendes Recht irgendwie naturaliter existiert, das mittels geeigneter exakter Methoden — seien es theologisch-semantische, seien es philosophisch-mathematische (mos geometricus Wolfs!) — oder aber durch eine, obwohl rein menschliche, doch unfehlbare Innerlichkeit („natürliches Rechtsgefühl") gefunden wird, können streng objektive, von jeder Subjektivität losgelöste Resultate der Rechtsergründung gefordert werden. Nicht aber, wenn die Rechtsfindung ein schöpferischer Akt ist, was philosophisch allgemein zutrifft und juristisch von der herrschenden und nun im Schweizerrecht zum Gesetz erhobenen Lückentheorie wenigstens für ein begrenztes Gebiet statuiert wird. *Die Annahme schöpferischer Qualität der Rechtsfindung* ist ein *Ausbau und* eine *Konsequenz der positiven Rechtsansicht, zugleich* aber bedeutet sie den *Anschluß* der Rechtsphilosophie und des geltenden Rechts *an* dasjenige ethische Prinzip, das die Gegenwart, soweit diese sich nicht konfessionell festlegt, durchaus beherrscht, *das Prinzip der Autonomie*.

Mit diesem Prinzip ist der Welt überhaupt erst ein reines Moralprinzip gegeben worden. Die Antike war durchaus natural festgelegt, band ihr Moralprinzip an die äußere Welt. Das Daimonion des Sokrates, das ganz ungriechisch eine Verlegung des Moralprinzips in das menschliche Innere hinein anbahnt, wird als ein schwacher Punkt von der gesamten entwickelten Sokratik ausgeschaltet. Stoa und besonders Christentum suchen endlich das Moralprinzip in der menschlichen Innerlichkeit als Innewohnen der Gottheit zu begründen, aber der herrschende Glaube, dem nur ab und zu subjektivistische Strömungen meist ohne große Erfolge entgegentreten, stempelt immer wieder die Gottheit zu einer bloßen Naturmacht und wirft so den Geist, die Moral des Christentums wieder hinter die Antike zurück. Anheftung der Moral an einen günstigenfalls halbfetischistischen Gottesbegriff oder an die Naturgesetzlichkeit von Plato, Grotius, Spinoza und Wolf, wobei immer das Gebot als äußerliches Datum dasteht, ist das Resultat am Ende des 18. Jahrhunderts. Nun stellt endlich Kant die Innerlichkeit wieder in den Mittelpunkt: Du mußt dir selbst das Gesetz geben. Aber damit war der Naturalismus, war das Naturrecht noch nicht beseitigt. Kants Moralprinzip ist nicht voluntaristisch, es handelt sich ihm nicht um rein positive Moral. Um der Willkür zu entrinnen, sucht er ganz nach alter Weise eine Anlehnung an etwas, was wirkliche Gesetzlichkeit, Allgemeingültigkeit verbürgen könnte. Und ganz wie die früheren nimmt er diese Anlehnung nach der intellektualistischen Seite hin. Allgemeingültiges von materialem Charakter sucht er auf, synthetische Urteile a priori. Nur daß das, was die exakten und zweifellosen Moralprinzipien formuliert, nicht mehr die Mathematik sein soll, etwas, was der Moral fremd ist und nach der kritischen Forderung der Scheidung praktischen und theoretischen Urteilens nicht mit ihr zusammengeworfen werden soll, sondern etwas, was innerhalb des Sittlichen selbst exakte Sätze prägt. Was mit der Mathematik nicht mehr unmittelbar zusammenfällt, sondern sich mit ihr nur in dem beide umfassenden Höheren vereinigt, in der reinen Vernunft oder Logik gibt, mittels jenes eigentümlichen Begriffs der transzendentalen Vernunft oder transzendentalen Logik, der es Kant ermöglicht, formale Vernunftprinzipien (Prinzipien des Vernunftge*brauchs*) von gleichwohl materialem Gehalt und daran anschließend Kategorien von absoluter Geltung zu konstruieren, gelangt er auch auf praktischem Gebiet zu formalmaterialen Prinzipien von absoluter Geltung, Prinzipien a priori. Die Geistestätigkeit, die auf praktischem Gebiete solche Sätze hervorbringt, ist aber keine andere als die Rechtswissenschaft. Deshalb hat Kant das Recht von der Moral, welche den Stoff des Sittlichen in einem mehr amorphen Aggregatzustand beläßt, auch so entschieden abgerissen. Deshalb hat die große Kantsche Revolution auch das Naturrecht — außer in der Hugoschen und der Feuerbachschen Schule, also unter den Juristen-Kantianern — nicht zertrümmert, sondern im Gegenteil auf neuer aussichtsvoller Basis neu befestigt: wie aussichtsvoll, das sieht man daran, daß noch nach 100 Jahren durch Stammler eine neue Vernunftrechtsschule begründet werden konnte, die ihre Tabelle formalmaterialer Vernunftrechts- und Rechtvernunftsprinzipien bereits fertig hat und sich anschickt, auch einen Kategoriendodekalog abzufassen, obwohl ihren eigenen Anhängern die Erkenntnis nicht ganz fehlt, daß diese Anwendung der transzendentalen Vernunft oder Logik auf praktischem Gebiete nach kritischen Grundsätzen unstatthaft ist.

III.

Daß dieser Versuch ein novum ist, darüber kann kein Zweifel bestehen, denn trotz allen vereinzelten Tastens der verschiedenen Fühler modernen Philosophierens nach dem Voluntarismus hin ist die Forderung, daß die Ethik rein willentlich sein müsse, etwas Neues und der Überlieferung durchaus Widersprechendes, sofern sie sich zu dem scharf bewußten und zusammenhängend begründeten Verlangen verdichtet, daß die Ethik ihre Anlehnungen an außerethische Faktoren aufzugeben habe. Denn die Gegenwart stimmt mit der Vergangenheit noch durchweg dahin überein, daß zur Begründung, zur überzeugenden und womöglich wissenschaftlichen Erstellung der Ethik eben jene Anlehnung und Verknüpfung gehöre, ja daß sie in ihr notwendig und allein gelegen sei. Man meint wohl, wenn man die Begründung der Ethik im rein Willentlichen suchen wolle, so käme sogleich nichts anderes als göttlicher Wille in Betracht, so daß nur religiöse, nicht mehr aber philosophische Begründung der Ethik möglich wäre, welche sodann wiederum unrettbar heteronom ausfiele. Dem Zuge der modernen Auffassungen in Christentum und Judentum keine Rechnung tragend, denen zufolge der Gottgehorsam durchaus innerliche Befreiung, als Autonomie verstanden werden kann, sieht man in der Verknüpfung des Ethischen mit den ihm fremden Elementen der Logik oder Ästhetik die Voraussetzung der Autonomie. Und geschichtlich verdankt die Autonomieidee ja allerdings ihr Entstehen der Loslösung der Ethik gerade von der Religion, und in diesem Befreiungskampf waren es freilich Logik und Ästhetik, die der Ethik die notwendige neue Stütze darboten.

Der Typus der logisierenden Ethik stellt sich in den mannigfachen Spielarten des sattsam bekannten platonisierenden Musters dar, wie es der konventionelle Idealismus hegt. Er gebärdet sich in jeder Hinsicht als klassisch, während die ästhetisch basierte Eigengesetzlichkeit mit Nietzsche an der Spitze romantisch und revolutionär einhertritt. Die Begriffsmoral gefällt sich darin, die Geschmacksmoral des Naturalismus zu zeihen. Aber sie selbst ist, wie wir sahen, naturalistisch. Die Geschmacksmoral mit ihrem Körperheldenkult biologisiert, aber die Begriffsmoral mathematisiert. So enthalten beide das, was wir in der Ethik als das fundamentale Kriterium der Unkritik anzusehen haben, und weder die eine noch die andere kann uns ferner an ihre Autorität fesseln. Das Zeitalter scheint der Geschmacksmoral romantisch-sensualistisch-sophistischen Schlages, der „Herrenmoral" den Vorzug geben zu wollen und die platonisch-kantische Begriffsmoral in die Schule zurückzudrängen, wo sie aber auch keine ganze und große Wirkung mehr auszuüben scheint, obschon sie manchen Einzelnen tief und voll ergreift. Es kommt hinzu, daß der Ästhetizismus dem Logizismus denn doch noch ganz andere Instanzen entgegensetzen kann als nur die letzten Endes immoralische Herrenmoral, nämlich die religiöse, vor allem die christliche Moral, die, welche Allererhabenstes und Reinstes, welche göttliches Gutes ohne die Vernunft, ja in Ablehnung der Vernunft auszuprägen vermag in Anknüpfung an Empfindungen göttlicher Persönlichkeit, die in anschaulichen Vorstellungen teils lyrischer Artung (Madonna, Vater, Sohn), teils tragisch-dramatischer (Leben Jesu, Opfertod) vermittelt werden, d. h. die zu ihrem Bewußtwerden nötige Form finden. Auch diese Bewegung erscheint in der Gegenwart stärker als die logisierende Ethik. Gleichwohl und trotzdem also die ästhetisierende Ethik das Gefäß der Idee der Liebe ist, können wir auch die logisierende nicht ausschalten, denn ihre Gabe ist das *Gesetz*. Deshalb verdienen diejenigen größte Beachtung, besser: deshalb enthalten die heute richtigste Problemstellung der Ethik diejenigen Richtungen, die Geschmacksmoral und Begriffsmoral zu vereinigen suchen, wie Herbart und vor allem diejenigen Philosophen, die die königsberger durch die weimarer Weltweisheit zu ergänzen streben. Somit bildet die *Schiller*sche Philosophie die Wurzel der modernen komplizierten Ethik, die Schillersche Philosophie, die unter den Modernen nur einer, und nur sehr allmählich, aber doch immer entschiedener und immer tiefer ausbildet: *Lasswitz*. Es liegt mir nun völlig fern, diese Fragestellung zu verwerfen zugunsten eines einseitigen Voluntarismus und Ethizismus. Sondern die Metaphysik, die das Ethische aus seinen Zusammenhängen mit dem Ästhetischen erklärt, ist uns notwendig, weil wir keineswegs gesonnen sind zuzugeben, daß die des Geistes sich im Willen, und sei es der reinste und sei es die Liebe selbst, erschöpfen lasse. Die Mannigfaltigkeit, die in diesen als in einer Dreiheit immer noch belegen ist, muß anerkannt werden. Gleichzeitig muß ihre Einheit anerkannt und auch zur Darstellung gebracht werden, was eben dadurch geschieht, daß jede der drei sich in ihrer Weise auf die beiden anderen bezieht. Kosmos -Logos - Eros als Trinität. Alles Recht zur Bezugnahme kann aber keine der drei von der Pflicht entbinden, sich zu einem reinen und geschlossenen und in der Begrenzung reichen und starken einzelnen zu konzentrieren. Und auch wer nicht wie die Kantianer den Primat des Willens annähme, müßte deshalb vom Willen, vom ethischen Element fordern, daß es diese Aufgabe ebenso gut löse wie die beiden andern. Und wir sahen oben, daß dies jetzt aus kritischen Bedenken nötig ist, daß der Willensbegriff in seinem jetzigen Stadium der Reinheit oder umgekehrt: in der traditionellen Art und Intensität seiner Beziehung auf Vernunft (Logik) und auf „Gefühl" (Ästhetik) dem kritischen Standpunkt, den die moderne Rechtsphilosophie der Ethik zubringt und aufnötigt, nicht mehr genügt. Daß es ein stärker geklärter und verselbständigter Begriff von Wille und Ethik sein muß, der dann wieder zur Verknüpfung mit Logik und Ästhetik in die Metaphysik einzustellen ist.

Wille aber ist Kraft. Es gibt keine andere Möglichkeit, ihn zu bezeichnen, ohne fremde Elemente beizumischen. Unsere Aufgabe war es, aus dem vorläufigen, noch ungereinigten den rechten, reinen Willensbegriff herauszulösen, diejenige Form und Beschaffenheit des Willens zu entdecken, in der er als das Gute, Fördernde, als die Moral erscheint. Also das wahrhaft und rein Willentliche von jenem bloß Expansiven abzuscheiden, das ebensowohl in das Zerstörende, Böse auszuschlagen vermag wie in das Gute. Dabei ist es nach unserem kritischen Vorhaben von vornherein unmöglich, dem Willen etwa ein material bestimmtes Ziel oder auch nur material bestimmte Zielallgemeinheiten und Zielmöglichkeiten anzuweisen. Er könnte mit den Vorstellungs- und Gefühlsfaktoren, die sich dabei notwendig einmengen, in dieser Untersuchung, die auf Darstellung der Ethik im bloßen Willen abzielt, nicht zu tun haben wollen, also schon methodische Bedenken, von tieferen kritischen zu schweigen, hindern das Suchen nach Zielen und Richtungen.

Der Kraft- und Willensbegriff rein genommen läßt nur die Beziehung auf einen anderen Begriff zu, den der Hemmung; denn Hemmung ist selber Kraft, nämlich Gegenkraft. Der Wille ist wie die Zeit eindimensional; er läßt nur ein Plus und ein Minus zu. Aus der Diskussion der beiden einzig möglichen Artbegriffe der Gattung Wille: der Positive und der Negative ergeben sich freilich fernere Begriffe innerhalb des Willensgebiets, nämlich der naturale Begriff der Spannung und der spirituale der Arbeit. Es gibt dann auch metaphorische Umformungen, mittels deren der Begriff der Spannung ins Geistige, der der Arbeit in die Naturwissenschaft übertragen wird, aber diese berühren die vorliegende Untersuchung wenig.

Es war nun bereits klar, daß die bloße Willensexpansion, das machtvolle Anschwellen der Wollung, nicht zu der ethischen Qualifizierung des Willens hinführen kann; sie kann nämlich von sich aus überhaupt keine Qualifikation erlangen, denn sie ist rein natural. Erst wenn die Form des Willens, in der derselbe Ethik ist, dasteht, kann von da aus und muß notwendig von da aus der bloß naturale Wille, indem er der nicht ethische ist, als der Unethische qualifiziert werden: muß, denn der Wille kann gar nichts anderes tun als qualifizieren und der ethische nichts anderes als ethisch qualifizieren, und selbstverständlich muß vor ihm als verwerflich erscheinen, was der logisch theoretischen, der naturalen Betrachtung ebenso notwendig ein Adiaphoron ist. Der bloß expansive, hemmungslose Wille kann aber auch nicht reiner Wille sein. Indem wir ihn „Trieb" zu nennen pflegen, betonen wir zwar wohl zunächst das Energisch-Willentliche an ihm, die expansive Macht, eben das Treibende. Aber wir sind uns doch auch der eminenten Indifferenz bewußt, die der Begriff „Trieb" gegenüber Aktiv und Passiv zeigt, die ihn sozusagen jenseits von Aktiv und Passiv stellt. Solcher Indifferenz kann ein reiner Willensbegriff unmöglich teilhaftig sein. Ist doch Aktion, Energie an sich, Aktivität in höchster Potenz das Kriterium des Willens. Der Trieb aber erscheint als gleitendes, als etwas, das zu dem von ihm herbeigeführten und repräsentierten Fortschreiten nicht durch bloßes Bewegen und Sichbewegen, sondern auch durch Bewegtwerden gelangt. Der Trieb ist und gibt nicht nur, er empfängt und erleidet auch Anstoß. Der reine Wille aber muß lediglich Anstoß sein und geben. Der Trieb ist ebenso wie treibend auch getrieben, und die Passivität hat den gleichen Anteil an ihm wie die Aktivität. Das stimmt genau zu seiner moralischen Indifferenz, die ihm als einem bloßen Naturale innewohnt und die sich dann allerdings vor dem Forum der absolut Aktivität heischenden Ethik in moralische Minderwertigkeit wandelt. Der Anteil der Passivität drückt sich sehr deutlich darin aus, daß in gewissen Aussagen die Vertauschung der Begriffe „Trieb" und „Gefühl" möglich ist. „Ich folge meinem Trieb" oder „Ich folge meinem Gefühl" kann ganz dasselbe bedeuten. Auch stellt man sehr gern „Gefühle und Triebe" zusammen und dem klaren Willen entgegen. Der Trieb werde als unsicher empfunden: die Gefühle sind es, die ihn ablenken. Oder man empfinde ihn als etwas, dem vertrauend zu folgen, als „sicheren Trieb": worin liegt die Sicherheit als im Gefühl, wem anders als dem Gefühl wird hier vertraut? Es mengt sich also diejenige Seelensphäre ein, die wir ebenso prinzipiell als den Repräsentanten der menschlichen Passivität ansehen oder doch ansehen sollten wie den Willen als den der Aktivität.

Ist nunmehr erwiesen, daß der hemmungslose Wille nicht psychologisch als die reine (oder, was im Gebiet psychologischer Begriffsbildung ja übrigens selbstverständlich, durch Abstraktionsanalyse höchstgereinigte) Form des Willens ist und daß er von sich aus einer Qualifikation, also zumal der ethischen, nicht fähig ist, so muß seine ethische Form in seiner polaren Erscheinung zu suchen sein. Nur der in Kraft und Gegenkraft, in Position und Negation auftretende Wille ist ethisch, ist Ethik, so wie das in Position und Negation auftretende Denken Vernunft ist. *In Gestalt der Spannung* des Willens also, *in Gestalt der Arbeit erscheint die Ethik.* Wir können beide Begriffe, Spannung und Arbeit gleichmäßig verwenden, die zugleich als zwei wertvolle ästhetische Anschauungen dieses identischen Begriffs fungieren, die eine der heroischen, die andere der Pflicht- und Entsagungsseite der Ethik.

Hiernach sind nun ferner die Maße, die Ethik aufzustellen hat, nirgendanders zu finden als in der Intensität der Spannungen, der Größe der Arbeitsleistung. Der reine Wille besteht nicht in der positiven oder negativen, bloß expansiven Strömung, wie energisch jede von ihnen auch auftrete, sondern in ihrem Zusammen, d. h. in derjenigen Erscheinung des Willens, die ihr Zusammen aufbringt, die dies Zusammen aushält und erzwingt. Nur sekundär kommt auch die Stärke der positiven und der negativen Wollung in Betracht, insofern sie nämlich vom reinen Willen aufgebracht werden. Sie selbst stellen wie kein reines so auch kein homogenes, man möchte sagen, kein kontinuierliches Phänomen dar, da die Stärke, die sie erreichen, ja von der Leistung des reinen Willens abhängt, der sie bis zu dem Augenblick, in dem er versagt, beieinander festhält und verstärkt, indem er immer die eine Richtung zwingt, von neuem der von neuem verstärkten anderen Herr zu werden: er *induziert* sie, um ein passendes Bild aus der Naturwissenschaft zu verwenden, das sich für die Terminologie einer allgemeinen Diskussion des Energiebegriffs zu empfehlen scheint. Ein *Induktionsphänomen* und das heißt zugleich ein Entwicklungsphänomen ist die Stärke des Willens.

IV.

Wie die Entscheidung des Willens in der Handlung dann auch schließlich ausfällt: nicht ihre Richtung, sondern nur die Intensität der erreichten Spannung, die vollzogene Arbeitsleistung können für ihre ethische Wertung bestimmend sein. In dieser Erkenntnis überwinden wir den Naturalismus und geben dem Spruche Kants „Es ist nichts gut denn ein guter Wille" erst seinen rechten Vollzug. Wir schaffen damit ein rein ethisches Entscheidungskriterium ebenso, wie wir psychologisch mit reinem, mit höchstgereinigtem Willensbegriff arbeiten. Denn das, was wir in ethisch-juristischer Terminologie „die Entscheidung des Willens" nannten, ist nichts anderes als das psychologische Moment, in dem der reine Wille kulminiert und versagt. Wenn wir dann doch eine Richtung des Willens festlegen, die als gut oder böse qualifiziert erscheint, wie wir das nicht in der reinen Moral tun dürfen, hingegen im Recht tun müssen, so kann solche Richtung, solches Ziel nur wieder durch Willensentschluß festgelegt werden, nie aber wird, wie der naturalistische Dogmatismus meint, solche Richtung, solches Ziel vorgefunden, so daß man sich nur daran zu halten hätte. Es ist dergleichen weder in Ewigkeit da noch wird es von irgendeinem zur Abwechslung mal in das Gewand der Geschichte gekleideten Fetisch als „Recht kraft Entwicklungstendenz" oder „Naturrecht nach Ort und Zeit" dargeboten. Und noch weniger, das ist klar, können Moralnormen in solcher Weise als bestimmt gesetzt werden. Ja, während im Rechte das fehlende Naturrecht durch aller Art Rechtsetzung, insbesondere durch Gesetzgebung ersetzt und nachgeahmt werden muß, ist in der Moral nicht einmal diese Beschaffung eines Surrogates der „natürlichen Sittlichkeit" statthaft. Wohl muß man sich zwar, um außerhalb des eigenen Gewissens, um also über andere urteilen zu können, äußere Zeichen anlegen und zu diesem Zweck solche Bestimmungen treffen, wie es z. B. der Probabilismus tut, aber die Festlegung dieser Bestimmungen hat einen ganz anderen Sinn als bei den Rechtssätzen, widrigenfalls die Bestimmungen eben gar nicht mehr Anhaltspunkte für die Beurteilung der Moralität, sondern echte Rechtssätze sind.

Wenn jemand einem Rechtsgebot zuwiderhandelt, so kann daraus, daß er überhaupt fähig war, diesen Erfolg zu wünschen und herbeizuführen, gar keine moralische Beurteilung über ihn hergeleitet werden. Freilich geschieht dies noch heute in weitestem Maße und beweist, wie unausrottbar fest immer noch der naturalistische Dogmatismus in den Gemütern haftet. Wer sich z. B. heute erkühnen möchte, die Meinung zu äußern, daß die Zukunft der Rechtsentwicklung neben der monogamischen Ehe herrschender Gestalt noch andere etwa nicht in der Weise monogamische Verhältnisse herausbilden könnte, der mag froh sein, wenn er nur für einen Schwachkopf oder aller soliden soziologischen Bildung baren Dilettanten gehalten wird. Man wird ihn aber ganz sicher darüber hinaus für einen ethisch defekten Menschen erklären. Und zwar werden das die gelehrten und wissenden, durch ihre Kultur toleranten Kreise und die innerlich anständigen und ehrlichen Menschen tun. Die andern aber, die „Gutgesinnten" jedes Schlages werden sich massenhaft auf ihn als bereites Opfer ihrer immer wachen Denuntiationsgelüste stürzen. Das ist die erste und sicherste Folge, mit der er rechnen muß. Es gibt eben auch nach Kants kopernikanischer Tat noch Leute, und zwar ist das die Majorität, für die die monogamische Ehe (oder sonst ein material bestimmtes Rechtsinstitut) zu ihrer Seligkeit gehört, wie für die Zeitgenossen und erste Nachwelt des Kopernikus die Scheibengestalt der Erde. Es sind aber keine Naturgebilde, keine Gegenstände aus dem Reich der Erscheinungen gut oder schlecht (kritizistischer Lehrsatz des Spinoza), sondern nur ein Wille.

Die in einem Rechtsspruch obwaltende moralische Beurteilung geht also einzig und allein auf die Spannung des Willens, auf die Intensität des stattgehabten inneren Kampfes, auf die zur Durchsetzung eigenen moralischen Verhaltens aufgewandte Arbeit. Die auf Durchsetzung eigenen rechtgemäßen Verhaltens verwandte Arbeit als solche ist vor dem Forum der Moral dem Handelnden freilich nur insofern anrechenbar, als er in der Rechtgemäßheit eine Garantie für die Moralität seines Handelns erblickt hat oder erblicken durfte ... eine Anwendung des Probabilismus. Vor dem Forum der Justiz ist diese letztere allein von regulärer Bedeutung. Wo Strafrahmen bestehen, wird der Strafrichter die auf Bewahrung rechtgemäßer Haltung gerichtete Willensanstrengung des Delinquenten zu dessen Gunsten zu berücksichtigen haben. Was aber seine auf moralisches Verhalten gerichtete Willensarbeit betrifft, so gilt dies nur dann, wenn seine Moralansicht mit dem Gebot des geltenden Rechts inhaltlich zusammentrifft, weil eben dann sein Moralitätswille der (eben behandelte) Legalitätswille ist. Der vom Legalitätswillen abweichende, ihm womöglich konträre Moralitätswille aber kann durchschlagende Kraft nur in der Gnadeninstanz bewähren.

Ist rechtswidrig gehandelt, so muß der Richter verurteilen, er kann den Moralitätswillen, auch soweit dieser dem geltenden Rechte widerspricht (Bestrebungen zur Förderung der Polygamie, der Abtreibung, des Kindermordes zwecks Rassenverbesserung, des Antimilitarismus etc.), immerhin berücksichtigen, aber nie bis zum Erlaß der Strafe, bis zur Freisprechung. Der Rechtsspruch geht eben nur auf die Ausgleichung der reinen Moralforderung, die ihm nicht fremd sein kann, so wahr das Recht etwas Ethisches ist mit einem bestimmten, festliegenden System material bestimmter Sätze. Die Frage, ob dies System unentbehrlich (Fragestellung des Anarchismus), kann uns hier nicht beschäftigen. Unsere Untersuchung setzt das Bestehen einer Rechtsordnung voraus.

Wenn nun die Rechtssätze feste Worte und Werte sind, die stehen bleiben müssen ohne entscheidende Rücksicht auf die Moralität des sie verletzenden Handelns, ist das mit den Theoremen, die als Anhaltspunkte für die Konstatierung der reinen Moralität dienen, ganz anders. An dem Fleiße, mit dem jemand in einer moralisch schwierigen Lage die Autorität konsultiert hat, oder an der Regelmäßigkeit, mit der er religiösen Verpflichtungen nachkommt oder Almosen spendet, oder dem Maße, in dem er seine bedürftigen Seitenverwandten unterstützt, werde ich mich über seine Moralität dann orientieren, wenn mir das betreffende hergebrachte Kennzeichen im gegebenen Fall zuverlässig erscheint. Trifft das nicht zu, so gebe ich die Sätze, daß Ehrfurcht vor dem Heiligen und Weisen, kirchlicher Wandel, Freigiebigkeit gegen die Armen, charity at home zu loben seien, für jenen vorliegenden Fall ohne weiteres preis! Nie könnte ich einen Rechtssatz so preisgeben. Rechtssätze stehen eben als praktische Eigenwerte da, während Moralsätze nur den Wert von Kriterien haben. Ich wählte für sie das im deutschen nicht mehr sehr gebräuchliche Fremdwort Theoreme, um ihren Mangel an praktischem Eigenwert recht deutlich hervorzuheben. Sowie man ihnen doch praktischen Eigenwert beilegt, werden sie nämlich, was oben schon angedeutet ist, zu Rechtssätzen. Und freilich verfällt jeder Versuch, eine Organisation der Moral nach Art der katholischen Kirche herzurichten, unrettbar dieser Gefahr. Der Ausdruck „Moraljurisdiktion", der das Ergebnis kennzeichnet, hat nicht bloß Bildwert! Sowie ich nicht bloß mich kraft allgemeiner Menschenkenntnis für berechtigt halte, von der Ehrfurcht, dem kirchlichen Wandel, der Freigiebigkeit gegen die Armen, der charity at home auf Moralität zu schließen, sondern mir einfach erklärt wird, dergleichen Handlungen seien an sich moralisch und es lägen hier positive Sätze der Moral vor, sind in Wahrheit Rechtssätze statuiert.

Denn solche material bestimmten Sätze lassen sich in gar keinem anderen Sinne aufstellen, als daß sie in rechtsartiger Weise gewahrt werden: als praktische Eigenwerte, deren Sanktion ihre Aufrechterhaltung und ahndungsweise Bewährung auch ohne Rücksicht auf den rein moralischen Wert einer Zuwiderhandlung fordert und durchsetzt. Der Satz, daß bedürftige Seitenverwandte alimentationsberechtigt seien, ist noch heute ein Rechtssatz. Es ist falsch oder doch nur in einem besonderen und sekundären Sinne richtig zu sagen: Das bürgerliche Gesetzbuch für das deutsche Reich hat ihn seiner Rechtsgültigkeit entkleidet, als Moralgebot ist er bestehen geblieben.

Nur für einen Ausschnitt des Rechts stimmt das: für das staatliche Recht oder genauer noch, nur für das Recht eines Staates. Freilich ist man allgemein gewohnt, das Recht schlechthin mit staatlichem Recht zu identifizieren, aber daran scheitert eben auch, wie die katholische Wissenschaft schon lange, aber vergeblich gepredigt hat, das emsige Bemühen, in Sachen des Verhältnisses von Recht und Moral Klarheit zu schaffen. Denn auf diese Weise wird bei dem Problem immer mit zwei ganz verschiedenen Rechtsbegriffen gearbeitet, dem Begriff des staatlichen Rechts, dem — halb übersehenen und eigentlich geleugneten, aber in rechtsphilosophische Untersuchungen natürlich immer wieder einschlüpfenden allgemeinen Rechtsbegriff ... und: Ja es werden eigentlich sogar drei, ja es werden unbestimmt viele Rechtsbegriffe, da — wie bemerkt — es sich beim staatlichen Recht um ein staatliches Recht zu handeln pflegt oder, was noch schlimmer, die Autoren sich nicht darüber klar zu sein pflegen, welchen engeren oder weiteren Begriff staatlichen Rechts sie denn meinen. Dazu kommt noch, daß der allgemeine Rechtsbegriff rein der theoretischen, aussagenden Wissenschaft angehört, die der staatlichen Rechte aber positivrechtlich, juristisch bestimmt sind, . . . ein heilloses Gewirr.

Die Schädlichkeit dieser Verwirrung, die Unmöglichkeit, auf ihrem Grunde zu brauchbaren Resultaten zu gelangen, leuchtet noch mehr ein, wenn man sich auf ihren Ursprung besinnt. Der liegt selbstverständlich im Naturrechtszeitalter. Wir brauchen, so sagen wir uns, einen zulänglichen allgemeinen Rechtsbegriff, um allgemein, um philosophisch das Problem des Verhältnisses von Recht und Moral lösen zu können. Das Naturrecht hat einen kräftigen allgemeinen Rechtsbegriff besessen, freilich zulänglich im Sinne der Gegenwart ist er nicht. Es war das eben der Begriff des Naturrechts selbst. Sein Fehler war, daß er in dogmatischer Weise als theoretisch und praktisch (juristisch) zugleich bestimmt erschien. Sein Vorzug war seine relative Unabhängigkeit vom Staatsbegriff, die allerdings bereits unter der Einwirkung des von der Aufklärung gepflegten Staatsenthusiasmus sich zu verflüchtigen drohte. Als nun die historische Schule mit dem Naturrecht aufräumte, zersplitterte und zerrieb sie den Rechtsbegriff in der bekannten Weise, die man aus praktisch-ethischen Gründen im Interesse der Fesselung des menschlichen Gemüts an die Rechtsidee und ebenso im Interesse der schwer getroffenen rechtsphilosophischen Wissenschaft so viel beklagt hat. Der allgemeine Rechtsbegriff war nur noch das schattenhafte Abstraktum, der Sammelname für die Summe der staatlichen Rechte. Gleichwohl behielt die neue Richtung bis auf den heutigen Tag in ihrem Rechtsbegriff den naturrechtlichen Dogmatismus bei, ja wir sehen, wie gerade jenes allzu vorsichtige, allzu genügsame Verhalten in Sachen des Rechtsbegriffs der Schlupfwinkel dieses Dogmatismus wurde! Denn sonnenklar ist dies, daß ein allgemeiner Rechtsbegriff , der mit der Gesamtheit staatlichen Rechts identisch ist, noch immer heterogene Elemente in sich trägt: einmal will er ein theoretisch-allgemeiner Rechtsbegriff sein, den Philosophie, Natur- und Geschichtswissenschaften gleichmäßig verwenden können, sodann aber — was freilich mehr ein Muß als ein Wollen ist — das aufgrund von Rechtsvergleichung gewonnene Destillat eines juristisch-allgemeinen Begriffs vom Recht. Der Rechtsbegriff eines jeden Staates bestimmt sich zunächst juristisch, aus den Rechten dieses Staates heraus; man nahm dann zunächst ganz naiv diesen praktisch-positiven Rechtsbegriff als selbstverständlich allgemeingültig-theoretischen Typus. Als dann endlich erkannt wurde, daß auch die Lehre von den Quellen und vom Rechtsbegriff positiven Rechtsanschauungen unterliegt, und als dann endlich die vergleichende Rechtswissenschaft eingriff, da hätte man doch einsehen sollen, daß aus der Zusammenfassung der übereinstimmenden Elemente all dieser positivrechtlichen Rechtsbegriffe nur ein allgemein-juristischer, einzig der allgemeinen Rechtslehre und damit dem begrenzten Felde der dogmatischen Jurisprudenz zugehöriger Rechtsbegriff geschaffen war, der hinter einem allgemeingültigen theoretischen noch weit zurückblieb und, wenn er ihm etwa selbst inhaltlich sehr nahe stünde (was allerdings wohl alle stillschweigend voraussetzten und was so ganz und gar nicht der Fall ist), doch methodisch dessen Anforderungen nie gerecht werden konnte.

V.

Endlich gewann dann die Teilung Boden, die dem in dieser Mattigkeit der historisierenden Rechtsphilosophie wie in dem blinden Elan der alten, noch immer lebenden Naturrechtssuggestion vergehenden Dogmatismus ein Ende machte. Mit scharfem Schnitt spaltete man den Inhalt des Naturrechtsbegriffs in seine Teile Natur und Recht. Auf die eine Seite setzte man die rein praktische und streng dogmatische Rechtskonstruktion, auf die andere die theoretisch aussagende Soziologie. Auch hier ist die Einführung des Wortes und Begriffs Soziologie zu einer Befreiung und Erlösung geworden.

Was das Problem des Rechtsbegriffs angeht, so konnte nun endlich ein allgemeiner soziologischer Rechtsbegriff gefordert und aufgestellt werden. Ich habe in meiner Allgemeinen Rechtslehre II S. 43 den Anfang dazu insofern gemacht, als ich die Erstreckung der trias politica auf alle Verbände forderte. Allerdings steckte auch hierin noch der dogmatistisch-naturrechtliche Fehler, daß der Verbandsbegriff ohne vollscharfe Unterscheidung juristischer und theoretisch-soziologischer Begriffsbildung, auf die doch sonst jenes Buch so entscheidenden Wert legt, einfach aus dem Staatsrecht entnommen wurde, so daß als Verband dasjenige erschien, was vom staatlichen Recht als solcher, womöglich als juristische Person anerkannt war. Und natürlich war der Vater dieses Verbandsbegriffs speziell das deutsche Recht!

Wie viel enger waren aber noch die üblichen Ansichten, wie wurde durch diese Enge jene oben gekennzeichnete Verwirrung gesteigert und weitererstreckt bis in die fernsten Regionen der Rechtsphilosophie. Recht galt und gilt als staatliches Recht! Da war nun der gewaltige Stoff des Kirchenrechts, da war das Völkerrecht, die nun immer als Nebensächlichkeiten, als Anomalien nebenhergehen mußten, auch als dem unter Zurückdrängung des Nationalismus sich zu Macht und Weltherrschaft durchringenden Völkerrecht das Aschenbrödelkleid ebenso anstehen konnte wie der doch noch immer eine Weltmacht bedeutenden Kirche. Es kam zu jenen unaufhörlich wieder aufgewärmten Streitigkeiten darüber, ob das Völkerrecht wirklich Recht sei, die nicht enden konnten, weil man den allgemeingültig-theoretischen Rechtsbegriff und den nominalistisch-juristischen Rechtsbegriff des Nationalismus, den das 19. Jahrhundert vorzugsweise gebraucht, wahllos durcheinanderwarf. Und ebenso wurde in der freilich nicht so zur Schulfrage gewordenen Diskussion über das Wesen des Kirchenrechts der allgemeingültig-theoretische Rechtsbegriff völlig von dem dem Nationalismus genehmen Begriff aus, einem dem geltenden Rechte übrigens fremden Staatskirchenrechtsbegriff, in den Hintergrund gedrängt. Nun denke man, wie weiter noch der Begriff des Staates durch das Erfordernis der Seßhaftigkeit verengt wurde, das für die allgemeine Staatslehre zwar einen guten Sinn hat, wenn es auch im Grunde nur im allgemeinen Staatsrecht der Gegenwart (und deren Völkerrecht) voll begründet ist, das aber zum Hohn wird, sobald das *Recht* an den *Staat* gebunden werden soll. Dann soll in all den großen Nomadenverbänden der Vorzeit, etwa in einem Gebilde wie der abrahamische Beduinenduar oder gar der Irokesenverband der sechs Stämme vor Einführung des Ackerbaus kein Recht bestanden haben. Und wie beim Auszuge der 12 israelitischen Stämme aus Ägypten, wie ist es mit den deutschen und übrigen germanischen Stämmen der Völkerwanderung oder vorher mit den wandernden Kelten? Wie mit Hunnen, Mongolen, Mandschu, Türken, wie mit den ins Pendschab einwandernden Ariern?

Aber noch nicht genug; es kommt noch toller im Hexensabbath der Begriffe herrschender Rechtsphilosophie! Wenn wir auch getrost den Staat nach der positivistisch nationalistischen Schablone einengen, dann wird der an ihn gebundene Rechtsbegriff selbst, der doch so bescheidene, noch nicht aus der allergrößten Unsicherheit errettet.

Denn der Staatsbegriff ist ja selbst so maßlos unsicher, und zwar rührt seine Unsicherheit aus genau demselben naturrechtlichen Dogmatismus, derselben Unkritik her wie die Unsicherheit des Rechtsbegriffs. Es kommt in der Diskussion des Staatsbegriffs geradezu zur Wiederholung desselben Fehlers, der den Rechtsbegriff ruiniert hat. Auch hier kümmert sich kein Mensch darum, ob man denn zu einem theoretisch-allgemeingültigen oder zu einem juristischen Staatsbegriff gelangen wolle, und nicht darum, ob zu einem juristisch-allgemeinen oder speziellen, landesjuristischen, und so wirbeln landesjuristische, rechtsvergleichende und soziologische Methoden durcheinander nach jenen Dispositionsprinzipien, die nach *Jhering* der Wind und Rudorffs Dienstmädchen in der Erzählung der römischen Rechtsgeschichte zur Anwendung brachten.

Wie gut es doch war, daß man von den fremden Einzelrechten so wenig kannte! Und es ist doch klar, daß der Staatsbegriff des englischen und des preußischen Rechts sich unterscheiden, daß die Staatsbegriffe nach deutschem, schweizerischem und amerikanischem Bundesstaatsrecht sich nicht decken, selbst wenn man Finessen wie Reichsland, Schutzgebiete, Territorien beiseite läßt, und daß der Staatsbegriff des Völkerrechts wiederum Neigung zu Abweichungen zeigt... und daß mit dem allen von einem theoretisch-allgemeingültigen, in der ganzen Geschichte und Soziologie sich bewährenden Staatsbegriff noch nicht im entferntesten die Rede ist. Diese auch der herrschenden Richtung fühlbare Engigkeit und Schiefheit führt dann zu dem Eingeständnis, daß Recht doch auch in nichtstaatlichen Gebilden entstehe: was sollen z. B. diejenigen machen, die von ihrer unkritischen Vermengung soziologischer und juristischer Betrachtungsweise dahin getrieben werden, daß sie behaupten, die deutschen Staaten seien (mit oder ohne Ausnahme Preußens) Provinzen des Reichs; sie behaupten das schlechthin, stellen sich nicht einmal die Frage: gilt das aus allgemein-soziologischen Gründen oder nach deutschem Staatsrecht (oder vielleicht nach Völkerrecht?). Soziologisch wäre die Meinung ja immerhin möglich, wenn ich persönlich sie allerdings auch so für unrichtig halten würde. Dem deutschen Staatsrecht widerspricht sie durchaus. Es ist hier nicht der Ort, das des näheren zu erweisen. Aber auch die, die die Geschichte und die Verfassung des deutschen Reiches und das lebendige Rechtsbewußtsein des deutschen Volkes besser verstehen und deshalb den Staatscharakter der Einzelstaaten anerkennen, haben sich genötigt gesehen, mit der absoluten Bindung des Rechts an den Staat zu brechen und außer der Anerkennung der Rechtsqualität des Kirchenrechts und des Völkerrechts noch die fernere Anomalie, den ferneren Widerspruch in ihr System aufnehmen müssen, nach dem auch anderweitige „autonome" Verbände Rechtsquellen sein können. Manche betrachten dann die Autonomie als aus der Staatsautorität hergeleitet. Aber selbst wenn man wie *Gierke* und *Preuss* in Anlehnung an englische und anderweitige Rechtsgedanken die Autonomie als originär hinstellt, was sie freilich mehr in historischem als im Sinne des geltenden Rechts zu bleiben pflegt, so bleibt immer noch die Halbheit bestehen, daß das Recht prinzipiell unbedingt dem Staate eigen bleibt, und der Dogmatismus, der keine gründliche Unterscheidung trifft, ob die Lehren vom Begriffsinhalt und -umfang des Rechts soziologisch oder juristisch gelten.

Ich suchte (Allgemeine Rechtslehre I § 15 und II S. 196) zu helfen, indem ich in Erweiterung der Beziehung der trias politica auf nicht-staatliche Verbände eine Lehre von den selbständigen Rechtskreisen aufstellte, namentlich in Hinsicht auf das Verhältnis von Staat und Kirche, was insofern einen Fortschritt ausmachte, als es nicht im Sinne einer juristischen Koordinationstheorie, wie die deutschen Zentrumspolitiker sie vertreten, sondern entschieden soziologisch gemeint war. Aber der Halbheit und dem Dogmatismus unterlag auch dieser Vorstoß ebenso wie derjenige in der Verbandstheorie, weil es sich immer um rechtlich und staatlich anerkannte Rechtskreise handelte.

Will man einen wirklich allgemeinen Rechtsbegriff gewinnen, so muß man ihn natürlich vom Staate ganz und prinzipiell loslösen, so daß man ihn auch nicht, wie die am meisten vorgeschrittenen und von der Staatsrechtstheorie emanzipierten Denker (Gierke, Preuss) immer noch getan haben, an der einen Seite, der Quellenseite frei macht, an der anderen, der Macht- und Sanktionsseite, aber am Staate festkleben läßt. Der Staat ist dem Recht gegenüber kein soziologisches Prius. Auf dem Boden der Soziologie erscheinen Recht und Staat koordiniert. Sie sind dort unabhängig voneinander. Die Rechtslehre und die Staatslehre müssen auf dem Boden der Soziologie selbständig begründet werden.

Wir sehen aber vom Staate im folgenden ab und beschränken uns auf das Recht. Nicht notwendig erscheint es freilich bei der Soziologie stehen zu bleiben, ja nicht einmal bei der Sozialphilosophie, sondern es läßt sich der Rechtsbegriff ethisch, logisch und ästhetisch, ja sogar psychologisch auch innerhalb des Individuum begründen, wie wir, nach Krause, sehr im Gegensatz zu allen herrschenden Strömungen meinen, und infolgedessen in weiteren übergeordneten Begriffen und Werten, die nicht nur überindividuellen Gehalt haben, sondern auch *übersozialen.* Es sollen aber derartige ferngreifende Spekulationen hier unterbleiben und das Ergebnis wesentlich in der Sprache der Soziologie mitgeteilt werden, damit das Neue, das schwierig und abstoßend ist, und das hier zum ersten Male an die Öffentlichkeit tritt, so einfach und verständlich und in metaphysischer Hinsicht so neutral als möglich erscheine.

Das Recht erscheint damit schlechthin auf dem Boden der Gesellschaft als solcher. Das Befreiende am Begriff der Soziologie ist eben das, daß sie den Gesellschaftsbegriff aus seiner Verschmelzung mit dem Staatsbegriff endgültig loslöst, wozu die Versuche der Naturrechtslehre, Naturstand und bürgerlichen Stand der Gesellschaft zu sondern, nie geführt hatten. Man wurde sich nie darüber klar, ob man den einfachen Gesellschaftsstand, den man voraussetzte, als organisiert oder als nichtorganisiert ansehen sollte. Auch in jener Voraussetzung, die einen eindeutig bestimmten Naturstand zugrundelegte, befand sich schon ein Fehler. Der moderne naturale Gesellschaftsbegriff korrigiert ihn, denn er umschließt als Abstraktum eine unbegrenzte Mannigfaltigkeit konkreter Gesellschaftstypen von der primitivsten zur höchsten, der gröbsten zur feinsten, der straffsten zur losesten, der kleinsten bis zur umfassendsten Formation. Das ist die Überlegenheit des Gesellschaftsbegriffs der Soziologie über den der Naturrechtswissenschaft. Die intensivste Erhöhung dieser Überlegenheit ist *Durkheim* und *Simmel* zu danken.

Die moderne Soziologie sieht auch im fließendsten, schwebendsten Beziehungskomplex zwischen noch so vielen oder noch so wenigen menschlichen Personen — bis auf zwei hinab — ein organisiertes Gebilde. Ein soziales Gebilde von hohem Härtegrad und entsprechender Stabilität ist der Verband, der Staat ein Verband höchsten Härtegrades.

Das aber, was wir die Normen nennen, liegt weiter zurück als die Verbandsbildung. Nicht möchte ich so weit gehen, die Normen für identisch mit der sozialen Organisation, den bloßen und notwendigen Ausdruck der Struktur zu erklären, denn Normen beziehen sich nur auf das Handeln, und es ist keineswegs sicher, daß die Energie einer sozialen Beziehung sich jedesmal bis zu einem Handeln steigert. Sie kann vielmehr in der beiderseitigen oder selbst nur einseitigen sozialen Empfindung oder sozialen Erregtheit, wie ich lieber sagen möchte, stehen bleiben.

Wo jedoch Handlung ist, da ist auch die Norm, denn unter Handlung kann nie etwas anderes verstanden werden als die an Wertgesetzen gemessene bewußte Tat. Nicht ist hingegen anzunehmen, daß jedes soziale Handeln bereits die soziale Beziehung bis zum Grade des Verbandes hin verhärte und kompliziere.

Der Maßstäbe teleologischer Gesetzmäßigkeit, die in der Soziologie Anwendung finden, sind nun viele. Man pflegt sie in die drei großen Gruppen des Rechts, der Sitte und der Moral zu ordnen unter gleichzeitiger Zusammenfassung der drei unter einen höheren Moralbegriff, der nur andeutet, daß alle drei eben den ethischen Werten zugehören. Es kommt auch die Zweiteilung von Recht und Moral vor, und seit Stammler eine Zweiteilung von Recht und Sitte, wobei dann der untere oder materiale Moralbegriff mit dem oberen oder formalen verschmolzen wird. Man hat gestritten, welche dieser Einteilungen berechtigt ist, aber der Streit ist gegenstandslos. Es läßt sich bald nach diesem, bald nach jenem Gesichtspunkt urteilen, jeder ist in seiner Art fruchtbar und notwendig. Auch der, der Sitte und Recht zusammenfaßt und der Moral vergleicht. Es hat keinen Sinn, innerhalb ihrer variablen Koordination und Verschiebbarkeit in dogmatistischer Weise irgendein starres Subordinationssystem zu kanonisieren. Danach müssen auf jedes in Handlungszustand eingetretene Sozialverhältnis die drei Maßstäbe zugleich und nebeneinander anwendbar sein.

Das *Wesen des Rechts* in seinem einfachen soziologischen Begriff kann aber zweifellos nirgend anders gefunden werden als in der *Vergeltung.* Als Rechtsbeziehung werden wir eine soziale Beziehung dann bezeichnen, wenn die Handlungen der Beteiligten in einer solchen wechselseitigen Verknüpfung miteinander stehen, daß die eine als Entgelt der anderen gewollt ist. Eine Handlung ist dem Rechte insoweit zugehörig, als sie in Rücksicht auf das Gegenverhalten eines anderen ausgeübt wird. Ich will auf seine Lage einwirken, damit er in bestimmter Weise auf meine Lage einwirke (gleichviel ob durch Tun oder Unterlassen). Die Rechtshandlung setzt eine Abhängigkeit des Handelnden von dem Gegenüber und dessen Handlung. Der nach dem Recht Handelnde will (nach dem Recht) behandelt werden. Die Rechtsaktivität setzt also mit sich zugleich Passivität; actio und passio sind in ihr vereinigt. Sie ist keine reine Aktivität wie die moralische. Der Moral oder der Liebe ist die eigene passio und damit zugleich die actio des Gegenüber ganz gleichgültig, ja sie hat insofern gar kein Gegenüber, als sie auf eine anderweitige Handlung gar keinen Bezug nimmt. Die Verknüpfung zweier Handlungen fehlt. Die moralische Handlung steht ganz auf sich, handelt ganz aus sich heraus; kümmert sich nicht einmal um den Gegenhandlungseffekt, den sie bei dem moralisch Behandelten, dem, dem die Liebe erwiesen ist, etwa auslösen wird: „wenn ich dich liebe, was geht's dich an?"

Mit Heranziehung des Beispiels: wer seine Seitenverwandten alimentiert, ohne staatlich dazu genötigt zu sein, handelt moralisch nur, insofern er aus reiner Liebe und Aufopferung handelt, insofern eine Höchstspannung seines Willens hierin zum Ausdruck kommt. Er handelt aber nach Recht, bleibt im Bereich bloßer Legalität, insofern er mit Rücksicht darauf handelt, daß die Unterstützten oder andere Seitenverwandte im gegebenen Falle sich auch seiner annehmen möchten, oder wenn er mit Rücksicht auf die öffentliche Meinung handelt. Beide Male spielen *Entgelt* und *Ahndung* ihre Rolle, die beiden Formen der Vergeltung, des Rechts.

Vergleichende Methode
und Struktur der Wissenschaft

mit besonderer Berücksichtigung der vergleichenden Rechtswissenschaft und ihrer Geschichte*

„Je weniger die Menschen durch das Herkommen gebunden sind, um so größer wird die innere Bewegung der Motive, um so größer wiederum, dem entsprechend, die äußere Unruhe, das Durcheinanderfluten der Menschen, die Polyphonie der Bestrebungen. Für wen gibt es jetzt noch einen strengen Zwang, an einen Ort sich und seine Nachkommen anzubinden? Für wen gibt es überhaupt noch etwas streng Bindendes? Wie alle Stilarten der Künste nebeneinander nachgebildet werden, so auch alle Stufen und Arten der Moralität, der Sitte, der Kulturen. — Ein solches Zeitalter bekommt seine Bedeutung dadurch, daß in ihm die verschiedenen Weltbetrachtungen, Sitten, Kulturen verglichen und nebeneinander gelebt werden können, was früher, bei der immer lokalisierten Herrschaft jeder Kultur, nicht möglich war entsprechend der Gebundenheit aller Stilarten an Art und Zeit. Jetzt wird eine Vermehrung des ästhetischen Gefühls endgültig unter so vielen der Vergleichung sich darbietenden Formen unterscheiden: sie wird die meisten, nämlich alle, welche durch dasselbe abgewiesen werden, absterben lassen. Ebenso findet eine Auswahl in den Formen und Gewohnheiten einer höheren Sittlichkeit statt, deren Ziel kein anderes als der Untergang der niederen Sittlichkeit sein kann. Es ist das Zeitalter der Vergleichung! Das ist sein Stolz — aber billiger Weise auch sein Leiden.

Fürchten wir uns vor diesem Leiden nicht! Vielmehr wollen wir die Aufgaben, die das Zeitalter so stellt, so groß verstehen, als wir nur vermögen: so wird uns die Nachwelt darob segnen — eine Nachwelt, die ebenso sich über die abgeschlossenen originalen Volkskulturen hinaus weiß, als über die Kultur der Vergleichung, aber auf beide Arten der Kultur als auf verehrungswürdige Altertümer mit Dankbarkeit zurückblickt."

Nietzsche: Menschliches, Allzumenschliches (Erstes Buch, 23: Zeitalter der Vergleichung).

Der Name *„vergleichende Wissenschaft"* erscheint zunächst als ein Pleonasmus. Wenn Wissenschaft Denken ist, das vom „gewöhnlichen Denken" dadurch sich scheidet, daß es sich grundsätzlich mit einigermaßen schwierigen Gegenständen befaßt — und das ist sicherlich richtig —, so sind wissenschaftliche und vergleichende Tätigkeit identisch. Denn Denken ist Vergleichen. Keine der Einzelfunktionen, aus denen sich das Denken zusammensetzt, ist ohne Vergleichen möglich, nicht die Begriffs-, nicht die

* Mita Tetsugakukai V (1929) und VI (1930).

Urteils-, nicht die Schlußbildung. Jedes Urteil hebt aus einem Begriff etwas heraus — abgesehen von denjenigen einfachen Urteilen, die wie z. B. „es regnet" nur eine vorgedankliche Anschauung repräsentieren —, und eine solche Heraushebung ist nur möglich aufgrund einer Vergleichung des Begriffes mit anderen Begriffen, die ähnlich sind, an denen sich aber dieses Merkmal nicht hervorheben läßt, und hat auch gemeinhin keinen anderen Zweck, als weiterer Vergleichung zu dienen. *Wundt* sagt: „Alles Denken ist ursprünglich *zerlegende* Tätigkeit." Nun, dies Zerlegen ist nur möglich aufgrund und zum Zweck von Vergleichung. Ein Begriff kommt *logisch*[1] so zustande, daß ein Kreis von Objekten (der *Umfang* des Begriffs) mit bestimmten Merkmalen (dem Inhalt des Begriffes) anderen gegenüber gesondert wird, also auch aufgrund von Vergleichung. Die Sache ist, wie man sieht, ganz wie beim Urteil, und zwischen Begriff und Urteil in dieser Hinsicht die betriebsamste Wechselwirkung. „Wir verstehen unter einem logischen Begriff jeden Denkinhalt, der aus einem logischen Denkakt, einem Urteil, durch Zergliederung desselben gewonnen werden kann."[2] „Der Entwicklung der Urteilsfunktion geht die Entstehung der Begriffe unmittelbar parallel".[3] Die *Schlüsse* beruhen auf der Vergleichung von Urteilen. Und all die komplizierten Operationen, die die Methodenlehre angibt, die *Analyse und Synthese,* die *Abstraktion* und *Determination,* die *Definition,* die *Klassifikation,* endlich selbst der *Beweis,* sie sind sämtlich nur möglich aufgrund der Vergleichung und dienen wiederum der Vergleichung. Eigentlich ist dieses „nur möglich sein aufgrund von" und „dem Zweck der Vergleichung dienen" ein bloß bildlicher Ausdruck: sie *sind* eben Vergleichung. Die Mathematik arbeitet mit Gleichungen, welche eben Vergleichungen sind: aequatio est comparatio. Die Jurisprudenz — bemüht, richtiges Recht zu finden — ging zu allen Zeiten in der Weise vor, daß sie die in einer Rechtsfrage möglichen Entscheidungen daraufhin *verglich,* wie bei jeder derselben wohl Licht und Schatten verteilt sei oder wie sie dem „Willen des Gesetzgebers" mehr oder weniger hierin oder darin entsprächen. Nur die Geschichte in ihrer reinen Form vergleicht scheinbar nichts. Und wenn ihr denn von einigen der Charakter einer Wissenschaft bestritten worden ist, so geschah das offenbar, weil und soweit die Geschichte nichts zu vergleichen hat.[4] Denn alle diejenigen, die da kommen und die Geschichte „aus der Literatur in die Wissenschaft erheben" wollen, bringen als Mittel dazu immer die Vergleichung

---

[1] Man kann auch sein *psychologisches* Zustandekommen untersuchen (vgl. *Wundt:* System der Philosophie, 2. Aufl., S. 35 ff., besonders aber ders.: Logik Bd. I, 2. Aufl., S. 43 ff.), bei der Untersuchung der psychologischen Entwicklung der Begriffe, teilweise jedoch auch schon vorher.

[2] Wundt: Logik, S. 94 f.

[3] Wundt: System der Philosophie, S. 44.

[4] Über diesen Gegenstand vorzüglich Eduard *Meyer:* Zur Theorie und Methodik der Geschichte, 1902.

herbei; sobald aber nur die Geschichte diese übernommen, erscheint sie alsbald nicht mehr als Geschichte, sondern legt sich einen neuen Titel bei, der ihren Rang als nunmehr wirklicher Wissenschaft deutlicher anzeigt: Soziologie, Geschichtsphilosophie oder dergleichen.[5] Wissenschaft ist also Vergleichung.

Was wir heute technisch *vergleichende Wissenschaft* nennen, kann sohin nicht mit logischen Mitteln vom übrigen Denken abgeschieden werden. Es kennzeichnet vielmehr nur einen *historischen Abschnitt in der Entwicklung der Wissenschaft.*

Wenn man die Anfänge der Wissenschaft ins Auge faßt, bemerkt man schärfer als am neueren, so stark theoretisch entwickelten Erkenntnissuchen die Verknüpfung mit dem praktischen Bedürfnis. „Wissen ist Macht" gilt von Anfang an in jeder beliebigen Bedeutung, die man dem Stigma beilegen will. Wissenschaft soll *helfen.* Sie soll helfen, daß die Götter gnädig bleiben und der Mensch und sein Vieh gesund. Natürlich sollen nur die eigenen Gruppen- oder Stammesgötter gnädig und Mensch und Vieh der Gruppe oder des Stammes gesund bleiben. Bezüglich der nicht zugehörigen ist das gar nicht nötig, vor allen Dingen nicht einmal erwünscht. Diese Sinnesart wirkt bezüglich der wissenschaftlichen Beobachtungsobjekte also in doppelter Beziehung *konkretisierend:* sachlich und räumlich. Dazu kommt, daß die Wissensinhalte, durchaus animistisch dirigiert, psychognostisch-subjektivierender Natur sind, daß nicht durch *Vergleichung* der Gegenstände mit anderen Gegenständen, sondern durch Deutung des ihnen angeblich innewohnenden Geistes aus seinem Geiste[6] der intellektuelle Führer unentwickelter Zeit seine wissenschaftlichen Überzeugungen gewinnt.

Schon die Anfänge griechischer Philosophie sind demgegenüber ein enormer Fortschritt. Doch dieser Fortschritt ging, wie bekannt, verloren. Das Mittelalter ist, ähnlich der ganz primitiven Stufe, für eigentlich theoretische, objektivierende, vergleichende Wissenschaft zunächst verständnislos. Seine Wissenschaft — Theologie und Jurisprudenz, oder wenn man will, eine Theologie mit infolge des römischen Erbes reichen juristischen Bestandteilen — sie ist ganz konkret und ganz praktisch gerichtet; ein Beiwort sagt es: sie ist *christliche* Wissenschaft.

---

[5] Vgl. Barth: Philosophie der Geschichte als Soziologie I. Zum mindesten der Titel „Geschichtsphilosophie" ist aber natürlich für die *Vergleichende Geschichte* sehr anfechtbar; vielmehr unzulässig. Vergleichende Geschichte ist so wenig Geschichtsphilosophie wie Vergleichende Rechtswissenschaft Rechtsphilosophie sein kann. Vielmehr ist die eine eben Geschichte, die andere Jurisprudenz. Als ein erster ziemlich hilfloser Versuch vergleichender Geschichte können *Plutarchs* Biographien angesehen werden.

[6] Interpretation. Persönliche Willensinhalte, die die Objektivität, den Sachgehalt der Welt verdecken.

Objekt dieser Wissenschaft ist wiederum ausschließlich Gott und Mensch, und zwar christlicher Gott und Mensch.[7] Und Ziel der Wissenschaft: Heilsvermittlung. Auf die richtete sich praktisch alles Tun der zum höheren Wissen Auserlosten. Ob mit Kultushandlungen, ob mit Rechtsentscheidung der Wissende auftrat, er diente der Heilsvermittlung; und wenn er als Arzt auftrat, nicht minder, denn von der durch ihn besonders wachgerufenen göttlichen Gnade wurde eigentlich die Heilung erwartet. Bestand doch die Therapie nach primitiv-abergläubischer — freilich jedoch auf medizinischem Gebiet auch vom höchstgebildeten Altertum[8] weder bei Griechen, Römern noch bei Juden oder Indern jemals überwundener Art — in Kultushandlungen.[9] Und wo der erwählte Wissende als Lehrer auftrat vom Wesen der Welt: auch da war, was er lehrte, Gotteslehre, Christentum und hatte den Zweck, Christen zu machen, zu bilden und zum Heil zu führen.

Dazu kam die naiv-naturalistische Fassung des Offenbarungsglaubens. So lange man überzeugt war, daß mit der Religion, ja in der Religion auch alle Wissenschaft geoffenbart sei, konnte von Vergleichung, die doch über den Kreis des Geoffenbarten hätte hinausführen müssen, keine Rede sein. An objektiv-theoretische Vergleichung mit dem Zweck, extensive Vergrößerung des Wissensreichtums zu erlangen, war bei der Sinnesart, bei der allein das geschilderte Verhältnis von Religion und Wissenschaft soziologisch möglich ist, nicht zu denken. Und die intensive Vergrößerung der Sicherheit des Wissens der religiösen Wahrheit, auf die man freilich Wert legte, konnte durch die Vergleichung nur nebenher gewinnen; denn daß eben das geoffenbarte Christentum das unendlich bessere war allem anderen gegenüber, was existiert, wußte man ja hinlänglich sicher und unerschütterlich aus eben dieser Offenbarung. Es hätte eine Sinnesart vorhanden sein müssen, die in Wirklichkeit für die *im geistigen Leben führenden Kreise außerhalb jeder Reichweite lag,*[10] eine Sinnesart, der der Gnostizismus genehm gewesen wäre, während er ihr in Wirklichkeit intolerabel war und sein mußte. Wenn

[7] Im Gegensatz zur griechischen Wissenschaft, die bereits über das Persönliche hinaus zum Sachlichen, über die bloße Subjektwissenschaft zur Objektwissenschaft vorgeschritten war.

[8] Ich muß leider hinzusetzen: auch von der fortgeschrittenen neuesten Zeit nicht.

[9] An den kultischen astrologischen Hauptzweck der altasiatischen Astronomie braucht nicht besonders erinnert zu werden. Dagegen ist darauf aufmerksam zu machen, daß im Gesetzbuch des Hammurapi auch der Architekt seiner vornehmsten Eigenschaft nach Kultusbeamter und Geisterbeschwörer ist. Und zwar so sehr, daß er deswegen an Rang sogar dem Arzt vorangeht.

[10] Dieses Phänomen (mit anderem Gehalt oder Gegenstand) spielt heute eine ganz besonders wichtige Rolle. Als Inkommensurabilität der Ideen möchte man es vielleicht bezeichnen; aber das ist unzulässig, weil diese Reziprozität erfordert, während in der heutigen Wirklichkeit zwar die proletarische Idee die bürgerliche sehr gut begreift, nicht aber umgekehrt die bürgerliche die proletarische. Dies liegt im Wesen der (Geschichte und) Dialektik.

alle Welterkenntnis nur in der Gotteserkenntnis, wie das Christentum sie lehrt, begründet war, dann konnte es nur eine wahre Wissenschaft geben, die christliche Wissenschaft, und waren Plato und Aristoteles so minderwertig und so abominabel wie chaldäische oder ägyptische Autoren. Und nur einen wirklichen Wissensstoff konnte es geben: die christlichen Ideale.[11] Und nur eine Quelle des Wissens: das göttliche Wort, der christliche Glaube. Was außer dem lag, bot keine Wahrheiten, war Schein, Trug, Blendwerk; das war das Feld, wo der Versucher sein freies Spiel hat mit dem irrenden Menschengeist; da ist alles zugleich falsch und verwerflich, Irrtum zugleich und Sünde. Was außerdem jener einen wahren Wissenschaft, jenes einen wahren Wissensstoffs und jener einen wahren Wissensquelle ist, muß ignoriert und verabscheut werden. Außer ihnen ist alle Religion Unreligion: blindes Heidentum oder Häresie; alle philosophische oder sonstige wissenschaftliche Theorie keine wahre Erkenntnis, sondern Irrlehre, alle Medizin, selbst wenn sie dem Körper nützt,[12] böse Zauberei und Teufelsbündnis; außer der christlichen ist keine Kunst, sondern nur scheußlich abschreckende oder gleißend verführerische heidnische Unkunst; alles andere moralische Gebot aber als das des Christentums ist schnöde Unmoral — eo ipso und unbesehen! —, alles andere Recht Unrecht.

Wie daher auf den Gebieten der Kultursysteme Religion, Sittlichkeit, Recht, Kunst keinerlei ernste kritische[13] Vergleichung möglich sein konnte, braucht nicht weiter entwickelt zu werden. Aber auch die *vergleichende Anatomie,* die das Altertum angelegt hatte, war verschwunden und verpönt. Wie könnte etwas so dumm und frevelhaft sein wie der Gedanke, aus dem Bau der *Tiere*, ihren Funktionen und der für sie geeigneten Therapie möchte sich etwas ableiten lassen über die innere Beschaffenheit, den Lebensgeist und die notwendige, zum Heile führende Behandlung des *Ebenbildes Gottes!*

Spottete freilich ihrer selbst, diese Doktrin, und wußte es nicht, wie nur irgend möglich. Während das offizielle Gewissen sich an ihr erbaute, hat —das duldet gar keinen Zweifel — die hausbackene Praxis des Alltags nicht den geringsten Anstoß daran genommen, den Beinbruch des Hofherrn mit

---

[11] Idealwissenschaft und Realwissenschaft waren undifferenziert; dies liegt im Wesen des durchgeführten idealistischen Dogmatismus. Das Christentum sah natürlich in dieser Einordnung der Realwissenschaft in die Idealwissenschaft einen Fortschritt. Die Neuzeit mußte die Einheit wieder lösen.

[12] Sie konnte nach damaliger Auffassung gerade dadurch der Seele und dem Körper schaden. Soweit scheint die *dogmatische Psychomedizin der Gegenwart,* Christian science (über die bemerkenswert *Th. Dreiser* in dem großen Roman The Genius), noch nicht gediehen zu sein.

[13] Dagegen gab es *dogmatische* Vergleichung. Insofern und wenn man solche als echte Vergleichung, echte wissenschaftliche Vergleichung anerkennen wollte, wäre die alte Theologische Apologetik mit ihrer Polemik und Irenik gegenüber anderen Religionen die erste Vergleichende Wissenschaft.

demselben Verband zu bewickeln und mit demselben Heilspruch zu besprechen wie den des Ochsen, und bildete sich gleicherweise im praktischen Bedarf die Adaptation und Agglutination des römischen Rechts an das barbarische und orientalisch-römischen Religion an den germanischen Götterkult. So geschah die Synthese, die keine höhere Stufe war, weil die Antithese noch kaum angelegt und von der These so viel zertrümmert und begraben lag. Und es bereiteten in langen Jahrhunderten die verschmolzenen Gegensätze sich zu neuer, fruchtbarer Sonderung und Entgegensetzung vor. Eine unter den Früchten dieses neuerlichen Auseinandertretens der im Mittelalter zusammengekoppelten antik-germanischen Gegensätze ist eine gewaltige Stärkung des Sinnes für vergleichendes Anschauen.

Auch für die Vergleichung blasen vereint den Weckruf wie für so viele das Mittelalter überschlafende Dornröschen die drei Posaunen: Renaissance, Rezeption, Reformation. Es kommt aber hier sehr darauf an, Überschätzung und Unterschätzung zu vermeiden. Ein bewußtes und gewolltes Vergleichen nämlich liegt in der Zeit nirgends vor, es kommt vielmehr als eine unwillkommene Beigabe, entsteht als Folge unvorhergesehener und niemandem erwünschter Umstände, als Resultat eines großen Mißlingens des in allen den drei großen Strömungen ausgeprägten Strebens.

Mißlungen ist die Reformation; die Reformatoren wollten ja keineswegs zu objektiven Erkenntniszwecken ein neues protestantisches Glaubenssystem neben das katholische stellen, sondern wollten die Kirche verbessern; aber es sollte dieselbe Kirche bleiben, die es war. Mißlungen ist gleicherweise das Streben der juridischen Rezeptionsbewegung. Ihre Verkündiger dachten wenig daran, in legislatorischer oder doktrineller Rechtsvergleichung den Geist des Römischen und Deutschen Rechts aneinander zu messen, sondern sie wollten der ratio scripta des römischen Rechts die Alleinherrschaft erobern und das Barbarenrecht verdrängen.[14] Und in gleichem Sinne mißlungen ist das Streben der humanistisch dirigierten Renaissance. Auch deren Vertreter hatten keine objektiven, komparativen Zwecke, sie wollten selber „als gebildete Hellenen und Römer" leben unter völliger Abwerfung des bislang getragenen Barbarenkleides.

Also weder das Urchristentum konnte erneuert werden mit völliger Niederwerfung des Katholizismus, noch die Erhebung des forum romanum Ciceros und Justinians zustandekommen mit Ausrottung alles germanischen Rechtsgedankens, noch die volle Durchsetzung des künstlerischen und wissenschaftlichen antiken Lebensideals gegenüber dem mittelalterlichen. Auf allen drei Gebieten mußte die neue Strömung mit Teilsiegen sich begnügen, Teilsiegen, die sie in Wirklichkeit entweder blind und unkritisch

[14] Vgl. Sohm: Institutionen. Auch hier also nicht der *Wille, eine Pluralität zu setzen,* wie es die Vergleichung fordert, sondern Ablehnung gerade dieser Grundvoraussetzung komparatistischer Logik.

als Vollsiege auffaßte oder, wo sie der Unvollkommheit ihres Erfolges bewußt blieb, durchaus als Niederlagen betrachtete, ebenso wie der reaktionäre Part seinerseits den Schmerz der Niederlage empfand, weil es auch ihm nicht gelang, den unwiderstehlich einströmenden Dualismus der Gesinnung und Kultur fernzuhalten und die alte monistische Ruhe des Kirchhofs herzustellen.

Was der Sinn kurzlebiger Menschen nur als Mißlingen erfassen konnte, erweist sich als ein Gelingen für den unsterblichen Weltgeist. Der Konzentrierung und Konkretisierung auf das einzig Eine, welches scheinbar das Gottesgewollte ist, ist seitdem für die Zukunft unmöglich. Mit der ecclesia una et indivisibilis in Glauben und Kultur ist es, wenn auch zum allgemeinen fassungslosen Entsetzen, aus. Welche Fassungslosigkeit und welches Entsetzen in entsetzlichen Kriegen sich entlädt. Im Blutvergießen der Religionskriege halten das Prinzip der Pluralität (zunächst als Dualität) und der Vergleichung ihren Einzug. Die Gesinnungs- und Kultur-Gegner haben einander nicht vernichten können. Mit unwilligem Staunen merkt eine jede der beiden Weltanschauungen, daß die andere existiert, sich als existenzfähig und — Weltgeschichte, Weltgericht — existenzberechtigt erwiesen hat, so daß man mindestens vorläufig paktieren muß.[15] Man muß zugeben, daß im Christentum zwei Konfessionen möglich sind; das bedeutet, daß der Anhänger der anderen Konfession eben auch Christ und seine Religion wirkliche Religion, nicht Unreligion ist, daß man mit ihm auch zusammenleben kann, ohne das Schwert zu ziehen, und daß nicht Pech und Schwefel auf das heilige römische Reich deutscher Nation deshalb herabregnen muß, weil in seinem Reichstage ein corpus catholicorum oder weil darin ein corpus evangelicorum sitzt. Man sieht ein, daß ius Romanum und ius Germanicum mit ihren beiderseits berechtigten Eigentümlichkeiten einander zu ergänzen in der Lage und bestimmt sind. Man hat gelernt, die Schönheit zu erblicken, wie sie im *antiken*, und ebenso auch, wie sie im *romanisch-germanisch*-kirchlichen Kunstwerk sich findet.[16] Und endlich — man hat es sogar über sich vermocht, nach langem Kampfe über sich vermocht, die theoretische Erkenntnis nicht-christlicher und nicht-kirchlicher Marke neben der christlich-kirchlichen zu ertragen und beide zu würdigen, sogar zu vergleichen. Die

---

[15] Vgl. zum folgenden auch Kuno *Fischer:* Leibniz, S. 9 f.

[16] Das *übrige* bleibt fremd, exotisch, erscheint nur als seltsam und fratzenhaft. Noch für den älteren Herder ist der Geschmack der Chinesen „grob oder verschroben"! Siehe Herder: Ideen zur Philosophie der Geschichte, Buch 11, II (S. 9 der Müllerschen Ausgabe von Herders Werken zur Philosophie und Geschichte in 13 Bänden). Doch haben z. B. in der Porzellanindustrie des 18. Jahrh. chinesische Muster schon in anderem Sinne gewirkt (*Kindermann:* Volkswirtschaft und Kunst, 1903, S. 17). Heute ist die Vergleichung so weit oder hat so weit geführt, daß *Julius Meyer-Graefe* (Orientreise, 1928) die griechische Kunst, sie, die einst als unverrückbarer Kanon galt, als gerade noch erträglich bezeichnet neben der ägyptischen vor allem, aber gewiß auch der ostasiatischen und der indischen Kunst.

Naivität des Standpunkts, auf dem das zunächst nur möglich ist, ist gekennzeichnet durch die Lehre von der doppelten Wahrheit.[17] Bezeichnenderweise errichtet ja diese sich selbst als ein Sicherheitsventil oder richtiger als — dem Wunsche nach — ein hermetischer Abschluß gegen die Vergleichung.

Gleichwohl ist endlich — darin liegt die Bedeutung dieser Epoche — eine Atmosphäre geschaffen, in der überhaupt die Aufschichtung zur Vergleichung geeigneten Materials möglich war; es ist die Abkühlung der Glaubenstemperatur die Ursache, so wie auf der Erde organisches Leben erst entstehen konnte, nachdem ihre Wärme auf einen Grad herabgesunken, bei dem das Eiweiß nicht mehr gerinnen muß. Jetzt wird außer dem Lateinischen auch Griechisch und Hebräisch gelernt; die Häufung vergleichenden Materials in Religion und Recht und Kunst und Wissenschaft macht stetige Fortschritte. Und nun lehrt die Entdeckung der Neuen Welt neue Länder und Menschen kennen, die zur Vergleichung mit den alten auffordern. Und gestützt auf die Fortschritte der Naturwissenschaft führt der kühne Geist *Giordano Brunos* schließlich auf die Vergleichung der Erde mit den anderen Weltkörpern hin.[18] Und endlich beginnt auch die vergleichende Anatomie,[19]

[17] Die Schriftsteller schmücken ihre Abhandlungen mit Zitaten aus den zwei Welten: aus der Bibel und aus den Alten, während sie vorher nur die Bibel autoritativ zu zitieren gewagt hatten — Zustände, die man im konservativen England noch heute beide nebeneinander bei verschiedenen Autoren konstatieren kann. John Ruskin z. B. hat für seine national-ökonomischen Abhandlungen keine anderen Literaturbelege als Bibel, Homer, Platon.

[18] Über Widerstände hiergegen noch in der neueren und neuesten Zeit vgl. das überaus anmutige Buch von (*Humphrey Davy* und) *Camille Flammarion:* La pluralité des mondes habités; sowie auch andere Werke Flammarions. Natürlich ist aber, und insofern haben Widerstände gegen einen Begriff Vergleichender Astronomie ihr Recht, solches nur eine sehr geringfügige, primitive und ephemere Art vergleichender Astronomie. Eine wirkliche vergleichende Astronomie kann erst dann entstehen, wenn dem menschlichen Geist sei es durch physikalische, irgendwelche physiologische, psychologische oder sonstige Wahrnehmung oder auf mathematischem Wege (Eröffnungen analog etwa denen der Relativitätstheorie) die außerhalb des uns bekannten Weltalls belegenen anderen Universa bekannt werden, die derselbe im unendlichen Raum vermuten muß.

[19] Der Name „vergleichende Anatomie" scheint zuerst in England aufzukommen. Mit Sicherheit nachweisen kann ich dies nicht. Manches spricht für Italien als Ursprungsland. Was *Bacon* unter „anatomia comparata" versteht (Advancement of learning, 1605, Buch II, cap. 10 § 5), ist etwas ganz anderes als der übliche Begriff der anatomie comparée. Er beklagt, daß man zu wenig Sektionen ausführe und so zwar die Gestalt der einzelnen menschlichen Organe oberflächlich kenne, aber nicht ihre individuellen oder typischen Gestalt- und Substanzverschiedenheiten, die gewiß im inneren des menschlichen Leibes ebenso weitgehend seien wie in seinem Äußeren, an den inneren Organen aber Krankheiten oder Krankheitsursachen bedeuten könnten. Ebenso gestatteten die zu wenigen Sektionen nicht, die gegenseitige Beeinflussung der Organe und ihre Urheberschaft an den Säften kennen zu lernen. Anatomia

beginnt der Tierversuch möglich zu werden, ohne daß die Veranstalter Folter und Scheiterhaufen zu fürchten brauchen.

Darin liegen schon die Keime für die Entwicklung der pluralistischen Anschauung[20] der gegebenen Welt, welche für alle wirksame Vergleichung die Vorbedingung darstellt, aus der dualistischen. Bevor diese Entwicklung weiter verfolgt wird, sei ein kurzer Rückblick gestattet, vermittelt durch eine Erklärung ihrer soeben versuchten Stigmatisierung.

Zuerst war die schroffe Einheitlichkeit: Christentum und weiter nichts. Christliche Religion, christliche Erkenntniswahrheit, christliche Kunst. Vergleichung dabei ausgeschlossen. Sodann seit Ausgang des Mittelalters der Dualismus: zweierlei ist, was gilt: das römische Christentum und das reformierte, das römische Recht und das heimische, christliche Kunst und antike, die Schrift und Aristoteles. Das zweigliedrige Schema des Gelittenen und Verstandenen, das Vergleichung schon in beschränktem Maße zuläßt, beherrscht wieder Jahrhunderte. Die Überführung in den notwendigen Pluralismus geschieht spät[21] und ist auch in unseren Tagen noch nicht beendet.

Immerhin ist sie gewaltig vorgeschritten. Wir haben uns eine Weitherzigkeit im Dulden, Würdigen, Aufnehmen und Anerkennen zu eigen gemacht, die mitunter die Grenzen zu überschreiten droht; von der sich der in den führenden Kreisen unserer akademischen und sog. gebildeten Welt immer noch hübsch verschrieene *Kosmopolitismus* des Aufklärungszeitalters kaum noch träumen ließ. Das ist der Zug, der unserer jetzigen Vergleichung zugrunde liegt und wiederum aus ihr stete Belebung gewinnt. Nicht absichts-

---

comparata Bacons ist also eher unsere pathologische Anatomie und teilweise Physiologie als vergleichende Anatomie. Was die letztere betrifft, so waren ja in der Tat Tiere schon länger in größerer Anzahl seziert worden, und so erschien es Bacon nicht nötig, eine Forderung in diesem Sinne zu stellen; was allerdings recht oberflächlich war. Sein Dringen auf pathologische Anatomie und Physiologie ist natürlich zu loben.

[20] Als ihr erster Repräsentant ist natürlich *Leibniz* in Betracht zu ziehen. Es fehlt mir aber an Material, um seine Bedeutung in dieser Hinsicht zu erörtern. Es fordert dies zweifellos eine besondere Abhandlung.

[21] Aber wahrscheinlich mit *Leibniz* als isoliert gebliebenem Vorläufer. *Der Wiederuntergang der pluralistischen und komparatistischen Idee* ist natürlich ein besonderes, interessantes Thema. Der allgemeinen Vorläuferschaft von Leibniz gehen zur Seite vereinzelte Vorläufer für bestimmte Wissenszweige, so für die Rechtswissenschaft im 16. Jahrhundert *Fortescue* (Sir John, Lord Chancellor): De laudibus legum Angliae, aufgrund der Vergleichung englischen und gemeinen Rechts; im 17. Jahrhundert *Selden:* ius naturae iuxta disciplinam Hebraeorum. Wie für die vergleichende Anatomie, damit für die vergleichende Naturwissenschaft, so erscheinen auch für die vergleichende Rechtswissenschaft und damit für die vergleichende Geistes- oder Kulturwissenschaft die Engländer als die ersten. Das paßt gut zu dem allbekannten empiristischen Charakter des englischen Geistes. Der *Komparatismus* ist ja natürlich ein Phänomen des Empirismus und ein Protest gegen den Rationalismus. Er ist wie mit dem Induktionalismus so auch mit dem Nominalismus verknüpft.

los habe ich aber bei der Skizzierung der mittelalterlichen Erkenntnisbeurteilung das Kunsterkennen so ausgiebig mit herangezogen. Wie markiert sich gerade hier der Umschwung! Der frühen Neuzeit ging zwar, wie bemerkt, wenigstens schon die Antike auf, aber in weitere räumliche und zeitliche Gebiete der Kunst fand sie den Weg der ästhetischen Würdigung nicht, da blieb ihr das meiste Zerrbild, Fratze, Barbarei, wie eben auch noch jede nicht-christliche Religion „blindes Heidentum," in dessen Gefühlswelt sympathisch sich hineinzudenken Sünde gewesen wäre — wie man es denn auch nicht imstande war.

Wir aber haben uns nicht nur in die Eigenheiten altsemitischer, ägyptischer, indischer, persischer und letztlich mexikanischer und ostasiatischer Kunst hineingefühlt, wir wissen jetzt den ewigen Drang nach Schönheit gar in den grotesken Idolen von Papuas und südamerikanischen Rothäuten aufzuspüren und mitzuempfinden. Und die Literaturauffassung und die fremder Musik folgen — erstere näher, letztere noch mehr dahinten[22] — dem in der bildenden Kunst erreichten nach. Keine der gangbaren Kunstgeschichten gibt das wieder, was wir heute kunsthistorisch wirklich können.[23]

Doch nun der Grund, weshalb ich dies so hervortreten lasse: *das ästhetische Vorurteil ist das am schwersten zu überwindende*. Selbst das religiöse, selbst das ethische, sie sind leichter zu erschüttern. Wir haben schon länger den psychischen Ariadnefaden gefunden, der ins Labyrinth primitiven Sittlichkeitsbewußtseins hineinführt, welchem Promiskuität, Inzest, Kindesaussetzung, Greisentötung und Kannibalismus so wenig abominable Schrecknisse sind — wie uns zivilisierten Europäern vor 300 bis 100 Jahren Folter und Hexenverbrennung. So daß dem verständigen Schriftsteller, der über dergleichen zu berichten hat, sich „keine Feder mehr sträubt" — wir haben ja leider durch dieses „Dedersträuben" so viel kostbares ethnologisches Material eingebüßt![24]

Es will mir endlich scheinen, daß das ästhetische Moment einen umfassenden Charakter hat, so daß es in all die Geistesangelegenheiten, in denen es sich um ein Für und Wider hinsichtlich der Vergleichung handelt, hinein-

---

[22] Noch heute dem Nichtspezialisten sehr unzugänglich sind die chinesische und japanische Musik. Umgekehrt haben die Japaner sich in unsere Musik jetzt gut hineingefunden. Die Schwierigkeiten dabei und der Übergang ließen sich noch in den letzten 15 Jahren gut beobachten.

[23] Doch darf nicht unterlassen werden, als einen wahrhaft bedeutenden Schritt auf dem Wege *Taines* geniale Philosophie de l'art zu nennen. Vgl. noch *Neukamp:* Entwicklungsgeschichte des Rechts, S. 110, jetzt auch *Wörmann:* Allgemeine Kunstgeschichte. — Ich will hier jetzt keine neuere Literatur anführen. In dem zwischenliegenden Vierteljahrhundert sind ja sehr erhebliche Fortschritte gemacht worden, und der Umfang, in dem die Klage des Textes noch Gültigkeit haben möchte, ist sehr reduziert.

[24] Vgl. *Josef Kohlers* Vorrede zu *Löwenstimm:* Der Aberglaube im Strafrecht.

greift. Der Haß gegen das Fremde, der in der Verurteilung uns fremder Religion, Sittlichkeit, Kunst sich äußert, hat ein ästhetisches Ingredienz bezüglich aller drei Gebiete. Wir bezeichnen ihn prägnant mit dem Worte „Abscheu", und in diesem Worte „Abscheu" klingt immer ein ästhetischer Grundton an, gleichgültig, ob wir einen obszönen Kunstgeschmack, eine verdammenswerte Handlung oder „heidnische Greuel" *verabscheuen*. Das ästhetische Moment bleibt immer der letzte Schlupfwinkel der *Misoxenie (Xenophobie)*. Eine Art, Gruppe, Nation von Menschen mag sich mit Sitte, Sittlichkeit, Gesinnung und Weltanschauung, Lebensidealen und Lebensführung einer anderen objektiv und vernunftgemäß, auch aufrichtig und mit gutem Willen ausgesöhnt haben — ins Ästhetische flüchtet sich die Abneigung. Das Aussehen der Leute, die äußeren Formen, in denen sie diese ihre Sitte, Sittlichkeit, Lebensideale und Lebensführung betätigen, mißfallen. Ein ganz nahe liegendes Beispiel, das hier jedem einfallen muß, übergehend, weise ich auf die Abneigung der Hellenen und Römer gegen die Phöniker und Etrusker hin, ferner der Mongolen gegen die „roten Teufel," die — solange sie das vergleichende Sehen und Empfinden noch nicht gelernt haben — samt ihrem Tun und Treiben ihnen ebenso unschön vorkommen wie entsprechend sie selber jenen.[25]

Wenn also, wie geschildert, das ästhetische Element das hartnäckigste unter den dem Pluralismus und der Vergleichung widerstrebenden ist und zugleich ein in ihnen allen anklingendes, so zeigt die starke Erweiterung gerade des ästhetischen Gesichtskreises in unserer Zeit, wie gründlich doch die neue Geistesrichtung eingedrungen ist.[26] Es ist eine neue Richtung im Leben der Volkspsyche, aufgrund deren jetzt die vergleichende Wissenschaft so geboten ist, wie sie früher unmöglich war. Zu ihr steht die verglei-

---

[25] Ich glaube auch nicht an die Tradition, daß die antike Welt dem Äußeren und der Lebens*form* bei den germanischen Barbaren eitel Bewunderung entgegenbrachte. Sie verdankte der rousseauistischen Sentimentalität, die in Tacitus' Germania ihren Typus hat, das Leben. Näher wird man der ästhetischen Beurteilung des germanischen Körpers und der germanischen Lebensform durch die Römer kommen, wenn man sich an die Empfindungen der heutigen Romanen hält, wie sie z. B. in Taine's Philosophie de l'art Ausdruck finden, und in dem u. a. Taine's Phänomenologie des Germanentums speisenden Ausdruck „Boche". Dazu auch *Sternberg:* Geistiges und Gefühlsleben des Mannes, in *Weiss-Kossmann:* Mann und Weib, 2. Aufl. 1927. Während des Krieges sind die Ausbrüche des Abscheus gegen die Germanen bei den antiken Schriftstellern von chauvinistischen Philologen der Ententeländer mehrfach zusammengestellt worden; natürlich weit mehr belastend für sie als für den Angegriffenen.

[26] Es ist dabei ferner nicht zu übersehen, daß auch im Individuum die ästhetische Urteilslust und Urteilsfähigkeit erst in einem gewissen Reifestadium der Geistesentwicklung auftritt. Über das Spätauftreten der bewußten Ästhetik, als historisch dritter der Wertungsformen nach Logik und Ethik, vgl. *Sternberg:* Entwicklungslinie der Rechtsphilosophie, 1915. Aber hier ist vor einem Irrtum zu warnen: es ist gerade umgekehrt das *künstlerische Schaffen* früher als das logische und ethische Denken.

chende Wissenschaft einfach im Verhältnis eines Symptoms. Dies war klarzulegen, ehe sie für sich allein in ihrer Entwicklung betrachtet wird.

Dabei fällt noch als Spezialergebnis die Einsicht ab, daß die Gruppe vergleichender Wissenschaften, wie sie sich heute zusammensetzt, noch das deutlichste Zeugnis ablegt von der Art der Hemmung, die der Ausbildung vergleichender Wissenschaft entgegenstand. *Es sind alles Wissenschaften, bei denen eine Vergleichung der religiös gebotenen einseitigen Weltbetrachtung gefährlich werden konnte und bei denen deshalb die Vergleichung verpönt war. Und die deshalb, seitdem die Vergleichung bei ihnen durchgesetzt ist, ausdrücklich vergleichende heißen, während andere, die methodisch ebenso vergleichend vorgehen, diese besonderen Namen nicht tragen.* Gehen wir sie durch:

1. Vergleichende Religionswissenschaft — da liegt die Sache ganz klar; sie ist in gewissen Kreisen heute noch nicht wohlgelitten.

2. Vergleichende Rechtswissenschaft: die Reihe der Fälschungen[27] und unendlich viele Umstände minder hervorstechender Natur lehren, wie unbequem der Kirche eine Doktrin hätte sein müssen, die ihr naturgemäß die Leitung der Rechtsbetrachtung am theologischen Gängelband entrissen hätte.

3. Vergleichende Wissenschaft aller Art: hätte in gleicher Weise ihre geistige Vorherrschaft gestört, ebenso

4. vergleichende Kunst- und Literaturbetrachtung.

5. Vergleichende Sprachwissenschaft; sie ist heute die bestangebaute von allen; scheint jedoch so harmlos und indifferent gegenüber den klerikalen Ansprüchen zu sein — muß sie nicht geradezu als Ausnahme gesetzt werden? Nein! Die scheinbare Harmlosigkeit ist die höchste Gefährlichkeit: in der Sprachvergleichung lauert ja die Bibelkritik![28] Und nun endlich

6. Die vergleichende Anatomie: auch sie stand, mit Zauberei und Schwarzkunst in Verbindung gebracht, im Geruch, religionsgefährlich zu sein — vergleichende Botanik ist nie verboten gewesen: und so spricht heut auch niemand von vergleichender Botanik, sondern es heißt einfach Botanik schlechthin. Vor allem aber gab man sich die größte Mühe, die anatomischen Ähnlichkeiten zwischen Tieren und Menschen nicht zu sehen, weil man nur

---

[27] Ich denke dabei an Pseudoisidorische Dekretalen und Verwandtes.

[28] Die großartigste Groteske hier die Tatsache, daß das Studium des Griechischen und des Hebräischen lange verboten bleiben konnte, der Sprachen, in denen das neue und das alte Testament geschrieben war! Auch dieser Zug bezeichnend dafür, daß das, was die Kirche, bot, vielmehr Pseudochristentum und Antichristentum war als Christentum. Es liegt mir natürlich die Behauptung fern, daß dies sich sehr wesentlich geändert hätte. Vgl. auch die Schriften von *Hermann Kutter* („Sie müssen", „Wir Pfarrer", Revolution des Christentums") und einzelne von *Upton Sinclair* (Novelle „I am a carpenter" und Drama „Hell").

so den Sonderrang des Menschen („in der Schöpfung") behaupten und seine Göttlichkeit-Gottähnlichkeit und Erlösungsverheißung festhalten, nur so dem Naturalismus und Materialismus glaubte entgehen zu können. In Wahrheit saß man gerade so in ihnen fest. Vom Geist hatte man eben noch sehr wenig erfaßt.

Nun war es, lange vor Darwin, sehr schwer, geradezu unüberwindlich schwer, die Übereinstimmung und Einheit nicht zu sehen und zum System auszubauen. Man leistete es trotzdem, das Unmögliche. Die Geschichte der Vergleichenden Wissenschaft oder ihrer Hemmungen ist ganz besonders voll von der Erscheinung des *Nichtwissenwollens.* Wie ein Erkenntnisdrang, so ist auch ein *Nichtkenntnisdrang* in der menschlichen Natur angelegt und macht als dynamische Funktion — negativer Art — sich geltend. Hier liegt u. a. natürlich auch ein individualpädagogisches Problem. Was in der prähistorisch-historischen Erziehung des Menschengeschlechts der Nichterkenntnisdrang bedeutet, ist ja bekannt und evident. Fast ist die Geschichte der Vergleichenden Wissenschaft ja identisch mit der Geschichte und allmählichen Überwindung des Nichterkenntnisdranges.

Nunmehr kann, im Anschluß an die allgemeine, die wissenschaftliche Entwicklung des Pluralismus und der Vergleichung kurz ins Auge gefaßt werden. Und zwar suchen wir sogleich die neue Epoche auf, die den zweiten großen Fortschritt nach demjenigen des Reformationszeitalters brachte. Hier stehen an der Spitze *Lessing, Kant, Herder, Vico* und *Goethe.* Die beiden ersten mehr bloß mittelbar. *Lessing* durchbricht mit seiner Rettung Shakespeares für das Deutsche Volk und damit für alle Germanen den Bann des dualistischen Geschmacks in der Literatur. *Schiller* setzte später Gallomanie und Gräcomanie einander entgegen. Aber zunächst war die Liebe zur französischen Kunst hauptsächlich von der Überzeugung getragen, daß in ihr die antiken Regeln die vollendetste Anwendung erfuhren. Diese Regeln aber hatten eine Geltung, die sich von der der Naturrechtssätze kaum unterschied; man kann ganz gut an die Analogie einer poetica naturalis denken. Um im Bilde zu bleiben: *Lessing* erwies die Positivität der Kunstregeln wie *Hugo* die der Rechtsregeln. Er bereitete damit die Stelle, an der *Herder* einsetzen konnte, an den er den Ruhm des Vollenders abtreten mußte wie — ziemlich ungerechterweise — Hugo an Savigny. *An der Nachweisung der Positivität früher für naturgesetzlich gehaltener Regeln* hängt aber als notwendige Konsequenz die Vergleichung, ob es sich nun um Recht, Kunst, Sittlichkeit oder Religion handelt.[29]

Bei *Kant* ist, wenn man die Hauptwerke der kritischen Periode liest, eine Wirksamkeit betreffend Anregung von Vergleichung auf den ersten Blick

[29] Wir bekommen hier die Zusammenhänge: Romantik, Historie, Vergleichung einerseits, L'esprit classique — Rationalismus — Apriorismus andererseits. Dazu *Sternberg:* Allgemeine Rechtslehre Bd. I 1904, §§ 12, 14.

gar nicht zu bemerken.[30] Der Grund ist, daß die historischen Momente gegenüber den rationalen so sehr zurücktreten, wie dies z. B. ja auch bei *Stammler* der Fall ist, in dessen *Wirtschaft und Recht* und Lehre von dem richtigen Recht deshalb die hochaktuelle Erscheinung der Rechtsvergleichung kaum Berührung und von daher *Jhering* als Rechtsphilosoph eine kühle Behandlung findet. Nur eines wird man erwägen: da bei richtig verstandenem Kant nur positive Religion und positives Recht möglich ist, indem er die Unhaltbarkeit der natürlichen Theologie nachgewiesen hat, und die von ihm selbst nicht konstatierte Unhaltbarkeit natürlichen Rechts sich durch ein paar nicht allzufernliegende Analogieschlüsse aufzeigen läßt,[31] so käme ihm das Verdienst zu, gerade die erkenntnistheoretische Grundlage auch für die Entwicklung der Vergleichung auf diesen Gebieten geschaffen zu haben.

Das ist denn auch das Richtige. Kant hat sich in und nach der Zeit der Verfassung seiner kritischen Werke die größte Beschränkung auferlegt hinsichtlich des Urteilens auf dem Gebiete der Einzelwissenschaften, in denen er doch in seinem Mannesalter Erfolge erzielt hatte, die ihn zuerst zum angesehenen Gelehrten gemacht hatten. Aus diesem Grunde ist ihm die Selbstbescheidung, die er als Greis auf dem Gipfel des Ruhms geübt hat, hoch anzurechnen. Er fühlte es sehr wohl: sich ins Detail auch nur einer Wissenschaft oder einiger weniger in einer den Anforderungen der kritischen Philosophie entsprechenden Weise zu vertiefen, dazu hätte ihm eine neue Jugend beschieden sein müssen. Es ist gut, daß er nichts dergleichen unternommen hat; ein eigensinniges Bemühen, nun doch noch eine oder die andere Einzelwissenschaft nach den Anforderungen des Kritizismus zu revidieren, hätte ihn notwendig mit dieser seiner eigenen Schöpfung in Konflikt gebracht; es ist gut für seinen Ruhm, gut für die Nachwelt, denn es ist ihr im ganzen und großen erspart worden, in ihren Bemühungen um den Ausbau der Einzelwissenschaften Irrtümer zu bekämpfen, welche aus der Autorität Kants Widerstandskraft schöpfen könnten.[32]

---

[30] Die völkerpsychologische Vergleichung in der pragmatischen Anthropologie, 2. Aufl. 1800, S. 295 ff. ist hier nicht anzuführen, da nach dem späten Erscheinen des Werkes vorauszusetzen ist, daß Kant bei seiner Abfassung schon Anregungen von *Herder, Heeren* und *Iselin* empfangen hatte.

[31] Über die Stellung *Kants* zum Naturrecht siehe *Landsberg:* Geschichte der Rechtswissenschaft; ders.: Kant u. Hugo; *Sternberg:* Die Begnadigung bei den Naturrechtslehrern, ZvglRw. 1899; ders.: Allgemeine Rechtslehre, 1904; ders.: Entwicklungslinie der Rechtsphilosophie, 1915.

[32] Dies gegen *Häckel* mit seinem aus dem Mißverständnis von Kants Würdigung theoretischen und praktischen Verhaltens und den Nachrichten, die wir über Kants Bedrängung seitens des regierenden preußischen Muckertums haben, zusammengebrauten Ammenmärchen von Kant I und Kant II. Ferner gegen den Herausgeber von „Kants Psychologie." Die Drucklegung des Manuskripts ist vom Standpunkt historischer Kantforschung aus sehr dankenswert; aber die Versuche, die Wahrheit zu

Dies Lob nun muß an einem Punkte eingeschränkt werden. Es handelt sich dabei um die *„metaphysischen Anfangsgründe der Rechtslehre."* Wie ein greller Blitz den Gewitterhimmel erleuchten sie die große dunkle Gefahr, die vorhanden war, wenn Kant mehr solcher Versuche gemacht hätte. Ich habe alles, was Kant über Recht und Rechtswissenschaft geschrieben hat, zusammengetragen und immer wieder und wieder studiert. Und jedesmal wird es mir schwerer begreiflich, wie ein so orthodoxer Naturrechtsstandpunkt sich bei dem großen kritischen Philosophen hat festsetzen können. Denn was man auch sage, die metaphysischen Anfangsgründe der Rechtswissenschaft sind ein Naturrechtskompendium, wenn auch bloß ein Grundriß. Anregend und geistesmächtig ist der Mann natürlich auch hier; aber doch machen sich Folgen davon, daß er hier aus einer von ihm selbst unhaltbar gemachten Position hervorzielt, sehr störend bemerkbar. Das Buch zeigt ganz offenbar, namentlich wenn man es etwa gegen die metaphysischen Anfangsgründe der Naturwissenschaft hält, wie sehr die naturwissenschaftliche Veranlagung bei dem großen Weisen die geisteswissenschaftliche überwog. Vom Wesen der Jurisprudenz, die er offenbar geringschätzte, hat er jedoch die wenigste Einsicht gehabt. Außer was ihre schwachen und schlimmen Seiten betrifft; die hat er sehr gut gesehen.[33]

Daß Kant sich für vergleichend-anthropologische Dinge persönlich sehr stark interessierte, ist sicher. Es gehörte zum Ruhm seiner Vorlesungen unter den Zeitgenossen, wie geistreich er über solche Dinge sprach und welch erstaunliches Wissen er in ihnen hatte. Die Transzendentallehre war ihm eine Angelegenheit, die empirische Mannigfaltigkeit der Dinge eine andere, nur blieb die erste seine Hauptbeschäftigung. Auch bedingten sie einander: je genauer die Transzendentallehre die Bedingungen des Erkennens und Seins, der Mannigfaltigkeit und Entwicklung erkannte, desto mehr konnte man der Mannigfaltigkeit und Entwicklung in Sein und Erkennen Entfesselung verstatten. Wird Kant richtig verstanden, so gehört er zu denen, die der

---

vertuschen, daß über Kants Ansichten aus der wohlüberlegten Nichtveröffentlichung das meiste zu lernen ist, müssen zurückgewiesen werden. Als neben den metaphysischen Anfangsgründen der Rechtslehre auf einzelwissenschaftliches Gebiet übergreifende Schriften der kritischen Periode wären noch zu nennen die populäre „pragmatische Anthropologie" und die Abhandlungen über die Verschiedenheit der Rassen (über diese *Kuno Fischer:* Kant II, S. 223 ff.), die er aber selbst offenbar als sehr nebensächlich betrachtete. Von seinen geschichtsphilosophischen Schriften endlich sagte *Kuno Fischer* (Kant II, S. 233) zutreffend: „Es ist auch hier weit mehr die richtige Fassung des Problems als die Lösung, die ihn beschäftigt," also ganz philosophisch, ganz wie etwa in den metaphysischen Anfangsgründen der Naturwissenschaft, bleibt er dem Programm nach auch hier. Daß er in Rezensionen und sonst Einzelwissenschaftliches berührte, war nicht zu vermeiden; aber unsere Behauptung war ja auch nur, daß er keine gesamte Einzelwissenschaft nach kritischen Prinzipien darzustellen versucht habe, und die wird wohl nicht erschüttert werden können.

[33] Vgl. den „Streit der Fakultäten."

Anerkennung einer unermeßlichen Vielfalt und Entwicklung freie Bahn machen, den Schrecken vor ihr endlich hinwegräumen. So ist er denn namentlich auch verstanden worden von *Gustav Hugo,* es wurde dieser zum Befürworter der Vergleichenden Rechtswissenschaft. In Hugo sind *Historische Schule und Vergleichende Schule der Vergleichenden Rechtswissenschaft* gleichzeitig entstanden, es war nicht seine Schuld — oder es war zum mindesten eine Schuld, von der er nichts ahnen konnte —, wenn die beiden Schulen einander später feindselig gegenübertraten. Es war für Hugo nämlich durchaus nur eine Angelegenheit notwendiger Arbeitsteilung und Selbstbeschränkung, daß er auf die historisch-kritische Methode, die Quellenforschung und das römische Recht sich beschränkte: lediglich um die Anlegung der Vergleichenden Rechtswissenschaft anderen Spezialisten zu überlassen und diese Wissenschaft dadurch besser zu fördern, nicht aber um blind gegen sie zu sein oder um sie abzulehnen. Das bekannte Wort *Thibauts* in der berühmten Schrift über die Notwendigkeit eines einheitlichen bürgerlichen Rechts für Deutschland, daß zehn Vorlesungen über das Recht der Inder und Chinesen mehr wissenschaftlichen und praktischen Nutzen stiften werden als die immerwiederholten über die römischen Quellen, geht unmittelbar zurück auf Hugo. Um sich davon zu überzeugen, braucht man nur Hugos „Lehrbuch des Naturrechts, als einer Philosophie des positiven Rechts" (Lehrbuch eines civilistischen Cursus, 2. Band)[34] aufzuschlagen. „Philosophie des Privatrechts, ohne sklavische Anhänglichkeit an irgendein einzelnes positives Recht, und eben deswegen in Rücksicht auf gar viele" nennt er hier sein „Naturrecht" oder seine „Rechtsphilosophie", das also zum ersten Mal ein weltrechtliches „Naturrecht" sein und auf empirischem Wege die altbehauptete Identität von ius naturae und ius gentium, Naturrecht und allgemeinem Welt- oder Menschheitsrecht darstellen und verifizieren sollte, gemäß dem vorausgegangenen Programm der „scienza nuova" des *Giambattista Vico.* Vico finde ich übrigens bei Hugo nicht zitiert, trotz der ganz außerordentlichen Übereinstimmung der Grundauffassungen beider. Freilich: trotz oder vielleicht wegen? Der Gedanke vergleichender Rechtswissenschaft oder vielmehr eines Naturrechts, das auf Vergleichung der Rechte aller Völker beruht, ist nicht in dem Maße einsames Eigentum Vicos, wie dessen italienische Lobpreiser das nur allzu oft zu glauben scheinen. Der Gedanke lag damals in der Luft, wie man sich u. a. aus Hugos Buch überzeugen kann; daß er dem kosmopolitischen Zug des Aufklärungszeitalters entsprach, möchte man kaum notieren; eher daß er aus ihm notwendig folgte.

Beiden, Vico und Hugo, ist übrigens auch gemeinsam, daß sie die Bearbeitung des Stoffes der Rechtsuniversalgeschichte, „istoria universale del diritto naturale", nicht lediglich sich empirisch denken, sondern mit spekulativen, apriorischen Voraussetzungen an ihn herangehen und dieses spekulative

---

[34] Ich zitiere nach der dritten Auflage 1809.

Moment als integral zur Methode gehörig betrachten. Die rein empirische Vergleichung, das rein empirische Studium des positiven Stoffes wäre dem Wissenschaftsbegriff der damaligen Zeit als sehr geistlos und als unwissenschaftlich erschienen ganz im (vorkritischen) Sinne der Worte des Kritikers, daß in jeder Wissenschaft nur soviel Wissenschaftliches sei, als Philosophie darin gefunden werde. Nicht ein unbefangenes Aufsichwirkenlassen des Stoffes, den die vergleichende Wissenschaft aufsammeln kann, oder zum mindesten nicht ein unbefangenes Aufsichwirkenlassen wie in unserem heutigen so ganz anders empirisch durchgeprägten und durchgeschulten Zeitalter ist die Sache dieser alten Rechtsvergleicher oder „Philosophen" „des positiven Rechts"; ganz besonders nicht Vicos, sondern man setzt diesen Stoff von Anfang an explicite unter Bedingungen a priori. Man will das Gemeinsame aller Rechte feststellen, in empirischer Forschung; aber gleichzeitig dekretiert man, zuallererst, was — kraft rationaler Überlegung — a priori allen Völkern gemein sein muß; um den Rahmen und das Fundament zu bilden für die dann empirisch zu entdeckenden spezielleren Gemeinsamkeitszüge. Hinsichtlich dieser schwebte aber fest der Gedanke vor, daß sich dann nachträglich auch diese Einzelheiten, welche allen Nationen gemeinsam, als rational und a priori geltend erweisen lassen werden. Darum ist ihnen ja eben das ganze Unternehmen *Philosophie*; während bei uns, bei richtiger Einsicht wenigstens, die *Vergleichende Wissenschaft als ein Hebel und Teil der Herauslösung und Emanzipation positiver Einzelwissenschaft aus der Philosophie heraus erscheint.*

Daher besteht zwischen der Idee der Vergleichung im 18. Jahrhundert (zu dessen Kindern Hugo gehört) und der des 19./20. Jahrhunderts ein scharfer Unterschied: die unsrige ist empirisch-positivistisch; die des 18. Jahrhunderts ist entschieden rationalistisch. Eine grundstürzende Änderung ist in dieser Hinsicht auch durch Kant und die Kritische Philosophie nicht bewirkt worden, und selbst in Hegel ist der rationalistisch-metaphysische[35] Standpunkt noch wirksam. Erst der Positivismus hat die Idee der empiristischen Vergleichung, wie wir sie haben, gezeitigt; nun wiederum so sehr, daß die alte rationalistisch-metaphysische uns fast etwas Vergessenes ist wie Atlaskniehose und Zopf.

Im Zusammenhang mit dem Gesagten ist es nun keineswegs verwunderlich, doch freilich bemerkenswert, daß zum Unterschied von unserer heutigen vergleichenden Forschung das Besondere, Nichtgemeinsame, Einzelne die Vergleichende Wissenschaft des 18. Jahrhunderts, den Viconismus ganz sicher, den Hugonismus aber auch, wesentlich gar nicht interessiert. Man darf dies freilich weder erwarten noch verlangen; es wäre das grober Anachronismus und historisches Mißverständnis; das Interesse für das Einzelne

---

[35] *„Metaphysik"* sagt *Vico* ausdrücklich. Auch bei *Hugo* ist von Metaphysik die Rede, aber etwas undeutlich.

verdanken wir ja erst der Romantik. Diese hat hierin ihren bedeutendsten Anteil an der Herstellung der Voraussetzungen für die Entfaltung und das Bedürfnis einer vergleichenden Wissenschaft.

Deshalb aber wäre es auch falsch, wenn man angesichts des Bemühens jener Zeit (18. und Anfang 19. Jahrhundert) aus der Fülle des vergleichenden Materials das „allgemeingültige Naturrecht" oder, wie Vico auch sagt: „die ewige Rechtsuniversalgeschichte", „welche zugleich ist Geschichte und Philosophie", zu konstruieren, feststellen wollte, jene hätten, ihrer Zeit voraus, eben schon unsere heutige *Synthese* oder *Idee der Synthese* gehabt — etwas unleugbar über die Idee der Vergleichenden Wissenschaft logisch und kulturell Hinausliegendes. Auch das wäre Anachronistik. Klar ist zwar, daß das damalige Bestreben etwas vom Synthesestreben gehabt hat, weil eben das Ganze ein unvollkommener und infolgedessen ein undifferenzierter Anfang war. Was vorlag, war eine Undifferenziertheit von Historismus, Komparatismus und Synthese (Synthetismus). Keinen dieser drei Faktoren hatte man aber klar und rein, und für sich und adäquat wirkungsfähig; wie denn auch die Namen fehlten. „Vergleichung" insbesondere kommt vor, wird aber damals in den Moral- und Sozialwissenschaften noch nicht zum technischen Ausdruck. Man spricht auch ganz besonders nicht von „vergleichender Methode." Welche ja sogar noch vielen heutigen Juristen und sonstigen Sozial- und Moralwissenschaftlern dunkel ist. Noch viel weniger von synthetischer Methode, welche ja heute erst beginnt. Selbst der Name „historische Methode" kommt in der doch stark methodologischen Rechtsphilosophie Hugos noch nicht vor. Indessen nimmt in dieser dreiheitlichen Undifferenziertheit doch das *Historische* eine Sonderstellung ein. Von ihm hatte man anders als vom Vergleichenden und gar vom Synthetischen immerhin den für den Anfang im wesentlichen richtigen und vollen, den ausreichend klaren und adäquaten Begriff; so daß in der Tat dieser Teil des neuen Wissenschafts- und Kulturanstoßes als der erste, der einfachste und primitivste, der er war und ist, sich frei und wirksam entfalten konnte. Von echter Synthese — dem Bedürfnis und der Funktion nach — zu reden geht nicht an, solange das Interesse für das Einzelne der Logik noch nicht aufgegangen und Hegel nicht gewesen war; solange noch keine empirische positive Vergleichung mit ihren Leistungen und ihrem Leiden war, die Kultur noch unkompliziert gleich der antiken, ein Bedürfnis zum Studium und Verständnis der sozialen Fakten, das uns heute so fast über alle Kräfte hinauszugehen und zu überfluten droht, noch gar nicht da war, die Moralwissenschaften, insbesondere die Rechtswissenschaften, sich die Möglichkeit, über eine nicht allgemein dem simpelsten common sense vertraute, begrenzte Tatsachenwelt befinden zu sollen (sondern über eine unendliche, des Studiums bedürftige), sich nicht im entferntesten träumen ließen, Nationalökonomie und Soziologie nicht existierten (Vico) bzw. die erstere jung um Beachtung rang (Hugo), von einer Allgemeinen Kulturwissenschaft in heutigem Sinne schon gar nicht die Rede war, solange fehlte auch für Synthese oder Synthesebedürfnis in unserem Sinne die Voraussetzung.

Allgemeine Kulturwissenschaft wird übrigens bei Vico angestrebt. Es handelt sich ihm ja nicht speziellstens um Rechtswissenschaft. Er will in seiner scienza nuova das menschliche geistige Leben in seiner positiven geschichtlichen Erscheinung überhaupt umfassen. Und zwar wie Hegel, auf den er gewirkt hat,[36] auch *entwicklungsmäßig umfassen*. Das Ganze, die „istoria eterna ideale" soll zugleich Universalgeschichte sein und Idealsystem, System des Vollkommenen; zugleich Universal-, Rechts- und Religionsgeschichte und natürliches oder ideales (zugleich realstes) Recht, natürliche und ideale (zugleich echteste) Religion. Die Idee der Entwicklung, des Fortschritts ist in der neuen historisch-komparatistisch-synthetischen Dreiheit — um einmal so zu sagen — bei ihm, wie auch bei Hugo, mitenthalten; die also damit zur Vierheit wird. Was den Fortschritt, und was zugleich die Identität des bei allen Nationen als positiv übereinkommend Vorgefundenen mit dem Ideal garantiert, ist *die Vorsehung* — die dann also als „Gang Gottes über den Nationen" bei *Herder* und *Ranke* erscheint. Vico sagt: in dem historischen und vergleichenden Material, wie es ist, Fortschritt oder auch nur Kontinuität (perpetuità) zu finden, wäre bisherigen Forschern nicht möglich gewesen oder gar nicht eingefallen. Der Nachweis der Kontinuität, des Fortschritts und der Idealqualität sei seine, Vicos neue und große Tat.

Für Vico steht unter den Kultursystemen (im Sinne *Diltheys*,[37] ohne dessen Sprachgebrauch empfehlen zu wollen) das Recht nicht an erster Stelle, sondern an zweiter; an erster steht die Religion. Soweit also steht er für universale vergleichende Religionswissenschaft („theologia gentilium, Theologie der Heiden, Theologie der falschen Religionen"); auch die Idee der vergleichenden Sprachwissenschaft fehlt nicht. Die scienza nuova, die Vico will, tendiert also auf allgemeine Kulturwissenschaft. Sie kann aber als solche aus den erörterten Gründen der allgemeinen Kulturwissenschaft nicht gleichgesetzt werden, die unsere heutige Zeit zagend anstrebt.

Um aus all dem angeführten nur eines konkret herauszugreifen, was Vico aus dem Inhalt der allgemeinen menschlichen Natur-Idealgeschichte alles a priori weiß: es gab nie ein Volk ohne Religion; nie ein Volk ohne Unsterblichkeitsglauben (er verwechselt in seiner Deduktion Unsterblichkeitswunsch und Unsterblichkeitsglauben); bei allen Völkern muß die Ehefrau die Religion des Mannes annehmen; bei keinem lediglich geschlechtliche Promiskuität, sondern alle Völker haben, und zwar a priori, die Ehe; kein Volk gibt es, daß die Toten nicht begrübe, auch a priori, „weil das ein Zustand wäre, der wider die gemeinsame Natur der Menschen sündigte"...

---

[36] U. a. hat wohl Hegel das Wort Heroenrecht von Vico.

[37] Einleitung in die Geisteswissenschaften.

Vicos scienza nuova geht aber auch über das hinaus, was man richtigerweise als allgemeine Kulturwissenschaft bezeichnen darf: sie ist ja — was die Kulturwissenschaft richtigem Verstande nach nicht ist — Philosophie in der Form, und in ihrem Inhalt enthält sie Philosophie und Theologie. Man kann es aber nicht billigen, wenn — wie es in der heutigen Überdehnung des Begriffes und des Wertes der Kultur geschieht — diese beiden letzteren als Kulturwissenschaften bezeichnet werden. Sie können zwar selbstverständlich zum Gegenstand von Kulturforschung gemacht werden und müssen es auch, stehen aber ihrer Aufgabe nach über dem Kulturbegriff. Die Philosophie muß unabhängig vom Kulturbegriff stehen, frei positiv oder negativ, wie sie will, über ihn und namentlich über den Wert der Kultur befinden. Unter anderem. Sie ist gleich sehr und gleich wenig Natur- und Kulturwissenschaft. Die Religion, die Theologie, zielt bestimmtestens auf metakulturelle Werte. Der gewaltige Wissenskomplex der Pädagogik zerfällt in Natur-, Kultur- und Geisteswissenschaft. Nicht „Kulturwissenschaft *oder* Geisteswissenschaft?" ist also die richtige Alternative, sondern die richtige Begriffsbildung ist Kulturwissenschaft *und* Geisteswissenschaft. Philosophie und Theologie sind Geisteswissenschaften. Sie fallen außerhalb des Kreises der Kulturwissenschaften. Sie stehen der Kulturwissenschaft ebenso besonders und selbständig gegenüber wie der Naturwissenschaft.

Auch in dieser Differenzierung stehen wir in unserer Wissenschaftsauffassung, unserer allgemeinen Wissenschaftslehre ganz anders als die Zeit Vicos und Hugos. Vicos scienza nuova und Hugos Philosophie des universalen positiven Rechts will etwas sein, das zugleich Naturwissenschaft, Geschichte und Philosophie ist. Damit wäre die „neue Wissenschaft" nun eine sehr alte, denn so war die ganze *mittelalterliche Wissenschaft*. Doch besteht der große Unterschied, daß der Undifferenziertheit des Mittelalters der Zustand gar nichts auffälliges ist, während die nunmehrige neue Wissenschaft des 18. Jahrhunderts bewußt eine wissenschaftlich-künstliche Identifikation und Einheit bewußt als heterogen erkannter Elemente anstrebt. Vico hat die Vergleichung und den Wert, den er ihr beilegte, stark unterstrichen, indem er als Motto des ersten Kapitels, aber sichtlich damit auch stark zu dem des ganzen Buches wählte das virgilische *„Ignari hominumque locorumque erramus."* Doch erscheinen ihm selbst als seine größte Entdeckung die oben erwähnten anthropologischen a priori. Auch Hugo wartet mit einer Reihe anthropologisch-soziologisch-juristischer Apriorität auf. Sicher legten alle Zeitgenossen auf sie den größten Wert und würden ohne das ihre allgemeine vergleichende Kultur- oder Rechtswissenschaft nicht Philosophie genannt, nicht als Philosophie begrüßt, nicht mit der Würde der Philosophie bekleidet haben. Sehr hübsch ist die Begründung Vicos für die aufgetretene Notwendigkeit der vergleichenden und universalen Rechtswissenschaft. Er sagt: zuerst war der Zweck des Rechts die Erhaltung (conservazione) der Familie, dann des Staates, jetzt der Menschheit. Hugo führt außer zeitgenössischen

Vertretern der Idee der Rechtsvergleichung oder eines „allgemeinen positiven Rechts," wie es mit antizipierter (Pseudo-) Synthese lautet, außer Zeitgenossen wie *Feder* und *Reitemeier* (Encyklopädie und Geschichte der Rechte, 1785) auch Vorläufer des Gedankens an; natürlich vor allem den als solchen allbekannten *Aristoteles*, dem es freilich dabei noch mehr auf den Staat als das Recht angekommen ist, während dessen Nachfolger *Theophrast*, dessen Werk leider verloren ist,[38] darin schon weiter und in das gemeine Rechtsleben hineingegangen sein könnte, wenn man die Worte *Ciceros* (De fin. V. 4.) so deuten darf: „omnium fere civitatum non Graeciae solum sed etiam Barbariae ab Aristotele mores instituta disciplinas, a Theophrasto leges etiam cognovimus." Hierzu sagt Hugo: „Der Gegensatz scheint nicht deutlich." Vico wird aber deutlich gewesen sein. Das „mores instituta disciplinas" wird, unter der Autorität des Aristoteles, eine seiner Anregungen zur Idee der scienza nuova gewesen sein. Heute ist man um Übersetzung und deutliche Erkenntnis des „mores instituta disciplinas" nicht verlegen: „Kultur." Speziell „disciplinae" ist ja im Lateinischen ein sehr weiter Begriff, so daß auch englisch „craft" darunter fällt.

Weiterhin den jüngeren *Scaliger* (Scaligerana v. Lipsium): „Nihil possunt pedantes in his rebus, nec ego nec alius doctus possemus scribere in politicis. Quam ob rem id nunc agatur, ut fontes iustitiae et utilitatis publicae petantur, et in singulis iuris partibus character quidam et idea iusti exhibeatur, ad quam particularium regnorum et rerum publicarum leges probare, atque inde emendationem moliri quisque, cui hic cordi erit et curae, possit." Dem Scaliger ist das erste, was man sieht, die Vernunft, das zweite nur die Vergleichung. Die fontes iustitiae und utilitatis publicae sind offenbar die weltmännische und civische Vernunft. Scaliger fordert Erkenntnis des Zwecks im Recht, die teleologische Methode (in singulis iuris partibus character quidam et idea iusti exhibeatur). Die Gerechtigkeitsidee soll in der Rechtswissenschaft nicht im Dunkel gelassen werden. Der irrationalistische Betrieb der positiven Rechtsinterpretationspraxis ist vom Übel.

Ich muß es mir versagen, auf die Frage einzutreten, ob hier nur ein gewöhnliches Plaidoyer bzw. gar nur Definition für das „Naturrecht" vorliegt oder etwas, das darüber hinausgeht: insofern auch Naturrecht von dogmatischer und ateleologischer, unkritischer, naturalistischer Starrheit und dito Interpretation da war, ohne welchen Zustand kein praktischer Grund für den Altkantianismus und viele seiner Zeitgenossen bestanden haben würde, den Begriff des Naturrechts in den des Vernunftrechts überzuführen. Es gab irrationalistisches Naturrecht, das allerdings teilweise heute nun längst schon als sehr positives Recht erwiesen worden ist — durch sein Verschwinden. Interessant ist, daß Scaliger den verschiedenen Einfluß der verglei-

---

[38] „Wie so vieles andere, was bei den Griechen über die Philosophie des positiven Rechts geschrieben wurde", meint Hugo (1. c. S. 17).

chend-teleologischrationalen und der textsklavisch-irrationalen Methode auf die Persönlichkeit in Rechnung zieht, die Pedanterie der Irrational-Textjuristen stigmatisierend und damit die Gefahr der Tüftelei und Verschleppung. In dem alten Streite, ob ausländisches Recht, ob also die vergleichende Methode nur für die Gesetzgebung oder auch für die Rechtsprechung verwendet werden könne, nimmt Scaliger offenbar seinen Stand auf der bequemen, „sicheren" konservativen Seite.

Ein ganz anderer Geist lebt in den berühmten Worten *Bacons* (in De dignitate et augmentis scientiarum, 1623, Buch VIII, cap. 3.), dem offenbar ersten energischen und *prinzipiellen* Verfechter der vergleichenden Rechtswissenschaft: „Qui de legibus scripserunt, omnes vel tamquam philosophi vel tamquam iurisconsulti argumentum illud tractaverunt. Atque philosophi proponunt multa dictu pulchra sed ab usu remota. Jurisconsulti autem suaequisque patriae legum vel etiam Romanorum aut Pontificorum placitis obnoxii et addicti iudicio sincero non utuntur sed tanquam *e vinculis sermocinantur.*[39] Certe cognitio ista ad viros civiles proprie spectat, qui optime norunt, quid ferat societas humana, quid salus populi, quid aequitas naturalis, quid gentium mores, quid rerum publicarum formae diversae: ideoque possunt de legibus, ex principiis et praeceptis, tam aequitatis naturalis, quam politices decernere."

Auch Bacons Schrift „De fontibus iuris" kann herangezogen werden.[40] Bacon stellt genau ab auf den Gegensatz von Gesetz und Wissenschaft, genauer von Landesgesetz und Wissenschaft. Gleichzeitig auch von Landesgesetz-Landesjurisprudenz und Ethik (iudicio sincero non). Bacon sagt nicht, was absurd wäre, daß die vergleichende Rechtswissenschaft schon dem Juristen die wissenschaftliche Freiheit schafft. Er weiß zweifellos wie jeder von uns: auch bei universaler Rechtsvergleichung bleiben noch vincula, es können für einen bestimmten Fall, für ein bestimmtes Rechtsproblem, alle Rechte der Welt falsch sein.[41] (Während durch freies Nachdenken die richtige, jedermann probable Lösung verhältnismäßig leicht sich finden lassen mag.) Falsch, auch wenn sie alle übereinstimmen. Weltrecht ist noch nicht Vernunftrecht oder Gottesrecht. Aber eine beträchtliche Freiheit ist immerhin gesichert. Unter der Fülle der verschiedenen Rechte ist für den einzelnen Fall ein richtiges, ein treffendes Recht zu finden, die Chance immerhin groß.

---

[39] Diese Worte hat Hugo, wie so mancher vor und nach ihm, unterstrichen.

[40] Gelegentlich ihrer verweist Hugo auf eine „zu Pisa erschienene" Sammlung: Variorum opuscula ad *cultiorem jurisprudentiam adsequendam* pertinentia." Sammlung methodologischer, reformatorischer Schriften? (l. c. S. 21.)

[41] Den frommen Glauben Vicos, es müsse die vox omnium populorum (si consensus), zugleich die vox Dei, vox providentiae sein, teilt Bacon offenbar auch nicht. Eine derartige Verabsolutierung des rechtsvergleichenden Prinzips ist natürlich überhaupt unzulässig.

Man kann so durch die Rechtsvergleichung auf einen Rechtsgedanken aufmerksam werden, den man sonst übersehen hätte.

Dieser große Jurist überwindet die bornierte Angst der Normalen, der rechtsprechende Jurist müsse dem Landesgesetz untreu und ungehorsam werden, wenn er fremdes Recht berücksichtigt. Er erkennt das wirkliche Verhältnis von inländischem und ausländischem Recht, ihr *wissenschaftliches* und dadurch auch praktisches Verhältnis. Er will nicht mehr die These des Konservatismus zulassen, daß, um treu zu urteilen, man häufig dumm, um gesetzestreu zu urteilen, weltrechtsignorant urteilen muß. Er setzt, entschlossen und noch genialer, die Gegenthese: um wirklich dem Landesgesetz getreu zu urteilen, muß man weltrechtskundig urteilen. Wenn diese These, wie manche finden dürften, nicht in voller Klarheit herauskommt, so ist nur daran zu erinnern, wie sie noch heute zu ringen, einen wie kleinen Teil des forensischen und rechtspädagogischen Terrains sie auch heute erst erobert hat.

Alles gesetzte Recht und alles Gewohnheitsrecht, alles gebundene Recht, wie wir diese beiden im Gegensatz zum freien Recht in der „Allgemeinen Rechtslehre" (1904, später „Einführung in die Rechtswissenschaft") zusammenfaßten, ist Stückwerk. Diesem Faktum gegenüber soll ebenso bestimmt der Idee nach das droit usuel, das lebende Recht (*Ehrlich*), das Ganze der Norm, das Lebensganze sein. Man kann dies Dilemma nicht einseitig zugunsten der fragmentarischen Rechtsfaktizität entscheiden, sowie man auf einigermaßen vorgeschrittene Rechtskultur Anspruch macht. Es ist unter dem heutigen Zustand noch partikulares Recht in Gestalt des nationalstaatlichen die herrschende Rechtserscheinung, und ganz wird und kann die Bedeutung partikularen Rechts lokaler oder spezialrechtlicher Natur auch nach der Begründung des Menschheitsstaates oder der synthetischen Menschheitsgesellschaft nicht aufhören. So bleibt immer Rechtsverschiedenheit-Rechtsvergleichung als eines der Mittel zur Ergänzung der Lücken des Einzelrechts. Nicht weil er vom Landesrecht oder sonstigem gebundenen Einzelrecht abweichend ist, kann ein Rechtssatz unmöglich sein, sondern nur wenn er der bestehenden Rechtsordnung mißfällig[42] ist.

Jedes Gesetz[43] ist Stückwerk; d. h. in jedem Gesetz ist vieles gemeint, was das Gesetz doch übersehen hat. Das Gesetz ist nicht die eindeutige unmittelbare Bestimmung des Gerechten, sondern es ist eine Anleitung zu verschiedenen Möglichkeiten des Gerechten. Das Gesetz ist nicht linear, sondern ein Büschel von Strahlen. Diese Strahlen sind in ihm als einzelnem

---

[42] Und es ist also keineswegs die contra legem-Entscheidung als solche der bestehenden Rechtsordnung mißfällig.

[43] „Gesetz" steht hier und im nächstfolgenden für *formulierten Rechtssatz* überhaupt.

Landesrecht selbst nicht immer sichtbar, sind es aber vielleicht in einem anderen.

Der Rechtssatz ist kein Atom, sondern eine Monade. Es gibt keine Atome im Recht, sondern nur Monaden. Das Gesetz ist nicht eine statische, sondern eine dynamische Einheit oder Wesenheit. Die Bezeichnung als Monade besagt erstens dieses, zweitens aber, statuierend, daß es keine Rechtsatome, sondern nur Rechtsmonaden gibt. Das Atom ist (seinem klassischen Urbegriffe nach, der *logisch* und nicht bloß physikalisch ist) rein unteilbar; die Monade aber ist es nicht.

Also teilbar? Besteht dann aber noch das Recht, das Wort und den Begriff der Monade anzuwenden? *Leibniz'* Monade ist doch allerausdrücklichstens unteilbar!? Allerdings; bei Leibniz ist die Monade ausdrücklich und absolut und einseitigst unteilbar. Die Unteilbarkeit ist bei Leibniz für die Monade wesentlich. Aber Leibniz ist nur der erste, der den Begriff der Monade angebahnt. Er hat ihn nicht vollendet. Leibnizens ist nur der primitive Monadenbegriff. Es war eine großartige Konzeption, und die späteren haben ihm nicht gerecht zu werden gewußt; was sich darin zeigte, daß sie sich entweder gar nicht um ihn kümmerten oder ihn nicht weiterführten.

Die Monade ist, wie das Beispiel der Rechtsmonade zeigt, durchaus teilbar, die Teilbarkeit ist ihr sogar wesenhaft. Doch ist sie Individuität, darin hat Leibniz Recht. Und weil und sofern sie Individuität ist, ist sie hier von uns erwählt. Also als Individuität und Teilbarkeit zugleich? In der Tat; so ist es. Wir können das durch die Identitätsphilosophie, welche Leibniz noch nicht zu Gebote stand. Können es, weil inzwischen Schelling, Hegel und Krause gelebt haben. Aufnahme der Monade in die Gegenwart ist die Aufgabe, unter Benutzung des von der Entwicklung der Philosophie (die nur für den Fortschrittsblinden keine Fortschritte macht) inzwischen Geleisteten; Aufnahme in das moderne Denken, Aufnahme in die Identitätsphilosophie. Denn sie ist es, welche in Wahrheit und mit Grund heute das bürgerliche sowohl wie das sozialistische philosophische Denken beherrscht; Neubearbeitung und Herausbildung der Monadenlehre durch die Identitätsphilosophie. Das hätte Leibniz nicht tun können und wollen; er wollte ja von Spinoza, dem Pantheismus, der für ihn wie die meisten Zeitgenossen, und das gewiß auch mit einigem Recht, *Atheismus* war, abbiegen. Dazu hat er die Monadenlehre gemacht.[44] Die Identitätslehre, so sehr sie die Bedeutung der Monade zu heben und die Richtigkeit der Konstruktion zu erleuchten und sichern vermag, wäre ihm natürlich ein Ultraspinozismus gewesen und damit unannehmbar. Wir können und müssen aber diese Arbeit aufnehmen.[45]

---

[44] Ich behaupte nicht: ausschließlich zu diesem Zweck.

[45] Inwieweit D. *Mahnke:* Neue Monadologie, 1917, das hier gefaßte Ziel anstrebt, weiß ich nicht; ich konnte das Buch noch nicht bekommen. Wegen der wichtigen

Also: die Monade ist die Individualität; insofern sie einzigartig ist und man aus ihrer organischen Einheit- Einzigkeit nichts wegnehmen kann. In ihrer Organizität ist sie integral. Sie ist aber teilbar, notwendig teilbar, wie wir das an dem, auch nicht in sich festen, sondern labilen und entwickelbaren Rechtsmonadewesen sehen, insofern sie neue Monaden schafft, aus sich entläßt.

Leibniz mußte seine Monaden unteilbar lassen, weil er mit ihnen u. a. die Unsterblichkeit der Seele beweisen wollte. Damit leistete er den Monaden wie der Unsterblichkeit einen schlechten Dienst. Mit solchen materialistisch-naturalistischen Aufstellungen kommt man nicht weiter. Die Unsterblichkeit wie die Gottheit kommt viel weniger aus dem ontologischen Dogma als aus der Kritik. Wir selbst sind nicht gegen die Unsterblichkeit, aber gegen solche Beweiserei. Eine auf sie angewiesene Unsterblichkeit bleibt ein Negerfetisch. Unsterblichkeit liegt für unser Erkenntnisvermögen in der Sphäre des Geltens[46] und nicht des Seins.

So können und müssen wir aus allen Gründen den Monadenbegriff ganz anders bilden. Idealistisch und dynamisch. Bei Leibniz, dem Erstbegründer der Monadologie, waren Idealismus, Entwicklungsgedanke und Dynamismus noch zu schwach. So ist die Monade für uns nicht eindeutig, sondern dialektisch. Und das ist sie ja ihrer innersten Natur nach. Der Fortschritt in der Monadenlehre weist auf Ausarbeitung, Steigerung der Idealität. Sie erhalten ihre wirkliche Bedeutung erst als Sinnmonaden. Angelegt ist dies schon in Leibniz' Dogmatismus, selbstverständlich; aber es ist in diesem auch unterdrückt. Sinn ist, rechter, aktiv und unendlich sich erweiternd. Die Monade ist also unteilbar, sofern *Individualität,* Unvertauschbarkeit-Unersetzlichkeit, absoluter Gegensatz zur Gattung. Sie ist aber ebenso notwendig teilbar als Potenz; unendliche Potenz. Weil der Sinn eben ist, sinnschöpferisch zu sein. Unendlich sich teilend ist die Idealität-Realität des Logos. So gehört zur Monade: Sie hat *individuelles* und schöpferisches Dasein. Das Vorhandensein von Teilbarkeit und Unteilbarkeit in der Monade ist also primär noch nicht einmal notwendig Gegensatz und Dialektik: Dialektisches Verhältnis gibt es aber außerdem. Und die Monade ist als schöpferische Kraft nicht nur teilbar, sie setzt auch neue Monaden an und zeugt neue, sie besondert und vergrößert sich. Man kann so die Monaden ganz gut Potenzen

---

Monadenlehre Hegels neuestens *Hugo Fischer:* Hegels Methode in ihrer geistesgeschichtlichen Bedingtheit, 1927, S. 155 ff.; von welchem Buche jedoch die hier stehenden Ausführungen völlig unabhängig.

[46] Man kann also in Kants Ausdrucksweise Unsterblichkeit als Postulat geben. Aber nicht bloß im Sinne einer „Philosophie des Als ob," sondern mit Beachtung von Luthers „Est." Und selbstverständlich nicht mit Kant zu Vergeltungszwecken. Hier fiel Kant hinter das Christentum weit zurück. Freilich die christliche Priesterlehre war danach, so daß sie auch diesen großen Geist irreführte und abstieß.

nennen, und braucht sich dabei wenig darum zu kümmern, daß *Schelling* den Ausdruck für etwas ganz anderes gebraucht hat; indem hier geradezu ein Zwang obwaltet. Denn man kann sich wohl, sowie man es darauf anlegt, leicht überzeugen, daß der Ausdruck so, wie hier verwendet, schon längst in der allgemeinen Literatur und Sprache besteht; weil ja in moderner Bildung und höherer Denkanschauung die Sinnmonadenidee oder sinnmonadologische Denkform etwas so zwingendes und sich aufdrängendes ist, daß eigentlich bloß die Philosophie sie nicht ergriffen hat. Die Eule der philosophischen Minerva beginnt erst in der Dämmerung ihren Flug; und so ist die literarische Lerche oft früher aufgestanden.

Desgleichen und im Sinne solcher geistiger Potenz wie bei *Hegel* der Begriff ist die Monade zwar begrenzt, nämlich eben als *Individualität* und bestimmte Endlichkeit, aber gleichzeitig ebenso sich ausdehnend und überfließend in anderes. Die Monadenwelt ist gleichzeitig *diskontinuierlich* und *kontinuierlich*; sie zerlegt sich notwendig in diese beiden Erscheinungs- und Wesensarten oder Gedachtheiten, das Objekt sowohl wie das Subjekt; und deren beider Identität. Dies ist und leistet alles bei Hegel der Begriff; und Hegels Begriff wäre reinweg die Monade und die Dialektik die Monadologie, deren zeitgemäße höhere und vergeistigte Stufe, wenn nicht bei Hegel etwas undeutlicher würde das als Motiv der Monadenlehre eigentlich maßgebende Prinzip: der Monade *Mikrokosmizität*. Die Eigenschaft der Monade als Weltspiegel, potentieller Weltinhalt, virtuelle Totalität. Nicht bloß für sich ein kleines Universum, sondern auch die Andeutung jeder anderen (jeder anderen Monade) und des ganzen großen Universum.

Leibniz konnte nicht den fruchtbaren Widerspruch in die Monade hineinlegen, der sie, also in hegelisierter, dialektischer Form, erst ihrer vollen Bestimmung zuführt; er konnte ihr nicht zuviel an Infinitesimalität und Dynamik, an dynamischer Infinitesimalität zulegen, weil er damit in Tiefen und Ausdehnungen der Unendlichkeit geraten wäre, die der damaligen Zeit atheistisch schienen. So blieb denn sein Monaden-Begriff, in beengte beabsichtigte Endlichkeit gespannt, zu materialistisch und naturalistisch. Er enthält sehr weitgehende Widersprüche, auf die hier nicht im einzelnen einzugehen ist. Die aber alle davon kommen, daß Leibniz, obschon ihm die Sinnbedeutung der Monaden so wenig verborgen, daß er mittels ihrer ja gerade ein idealistisches System begründet, doch im ontologisch-objektivistisch-realistischen und selbst naturalistischen zu sehr befangen bleibt. Die Naturmonade aber, die Rolle der Monaden in der Natur war doch schließlich der Ausgangspunkt. Dies war an sich genial genug; verdarb aber vieles für später. Er wollte zu sehr oder zu früh Einheit-Identität von Naturmonade und Geistmonade,[47] und so blieb die Monade für ihren Beruf als Geistmonade zu primitiv, zu träg, zu passiv. Der Begriff der Monaden, wie er ihn anlegte,

---

[47] Dazu auch eine Bemerkung bei *Cassierer:* Leibniz, 1902, S. 424.

ermöglichte, ihm eine letztliche Endlichkeit der Totalität zu geben; in der Endsumme, der Integration. Das sicherte ihm oder seiner Zeit ja auch besser die Persönlichkeit, die Konkretizität, die Realität Gottes. Da ja für den Frommen Gott möglichst klein sein muß. Und möglichst res. Der Fromme und seine Vulgär-Theologie verwechselt eben Gott und Spielzeug, Person und Res. Erst der „Atheismus" im Sinne dieser Leute ist der wahre Theismus. Schon das alte Christentum gibt Gott als Logos, also als Sinn; als Tat, als unendliche Freiheit. Für Leibniz war aber dies zudem eine stärkste persönliche und sachliche Versuchung deshalb, weil er den großartigen Triumph seiner mathematischen Neuschöpfung damit verdoppeln konnte und zugleich seiner philosophischen Lehre auf die glänzendste Art zu einer scheinexakten Begründung verhelfen.

Wir können heute umgekehrt wohl sagen: das Gesetz des Wachsens und Zeugens der Monaden gilt *sogar* schon in der unbelebten materialen Welt; das hat — überraschend — die Relativitätstheorie nachgewiesen: die Masse nimmt zu bei zunehmender Geschwindigkeit. Indessen lege ich nun hierauf gar keinen Wert; im Gegenteil. Diese Zunahme bezieht sich ja auf (materiale Bestandteile der) Atome, und diese mit den geistigen Monaden zusammenzubringen wünsche ich ganz und gar nicht; das ist denn doch kruder und naiver Materialismus; gut zu Katechismusartikeln für die Kleinkindergottesdienste der orthodox-materialistischen Pfaffheit.[48] Die mag Vergnügen an so etwas haben. Wir nehmen nicht an, daß die mechanisch oder elektromagnetisch stärksten Energien ins Geistige übergehen, halten vielmehr diese oder das Licht, die Protoelemente, Elektronen usw. für das Allerprimitivste und Allerdummste. Es ist eine ganz andersartige, uns noch völlig unbekannte Veränderung und Vermehrung der Energie, die aus der physikalischen Energie überführt in die biotische und dann weiter in die psychische;[49] Atomistik und Monadologie entspringen, auf moderner Stufe wissenschaftlicher und philosophischer Einsicht, zwei so völlig verschiedenen wissenschaftlichen Bedürfnissen, disparaten Begriffsbildungen und Problemen, trotz der Koordinationsverhältnisse, Relationen und Qualitätscharaktere, die seit Daltons Neuanfang bedeutend entfaltet sind, daß man Naturatomistik und Geistmonadologie doch nur nach denselben wissenschaftlichen Grundsätzen zusammenbringen kann wie das Ausbleiben des Regens mit dem Versagen der Tugenden des Kaisers von China.

Man muß eben wählen, ob man den Monadenbegriff für die Natur haben will oder für den Geist. Ein Monadenbegriff (oder sonstiger metaphysischer Begriff), der sich beide Sphären zu umfassen anheischig macht, bleibt immer

---

[48] Hierin besteht *Identität zwischen kirchlicher und sozialistischer*.

[49] Wenn die „okkultistischen" Experimente, wie sie etwa *Schrenck-Notzing* oder Sir *Oliver Lodge* betreibt, das empirische Studium dieser Energiewandlung anzupacken wüßten, *dann* hätten sie einen guten Sinn.

naturalistisch. Weil man von der geliebten Ontologie nicht loskommen kann. Schließlich ist aller Dogmatismus und alle Ontologie naturalistisch. Die Ontologie hat auch ein Recht dazu; nur sie soll sich nicht als Metaphysik geben. „Gegenstandslehre" ist eine ganz gute Bezeichnung; „Phänomenologie," „Grundwissenschaft" (Rehmke) zweifelhafter, doch in ihrer Tendenz der Herauslösung aus der Metaphysik auch rechtwegig.

Man muß also die Monade für die Sphäre des Geistes und der Aktivität reservieren. Freilich ist diese Monade also der Begriff, aber Begriff in einem sehr komplizierten, hohen Sinne. Um diesen Begriff des Begriffs richtig zu erfassen, mag wenigstens vorläufig das Monadebild notwendig sein, vielleicht ist ja die (Geist-) Monadologie nur eine Propädeutik zur besseren Prüfung oder auch nur Einprägung der Dialektik. Man muß, und kann auch, die Monade für den Geist nehmen; denn für die Natur reicht das Atom. Für die Natur genügt eben auch die Naturwissenschaft, und bedarf es keiner Metaphysik. Die Naturwissenschaftler haben vollkommen Recht, wenn sie sagen: weg mit der Metaphysik. Für sie braucht es keine. Die Naturmetaphysik war (und ist) Primitivismus. Metaphysik braucht man nicht für, sondern nur gegen die Natur. Sowie Natur (-erkenntnis) und Metaphysik sich einander freundlich nähern wollten, haben sie einander nur geschadet.[50] Metaphysik ist und muß sein Geistwissenschaft ohne Kompromiß mit der Natur.

Es ist sehr erklärlich, daß man die Monade für die Natur usurpiert hat und für das Sein, denn man kannte eben in der Philosophie im ganzen in aller älterer Zeit gar nichts anderes als Natur (und gar nichts höheres als das Sein). Geist war immer unbekannt und unbeliebt. Nur in zwei ragenden Gipfeln (oder drei, wenn man Sokrates-Platon-Aristoteles hinzunehmen will) wird der Geist wirklich zum gekannten und anerkannten beherrschenden Prinzip: in der Lehre Christi und in der deutschen klassischen Philosophie.[51] Aber wie ward erstere von der Welt dann zugerichtet und welche Schwächen hatte letztere, und wie machte sie angeblich Bankrott! Es kommt darauf an, das Prinzip des Geistes noch kräftiger zu machen, als es in der deutschen klassischen Philosophie gewesen ist. Der den ersten Schritt dazu getan — sofort gefühlt und anerkannt durch gewaltigste Wirkung — ist *Karl Marx*, bei dem der terminus „Materialismus" wesentlichst nur der groteske Konträrausdruck des wirklich Getanen und Beabsichtigten ist; letzter Tribut und Lösegeld an den alten Aberglauben an die Natur, an den Heiden[52] —Primi-

[50] Das gilt auch von derjenigen Metaphysik, die „aufgrund sorgfältigster Erforschung der Natur das metaphysisch Wahrscheinliche aufzeigen" will, wie E. v. *Hartmann* und *Driesch*. Darin sind diese beiden bedeutenden Denker und mit ihnen viele andere ganz unphilosophisch. Befangen im alten naturalistischen Begriff der Metaphysik nehmen sie in Kauf, was von ihnen selbst als dissonanteste Trivialität empfunden werden muß. — „*Meta*"-physik wird so immer wieder Physik.

[51] Die Lage der indisch-ostasiatischen Philosophie lasse ich hier dahingestellt.

tivkult des Seienden. Sicherheit gegen Zerfließen und Zerstieben der Monadologie-Dialektik aus Logik in Nichtigkeit, aus Leistung in Geschwätz, aus attemptiertem Geist in Ungeist und klappernde Passivität kann durch keine „Materie" gewährleistet werden, die komisch genug dem Geist ein Skelett liefern soll, sondern nur durch den unbedingten revolutionären Willen.[53] Nur dieser garantiert und schafft und erhält die Reinheit und seinsbewältigende entschlossene und nicht mehr naturfürchtige Kraft des Geistes. Die Zeitwende ist, daß die Menschheit diesen nicht mehr zum Seins-und Naturkultus benutzt, sondern für seine schöpferischen Aufgaben.

Mit der Monadologie und Dialektik beherrschen wir heuristisch das Reich des Sinnes — und insofern hat *Hegel* auch Recht, daß seine Philosophie ein Endgültiges. Wozu also viel Wesens machen von Anwendung der Monadologie und Dialektik auf die Natur, auf das Sein; wofür Einfacheres genügt? Wozu die Dialektik und Monadologie mühsam in diese Dinge hineindeuten?[54] Das ergibt Scholastik. (Man kann es natürlich tun; einfache Aufgaben lassen sich auch umständlich lösen). Wenn man den Sinn hat, wozu dann noch soviel Andacht für das Sein?[55] Das Sein ist doch nur der unbewältigte Un-Sinn. „Wert, daß es zugrundegeht" sagt *Goethe, Anaximander-Heraklit* überbietend und auf dem Niveau indischer und christlicher Weisheit. *Hegels* „Das Sein ist gleich dem Nichts" und „Wenn Tatsachen und Logos nicht übereinstimmen, — um so schlimmer für die Tatsachen"[56] werden u. a. von hier aus verständlich.

Hier war er groß; größer als in seiner entgegengesetzten sphinxhaften Äußerung „was wirklich ist, ist auch vernünftig," und während Zeitgenossen

---

[52] Diese Bezeichnung ist ungerecht gegen den Buddhismus, insofern gerade er dem Sein negativ gegenübersteht; gerecht jedoch, insofern er danach strebt, ihm zu entgehen, und nicht, es zu bewältigen. Die Gründe meiner Skepsis gegen den Anspruch des Nordbuddhismus (Mahayana), darin über den Südbuddhismus hinausgelangt zu sein, kann ich hier nicht ausführen.

[53] Für Japan und ähnlich geartete, nur zur Evolution geeignete Länder scheidet dieses Moment aus. Auch meint es *an sich* im philosophischen Sinn nicht unbedingt gewaltrevolutionär, sondern einen umfassenderen Begriff, nämlich den diskontinuierlichen, von der Tradition und Entwicklung sich lösenden, den supra-evolutionären Fortschritt. Dieser bedeutet eine höhere Stufe des Geistes, die für uns Heutige durchaus noch transzendent ist. Aber auch in denjenigen Ländern, die zwecks Übergang zum Prinzip der Herrschaft des Geistes und zum neuen Tempo der Menschheit Gewalt-Revolution durchführen müssen, tritt später, da Revolution kein ewiges Prinzip sein kann, postrevolutionär ein anderer Fortschrittswille auf, der jedoch von noch höherer Energie als jeder revolutionäre ist.

[54] Kausalität, Wechselwirkung, Funktion sind dort die letzten Dinge.

[55] In der Philosophie! Umgekehrt in Naturwissenschaft-Ontologie.

[56] Hegel wurde grotesk, Gipfel des lächerlichen Dogmatistischen, sowie er diese geistige Einsicht naturalistisch wendete und so mißbrauchte; von der transzendenten Idee transzendentalen (oder sonstigen immanenten) Gebrauch machen wollte (Zahl der Planeten etc.).

und Nachwelt fanden, daß er hierin des Geistes zu viel hätte, überspannt sei, war die Ursache seiner Schwächen und des Falles seiner Philosophie gerade, daß er und besonders seine Epigonen von der Wendung gegen das Sein und gegen die Natur und an unbedingtem Aktivismus zu wenig hatten; vielmehr diesen in seinem beschaulichen Fichteschen Uranfang (mit geringer Verbesserung gegen Schellingsche Verderbungen) verkümmern ließen.

Es wäre so natürlich ganz ungerecht, Leibniz arg vorzuwerfen, daß seine Monade nicht genug Dynamik und Aktivität habe. Für seine Zeit war sie ganz unerhört dynamisch und aktiv. Sie hatte eben nur nicht soviel davon, wie wir heute verlangen müssen. Für jene Zeit waren Fortschritt, Entwicklung, Vervollkommnung doch noch sehr dünne Dinge. Sie verloren sich noch, und bald wieder fast ganz, im Nebel. Immerhin darf nicht übersehen werden, daß die Monaden auch bei Leibniz Kräfte sind, und je höher, desto mehr Aktivität; Gott ist schließlich (wie schon bei Cusanus) actus purus. Also wie wir selbst gelehrt: Nicht Deus sive natura, sondern Deus sive Libertas. Nur ist Leibniz eben vom Deus sive natura nicht genügend los. Dazu mußte Fichte helfen. Leibniz war seiner Zeit an Aktivismus, wenigstens an theoretischem,[57] und an Pluralismus weit überlegen und weit voraus; und wenn die nächste Nachwelt ihm nur schwächlich folgte,[58] so wirkte darin eben der altvererbte horror pluralitatis und horror varietatis der gemeinen Menschheit sich aus, von dem noch weiter zu reden sein wird.

Es kann dahingestellt bleiben, ob *Herbarts* „Realen" irgendeinen Fortschritt oder nicht eher einen Rückschritt in der monadologischen Welterfassung bedeuten, da sie ja offenbar eben nicht in der Richtung des Entschlus-

[57] Damit fing es an. Es gibt viele Hemmungen, bis man sich zum praktischen vorgetraut. Auf dem Weg dazu und zur *Praktifikation* des menschlichen Geistes liegt innerhalb der weißen Rasse der Übergang Revolution. Allmählich erfolgt eine *Praktifikation der Menschheit.* Primat der praktischen Vernunft ist nicht bloß ein transzendentaler Grundsatz, sondern auch außerdem und dabei ein entwicklungsmäßig zu verwirklichendes Ziel. Zwar nimmt die menschliche Entwicklung den Anfang, so daß aus ursprünglich Praktischem mächtig das Theoretische sich entwickelt, aber dann ordnet dauernd und immer mehr das Theoretische dem geläuterten Praktischen sich unter und ein. — Heute wird der Aktivimus gut, wenn auch leider bisher noch zu aphoristisch, von *K. Hiller* vertreten. Für den wahren Sozialismus ist er seit spätestens Marx (Godwin!) Selbstverständlichkeit. Fichte war Sozialist; aber keiner seiner Nachfolger; so verfiel der Aktivismus (verlöschend in Schelling und Hegel) bis zu seinem schwachen Aufschatten in *Eucken.* Heute auf bürgerlicher Seite gut *W. Sauer.*

[58] Dazu kommt der horror practici. Dieser ist heute insbesondere die Kulturhaltung der konservativen wie der liberalen Bourgeoisie. Ihn zu stützen wirken im heutigen Europa Faschismus und Asiatismus. Der begeisterte Erfolg, den *Spenglers* „Untergang des Abendlandes" im Bürgertum und Feudalismus gefunden hat, beruht wesentlich auf der Qualität des Werkes als Exponent dieses horror practici, des Antipraktizismus. *Hans Blüher* nennt den Aktivismus bezeichnenderweise eine Ghettoangelegenheit.

ses zur Sinnerfassung führen. Dagegen ist der wesentliche Schritt getan durch *W. Sauer,* der in zwei Werken, die zu den erfreulichsten der gegenwärtigen Philosophie gehören (Grundlagen der Wissenschaft und der Wissenschaften, 1926, und Grundlagen der Gesellschaft, 1924),[59] den Begriff der *Wertmonade* einführt.

Der Unterschied zwischen der Wertmonade und der von uns vertretenen Sinnmonade liegt darin, daß *Sauer* noch einseitig Unteilbarkeit der Geistmonade (unter welchem Begriff ich Wert- und Sinnmonade zusammenfasse) annimmt und sie also nicht in der Weise dialektisch behandelt, nicht von Zerteilungs-, Zeugungs- und Vergrößerungs- oder Anwachsensfähigkeit der Monade spricht. Ich sehe nicht ein, weshalb er sich diese Beschränkung auferlegt, und halte sie für unrichtig. *Sauer* schwebt eben immer noch der Begriff „kleinste Teilchen" vor und dieser ist für die Geistesmonade ganz unwesentlich, unnütz und unpassend. Es handelt sich um Geisteseinheiten, bei welchen die Bezeichnungen „groß" und „klein" gar wohl angewendet werden können oder selbst müssen, um das wichtigere und unwichtigere, vollkommnere und unvollkommnere zu bezeichnen, bei denen aber der Rückgang auf „kleinstes," „kleinste unteilbare Teilchen" gar keinen Sinn hat. Gerade diese Eigenschaft des — sei es materialen, sei es logischen — Atoms muß man bei der Geistmonade eliminieren. Im übrigen weist bei *Sauer* selbst in der von ihm der Wertmonade gegebenen trefflichen Ausstattung sehr viel auf Entwicklung zu der Sinnmonade wie hier gegeben hin, so daß sie oft zum Greifen nahe scheint.

Wir sind unsererseits nicht etwa über die Idee der Wertmonade zu der Sinnmonade gelangt; was zu bemerken deshalb von Interesse, weil die allgemeine historische Entwicklung der zeitgenössischen Philosophie die Vermutung solchen Weges sehr nahe legt. Die Wertmonade ist *Sauers* alleiniges Eigentum. Gemeinsam ist der Grundgedanke der monadologischen Struktur der Wissenschaft. Wenn *Sauer* zur Wertmonade kam und wir zur Sinnmonade, so liegt das, abgesehen von den oben gegebenen Verschiedenheiten der *Sauer*schen und unserer Monade, daran, daß *Sauer* auf dem neukantianischen, wir auf dem hegelischen Wege gingen und daß *Sauer* auf „die Wissenschaften" mitreflektierte, wir bloß auf die Wissenschaft überhaupt. Bei dem ersten Wege mußte das System der Werte sich geltend machen, bei dem zweiten nicht. Mir ist es immer nur auf *monadologische Logik* angekommen, nie auf monadologische Metaphysik.[60]

[59] Zur Einführung in der Standpunkt des Verfassers liest man am besten zunächst dessen Philosophie der Zukunft, 1923, die, obwohl im metaphysischen Grunddenken nicht neu und noch weniger erschöpfend, doch sehr viel Gutes sagt.

[60] Damit ist aber *Sauers* Streben nach Metaphysik nicht etwa verworfen: ganz im Gegenteil. Ich habe mich in meinen Schriften überall, wo die Frage aufkommt, für Metaphysik ausgesprochen (Allgem. Rechtslehre 1904; Forel und die Metaphysik, 1912).

Wenn *Sauer* unnötigerweise und im Gegensatz zu dem, was eine Charakteristik der die Sinnsphäre heuristisch-dynamisch erfüllenden Potenzen erfordert, die „Monaden" immer noch „unteilbar" sein läßt, so wirkt dabei vielleicht unbewußt noch die alte Tendenz nach, die für Leibniz ja natürlich maßgebend ist, die *Substanz* bestimmen zu wollen. Das Substanzproblem hat aber für uns kein Interesse mehr (eine, wie schon F. A. *Lange* andeutet, von Kant eingeleitete Wendung). Ist das Substanzproblem heute für uns gegenstandslos und abgetan, so ist es vor allem auch kein Problem der Metaphysik im modernen Sinn (kritischer Metaphysik), sondern bloß einer vergangenen, ontologistisch-naturalistisch-dogmatistischen.

Man muß in moderner Monadologie nicht mehr substantialistisch verfahren, sondern bloß noch logizistisch-ethizistisch. Die monadologische Wissensansicht kommt aus dem Erlebnis der Konzentration der Weltwirkung im kleinsten Gegenstande; dem Erlebnis, zu dem jede wissenschaftliche Arbeit führt, daß jede Kleinstheit das All reflektiert, d. h. daß nichts genau und ganz zu kennen ist, wenn man nicht alles kennt; daß man keinen Gegenstand streng genommen wirklich erschöpfen kann, erschöpfte man nicht auch alle andern. Wer, namentlich in der Philosophie, hätte nicht das Stadium durchgemacht, daß er daran ging, „über ein begrenztes Thema" eine Dissertation zu schreiben, und eines Tages mit Schrecken gemerkt, daß die Aufgabe sei, die Allwissenheit Gottes zu prästieren? Das ist (a) ein böses negatives Resultat und die substantialistische Seite der monadologischen Einsicht. Es fließt aber (b) aus dieser gegenseitigen Spiegelung aller geistigen Gegenstände nun ein positives Heuristisches (die logische Seite der monadologischen Einsicht): ich kann über jeden Gegenstand mehr lernen, wenn ich auch über einen geeigneten anderen (funktionell relationierten) etwas lerne.

Beides, a und b zusammengefaßt, zeigt die systematische Arbeit ganz besonders in der Jurisprudenz, daß jeder Teil eines Faches in beiden Hinsichten dazu treibt, in ihm alle anderen Teile mindestens desselben Faches mitdarzustellen. Wenn man also etwa ein System des bürgerlichen Rechts schreibt, so kann man und „muß" man, nicht etwa bloß im Allgemeinen Teil, sondern auch im Schuldrecht, im Sachenrecht, im Familienrecht und (wie öfter bemerkt wurde, aber dies ist das flachste) im Erbrecht jedesmal alle anderen Teile des bürgerlichen Rechts mitdarstellen. So daß der Studierende jedesmal das ganze bürgerliche Recht, von anderem Gesichtspunkt gesehen, in jedem einzelnen Teil erlernt oder repetiert, auch ohne Vorkenntnisse an jeden beliebigen der Teile anfangsweise herangehen kann. In gewissem Sinne ist es sogar geradezu eine Schwierigkeit, es nicht so zu machen und alle Teile „schön für sich ohne Wiederholung" hinzustellen. Trotzdem ist eine solche Darstellung, die in Wahrheit ganz und gar nicht durch nutzlose Wiederholung ungestalt zu sein braucht, noch nie gemacht worden, weil die *synthetische Logik*[61] noch etwas ganz unvertrautes war und vor der monadologischen Logik auch immer noch ein Rest von horror und von Einsichtslosigkeit bestand. Infolgedessen stieß man sich an der Idee einer solchen nicht mehr bloß systematischen, sondern auch synthetischen Darstellung des Rechts (namentlich) ästhetisch; obwohl man sich der pädagogischen Rätlichkeit und Vorteilhaftigkeit — eine spätere Zeit dürfte sagen: Notwendigkeit — einer solchen synthetischen Darstellung doch kaum (?) verschloß. Hier schien ästhetisches Gebot die logisch-pädagogischen Sacherfordernisse notwendig und unabänderlich zu dominieren. Es war ein Dogmatismus.[62]

Aus pädagogischen Gründen wird auch der Rechtslehrer darauf geführt, in jedem dogmatisch-systematischen Fach gleichviel über welchen Stoff,[63] rechtsvergleichend zu unterrichten. Die furchtbare Angst der Studierenden vor jeder kleinsten Stoffvermehrung ist schnell überwunden. Gerade das ist für das Wesen der Vergleichung, um noch nicht zu sagen den Wert der vergleichenden Methode, bezeichnend; denn wie ist der Abscheu vor dem Stoff, dessen sie doch begierig, die Angst vor dem Wissen, dessen sie doch erfreut sein sollten, der Abscheu vor dem Lernen, das seinem Wesen und Beruf nach eine Lust — wie ist dieser dreifache furchtbare Angstkomplex vor der Vergleichung schnell überwunden, obwohl doch 12 - 13 Jahre schlimmster Volksschul- und Gymnasialerziehung sich seine Einprägung zur Hauptaufgabe gemacht haben und mit nie fehlenden schönsten Erfolgen! Die Wirkung der Vergleichenden Methode gerade auf den Charakter ist immens. Einem Einwurf gleich zu begegnen: ich kann mir sehr viel bessere und höhere Dinge denken als die Vergleichung. Aber leider sind heute die allgemeinen pädagogischen, logischen und ethischen Zustände noch so arg, daß auch die Vergleichung im Rechtsunterricht[64] noch einen ungeheuren Fortschritt darstellt. Deshalb offenbar und natürlicherweise hat man sie immer gemieden. Denn es will, in der Klassengesellschaft, die Akademie einige geringe Fertigkeit zwar lehren; aber viel wichtiger ist für sie, neben den oft erörterten und daher hier nicht weiter zu besprechenden Klassenziele des akademischen Unterrichts,[65] die Persönlichkeit allgemein auf so niedrigem Moral- und sonstigem Wertniveau zu halten, daß sie ohne Bitter-

---

[61] Unter diesem Ausdruck vereine ich Dialektik, Monadologie und den von *W. Pollack* (Perspektive und Symbol, 1911) sog. hypothetischen (?) Perspektivismus. *Hantke* nennt letzteren (schlecht) „Dissoziation" (in einem so betitelten, sehr achtenswerten Buch).

[62] Vermengung von Ästhetischem und Logischem.

[63] Und gleichviel, ob er in der Vorlesung selbst das Prinzip der Gesamtübersicht oder das Auswahlprinzip befolgt.

[64] Der mehr als jeder andere Hochschulunterricht, außer dem theologischen, auf die Züchtung der Persönlichkeit, auf Charakterbildung gerichtet sein muß.

[65] Vgl. *Wittfogel:* Die Wissenschaft der bürgerlichen Gesellschaft; *Hornung:* Die Funktionäre der bürgerlichen Gesellschaft; *Upton Sinclair:* The Goose Step.

nis und ohne die Beherrschung der „unteren" Klassen hindernde hamletische Skrupeln zum Leben und Weben in dem bestehenden niedrigen Moral- und Kulturzustand gut befähigt ist, also den Menschen zu bilden, „der in die Welt paßt."

Hingegen wirkt ein, wir wiederholen es, noch so primitives Mittel wie die Vergleichung im jetzigen Zustande so außerordentlich hebend, daß man mit ihr sehr viel anlegen kann von dem „pectus quod iurisconsultum facit"; und dessen Herstellung von der Hochschulpädagogik[66] der feudalen und bürgerlichen Gesellschaft denn auch stets auf das geflissentlichste behindert worden und Kluft zwischen „Juristen und Volk," zwischen Recht und Volk auf das eifrigste befördert worden ist (mit obligaten Krokodilstränen, setze ich hinzu, damit man mir nicht vorwerfen kann, ich sei übertreibend und ungerecht). Here is one of the very *first* reasons why bourgeois university has always been *shunning scientific comparison*; especially in Germany and the Anglo-Saxon countries. Whereas liberal spirit in Japan among the cultivated classes has much profited from the poor but anyhow existing cult of comparative law in this country.

Natürlich sind die Leistungen der Vergleichung noch nicht, was sie sein könnten; denn man darf ja nicht vergessen, daß der Rechtsunterricht der Hochschulen den Komplex der Angst und des Abscheus vor dem Studium, den das Gymnasium angelegt, und den ganzen durch die humanistische Bildung gelegten Grund der Barbarei bemühtest weiter züchtet.

Es gibt übrigens — um hier ganz genau zu verfahren — immer einige Studierende mit so ausgeprägter *dogmatischer Begabung*, daß sie aus diesem Grunde dem historisch-genetischen Unterricht, dessen Nutzen (in richtiger Anwendung) gerade im dogmatischen Vortrag (speziell auch in der praktischen Übung) man gar nicht überschätzen kann, ablehnen. Aber auch solche Studierende pflegen den komparatistischen Stoff gut gern und förderlich aufzunehmen.

Worauf beruht nun diese besondere Wirkung des Komparativen? Darüber ist noch kaum etwas systematisch bekannt, und das wirft, außer auf die Rechtswissenschaft und insbesondere die Rechtsvergleichung, auch wieder einmal ein schlechtes Licht auf den Zustand der Pädagogik und der *Psychologie*. Hier kann darauf nicht eingegangen werden; es soll nur das etwas mehr Transzendentale, oder mehr Philosophische, herausgehoben werden: daß der Studierende, wenn er etwas Vergleichendes erfährt, doch mehr gewiß ist und sich sagt (sich *beruhigt* und *anfeuert*), daß er die *Idee* im Blickfeld hat und nicht etwas bloß Zufälliges. Die Ideelosigkeit ist ja über-

[66] „Oder deren Mangel" könnte man einfügen. Der Kampf um die Hochschulpädagogik ist durchaus ein Stück Klassenkampf. In dieser Auffassung befinde ich mich wohl im Widerspruch zu den Begründern der Wissenschaft wie Bruno *Meyer, Bernheim,* vor allem dem Hauptbegründer *Schmidkunz.*

haupt das, worauf die Gründe aller *berechtigter* Klagen (und wie es nicht anders sein kann, dann auch vieler unberechtigter) über den Rechtsunterricht beruhen. Kein Unterricht aber braucht die Idee nötiger, und in keinem fehlt sie so, wird sie so positiv ausgeschaltet — hierbei natürlich außer Betracht gelassen die Naturwissenschaften, in denen in so weitem Maß Idee durch Anschauung zu ersetzen ist. Vielleicht wird aber durch die Vergleichung auch etwas wie Anschauung in das Recht hineingetragen. Vielleicht jedoch ist diese Vorstellung — daß durch die Vergleichung „Anschauung" in das Recht hineingetragen werde — auch nur ein Bild. Es sagen ja auch manche (so *Jhering*), daß durch die Vergleichung „die Natur," anstatt daß *„der Geist"* der Sache ihnen aufginge, was nicht bloß von des 19. Jahrhunderts Naturalismus kommt, sondern auch aus des 18. Jahrhunderts *Verwechslung* und *Vermengung von Natur und Idee*. Die Rechtswissenschaft ist jedenfalls vor allem Ideewissenschaft, denn auch was in ihr Anschauung zu leisten hat, muß doch eben vor allem dienen als Vehikel der Idee. Nichts ist weniger grundlegend und erklärend für die Mängel des Rechtsunterrichts, als daß zwar der Lehrende, in Vortrag und Lehrbuch, von der Idee eine ganze Menge hat, aber sich nicht sagt und nicht weiß, wie wenig davon der Studierende bei der gewöhnlichen Art des Vortrages und Lehrbuchs erhält. Oder sich sagt, daß er die Idee am besten gibt, wenn er so wenig als möglich in die Dogmatik und in die Kontroverse geht, was natürlich der größte Unsinn ist. Nur aus der Dialektik springt die Idee. Die Rechtsidee ist eine durchaus dialektische. Deshalb ist schon durch die dogmatische Übung und durch historisch-genetische Behandlung vieles gebessert worden. Die Vergleichung bahnt Dialektik an bzw. liefert sie bereits wie jene beiden anderen Methoden; und jede von ihnen kann sogar, und hat das getan, den Anspruch machen, sie gebe das ganze der Idee; und doch ist das wieder in anderem Belang nicht richtig, und keine ersetzt die andere ganz. Es haben die Studierenden auch im Besitz guter dogmatischer und historisch-genetischer Information noch das Gefühl der Ideeverarmung, der Ideeverlassenheit, von der Idee im Stich gelassen zu sein gehabt. Dies ist u. a. auch der Hauptgrund der unartikulierten Klagen über den Zwang zum Studium des römischen Rechts. Dieses kann ideefördernd wirken, wie das historisch-genetische Studium überhaupt, hat aber, so wie es gemacht wurde, meist ideehindernd gewirkt. Allmählich wird das eingesehen, und es hat im Rechtsstudium allmählich ein Ende mit der Dispensation von der Idee.[67]

Der Rechtsstudierende hat einen Ideenhunger; und die Vergleichung ist ein einfaches Mittel zur Erfüllung mit Idee. Es wirkt dabei die Lehre, wie wir bemerkten, charakterschöpfend und die Liebe und das Bedürfnis zur Idee

[67] Unter vielen Zeugnissen das neueste: *Belings* Strafprozeßlehrbuch, 1928. Die volle Erfüllung der Ideeforderung wird aber erst im sozialistischen Rechtslehrbuch möglich (Vorstufe dazu das bürgerliche-synthetisch-soziologische, das im Werden scheint).

steigernd (was nun freilich den bestehenden Zuständen und reaktionären oder konservativen Herrschenden nicht angenehm sein kann, weshalb sie den Drang zur Idee stets abzuschwächen und zu lähmen suchen); und die gewonnene charakterliche und psychische Darstellung wirkt wieder beflügelnd auf das Lernen. Die Vergleichung dient dem Logos-Eros-Moment der Idee, dessen logische ethische pädagogische Wucht Platon so genial erfaßt hatte. Vergleichung leitet zur Idee; sie leitet zur Dialektik, und sie leitet auch zur *Teleologie*. Und das bedeutet einen weiteren vitalen Gewinn für das Rechtsstudium.

All dies, alles über das Rechtsstudium und die Rechtswissenschaft Gesagte hat aber auch für den Philosophen direktes Interesse; wie die Rechtswissenschaft und die Rechtspädagogik überhaupt. Denn den Logiker muß stets die Struktur einer Wissenschaft interessieren, der wie wenig anderen die Wissenschaftlichkeit bestritten worden ist, und für den Ethiker ist ohne Rechtswissenschaft schlechthin nichts anzufangen, da die Rechtswissenschaft nun einmal das größte existierende ethische Wissenssystemgebilde ist.

Spricht man nun nach all dem zu Fakultäten für die Rechtsvergleichung, so begegnet man besonnenem Schütteln des Kopfes: die Zeit reiche nicht — worauf vernünftiger Weise gar nicht einzugehen ist[68] — oder, was man als besonders geistreich empfindet, sie wirke (oder müsse wirken oder könne wirken) *verwirrend*. Nun, die Verwirrung, die aus Rechtsvergleichung hervorgehen kann, möchte ich gern einmal sehen! Bisher ist mir das in 30-jähriger Rechtsunterrichtspraxis vom Student-Repetenten bis zum öffentlichen und privaten Rechtshochschullehrer nicht vergönnt gewesen. Wohl aber habe ich die klärende und verwirrungausschaltende, verwirrungabwendende Kraft der Rechtsvergleichung sehr oft bemerkt.

Die Studenten fühlen es sofort. So kommen sie denn auch sehr schnell über den — in Wahrheit kaum je geäußerten — Einwand hinweg, man müsse ja dann *noch mehr* lernen. Sie fühlen schnell das, was für jede ordentliche Pädagogik und zumal für das Rechtsstudium wichtig ist, daß *mehr* lernen ist *leichter lernen*. Ist der methodus discendae docendaeque jurisprudentiae vergleichend, so erleuchtet eines das andere, und damit ist man wieder bei der monadologischen Wissensansicht. Ihr zufolge wirkt das eine Nationalrecht als Spiegel des anderen und der vielen anderen. Die Rechtfertigung und Wirkung der Vergleichung liegt in der monadologischen Struktur der Wissenschaft; schaltet man sie aus, erkennt man sie nicht, so beraubt man das Wissen seiner wissenschaftlichen Spannkraft. Diese aber wirkt sich aus als logische und als pädagogische Spannkraft, und es ist deshalb zu lehren,

[68] Wer wirklich im Kolleg ein paar gut gewählte rechtsvergleichende Hinweise nicht verantworten zu können glaubt, dem bleibt immer noch das Lehrbuch. Oder umgekehrt.

daß selbst auf untersten Stufen der Kinderbildung dieser Struktur und Wirkung Rechnung zu tragen und also der Lehrstoff, die Lehrmethode in immer steigendem Maße wissenschaftlich (und das heißt monadologisch-dialektisch) zu gestalten ist.[69]

Die monadologische Struktur der Rechtswissenschaft wirkt sich aus *erstens* im *System,* das auf diese Weise synthetisch bereichert und verlebendigt wird, *zweitens* in der Rechtsvergleichung, drittens in der ausgiebigen Heranziehung der Hilfswissenschaften und speziell der *Ökonomie.* Auch sie stärkt wieder das synthetische Moment, welches die logische Aufgabe der Gegenwart; und es ist klar, daß eben der fortschreitende Geist unserer Zeit sich auf Synthese einrichtet und Synthese verlangt. Er mag und kann schließlich ohne Synthese nicht mehr arbeiten. Übrigens zwingen ihn dazu die Umstände; und ob er will oder nicht, er muß.

Auch hier, immer wieder auf intensivstes Studium der praktischen Sozialwirtschaftslehre sowie auch der Privatwirtschaftslehre (die Gottseidank nur praktisch ist) hingewiesen, stört jene Hemmung aus der Furcht „mehr als verlangt wird" oder gar „mehr als nötig" lernen zu sollen, nicht oder kaum; es gelingt sehr bald, die Studierenden inne zu machen, daß sie nur auf diesem Wege wirklich ordentlich und zureichend das lernen können, was verlangt wird. Sie überzeugen sich auch an diesem Punkt sehr schnell von der monadologischen Struktur der Wissenschaft. „Die Wissenschaft ist *eine,*" wie *Franz Oppenheimer* am Eingang seines Lehrbuchs der reinen und politischen Ökonomie ermahnt; und *für niemanden mehr als für den Juristen muß die gesamte Sozialwissenschaft eine sein.* Die Jurisprudenz hat in dieser Hinsicht im System der Sozialwissenschaften eine beherrschende Stellung; freilich ganz und gar eine Stellung der *Aufgabe,* des noblesse oblige.

Daß juristische und praktikoökonomische Inhalte einander monadisch spiegeln, ergänzen, teilweise sich auch überdecken — ein Rechtsunterricht, der damit nicht zu arbeiten weiß, ist nicht zureichend. Teilweise bilden sie füreinander nur Repetition. Aber doch meist eine immer noch so variierte, abweichende, spiegelnde, daß der Studierende etwas anderes davon hat als von der bloß wiederholenden Repetition. Die variable oder variante Repetition bewahrt vor dem Repetitor. Auch „das Wesentliche" erkennt man gut durch sie.

Alle die *drei Synthese schaffenden Faktoren modernen Rechtsstudiums und -darstellens* übrigens, *die Synthetosystematik,* die *Vergleichung* und die *Verwebung mit* Parallelwissenschaft durchwirken einander. Die Vergleichung führt trefflich und nutzbringend zur Synthetosystematik. Während sie

[69] Dies mit der besonderen Psychologie des Kinderalters in Einklang zu bringen, nicht angesichts dieser besonderen Psychologie es wegzuwerfen, ist Aufgabe der Frühjugendlehre.

dem zunächst an glatte Systematik eines landesjurisprudentialen Systems Gewöhnten mit völlig unerwarteten „disparaten" Begriffen und Systemanlagen etwas Verdutztheit, wenn auch sicher nicht Verwirrung bringt, macht sie ihn demnächst gerade mit dem Sinn der Systeme und der Systematik vertrauter (Systemvergleichung); auch hier bringt die Vergleichung nicht Verwirrung, sondern Klärung, schützt vor mißlicher Dogmatifikation eines Systems. Die Oberbegriffe, die dabei auftauchen, sind dann vielfach in der Ökonomie schon vorliegende. So kommt es, daß die Rechtsvergleichung in den besonderen Teilen der Fächer des Privat- und Verwaltungsrechts gewöhnlich rasch auf Ökonomie führt, so daß dem Studierenden auch ein Ansporn zum Studium der Wirtschaftswissenschaft zuteil wird. Das pädagogische Bedürfnis stützt sich selbstverständlich auf den logischen Zusammenhang. Man konnte kraft dieses Zusammenhangs auf den Gedanken kommen, die Rechtswissenschaft sei durch Wirtschaftswissenschaft überhaupt zu ersetzen; Rechtswissenschaft sei eben die alte und primitive, die scholastische, Ökonomie die neue, vollkommene und moderne Form der Sozialwissenschaft. Diese Reduktion ist nicht geglückt; und insbesondere hat auch die vergleichende Rechtswissenschaft die Erwartung nicht erfüllt, sie werde die juristischen Begriffe, denen Lokaldifferenz, Willkürlichkeit, Naturfremdheit anhafte, in ökonomische Begriffe vereinigen und in ihnen aufheben und auslöschen, die — als Naturwesenheit — im Gegensatz zu jenen dogmatischen Willkürbegriffen den Anforderungen des ernsten und praktischen sowie rein theoretischen Ideals moderner Wissenschaft entsprächen. Warum es dazu nicht kommen konnte und ob es dazu kommen kann und soll, ist hier nicht zu erörtern. Sicher ist nur, daß für das Handelsrecht die privatwirtschaftliche Handelswissenschaft ein notwendiges Hilfs- und Vorstudium bedeutet; daß die sozialökonomischen Lehrbücher im Abschnitt über die Handelsgesellschaften oft nichts weiter als vertrocknetes Handelsrecht bringen;[70] daß der Lehrer des Handelsrechts sich versucht fühlen mag, im Vortrag oder Lehrbuch die ganze Ökonomie, private und soziale, des Handels mit darzustellen; daß die Vertreter der Handelstechnik nicht selten sich rühmen, und wohl gelegentlich auch sich rühmen dürfen, sie verstünden mehr vom Handelsrecht als die juristischen Fachleute, und die rechten Handelsjuristen seien eigentlich sie. Womit dann ein Drang des Handelsrechtlers nach Aufsaugung der ganzen Handelsökonomie sehr und ebenso berechtigt wird wie der des Handelsökonomen und Handelstechnikers nach der des ganzen Handelsrechts. Es ist bei letzterem ja vor allem auch zu beachten, daß die Rechtsunkenntnis des Nichtjuristen eine

---

[70] Vgl. etwa *Lexis:* Das Handelswesen (ein sonst gutes Buch). Das ist natürlich kein lobenswerter Zustand. Die Ökonomisten sollen uns sagen, wie die Handelsgesellschaften wirtschaftlich wirken und arbeiten, aber nicht deren rechtliche Struktur eingehender beschreiben, sondern dafür auf die Lehrbücher des Rechts intelligent verweisen.

Kulturwidrigkeit ist, die ein schweres Versagen der moderneuropäischen Völker darstellt, nachdem schon Juden, Römer und Araber der Bildungsidee einer Erfüllung des Volkes und Menschen mit Rechtskenntnis und Rechtsverständnis einen Anfang gebahnt.

Sicher ist auch, daß als der um die vergleichende Rechtswissenschaft und damit um die vergleichende Wissenschaft überhaupt hervorragend verdiente Kammergerichtsrat Dr. Felix Meyer eine internationale Vereinigung gründete, es sozusagen zwangsläufiger Weise geschah, daß er sie Vereinigung für vergleichende Rechtswissenschaft und Volkswirtschaftslehre nannte; daß für eine Vereinigung für vergleichende Rechtswissenschaft gar nichts anderes als eine solche direkte Fühlungnahme mit der Ökonomie übrig blieb. Sicher endlich, daß man in ökonomischen Lehrbüchern häufig so gute und reichhaltige lebendige und wissenschaftliche Rechtsdarstellung findet, daß die Rechtskompendien an den entsprechenden Stellen peinlich dahinter zurückbleiben und man mit sehr gemischten Gefühlen den Wunsch empfindet, der *juristische* Studierende möge jemals soviel *Recht* gewußt haben, als hier für den Volkswirt, den Nichtjuristen vorgeschrieben ist.[71] Diese *Vorzüge ökonomischer Literatur in der Rechtsdarstellung* kommen daher, daß hier die Rechtsdarstellung ihrer Natur nach teleologisch ist, während sie in der ex professo Rechtsdarstellung der Teleologie oft entkleidet wird, und zweitens daher, daß die nationalökonomische Darstellung sehr häufig sich mit der Darstellung und Benutzung bloß des einen nationalen Rechtszustands nicht begnügt, sondern verschiedenländrige wirtschaftlich-rechtliche Regelung des Gegenstandes nebeneinanderstellt. Dazu sollten auch die juristischen Lehrbücher nicht grundsätzlich zu faul sein.

Aufnahme von Vergleichung unmöglich wegen dogmatischer Verpflichtungen? Wir können wohl nicht verlangen, daß Literatur und Arbeit der Nationalökonomen unsere rechtsdogmatische Verpflichtung der Rechtsvergleichung uns dauernd abnimmt. Auch ist völlig korrupt die Meinung, daß der Platz der Vergleichung nur in der Monographie sei, aber nicht im Kommentar und im Lehrbuch. Ebenso ist völlig falsch der Gedanke, der Platz für die Vergleichung sei das Lehrbuch des Internationalrechts. Internationalrecht und Vergleichende Rechtswissenschaft, Internationalrecht und Allgemeinrecht sind zweierlei. Genauso wie Intertemporalrecht und Rechtsgeschichte verschieden sind; das sollte man sich doch sagen. Wenn *Neumeyer* uns in seinem Lehrbuch des Internationalen Verwaltungsrechts zugleich ein dem Stande der Dinge nach vorzügliches Lehrbuch des allgemeinen Verwal-

[71] So findet man in dem Repetitorium der *Nationalökonomie* von *René Foignet*, das für die französische Juristenprüfung verfaßt ist, vielfach mehr und besser dargestellten *Rechts*stoff, als deutschen Rechtsstudierenden in den betreffenden Materien je zugänglich wird; trotz mehrfacher Mängel gibt das Buch juristisch sehr viel und sehr schön zu lernen.

tungsrechts, Welt-Verwaltungsrechts gegeben hat, so ist das sehr schön; der Grund aber, nämlich daß er ein brauchbares Lehrbuch des allgemeinen Verwaltungsrechts einfach nicht vorfand,[72] sehr beschämend. Stolze Fakultäten, bei denen für Mehreinstellung von Lehrkräften beständig „kein Bedarf" ist! Daß es, und ganz besonders in Deutschland, einen ordentlichen Apparat an rechtsvergleichenden dogmatischen Lehrbüchern und Vorlesungen nicht gibt, ist eine Schande der Wissenschaft. Auch läßt sich dieser Zustand dem rechtsuchenden Publikum gegenüber nicht verantworten.[73] Für dieses ist die Rechtswissenschaft doch schließlich da. Und auch für die Bedürfnisse der Ökonomen und Soziologen (und damit wieder indirekt für das Publikum).

Die Einsicht von der monadologischen Struktur des wissenschaftlichen Wissens und Denkens rechtfertigt die Vergleichung, weil doch jedes Landesrecht irgendwie ein Spiegelbild des anderen und aller anderen ist und auf sie hinweist; und durch sie in seiner Idee, welche die Idee des Rechtes als eines ganzen ist, ergänzt wird. „Die Menschheit ist *eine*," sagt *Josef Kohler*, und *eine* daher die Entwicklung des Rechts; trotz Varianten. Er hätte sagen können und sollen: „die Menschheit ist eine, und eines ist daher das Recht." Denn sowie wir, was heute absehbar geworden ist, die Menschheit zu einer Kultureinheit gehoben haben werden, durch erzieherische Abschaffung der noch vorhandenen Primitivitäts- und Halbkulturzustände, besteht nicht mehr bloß Einheit der Rechtsentwicklung, welche übrigens doch stärkere Durchbrechungen erleidet, als *Kohler* aufgrund des ihm zugänglichen Beobachtungsmaterials, namentlich Ostasiens, annehmen konnte, sondern Einheit des Rechts. Wenn auch vorderhand der sozialistische Staat durch Errichtung eines neuen, zuvor noch nicht erreichten Rechtsniveaus einen neuen Entwicklungsstufenunterschied und eine neue Spaltung geschaffen hat.

Die Wissensstruktur rechtfertigte und ernötigte ferner das synthetische Verhältnis der Rechtsteile innerhalb und außerhalb eines Rechtsfachs; drittens die synthetische Kooperation und Verbindung mit den Hilfswissenschaften. Dazu kommt viertens kraft monadologischer Struktur und synthetischer Forderung die Anerkennung des Rechts der Vielheit der Konstruktionen in der Jurisprudenz und der Definitionen und Erklärungen in der Wissenschaft überhaupt. Es ist nicht einseitig zulässig, daß verschiedene Konstruktionen eines Rechtsinstituts, Definitionen eines Begriffs, Erklärungen eines Vorgangs einander wütend und mit dem Ziel des Ausrottens jeder anderen als der eigenen blind bekämpfen; es gibt zahllose Fälle, in denen von einer Vielheit von Konstruktionen, Definitionen, Erklärungen

[72] Endlich erschien ein solches von *Adolf Merkl*, 1928.

[73] Endlich, sehr spät (*nach der Revolution*) geschieht durch die Begründung der Institute für ausländisches Recht dem einigermaßen Abhilfe.

jede unentbehrlich ist; man das wirkliche Bild nur durch alle zusammen gewinnen kann und die Komplikation des ganzen viel zu groß, als daß sie auf bloß eine Formel zurückgeführt werden kann, vielmehr die ganze Komplikation erfaßt werden muß. Das ist speziell die Aufgabe in der Kultur- und Geisteswissenschaft. In der Naturwissenschaft mag man die Komplikation durch Generalisierung aufheben; in der Kulturwissenschaft muß man die Komplikation bestehenlassen und erfassen, man muß sie entrollen. Die Naturwissenschaft ist komplikationseinschränkende, die Kulturwissenschaft ist komplikationsentrollende Wissenschaft. Dies ist nicht identisch mit dem Gegensatz von nomothetischer und idiographischer Wissenschaft; denn die Komplikationsentrollung ist keine Idiographie.

Beispielshalber kann man von den vielfachen juristischen Konstruktionen, die für die Rechtsstellung des Konkursverwalters oder des Testamentsvollstreckers aufgetreten, nicht eine allein akzeptieren, kann vielmehr keine missen; man kann nicht alle bis auf eine verwerfen, sondern jede enthält einen Teil der Wahrheit; und keine kann die Wahrheit ganz bringen. All die Konstruktionen, ins Auge gefaßt, spiegeln einander, durchgedacht weisen sie aufeinander hin, ja schließen einander (nicht mehr aus, sondern) ein. Ebenso verhält es sich etwa mit den Definitionen des Rechts bzw. den vielfachen Unterscheidungen des Rechts von Sitte und Moral. Diese sehr vielen Unterscheidungen lassen sich unmöglich auf einen Nenner bringen. Und hätte man einen solchen Nenner, so hätte man nichts, weil er nichts mehr spiegelte. Es steht auch nirgends geschrieben, daß die Definition oder die Lösung eines Begriffes in einem ganz kurzen Satz aussprechbar sein muß. (So etwas wäre eine etwas kindliche Logik-Anschauung. So kinderhaft wurde und wird aber meist gearbeitet.) Dies ist das von mir abstrakter (dynamischer) Monismus,[74] von *Pollack* hypothetischer Perspektivismus, von Hantke Dissoziativismus genannte logische Prinzip.

Es kommt fünftens hinzu für den Juristen und für den Wissenschafter überhaupt der pädagogische Grundsatz des monographischen Studiums. Ihn darf die Universität unter keinen Umständen vernachlässigen, geschweige denn, wie sie das vielfach getan hat, verlassen; daß dieses letztere geschehen konnte, ist ärgste Schmach; daß, vor Einführung der schriftlichen Übungsarbeiten, die weitaus meisten Studierenden zur ersten Fachprüfung kamen, ohne je eine Rechtsmonographie gesehen zu haben... und in den übrigen Fakultäten war es sicher ebenso.

Allerdings war speziell in der Jurisprudenz tödlich hinderlich der *Historismus*; daß er als Jurist den sehr speziellen historisch-philologischen Untersuchungen des 19. Jahrhunderts Geschmack und *Nutzen* abgewinne, konnte man vom Studenten nicht verlangen noch erwarten. Sein Sträuben dagegen

[74] In: Forels Naturphilosophie und die Metaphysik der Gegenwart, Zürcher Zeitschrift „Wissen und Leben" 1912.

hatte einen sehr vernünftigen Hindergrund. Forschung und Lehre klafften so in der juristischen Fakultät weit auseinander — und es war meist noch am besten, wenn es so war. Drang die eigene rechtsphilologische und rechtshistorische Spezialforschung des Dozenten ins Kolleg, so war es noch schlimmer. In den Studierenden, und nicht zum wenigsten unter den tauglichsten, war immer ein Quantum Widerstand dagegen. „Wir wollen nicht Philologie und Geschichte, sondern Recht."[75] Das Oktroyieren philologischen und historischen Stoffs wurde geradezu als eine Nepperei empfunden, und die war es objektiv in der Tat. „Davon haben wir auf dem Gymnasium genug gehabt." Ja wohl; aber in Wahrheit: viel zu viel, und lange nicht genug. 9 Jahre, im Minimum, Studium Roms, einschließlich sogar seiner Sprache (noch törichtererweise als Hauptsache sogar), und nichts von dem eigentlichen Glanz- und Ewigkeitsprodukt Roms, dem römischen Recht. Das ist nichts anderes als die bösartigste Barbarei. Statt dieses Wesentlichen der Römer, das vor allem auch sie selbst als solches empfanden und lebten und ohne das ihre Psyche viel unbekannter bleibt als ohne ihre Sprache, nur ihre mittelmäßigen, durchweg mit Ausnahme etwa Martials und Juvenals (die denn auch kaum gelesen werden) nur nachahmenden Poeten und zweitklassigen (Ausnahme etwa Tacitus und Sallust) Historiker (freilich wurde auch Hellas ebenso gelehrt, ohne die hellenische Plastik und ohne die hellenische Philosophie.). Überall erwies sich das humanistische Gymnasium als die erlesenste Schule der Barbarei. Der Universität wurde — und wird — hinsichtlich der Vorbildung der Studierenden in Recht und Geschichte eine Last zugewälzt, die sie nicht tragen kann. Sie ertrug sie aber. Die Last würde noch störender sein, arbeiteten nicht wie bekannt die Gymnasiasten mit dem Programm und dem meist ehrlichen Willen, das Gelernte so schnell wie möglich nach dem Examen — welches man aber „Reife"-Prüfung nennt — wieder zu vergessen. Auch das Rechtsstudium und Referendarexamen hat man zu sehr erheblichem Teil nach diesem Muster zu gestalten gewußt. Es kam zu jenem Zustande, in welchem die geläufige Rede des Praktikers war: „Was Sie auf der Universität gelernt haben, nützt Ihnen für die Praxis gar nichts." „Ich behandle meine Referendare (und muß es) so, als ob sie überhaupt nicht studiert hätten." „Das Rechtsstudium beginnt überhaupt erst mit dem Vorbereitungsdienst."[76] Die Universität wurde so zu einer bloßen zwei-

[75] Nachhall dieser Empörung in den Schriften eines der erfolgreichsten und gründlichsten Rechtshistorikers und Rechtsphilologen, dessen Anforderungen an historische und philologische Methode und Akribie die allerstrengsten sind: H. U. Kantorowicz.

[76] Derartige unverantwortliche und in ihrer Wirkung teilweise *immens schädlich* gewesene Reden hätten nicht statthaben, geschweige denn sich breit machen können, wenn es eine akademisch anerkannte und tradierte Hochschulpädagogik gegeben hätte. Dann hätten die Praktiker nicht mit solchen Lehren auftreten können, ohne sich lächerlich zu machen. Aber dann wäre freilich auch nicht möglich gewesen, daß sie, wie das leider der Fall war, weithin Recht hatten. Eine Hochschulpädagogik

ten, postgymnasialen Vorbereitungsschule auf das eigentliche Rechtsstudium, und zwar in mancher Hinsicht zu einer noch schlechteren; denn es wurde hier für die formale Bildung, die das Gymnasium mindestens angeblich anstrebt, auch nicht einmal dem Namen nach etwas getan. Ich halte übrigens *gar nichts* von jener formalen Bildung, die bloß für sich allein angestrebt wird; sie ist ein formaler wie materialer Unfug; alle bloße Geistesgymnastik ist von Übel, da sie doch stets und notwendig Geistesverrenkung und Geistlähmung wird. Gerade im Rechtsstudium hat es sich gezeigt: seit in den letzten Jahrzehnten die materiale Unterweisung der Studierenden endlich in Stoff und Methode besser geworden, hat auch ihre formale Bildung als Juristen und als Menschen sehr gewonnen.[77] Nun, damals war weder von Gymnastik noch von Geist eine Spur, und nicht einmal von Stoff. Hervorragende Forscher, wie *Heinrich Brunner,* gaben die geistlosesten Vorlesungen, und zwar nicht etwa nur in dogmatischen Fächern, wo es bei Brunner z. B. noch anging, sondern gerade auf dem eigensten, dem historischen Gebiet. Die Geschichte wurde entrechtet wie das Recht. Kein Wunder; es konnte nicht anders kommen bei dem detrimentum, das — in diesem philologisch-historischen Betrieb oder vielmehr Unbetrieb — das Recht erlitt; schließlich war es doch *Rechtsgeschichte,* um die es sich handelte. Und damit der Studierende diese aufnehmen kann, muß der dogmatische Unterricht gut sein. Das war er nicht. Es gab schließlich eigentlich gar keinen dogmatischen Unterricht. Die Stellen, in denen, in den gewöhnlichen Kollegien, etwas Dogmatisches vorkam, waren schmalste und seltenste Oasen. Meist gab es bloß das 1000 mal gedruckte dürre Gesetz. Da das wenige, nur stellenweise tröpfelnde, mit anderen nicht verknüpfte Dogma den Studierenden wie ein bloßer Auswuchs erschien, wollten sie es nicht lernen; es bildete sich die stillschweigende Konvenienz, daß „das" im Examen billigerweise nicht verlangt werden dürfte; der Rechtsinhalt wurde immer dürftiger.[78] Und mit dem historischen Inhalt war es noch ärger; besonders wenn er forciert wurde. Entrechtung von *Geschichte* und Recht ist es, die wir beklagen. Nicht die

---

hätte den Rechtsdozenten Verantwortung und Gewissen geschärft. So taten sie in ihrer Mehrzahl weiter nichts, als zu jenen ungeheuren Vorwürfen freundlich oder erhaben zu lächeln. Wenn ich hier von *immens schädigenden* Wirkungen schrieb, wundert sich, vielleicht halb belustigt, noch immer mancher, wie ich so etwas wohl meine. Nun, jene Reden trugen natürlich noch sehr viel dazu bei, die Studierenden vom Studium abzuhalten, dieses verächtlich zu machen, allgemeinen *Unernst,* Verantwortungslosigkeit während der Studienzeit und darüber hinaus zu erzeugen und *die ganze Persönlichkeit zu* verwirren. Aber darum kümmerten sich die Rechtslehrer der Hochschule nicht. Sie bereiteten den Hörer schlecht und recht zum Referendarexamen vor und ärgerten sich an den Repetitoren, die das wenigstens gut machen.

[77] Freilich noch nicht so, daß sie zu Juristen einer sozialistischen Rechtspflege fähig sind.

[78] Bis endlich Freirechtliche Bewegung und Hochschulpädagogische Bewegung das Ruder herumwarfen.

Rechtsgeschichte verlästern wollen wir, sondern was von mangelhafter Pädagogik und Logik an der Rechtsgeschichte gesündigt wurde, das rügen wir. Sie ward in den Händen der meisten Dozenten und so für die meisten Studierenden ein Antiquitätenballast und nicht die Entwicklung des Rechts, nicht die Soziologie des Rechts, das soziologische Recht.

Als solcher führte sie nicht an das Recht und die Geschichte heran, sondern von ihnen hinweg. Also von dem vulgären Gerede, daß zuviel Rechtsgeschichte gegeben werde, rücke man konsequent ab; ich habe stets viel mehr Rechtsgeschichte gegeben, in der dogmatischen Vorlesung, als der eifrigste Historist sich jemals träumen ließ. Gerade diese Flucht ins *Mehr* der Geschichte erwarb Dank und Erfolg.

Noch vor 30 Jahren galt das Rechtsstudium — und zwar selbstverständlich und unanfechtbar — als per se langweilig. Gilt es, außerhalb juristischer Kreise, heute noch. Dieses Studium, das doch an jedem Punkte hinreißend sein kann und muß, und wenn man über Prozeßkosten vorträgt. Wie die akademischen Rechtslehrer damals den Zustand der Langweiligkeit heraufzaubern konnten, habe ich ganz niemals begriffen: aber geleistet haben sie es. Die geschichtliche Tatsache, so schwer sie uns heute noch vorstellbar, ist unbestreitbar. Die allgemeine Suggestion bewirkte ja sogar die abschätzige Beurteilung selbst solcher Vorlesungen als „tötlich," die — wie die E. I. *Bekkers* — in Wahrheit für das Niveau wenigstens der jüngeren Studierenden zu geistreich gewesen sind. Und als lebendiges Zeugnis bleibt jene erwähnte, in Nichtjuristenkreisen bestehende gänzlich falsche Auffassung von Wesen und (gegenwärtigem) Betrieb der Rechtswissenschaft. Es ist eine große und bedeutende Sache, wenn dies, und in verhältnismäßig so kurzer Zeit, so viel besser und ganz anders geworden ist, so sehr, daß man es in den jüngeren Juristengenerationen wohl kaum mehr zu denken noch vorzustellen weiß; dies letztere rechtfertigt und ernötigt es ja auch, den Zustand historisch zu beschreiben. Schon hat man, vielleicht nur zu sehr (vom *historischen* Standpunkt!), die nötige historische Distanz; obwohl es sich um Selbstgesehenes handelt; doch ist wiederum der Augenzeuge der beste, der ideale Historiker; und unsere Zeit, deren beschleunigte Entwicklung innerhalb einer Generation versunkene, historische Vergangenheiten zuwegebringt, ein so der Menschheit früher Unbekanntes, erzeugt und ernötigt die neue Art von Historie, die *Geschichte der* lebenden und der vergangenen *Gegenwart*.

Ein Mißverständnis ist streng zu vermeiden. Das gegen den Rechtsgeschichtsunterricht und die Stellung der Rechtsgeschichte im gestrigen und heutigen Betrieb der Rechtswissenschaft Gesagte bedeutet keineswegs Geringschätzung und Ablehnung der Rechtsgeschichte und des rechtshistorischen Unterrichts. Im Gegenteil.: Die Mission des historistischen Zeitalters der Wissenschaft ist ja noch gar nicht erfüllt; die Rechtsgeschichte hat ihren vollen Platz und Rang in Wissenschaft und Unterricht, so sehr sie sich andererseits in Usurpation und Übertreibungen gedrängt hat, noch gar nicht positiv gewonnen. Also, in diesem Sinne: nicht weniger Geschichte, sondern mehr Geschichte! Was heute an Geschichte gegeben wird und wie es gegeben wird, ist im allgemeinen dürftig. Die Technik noch nicht erreicht, die Aufgabe noch nicht geklärt. Die Rechtsgeschichtsphilosophie hat der Rechtswissenschaftslehre und der Rechtspädagogik noch manches Wort zu sagen und von ihr zu empfangen. Es ist dabei, soviel auch der historischen Schule Unterlassungssünden wie Vorbeigehen an Aufgaben wichtigster Art vorzuwerfen sind, keine besondere Anomalie, daß die volle Erhebung der historischen Methode sich erst erreichen läßt nach der Periode des Historismus; nachdem vorgeschrittene Methode, wie die vergleichende und gar bereits die soziologisch-synthetische, insbesondere die materialistisch-dialektische und die aus dieser weiter zu entwickelnde dialektisch-synthetische und methodologische,[79] ihr bereits den Rang abgelaufen haben. Andererseits erhält sie gerade aus diesen ihren Rang, den sie sich selbst nicht voll bilden konnte. Sie hat durch jene neues Interesse gewonnen, wie man es (sehr) einfach ausdrücken kann. Auch stellen jene ihr Aufgaben.

Es kann also zwischen Rechtsvergleichung, Rechtsgeschichte und den auf ihnen aufgebauten Rechtswissenschaften bzw. Rechtsmethoden kein Methodenstreit bestehen, in dem die eine die andere verketzerte und zu verdrängen streben müßte, wie das in einem naiveren Stadium der sozialwissenschaftlichen Methodologie in Rechtswissenschaft und Wirtschaftswissenschaft (und in anderer Art dann auch in der Soziologie) geschehen ist, als „philosophische", „naturrechtliche" (die heutige „phänomenologische"), positiv-dogmatische (praktikale) und historische Methode glaubten, den Kampf ums Dasein ausfechten zu müssen. Dies warum? Weil das Auftreten der historischen Methode, einer neuen neben den seit Jahrtausenden gewohnten beiden, der philosophisch-naturrechtlichen und der positiv-dogmatischen, die noch dazu auf beträchtlichem Teil ihrer Fronten immerfort zur Einheit, zur Vereinheitlichung und Identität miteinander strebten, überhaupt etwas Unerhörtes war. Auf der heutigen Stufe der Wissenschaftsentwicklung sind wir gewöhnt an das Auftauchen neuer Wissenschaften und Methoden. Die Hervorbringung einer solchen ist heute nicht mehr (wie es z. B. auch der Bau eines Dampffahrzeugs einst war) eine Sünde und Teufelei, auch nicht mehr herrliche Großtat, sondern etwas gewöhnliches. Es schweigen mehr oder weniger bereits die Emotionen, die in der älteren, sich eben erst bildenden Wissenschaftslehre mit der Methodologie davonliefen, die Psyche an die Stelle der Logik setzten, ad hominem verfuhren statt ad rem. Es bestand in der Methodologie eine Undifferenziertheit zwischen Parteien

[79] Über Methodologismus vgl. *Sternberg:* Die Entwicklungslinie der Rechtsphilosophie und das Problem ihrer Geschichtschreibung, 1915 (am Schluß).

und Richtungen. Die Wissenschaftslehre steckte noch einerseits in der Philosophie, und zwar gar in der Metaphysik (Fichte), andererseits in der Politik. Das letztere ist mit ihr freilich noch heute so, doch immerhin mit dem Fortschritt, daß wenigstens ein großer Teil der Wissenschaft sich dessen klar bewußt ist. Ein Ewigkeitszustand, wie mißverständlicher Marxismus und Antimarxismus meinen mag, ist das aber auch nicht; gerade marxistische Einsicht sagt uns das; denn jenes Steckenbleiben der Methodologie der Sozialwissenschaft bzw. der Kulturwissenschaft und der Geisteswissenschaft in der Politik überhaupt ist allerwesentlichst nur Folge des Klassengegensatzes. In klassenloser Gesellschaft muß die Methodologie also reiner und klarer werden. Jene Emotionen und methodologischen Gegensätze hatten allerdeutlichst ihre Ursache, den Grund zur Polemik und Leidenschaftlichkeit, in greifbarsten politischen und materiellen Interessen. Wußte doch die damalige Zeit selbst es so, daß die Naturrechtslehre oder philosophische Rechtslehre revolutionär war und die historisch-positive konservativ. Der Gegensatz blieb freilich so einfach und eindeutig nicht; die naturrechtliche Methode war doch zu unvollkommen und primitiv, als daß der Liberalismus sie auf die Dauer als sein gedanklich-heuristisches Fundament hätte beibehalten können, da doch, trotz der Übergänge in moderne empirische Soziologie, die auch das Naturrecht seit Alters suchte und speziell in der Krause-Schule und mittels der Smithschen und Wirtschaftslehre und Soziologie sehr vervollkommnete, der Konservatismus in der historischen Methode ein neueres und besseres Instrument hatte,[80] so daß auch der Liberalismus eben zu diesem übertreten mußte — wobei er dann aber als eines der Mittel, den konservativistischen und verengstirnigenden Wirkungen des Historismus die Spitze abzubrechen, aus ihr sogleich die *vergleichende Methode* zu entwickeln begann, diese Kombination aus der Rechtsgeschichte und dem vermeintlichen, dem zerplatzten Naturrecht. Und heute wieder sehen wir den Nationalismus, die Bourgeoisie gegen den Sozialismus kämpfen mit Hilfe der naturrechtlichen wie überhaupt naturalistischen und der historistischen Methode und für deren Suprematie gegen die Methoden des Marxismus und der postmarxistischen Syntheto-Dialektik. Mit Hilfe des Naturalismus und des Historismus hofft sie, die zukunftstrebenden, zukunftschöpferischen Methoden niederzuhalten, mit Hilfe der Logik der Vergangenheit die Zukunft auszuschalten. Mit der Sorge um den morgenden, ja noch nicht einmal den morgenden, sondern den heutigen und für den gestrigen Tag (Patriotismus etc.), die Sorge um die Erhebung des Menschengeschlechtes abzublenden und auch der Geringschätzung zu überliefern. Mit der „menschlichen Natur," „die sich nicht ändern läßt", und mit der Ge-

[80] Besonders herausgearbeitet von *Ernst Landsberg* im letzten Band der „Geschichte der deutschen Rechtswissenschaft", der ganz diesem Gedanken dient. Darauf beruhen die Vorzüge und die Mängel des großen Werkes. Auch trägt es folglich selbst konservativen Zug. Doch ist zu dem Punkt noch sehr viel zu sagen.

schichte, „die zeigt, wie es immer war" und „welche Eigenart und historische Bestimmung unser Volk hat", und welche zudem noch „glorreich" ist, beweist der Faschist, daß es immer Krieg geben muß, immer nationalen Antagonismus und Imperialismus, daß die Frau sich nicht emanzipieren läßt, der Vaterlandskult und die Naturreligion in Gestalt der Pseudo-Christentümer und deren Konkurrenz-„Religionen" nicht abgetan werden kann noch darf, und last not least ganz besonders nicht der Kapitalismus, und die edle *Hungerpeitsche,* die diese Primitiven mit Verantwortlichkeit und mit individueller Kraft verwechseln; daß Menschenbrüderlichkeit nicht möglich ist und die Idee nur hohnlächerlich, daß die Menschenliebe nur ein Traum, und *kein schöner,* und mehr dergleichen Einsichten, mittels deren es möglich ist, die Welt in barbarischem und infantilem Stadium der Entwicklung festzuhalten. Dabei arbeitet dann ihre Geschichtswissenschaft so blind, nicht einmal zu wissen, daß beispielsweise die Präponderanz gerade nationaler Interessen- und Psychoantagonismen sehr neuen Datums. Sowie sie ihre Geschichte als Historische Methode auf soziologische Probleme anwenden, wird sie so dumm — man verzeihe den Ausdruck, ich denke an das Salz —, daß sie dann nicht einmal zur rechten genauen Erforschung der baren historischen Tatsachen mehr tauglich ist, sich selbst blind desavouiert und annulliert. Und nicht besser als mit dieser Geschichtswissenschaft steht es mit dieser Naturwissenschaft.

Die Historische Methode, sowie sie nur aufrichtig (und) wissenschaftlich sein will, gewinnt also dadurch, daß sie überwunden. Wie der Mensch —wenigstens in idealer Lebensordnung, freilich recht wenig in bestehender — dadurch gewinnt, daß ihm ein *Bruder* geboren wird, besonders ein besserer. Und sie hat gar keine Ursache, den später geborenen und leuchtenderen Methoden mit Eifersucht zu begegnen, sondern mit dem allein zeitgemäßen Wunsche Goethes, der Forderung des Tages, daß der Sohn dem Vater nicht gleich sei, sondern ein besserer. Die historische Methode ist nicht verloren, sondern in der neuen Wissenschaftsentwicklung in Hegelschem Sinne mit aufgehoben. Wenn sie nicht aufgehoben wird, verkommt sie und trägt bei zum Verkommen der Menschheit. Und so ergeht es der Rechtsgeschichte. Zusammenwirkend mit den neueren Methoden, die sie brauchen, ist sie lebendig. Unaufgehoben durch sie ist sie tot. Jene Methoden verlangen nach mehr Leistung von ihr, für Rechtswissenschaft und Rechtspädagogik, als sie sich selber abzuverlangen wußte.

Durch mein komparatistisches und synthetodialektisches Hinausgehen über den Historismus sah ich mich genötigt, stets viel mehr Geschichte zu geben (in der dogmatischen Vorlesung), als nach meiner Kenntnis jemals üblich war. Und dann auch mehr Dogmatik (zweckentwickelnde, soziologische). Beides aber sorgfältig aufeinander abgestimmt; eben in jener zweckentwickelnden und synthetischen Rechtssoziologik; und so empfand auch der Studierende die *Identität von Historie und Dogmatik,* welche doch allein der zureichende Grund für den Anspruch des Strengen Historismus, daß die geschichtliche — die Rechtsgeschichte allein — die wahre Rechtswissenschaft.[81]

Tut man das, so kann man sofort den Stoff ohne Belastung der Studierenden sehr vermehren; der Stoff tut das sogar bei dieser Methode sozusagen von selbst; die Masse nimmt zu mit der Bewegung; aber auch die Bewegung mit der Masse; und indem so er geistiger wird, wird der Stoff auch reicher; *Vergeistigung des Stoffs,* soweit es nur irgend geht, ist aber im Rechtsunterricht nicht nur aus logisch-didaktischen, sondern auch aus ethischen Gründen auf das dringendste geboten. Und die Studierenden empfinden, soweit sie nicht ganz stumpf, faul, amusisch, zynisch sind — und solche Leute sollten nicht „studieren" (statt dessen wird aber ständig auf sie die zarteste Rücksicht genommen) —, nicht Belastung, sondern *Erleichterung.*

Auf diese Weise funktioniert das System, und es besteht, wenn es so gehalten wird, selbst gegenüber einer — in einer Ordnung wie etwa der der Windscheidschen oder Dernburgschen Pandekten ganz historisch gehaltenen — Vorlesung oder Lehrbuchdarstellung des *geltenden Rechts* wenig Anlaß zum Alarmruf „Historismus!" Eine solche ganz in historischer Anordnung gehaltene Darstellung überwindet gerade sehr gut auf sehr einfache und bequeme Art die Schranken und Rückständigkeiten des Historismus. In solchem Grade, daß ich meinerseits es, unter selbstverständlichem Einschuß eines erheblichen Quantum an historischer und aktueller Rechtsverglei-

[81] Diese These, so gründlich falsch in ihrer Einseitigkeit sie ist und noch viel einfacher zu widerlegen als die entsprechende in der Wirtschaftswissenschaft, der Theologie oder der Philosophie, gehört auch zum schon fast Verschollenen, obwohl unter anderem mit ihr *Stahl* gegen *Kirchmann* die Wissenschaftlichkeit der Jurisprudenz zu vindizieren suchte, die Kirchmann erst in einer künftigen soziologischen Rechtswissenschaft, von ihm „politische Jurisprudenz" genannt, erkennen wollte; der überlegene Ton, den der nur die Gegenwart (wissenschaftlicher Methodik) sehende Stahl gegen den Zukunft wollenden (mit der historischen Methode durchaus vertrauten) Kirchmann brauchte, war unangebracht; indes ist dergleichen sehr oft vorgekommen und kommt, naturgemäß, besonders heute alle Tage vor. Man bedenke aber, wie lebendig diese justificatio jurisprudentiae ex capite historicitatis seu historiae noch zur Zeit der Einführung des BGB war: viele Rechtsgelehrte äußerten (und nicht wenige Praktiker unter ihnen, sehr viele auch hielten für vornehm, es gedankenlos nachzusprechen), daß die Rechtsliteratur von nun an gewiß *unhistorisch* und *damit* notwendig banausisch und *unwissenschaftlich* werden müsse. Das Wort „banausisch" deutet darauf hin, daß bei manchen der Maßstab des Urteils ein schöngeistig-ästhetischer oder bloß philologisch-scholastischer (Anachronismus der eleganten Jurisprudenz) und kein juristischer war und so auf einer falschen logischen Einstellung bzw. weitgehender rechtslogischer Unkenntnis beruhte. Nicht ganz wenige von denen, die jene Befürchtung aussprachen (bedeutende Juristen darunter), lehren und wirken noch heute.

chung, eine Zeit lang für *das* System wissenschaftlicher Rechtsauffassung halten konnte.

Das ist nun freilich einseitig. Man kann es so machen, aber man muß es nicht. *Das Recht in seiner Bewegung zu erfassen* ist allerdings von sehr großer Wichtigkeit, und die Erfassung der Berechtigung bloß und gar der Notwendigkeit der Schilderung des Rechts in dieser seiner Bewegung ist allerdings ein ganz gewaltiger Methodenfortschritt. Ein Fortschritt, dessen ganze Bedeutung sofort einleuchtet, wenn man bedenkt, wie wenig noch eine erst unmittelbar hinter uns liegende Zeit der Rechtsmethodik-Rechtsauffassung dies verstand, wie gänzlich über ihrem Horizont es lag, das Recht *in Entwicklungstendenzen zu plaidieren und zu lehren.* Nicht nur aber wollte die fridericianische Rechtsauffassung und -methode jede Rechtsbewegung außer durch die Gesetzgebungskommission ausschalten, sondern es erachtete auch der Savignyanismus — und selbst *Hugo* ist in der Hinsicht absolut nicht klar genug — zwar die Rechts-Bewegung für notwendig, aber für ebenso notwendig, daß sie nur *unbewußt* und sozusagen *aus Versehen geschehe.* Die vielen Versehen und Irrtümer von Wissenschaft und Praxis bildeten dann die schöpferische Genialität des Volksgeists! So sieht Savignys Wissenschaftsrecht aus! So wurde die Geschichte von der historischen Schule in der Rechtswissenschaft ungenügend angewendet und mißbraucht. Sie schuf im Rechtsstudium weitgehend eine Akademie für unangewandte Wissenschaft, und das war in der Tat langweilig. Es genügt nicht, das Recht aus seiner bisherigen Geschichte zu verstehen, die Rechtsgeschichte muß aktiviert, dynamisiert werden, d. h. jeweils die aktuelle Tendenz der Entwicklung *bewußt* und *schöpferisch*[82] erfaßt werden. Dies ist der Vorwurf gegen den Historismus, daß er die Geschichte nicht intensiv-praktisch und aktuell zur Geltung brachte. Daß er die Entwicklung bestenfalls, so wie es in den Monographien zu geschehen pflegte, am Jüngstvergangenheitspunkt abriß. Hätte er sie in die Gegenwart und Nächstzukunft geführt, so ergab sich Dogmatik von selbst, lebendige, fand sich das geistige Band zwischen Geschichte und Dogmatik. Wurde jene dogmatisch belebt und diese historisch.

---

[82] Daß in dem Vorgang beide: Beobachtungs- und Wertungstätigkeit arbeiten müssen, ist selbstverständlich; und in der Diskussion, die zwischen *Liszt* und *Radbruch* in der Zeitschrift für die gesamte Strafrechtswissenschaft über die Stellung der Rechtswissenschaft zur Rechtsentwicklungstendenz stattfand, haben beide Teile Recht. Falsch ist Radbruchs allzukantianische Ablehnung der Tendenzmethode und falsch Liszts allzupositivistische, durch Selbsteinschnürung in ein von ihm doch kaum ohne Reserve geglaubtes naturalistisches Dogma entstandene, mehr scheinbare als wirkliche Verkennung des Willens-, Freiheits-, Schaffensmoments in dieser Methode. Der Hegelianer mußte sich verwundern, wenn er nicht wie Kohlers fragwürdiger „Neuhegelianismus" die Dialektik verlöschte, und im Grunde war das Problem im Lager des Marxismus in etwas anderer Fassung ja längst erledigt (Engels im „Sozialistischen Akademiker.") Radbruchs heutige Ansicht dürfte denn wohl auch mit der hier geäußerten im wesentlichen übereinstimmen.

Solches erst war, für den rechtswissenschaftlichen unmittelbaren Zweck, historisch-*kritische* Betrachtung. Denn solche muß rechtskritisch sein. Es gibt überhaupt keine juristisch-dogmatische Rechtswissenschaft außer *kritische*, und zwar eben *rechtskritische*. Kritikfreie Rechtslehre ist nicht Rechtswissenschaft. Da die Vorlesung der historischen Zeit die Rechtsgeschichte nicht mit Dogmatik und Aktualität zu sättigen wußte und die Dogmatik nicht mit dem Gehalt solchartiger Geschichte, wurde sie ein öder Drill, bloß ohne die Strammheit des Repetitorischen und ohne dessen Oasen juristischer Wissenschaftlichkeit, die eben der akademischen Vorlesung sehr oft fehlten. Daß er in solcher Wüste von nichtssagender sinnarmer „Geschichte" und litaneihafter, kaum irgendwo interpretierender Rechtssatzmitteilung in einem Maße wie wohl keine Zeit des Rechtsunterrichts vor ihm *Dogmatik* und *Geschichte* innerhalb des Studiums versanden ließ, daß ist der Vorwurf gegen den Historismus. Tote Geschichte und tote Dogmatik.

Dieser Vorwurf geht zwar hinsichtlich der Logik weniger weit als hinsichtlich der Pädagogik. Esoterisch war vieles auf hoher Stufe, was exoterisch armselig blieb und skandalös; gelehrten Scholaren fügte sich gar wohl Genese und Dogma zu geistigem soziologischem und praktischem Ganzen; aber im Hörsaal und Studienlehrbuch stand in einer Wüste hier ein dürres historisches und dort ein dürres dogmatisches, oder, möchte man bei diesem Zustand lieber sagen, adogmatisches und unhistorisches Bäumchen. Durch die allgemeine Öde wurden ja selbst die feierlichen Augenblicke echthistorischer und dogmatischer Einstreuungen denaturiert; wurden, zusammenhanglos, doch wieder adogmatisch und unhistorisch. Es war unlogisch und unpädagogisch. Statt Rechtswissenschaft gab es etwas, was man allerdings bloße Rechtskunde nennen würde, wenn es nicht eigentlich und großenteils sogar Rechtsunkunde war. Während man sich mit einer Wissenschaftlichkeit, die rein durch die Salbung mit dem Öl angeblich der Geschichte, in Wahrheit historisch-unhistorischem Notizenkram garantiert sein sollte, hochanspruchsvoll brüstete, exultierte in Vorlesung und Lehrbuch die jämmerlichste Unwissenschaftlichkeit. Sie ist es, die Studierende mit der Recht und Sittlichkeit, Staat und Politik verheerenden Idee erfüllte, das Rechtsstudium und die Rechtswissenschaft sei an sich langweilig. „Das Studium der Jurisprudenz ist langweilig und die Karriere nachher miserabel" sagte *Fontane* im „Stechlin." Läßt es die Leute sagen, die sein Preußen regieren! Wir mögen über diese Idee lächeln und naserümpfen so viel wir wollen; diese Verheerung von Recht, Sittlichkeit und Akademie, diese Verödung der Volkskultur an ihrem rechtlichen Teil, sie *war* doch; und sie *ist* noch heute in ihren Wirkungen. Über sie hinwegzusehen wäre auch in schlimmster Art unhistorisch-unpräsentisches Denken. An diesem unhistorisch unpräsentischen Denken krankte der Rechtsgedanke, als solcher in toto, abstracto, so wie inhaltlich im einzelnen, soweit er durch die akademische und — völlig verkümmerte — sonstige Lehre mit dem Volksgeist in Kontakt trat.

Es gibt anderenteils natürlich *historische Rechtsgeschichte*, in welcher das Recht nur ein Teil der Geschichte, und *juristische Rechtsgeschichte*, in der Geschichte nur ein Teil des Rechts ist. Die eine ist Angelegenheit des Historikers und die andere des Juristen. Bzw. die eine etwas, das den Geschichtsleser, den nach Kenntnis der Vergangenheit Verlangenden, die andere den des Rechts zu erfassen, zu finden Wünschenden angeht. Über diesen Doppelbegriff der Rechtsgeschichte, so elementar er ist, scheint man sich niemals hinreichend klar geworden zu sein.[83] Wer historische Rechtsgeschichte gibt, welche als solche natürlich immer nur ein Teil einer umfassenderen historischen Aussicht sein kann, braucht kein Rechtsspezialist von Rang zu sein, und wer juristische Rechtsgeschichte als Teil des Rechtsraisonnements, der Rechtsphänomenologie, der Rechtsdogmatik gibt, kein historischer Forscher. Notwendig ist außerdem der Rechtshistoriker und der Rechtsphilolog als Spezialist, wenigstens solange noch an Neuzufuhr historischer und philologischer Klärung des alten Rechts ein Interesse besteht. Es kann dieses natürlich eines Tages pseudowissenschaftliches Interesse — Spielinteresse oder Leertätigkeitsinteresse (Negativaktivitätsinteresse) — werden; aber so weit ist es heute noch nicht; wir zählen die Rechtsgeschichte und Rechtsphilologie als Spezialität noch nicht zu den toten, sondern noch zu den lebenden Wissenschaften. Ja sie haben noch eine Zukunft. Nur war es gänzlich verkehrt, als seit dem Sieg der historischen Schule die Fakultäten ein Jahrhundert lang in ihrer zivilistischen Abteilung mindestens anstatt mit Juristen mit Rechtsphilologen und Rechtshistorikern besetzt wurden. So wurden die Darbietungen der Akademie zu *unjuristischen* Vorlesungen. Obwohl der Rechtshistoriker und Rechtsphilolog so voll Jurist sein muß, wie dies bei der gleichberechtigten Verbindung einer Wissenschaft mit einer anderen in einem Grenz- oder Kombinationsfach nur möglich ist, und obwohl also auch tatsächlich diese Reihe der universitären Rechtshistoriker des neunzehnten Jahrhunderts fast durchwegs und der prinzipiellen Anforderung nach Juristen von Rang, so fand doch nicht statt, was man vermuten müßte und auch als selbstverständlich angenommen hat, daß die reinjuristische Leistung dieser Juristen von Rang für die Vorlesung noch lange genug sein werde. Ganz gegen alle apriorische Wahrscheinlichkeit kam es vielmehr zu jener Unwissenschaftlichkeit des juristischen Kollegs, die — unglaublicherweise — die Rechtswissenschaft überhaupt als kulturlos und ungeistig stigmatisierte. So daß selbst heute vielleicht die Juristen von ihren sonstigen Kollegen, in der Akademie und in der Wissenschaft überhaupt, hie und da nicht ganz oder nur mit einem gewissen Widerstreben und selbst schlechtem Gewissen für voll genommen werden.

Für die dogmatische Rechtsvorlesung bzw. das gedruckte dogmatische Lehrwerk ist es von den *3 Begriffen der Rechtsgeschichte* natürlich — abge-

[83] Selbst in den Angriffen gegen den Rechtshistorismus (Kantorowicz, Anderssen) schienen noch Nachwirkungen dessen sich zu zeigen.

sehen *vielleicht* von einigen ganz seltenen Ausnahmen — nur die Juristische Rechtsgeschichte, die in Betracht kommt. Wendet man sie richtig an, so kann man jedes Stückchen Recht als eine Bewegung, als eine Entwicklungstendenz darstellen; und das Recht in *Problemen* darzustellen, das ist es, was man von jeder ordentlichen Rechtslehre verlangen muß. *Dann* ist es Wissenschaft. *Da*gegen freilich sträubte und sträubt man sich! Man wollte immer *„Sicheres"* geben, „den Geist des Studierenden nicht durch Fragliches verwirren"! So denn gab man rechtsgeschichtliche Daten und abgehackte aktuelle Rechtssätze kommentarlos-unproblematisch (Dogmatik eben kann man so etwas in Wahrheit nicht nennen) und erreichte so in dem Vortrag der Wissenschaft die vollendete Unwissenschaftlichkeit. Es sind die Vorträge der Universitäten, die den unseligen Irrglauben der Laien und selbst der Vertreter anderer Fächer, sogar spezifisch nahestehender (Ökonomen, Soziologen und Philosophen) betreffend die Unwissenschaftlichkeit der Rechtswissenschaft rechtfertigten. Ja, man kann geradezu reden von einer *Stupidität der Jurisprudenz*. Die in Wirklichkeit des Jurisprudenzbetriebs des Mittelalters und der Neuzeit ganz sicher von um 50 % guter Wissenschaftlichkeit insular-kontinental durchbrochen war; aber von diesen letzteren 50 % merkte das Volk nichts und die gelehrten Vertreter anderer Fächer nicht allzuviel. Es fehlte die *Volkshochschule*, die ja freilich in der Zeit der *Volksunterdrückung* durch Feudalismus und Absolutismus ganz unmöglich war, contradictio in adjecto, und auch heute unter dem System des (pseudo-) demokratischen Kapitalismus selbstverständlich noch lange nicht ist und sein kann, was sie sein muß: die Hochschule des Volkes. Kaum hat selbst der Kommunismus diesen Begriff! Sogar für ihn ist er noch transzendent, noch nicht zu ihm gelangt in dem herumfummelnden Suchen (nach sozialistischer Gegenwartskultur und nach Zukunftskultur) im Proletkult. Woran freilich dogmatistischer Materialismus und andere Methodenlosigkeiten schuld sind. In echter Volkshochschule hätte der Rechtsunterricht nie in so stumpfer Problemlosigkeit dahinsumpfen können, er wäre zu Fragen, zur Antithetik erweckt worden. Aber unsere Universitäten sind volksfremd. Sie sind nicht für, sondern gegen das Volk gemacht. So wurden sie auch problemfremd; problemlos. Freilich eben lebte der Rechtsunterricht in den unterbrochenen 2000 Jahren seiner Existenz nur unter tyrannischer Gesellschaftsordnung, die, weil sie ungerecht war, nichts an ihrem Recht in Frage und daher kaum zur Frage stellen lassen durfte; außer von einem engen Kreis „Berufener." So war für wissenschaftliche Rechtslehre selbst der nur mit Abkömmlingen der herrschenden Klasse besetzte juristische Hörsaal der Universität noch ein zu demokratisches, zu exoterisches Auditorium. So gedieh in der Hochschule, soweit sie Schule war, die nutzloseste, satte Aproblematik, die nichtsnutzigste Unwissenschaftlichkeit; in der Akademie der Aproblematik, obwohl doch „Akademie" von einem gewissen Platon kommt, und an dessen Wurzel steht ein Sokrates. Aber von diesem war nichts gelernt, als daß man sich dem geltenden Rechtsbetrieb seines Landes unterwerfen müsse, auch wenn er einen umbringt: daß man diesen außerdem auf das schneidenste zu kritisieren habe und damit das Recht zum Gehorsam erst erwirbt, wie ebenso umgekehrt, das hatte man von ihm nicht gelernt. Die Anläufe der Aufklärer, namentlich des tapferen Thomasius, verfielen schnellem Ersterben. Sie wurden auch durch Verweisung in das separate Kämmerchen der Naturrechtslehre unschädlich gemacht. Hier wurde die kritische Zweckerwägung und die Dialektik möglichst hermetisch abgeriegelt. Dem Zweck diente, wenn auch nicht ausschließlich, die Wissenschaft der „Rechtsphilosophie".

Nun wird man hier einwenden: Es war doch im 18. Jahrhundert durchaus nicht so, daß keine Kontroversen gelehrt wurden. Wie ja auch schon in früher Zeit systematophile Rechtspädagogiker wie *Alciat* sogar im Gegenteil dazu neigen konnten, gegen ein Übermaß an Kontroverse im Rechtsunterricht zu polemisieren. Seit seiner Zeit war die Methode des Rechtsunterrichts zwiespältig; es gab Rechtsunterricht, der nur „Sicheres" lehrte, dabei dann natürlich, ein besonderer Krebsschaden, sehr vieles nur vorgeblich Sicheres, und andere lehrten, mit Auswahl, den Kontroversenbestand. Die erstere Methode wurde dann rapid geistlos, was sie bei Alciat[84] aber keineswegs gewesen war, und machte die juristische Fakultät zur Klippschule. Aber Geistlosigkeit, wo sie einmal als gesicherter Besitz glücklich erworben ist, steckt an, und die Kontroversialvorlesung, obwohl sie nach Auswahlprinzip nur Teile des Stoffs behandelte, wurde auch geistlos. Die Lehrer, die diese Methode bevorzugten, hätten sich sonst auch vielleicht nicht halten können. Denn die Nachfrage nach Geistlosigkeit war bei dem ungesiebten Studentenmaterial, das der Feudalismus und der Kapitalismus in die Hörsäle wirft, immer heftig und groß. Diese Gesellschaftsordnung stützt auch den Repetitor. Die Deklamationen der Professoren, die in Europa doch größtenteils begeisterte Anhänger dieser beiden angenehmen Gesellschaftsformen sind, gegen das Repetitorenunwesen haben also keine rechte überlegte Aufrichtigkeit. Es ist wie die Deklamationen der Eheanhänger gegen die Prostitution.

Die Vertreter der Kontroversialmethode lernten also nun, soweit sie es nicht schon vorher gekonnt hatten, auch den kontroversialen Unterricht geistlos und tot zu machen. Selbstverständlich hatten sie das in sehr großem Maße schon vorher gekonnt. Die Neigung jedes Mittelalters zum Auswendiglernen, die Talmudlehre, Indien und Ostasien genau so hegen wie das europäische Mittelalter, machte aus den Kontroversen einen komplizierten (und trotzdem und dadurch) toten Gedächtniskram, es wurde ein Museum für getöteten, mumifizierten Geist des Rechts. Systematisches Kolleg oder Auswahl-Kontroverskolleg, es gab nur noch nebeneinander den systemati-

[84] Über ihn das bekannte Buch von *E. v. Moeller*.

schen Stumpfsinn und den ausgewählten Stumpfsinn. Und jede dieser Bezeichnungen paßt schließlich auf jede der beiden Formen. Das oben gebrauchte Wort Kontroversialmethode und sogar bloß das Kontroversialkolleg sind also sogar schief gewählt, nämlich zu schmeichelhaft. Denn es war ja so eben nun gar keine Methode mehr. Das hatte denn vor allem auch den so ganz besonderen willkommenen Erfolg, daß man das ethische Moment aus dem Recht entfernt hatte. Zunächst bloß im Unterricht, aber das wirkte dann weit hinein in das Recht überhaupt. Gegen das mit dem Aufschwung der mittelalterlichen Kultur denn doch sich entwickelnde feinere und selbständigere Denken und ethische Fühlen und Wollen schuf der Rechtsunterricht ein Gegengewicht, das nun bis in die jüngste Zeit des Erwachens der Völker, der großen Volksbewegungen wirksam geblieben ist. Natürlich war der Rechtsunterricht die Stelle, wo dies Gegengewicht geschaffen werden mußte. Instrument der Aufrechthaltung der Stellung und Macht der herrschenden Klasse und Gedankenlosigkeit und der Verunrechtung des Rechts. Das hat das Volk ja immer dunkel empfunden, und auf diese Empfindung stützt sich die Hälfte mindestens dessen, was gerechtfertigt ist an der populären Verabscheuung der Rechtswissenschaft. Heute sieht diese ja nun allmählich schon etwas anders aus; man merkt aber hier, von welcher ungeheuren Bedeutung der pädagogische Zweig der Rechtsphilosophie, der Rechtssoziologie, der Rechtsphänomenologie, von welcher gewaltigen Bedeutung das rechtspädagogische Problem ist, wie sehr innerstes, bedeutendstes, entscheidendstes des gesamten Rechtsproblems an ihm hängt. In keiner Rechtsphilosophie, in keiner Rechtssoziologie, in keiner Rechtsphänomenologie dürfte ein pädagogisches Kapitel fehlen. Wenn es bisher fehlte, so sehr natürlicher Weise, weil die Menschheit ja erst heute für die Erziehung reif geworden ist, in der Zeit zwischen dem 100. Todestage und dem 200. Geburtstage Lessings. *Die Idee der Erziehung,* dies ist eine der gewaltigsten Fortschritte der Menschheit, *erhebt sich über die Idee des Rechts,* aber auf ihrem Wege durchdringt sie auch das Recht. Jedoch ist sie die Idee der modernen Erziehung, die Erziehung in Kontroverse oder besser: *Erziehung als Dialektik* und nicht mehr bloß die alte starre Disziplin. Selbst in die Kleinkinderschule und selbst in die Schule der „wilden" Knaben des Präpubertätsstadiums, selbst in die Schule der unsicheren eigenwilligen Frühjünglinge (Primaner) und selbst in die Mädchenschule dringt die Freiheit in Gestalt der Kontroverse, der Dialektik ein — und sie sollte fehlen und versagen im Unterricht der Jurisprudenz? In ihm haben so die *Übungen,* da sie endlich aufkamen, einen großen Dienst geleistet, im Dienst der Idee und des Ideals.

Wurde aber die Kontroverse nicht im Geist der Freiheit und des Lebens behandelt, sondern als totes Material des Auswendiglernens und der geistlosen Disziplin, so war gerade sie etwas geradezu Verfluchtes, und *demgegenüber* war geradezu eine Erlösung die Kontroversenscheu. Jene Kontroversenerlernung, in der man nicht die Bewegung des Geistes erlebte, sondern Zeuge und Aufnahmereservoir wurde seines Stillstandes, war keine Methode, sondern Aufhebung und Ausschaltung der Methode. So hat die Rechtswissenschaft oder doch der Rechtsunterricht ohne Methode gelebt bis zum Auftreten der historischen Methode. Sie selbst war gar nicht der Hauptwert bei dem Umschwung, der sich nun vollzog, zu vollziehen anfing. Ganz und gar nicht gerade, soweit es die Kontroversialistik angeht. Denn ihr historistischer Positivismus, der die Verantwortung für den Rechtszustand *quietistisch* auf die bekannte unklare Mischgestalt Zufall-Volksgeist schob, sozusagen auf den großen Unbekannten, lähmte die *juristische* Kontroverse, zumindest im Unterricht, nun wieder eisenbartlich auf ihre Art und setzte an ihre Stelle die *historische* (nebst der philologischen), so sehr oft das Recht erhellend und zugleich die Aufgabe des Rechts und das Wesen des Rechts verdunkelnd. Nein, das Hauptsächliche und Befreiende war nun, daß ein Methodenstreit da war, wenn auch nur in einfachem Anfang. Dadurch, daß ein Methodenstreit da war, kam es zur Methode. Polemos pater panton. Der geistige Krieg der Vater aller guten Dinge; nur der physische, wie Kant richtig bemerkt, der Vater aller Übel. Wäre die Methode nicht endlich kontrovers geworden, es gäbe noch heute keine Methode. Erst die Unsicherheit der Methode brachte rechte Methode hervor. Man nehme es selbst einfach nur ad hominem: dadurch, daß nun jeder auf die Methode aufpaßt.

Der *Mißbrauch* des ius controversum im Unterricht, der Unterricht an dessen totem Phantom; der Mißbrauch der Kontroverse zum Auswendiglernen, welchen teilweise die Professoren, so sie Stumpfböcke waren, den Studenten und teilweise die Studenten den Professoren aufzwangen, er hatte bewirkt, daß der Kontroversenunterricht nicht mehr Methode war und Methode hineinbrachte in eine Rechtslehre, die durch den Distinktionalismus und den Distinktionenunterricht gerade durch die größte Systemverfeinerung, den Systemausbau in bloßen Systematismus auszuarten drohte, sondern die Neigung zum bloßen Distinktionalismus und Systematismus sogar noch vermehrte. Durch ihre Schuld, ihre in statische Trägheit geratene, negative Leistung wurden Distinktionen und System nun auch etwas Totes, sogar sprichwörtlich Totes. Und wenn akademische Rechtswissenschaft denn einmal Auswendiglernen war (dessen Grauen uns auch *Jhering*[85] beschrieben hat), dann lieber weiter nichts auswendig lernen lassen als „sichere" Rechtssätze.

Denn jene tot erlernte Kontroversenmasse gab nun allerdings wie keine Methode so keine Anregung, und damit erschreckende *Unsicherheit*. Denn mit dem Gedächtnis läßt sich Sicherheit schwer und schlecht beschaffen. Es ist ein störrischer Lastesel. Die Kontroversialmethode, als Methode lebendig gehandhabt, schafft Sicherheit und Feinheit, die Kontroversialistik als tote

[85] Scherz und Ernst in der Jurisprudenz.

Topik schafft Unsicherheit und zugleich Grobheit, da sie wieder die Standpunkte zu einer toten, starren, endlichen Summe macht und nur die historisch gegebenen, aber nicht die *möglichen* Rechtsgedanken zur Geltung bringt. So entsteht eine Mannigfaltigkeit, die dadurch, daß sie begrenzt, auch tot, schließlich gar keine eigentliche Mannigfaltigkeit mehr ist. Das Recht aber lebt nur in der Mannigfaltigkeit. Es strebt ideal ins individuelle Gesetz. Laien und Anfänger mögen über die lebendige unbegrenzte Mannigfaltigkeit klagen, weil sie eben keine rechte Vorstellung vom Recht, vom Wesen des Rechtes haben, und sie mögen das Leben und die unbegrenzte Mannigfaltigkeit des Rechts sogar als eine *schändliche* Unsicherheit, als eine Unwissenschaftlichkeit, und kurz: als eine Unzulänglichkeit der Juristen ansehen. Welche Juristen unjuristisch und unwissenschaftlich seien, weil sie nicht eine sichere Rechtskunde haben, sondern Rechtswissenschaft treiben. Man sieht, diese Auffassung, der man mehrfach die Ehre angetan hat, sie zu diskutieren, verwickelt sich bei jedem ersten Schritt in Widersprüche — weil sie eben auf einer Nichtvorstellung oder einem Nichtbegriff vom Recht beruht. Der Widerspruch geht noch weiter, und hier teilt sich auch der Weg des Laien und des Anfängers; denn der Anfänger, und solcher ist leider häufig genug noch der Referendariatskandidat, mag der Rechtsmannigfaltigkeit überhaupt gram sein, weil er Angst hat, daß er sie *„lernen"* müsse; der Laie fordert, mit Recht, mit einer nur zu beglückwünschenden und zu verlangenden Energie, daß das Recht allen Nuancen feinster moralischer Anforderung gerecht werde, und tadelt den Juristen als unkultiviert und „zu juristisch," wenn er darin die letzte Höhe nicht erreicht. Und natürlich soll er sie erreichen! Dafür wird er bezahlt.

Wenn der gelernte, gelehrte Jurist in die Negation oder Neglection der unbegrenzten lebendigen Mannigfaltigkeit des Rechts verfällt, dann hat er seinen Beruf verfehlt. Oder er verfehlt ihn, sobald er diesem Fehler verfällt. Denn es gibt nicht bloß schlechthin Routiniers und Geistjuristen, sondern auch der Tüchtige und Wohlwollende gleitet aus Ermüdung gelegentlich in die Routine.[86]

Doch ist es leider Tatsache, daß lange Jahrhunderte und noch in der Gegenwart und nach den siegreichen Bemühungen der Schule der freien Rechtsfindung ziemlich zahlreiche Juristen in der Logik des Rechts noch nicht über diesen Laien- und Anfängerstand hinauskommen und glauben, „zu weit gehende" Mannigfaltigkeit ablehnen zu müssen im Namen der Rechtssicherheit. Es gilt eben — nach richtiger und nicht verwirrter Rechtslogik — nicht: Mannigfaltigkeit *oder* Sicherheit, sondern Mannigfaltigkeit *und* Sicherheit. Auf der großen lebendigen Mannigfaltigkeit des Rechts ruht

[86] Ich wurde nach der Veröffentlichung der Allgemeinen Rechtslehre (1904), die für die freie Rechtsfindung eintrat, einmal gefragt: Wie halten sie es aber nun in der Praxis? Ich antwortete: Vormittags, wenn ich frisch bin, freie Rechtsfindung, nachmittags alte Methode.

das Prinzip der freien Rechtsfindung. Ein Flugzeug könnte nicht sicher fliegen, wenn es nicht frei flöge. Das Gesetz ist nur ein Versuch zum Recht oder ein Ansatz zum Recht, aber nicht das Recht. Der Jurist ist nicht deshalb da, weil der Laie die Gesetze nicht kennt, sondern gerade wenn dieser die Gesetze auswendig könnte, brauchte er den Juristen, der ihn über das Gesetz erhebt. Denn über das Gesetz zu erheben, über das Gesetz hinauszuführen ist die Aufgabe des Juristen. Er findet dem Fall sein individuelles Gesetz. Wenn und soweit die Schwurgerichte und sonstigen Laiengerichte deshalb existieren, weil der Laie das individuelle Gesetz finden müsse, da dem Juristen die rechte Fähigkeit dazu fehlt, so ist das ein böses Paradox. Die Juristen hat der Vorwurf mit Recht immer geschmerzt. Ob sie ihn auch mit Recht übel genommen haben, das ist eine andere Frage.

Man hat einmal gesagt: Durch das römische Recht über das römische Recht hinaus. *Dieses* „Excelsior!" ist nur ein Sonderfall. Es gilt: nicht nur über das römische Gesetz hinaus, sondern überhaupt über jedes. Über das Gesetz erheben und darüber hinausführen kann aber vorzüglich *der* Jurist, der die Gesetze miteinander vergleicht. Deshalb hat *Josef Kohler* so grundlegend und bahnbrechend Recht gehabt, da er die Rechtsvergleichung als die Methode der Rechtswissenschaft empfahl. Übt man Rechtsvergleichung, so kann man nach dem in der Kultur lebenden Rechtsgeist urteilen. Dies war Josef Kohlers heuristische Idee. Deshalb sind *Rechtsvergleichung* und *Kultur* die Zentralbegriffe seines rechtsheuristischen Denkens.

Der Rechtskulturgeist, in dem das Recht eigentlich lebt und den wir Heutigen als das bewußte Agens der Gesetzgebung und Rechtsanwendung verlangen, der *aktuelle Weltrechtsgeist,* ohne dessen planetumspannende, planetvernunfteinende Gegenwart wir nicht mehr leben wollen, manifestiert sich in der Vergleichung. Wir Heutigen, denen *Kohler* vorangeschritten ist, und ziemlich *weit* vorangeschritten ist, mögen uns vereinseitigt-verödetem Recht nicht mehr unterwerfen. Wir wollen wissen, was Allrecht ist. Wie gegen Ende des Mittelalters der Respekt vor dem Recht verlorenging und am Recht verzweifelt wurde, weil es vernunftwidrig und sinnwidrig, scheinbar rechtszerstörend und rechtsnegierend wirkte, daß in verschiedenen benachbarten Territorien bunt verschiedenes Recht galt, so ergeht es uns auch wieder heute, nur noch mehr so, und auch mit viel größerem Rechte; denn schien der damaligen noch naiven und unwissenschaftlichen Rechtsphilosophie und Rechtsphänomenologie jene Rechtsverschiedenheit nur Rechtsuneinigkeit zu sein und auf Rechts-Vernunftlosigkeit und gar auf Rechtsunmöglichkeit (*Montaigne,* nach antiken Mustern) hinzudeuten, so wissen wir heute, daß jedes jener Rechte seine eigene Vernunft hatte, und es ist nicht das, was uns zur Rechtsvergleichung und Rechtsallheit drängt und treibt. *Das* wäre veraltet, und in Auflehnung dagegen war die Antipathie der Gegner der Rechtsvergleichung berechtigt, denn jener alte Standpunkt über die ökumenische Rechtsverschiedenheit kam ja eben zu *keiner* Rechtsvergleichung. Für die Antike und das Mittelalter war Rechtsverschiedenheit ein Chaos der Rechte, *von welchem eines von dem andern nichts weiß*. Bei uns, in Gegenwart einer wenigstens dem Programm und der historischen, wenn auch noch kaum der juristischen Ausarbeitung nach vorhandenen Rechtsvergleichung, wissen die verschiedenen Rechte der Ökumene voneinander, wenn sie auch einander (im Sinne juristisch-praktischer Gesamtanwendung) noch nicht kennen.

Dieser Stand nun der Rechtsverschiedenheitskultur, des aktiven Rechtsverschiedenheitsbewußtseins, *kann* das Verlangen nach aktiver Kenntnis und Betätigung der fremden Rechte und ihrer Einverleibung in das eigene Rechtsdenken und praktische Rechtswirken entschieden zurückdrängen. Man ist durch das Verständnis, mit dem der neue Standpunkt und die Rechtsverteilung die fremden Rechte aufzufassen gelehrt hat, über deren Vernünftigkeit beruhigt und damit auch über die Vernünftigkeit, Begründetheit und gerechtfertigte Selbstgenügsamkeit des eigenen nationalen Rechts. Die Rechtsvergleichung hat ihre erste Schuldigkeit getan; aber mit einem Erfolg, der nun gar sehr ihren eigenen Fortschritt und ihr Ansehen schwächt, ihren Anlauf vollkommen aufhebt. Sie, außerhalb der Gesetzgebung, auf ein theoretisches Altenteil versetzt. In aller Ruhe und mit der größten Sicherheit breitet sich, das neue verglichene Recht (droit comparé) wie das alte Naturrecht verschüttend, das *Dogma* aus *von der Autarkie des nationalen Rechts*.

In diesem Stande der Negation des Komparatismus im Bereich der positiven praktischen Rechtsanwendung bzw. der unmittelbar ihr dienenden Wissenschaft haben wir bis etwa heute gelebt. Gegen diesen Standpunkt hat *Kohler* und wird noch heute gekämpft. Wer mich hier für unaktuell halten, den hier als *gegenwärtig* bezeichneten Zustand der *Schwäche des Rechtskomparatismus* als schon überwunden angeben möchte, den frage ich: Ist es nicht der allergrößte Teil der Juristen, dem noch heute das *Dogma der absoluten Autarkie des nationalen Rechts* als unverbrüchlich und sogar als ewig gilt.[87]?

Und doch liegt auch schon der Zwiespalt vor, der weiterführt, über den jetzigen *toten Punkt des Rechtskomparatismus hinaus*. Das Stadium der Passivität des Komparatismus ist daran, überwunden zu werden, und die

[87] Neuerdings unternimmt ein umfangreiches Werk, erkenntnistheoretisch den eingehenden und endgültigen positiven Beweis zu liefern, daß die Rechtsvergleichung zu einer dogmatischen Hauptmethode überhaupt nicht werden könne, die Autarkie des nationalen staatlichen Rechts vielmehr nicht etwa bloß historische, sondern absolute Geltung habe. Es ist dies *Felix Holldack: Die Grenzen der Erkenntnis des ausländischen Rechts*, 1919. Das Buch ist der Versuch einer prinzipiellen Kritik der Rechtsvergleichung, nebst (was durch den Standpunkt des Verfassers ganz besonders bedingt und gefordert ist) einer Grundlegung der Methode der Wissenschaft des ausländischen Rechts.

Fackel, die *Kohler* getragen hat, wird einmal in der Welt weiten Räumen Helle bringen. Kaum zwar merkt man etwas davon, auch noch heute in der Rechtsanwendung und den Gesprächen der Juristen, außer etwa in der Praxis der japanischen Gerichte und des Schweizerischen Bundesgerichts. Der Zwiespalt zwischen dem scheinbar so unerschütterlich gewachsenen Dogma der Autarkie des nationalen Rechts und der positiv-komparatistischen Allrechtsidee ist auf dem Wege; die komparatistische Allrechtsidee hat durch das Hinscheiden Kohlers und den zu frühen Tod *Friedrich Neubeckers* einen schweren Rückschlag erlitten, da beiden ein Stamm gleich energischer Schüler versagt blieb; und das ist um so schlimmer, als die Allrechtsmethode, die konstruktive Durchführung einer unmittelbar für die Rechtsanwendungspraxis geeigneten komparatistischen Allrechtsdogmatik doch bei ihnen und seit ihnen noch immer, trotz jener beiden in ihrer Art klassischen Leistungen, erst in den Anfängen ist. Doch das planetare Menschheitsbewußtsein ist im Fortschreiten unter gleichzeitiger Kultivierung nationaler Eigenheiten; und es kann sich am allerwenigsten davon freihalten das Recht. Am Beginn des 19. Jahrhunderts formten und allmählich einten sich die Nationen, und es gestalteten sich unter gleichzeitiger Entfaltung der historischen Schule, welche nationalistische Schule ist, die nationalen Rechtskodifikationen, die nationalen Rechtssysteme und die Idee von der volksgeisthaften nationalen Autarkie des nationalen Rechts. Aber ebenso notwendig, wie dies damals so vor sich ging, und vielleicht noch notwendiger führt heute zu einem Zusammenwirken der Volksgeister und der methodischen Organisation dieses Zusammenwirkens das internationale Bewußtsein der Gegenwart, der sich bildende Internationalgeist. Und es zeigt sich, daß da kein einzelnes Recht für sich allein die anderen verdrängen kann. Die Dinge streben nach Ausgleich. Aber nicht nach Ausgleich im Sinne der bloßen *Kodifikation*, nicht des *Kompromisses*, sondern der *Synthese*. Die Mannigfaltigkeit soll nicht aufgehoben, nicht verneint werden. Das ist die neue, die komparatistische Idee. Die Mannigfaltigkeit, welche lebendigem Rechtsfortschritt und feiner Nuancierung der Rechtsanwendung dient, die Mannigfaltigkeit, die anregende Kraft hat, soll geschont, gehegt, erfaßt werden, nicht mehr bloß, wie unter der historischen Schule, respektiert. Dies ist der Fortschritt: Im Mittelalter wurde die Rechtsverschiedenheit, die Rechtsmannigfaltigkeit hilflos angestarrt, im Naturrecht bekämpft, in der historischen Schule respektiert, in der komparatistischen Schule benutzt. Die Rechtsverschiedenheit auszubeuten ist Kohlers prophetischer Anruf.

Historische Methode und Historismus in der Rechtswissenschaft*

I. Historismus

1. Dreimal sehen wir im Verlaufe der deutschen Rechtsentwicklung die Rechtswissenschaft in einer Krisis, einem Kampf um die Rechtswissenschaft. Dreimal wird das methodologische Problem ganz groß aufgerollt und eine neue Rechtswissenschaft verlangt. Wie weit auch ausgeführt? Wie weit ausführbar? Wie weit ist das Neue neu? Das bleibt immer etwas problematisch.

Das erste Mal ist es der Ansturm der Systematiker, Humanisten und bald auch des Naturrechts gegen den durch Einmengung unnützen logizistischen, methodologischen Apparats ungefüge, unelegant, auch unjuristisch gemachten akademischen Rechtswissenschaftsbetrieb, wie er im mos italicus und auch noch im mos gallicus sich darstellte. Bei all dem vollbrachte die vorhumanistische kontinentale Jurisprudenz bekanntlich sehr bedeutende Leistungen, so daß es wesentlich auf Beseitigung des wuchernden logizistischen Wuchses ankam, der der Praxis, meist zu deren Heil, wesentlich fern blieb und die Theorie nicht förderte, selten zweckdienlich logisch kontrollierte und sie übel hemmte, belastete, verzopfte, verunstaltete. Außerdem lieferte dieser erste Methodenkonflikt ein besseres philologisches und historisches Verständnis der Quellen, das dem praktisch-juristischen Zweck natürlich hie und da nützlich war, ohne daß man aber, wie es im alten und neuen Historismus ständig geschieht, diesen Nutzen mit ganz großen Buchstaben schreiben, ihn maßlos übertreiben darf; sodann die handliche Systematik, die auch in den anderen Kulturwissenschaften und Geisteswissenschaften nunmehr, von der Heterogonie unsystematischen Kommentarismus und distinktionaler Hypertrophie, die in der Scholastik obwalteten, befreit, ihre eigentliche große Mission antrat, mit der denn auch die moderne leichtere und gelenkere Rechtsdidaktik, pädagogische Tradition einer übersehbaren, übersichtlichen Rechts*ordnung*, möglich wurde, endlich drittens durch das Naturrecht die Verstärkung des Zweckgesichtspunktes und der Beflügelung des Rechtsfortschritts durch Idee. Das Naturrecht brachte auch neue Versittlichung des Rechts. Es war wohl die segensreichste Neuerung

* Zur Veröffentlichung vorgesehen in Hogaku Kenkyo IXX (1940). Doch mußte diese Zeitschrift infolge des Krieges ihr Erscheinen einstellen.

der Rechtsmethodik und vor allem vollkommen juristisch; in nichts das Recht seinem Zweck und Beruf entfremdend, vielmehr das Recht rechtlicher machend; und damit gerade im allerbesten Sinne philosophisch, so daß man daraufhin seinen unberechtigten Anspruch, die Rechtsphilosophie zu sein, historisch unter Zubilligung sehr stark mildernder Umstände beurteilen kann.

Das zweite Mal war es der Ansturm des Historismus gegen die naturrechtlich-dogmatische Methode.

Das dritte Mal der Ansturm der Idee der freien und soziologisch-realistischen Rechtsfindung gegen den Interpretationismus.

Das Auftreten des Kampfes bezeichnet sich jedesmal recht genau durch eine Jahrhundertwende: 1500, 1800 und 1900; das Ganze bezeichnend für das Tempo des Weltfortschritts. Zwischen den beiden ersten Krisen 3 Jahrhunderte; zwischen der zweiten und dritten nur noch eins. Ein weiteres Neue, von dem ich allerdings nachweisen kann, daß es sehr gute, sehr alte Vorläufer hat, die *charismatische Jurisprudenz*, lehre ich seit 1940.

Natürlich ist auch noch 1600 als großer Wendepunkt anzusprechen. Zwar erscheint Grotius' Werk erst 1625, aber die Vorläufer von Grotius modernem Naturrecht haben bereits im 16. Jahrhundert so Bedeutendes geleistet, daß das Naturrecht schon als unübersehbarer Faktor erscheint, bevor Grotius Epoche macht. Und überdies ist der Faden des Naturrechts nie ganz abgerissen. Seine gänzliche Nichtbeachtung hätte nicht nur ignoranteste und unwissenschaftlichste Absurdität sein müssen, sondern auch scheiterhaufenwürdige Ketzerei, da des heiligen Thomas von Aquino Summa Theologica vorlag. Es war wie Jurisprudenz und Philosophie so auch Theologie, welch letztere Qualität eben erst Grotius ihm (aber selbst er nicht völlig) nahm, und bereits vor Thomas bindender Lehrbestandteil der Kirche, deren rechtsphilosophischer Hauptgrundsatz es heute ist.

Die historische Methode ist eine Leistung der Neuzeit. Nicht als ob man nicht schon früher das Recht historisch gesehen und behandelt hätte. Im Gegenteil, und nur zu sehr. Im englischen Recht stellt sich ja heute noch infolge seines Bestehens aus Präjudizien die Rechtsordnung (Rechtsquelle) als Rechtsgeschichte dar, so daß jeder Prozeß und jede Rechtsauskunft rechtshistorische Arbeit sein muß; wozu ferner beiträgt, daß Gesetze (statutes) fast nie abgeschafft werden; und ebenso war es im indischen Recht und im talmudischen Recht, bis hier der Schulchan Aruch (17. Jahrhundert) und dort englische Gesetzgebung jenem allzu historischen Sinn zu steuern suchten, der keinen einmal ergangenen Rechtsspruch zu tilgen, jeden für die Ewigkeit zu fixieren für ideal und selbstverständlich hielt. Es ist klar, daß dieser allzu historische Sinn zugleich ganz unhistorisch war, da ihm nicht nur der Gedanke (der Möglichkeit) des Veraltens fehlte, sondern auch der, daß die Vorfahren und die anerkannten Rechtsweisen irren könnten. Merkwürdige Antithese und Identität von Historismus und Anhistorismus, historischem Verständnis und (un)historischem Unverständnis. Vor allem aber war Rechtsordnung und geltende Rechtsquelle völlig Rechtsgeschichte in dem uns nächstliegenden, im römischen Recht. Nicht bloß die ältesten Sprüche der Rechtskonsulenten und prätorischen Edikte galten, sondern auch die 12 Tafeln, wenn man selbst auch das Vorzwölftafelrecht ruhen ließ oder vielmehr vergaß, da man ja eben nicht so absolut wie die anderen großen Rechtsvölker des Altertums dafür sorgte, daß nichts vergessen wurde. Selbst in dieser Leistung, wenigstens etwas zu vergessen, zeigt sich der Rechtsgenius der Römer; die ja auch die Rechtskraft und die Verjährung erfunden haben. Doch blieb noch immer der Historismus, blieb der Zustand, daß Rechtsquelle mehr als gut die Rechtsgeschichte war, in erheblichen Resten auch noch nach den kaiserlichen Zitiergesetzen und Kodifikationen, die endlich mit dem Vielzuviel an historischer Methode und Unmethode aufräumten. Doch mußte der Historismus im römischen Recht sich dann wieder vermehren, und über die Grenzen schließlich des Erträglichen hinaus, als Völker, denen seine Zeit und Sprache fremd waren, als sie es zu ihrem geltenden Rechte machten, sich genötigt sahen, es erst philologisch und dann auch historisch zu behandeln. Daß aber auch im deutschen Recht historiophile Tendenzen schon früh auftauchten, zeigt — in einer Zeit und Welt von jedem Schimmer historischen Denkens und Empfindens unberührter Bewidmungen und sonstiger Rechtsentlehnungen — deutlich der Sachsenspiegel Eike von Repgows.

Nicht einmal an historischer Kritik fehlte es. Diese resultierte ja aus dringendstem Bedürfnis der Praxis, wo es sich, wie namentlich in der Zeit, da das Recht wesentlich Recht der allerbesten Gesellschaft, Hochadelsrecht war, mit Regelmäßigkeit darum handelte, ehrwürdige rechtbegründende Urkunden als Fälschungen nachzuweisen.

Eine zweite Phase der Vorgeschichte der historischen Methode und des Historismus nach der antik-mittelalterlichen (einschließlich der frühitalienischen Rechtswissenschaft, der Glossatoren und Postglossatoren) bringt natürlich die Renaissance; auf die folgt 2 bis 3 Jahrhunderte später die „elegante Jurisprudenz", von der Renaissancephase durch stärkeres und systematischeres Betreiben des Historischen neben dem Philologischen unterschieden, aus der sich dann endlich in vierter Phase die eigentliche sogenannte historische Methode und der volle Rechtshistorismus, die *historische Schule*, entwickelt.

2. Trotz alledem ist dies letzte nun etwas wirklich Neues, eine Errungenschaft des Zeitalters, das sich ihrer rühmt bis zu dem Grade, daß es sich das Historische Zeitalter nennt, das Zeitalter der deutschen Romantik und der Höhe des Klassizismus, der in sie überleitet und umschlägt. Dies Zeitalter

erblickt in und kraft der neuen historischen Methode und Weltanschauung eine scharfe Zäsur zwischen sich und der vorangegangenen Kulturwelt, überhaupt aller bisherigen Welt. Und in der Tat, es unterscheidet sich von allen historischen Bestrebungen und Betätigungen durch das Zusammen der folgenden Elemente, das keine von ihnen gehabt:

a) *Historische Kritik* wird *durchgängig* geübt, *systematisch* und immer mehr methodisch; nicht mehr dient sie bloß gelegentlich roh praktischen und nicht mehr wesentlichst bloß philologischen Zwecken, und sie ist in der Rechtsgeschichte fast wie in der Geschichte überhaupt nun (die) Hauptsache.

b) Die Geschichte, das Historische, ist der Rechtswissenschaft nicht mehr bloß ein relativ erhebliches Nebensächliches; ein mehr oder weniger gelegentliches und nötiges Werkzeug oder ein Schmuck, sondern es hat seinen Weg gemacht von einem accidentale und naturale zu einem *essentiale* der Rechtswissenschaft. Wie Kant geäußert, es sei in jeder Wissenschaft gerade soviel eigentliche Wissenschaft, als Philolophie darin sei, oder (an anderer Stelle) es sei in jeder Wissenschaft soviel Wissenschaft, als Mathematik darin sei, so ging die Stimmung der Rechtstheoretiker jetzt emphatisch dahin, daß in der Rechtswissenschaft gerade soviel Wissenschaft, als Geschichte darin sei. Das hat sich nicht ohne weiteres durchgesetzt, und gewiß war ein Teil der Juristen gerade durch Kants anregenden und imponierenden Ausspruch neu ermutigt, die alte Idee aufrechtzuerhalten, daß das eigentliche wissenschaftliche Element in der Rechtswissenschaft, um das man in letzter Zeit einige Bangigkeit und peinliche Zweifel empfinden gelernt hatte, in der Philosophie gelegen sei. So gab es einen Streit zwischen philosophischer und historischer Jurisprudenz, wobei die erstere teils durch die alte Naturrechtslehre, welche in den wahren und idealen Rechtssätzen Naturgesetze, teils durch die kantische Vernunftrechtslehre, welche in ihnen eine transzendentale Verfassung des menschlichen Geistes und des Geistes überhaupt sah, repräsentiert wurde, teils auch durch philosophisch sehr unbestimmte Meinungen. Doch hatte innerhalb der Jurisprudenz und der von Juristen geschriebenen Literatur der Rechtsphilosophie die historische Schule von Anfang an überwältigend die Oberhand, so daß der Verdacht, einige Neigung für „philosophische Rechtswissenschaft" zu haben, geradezu ein Stigma war. Es trat die Entdeckung auf, daß sich Kants und der Älteren, der berühmten Naturrechtslehrer von Grotius bis Wolff und eben Kant, und der historistische Standpunkt schönstens miteinander vereinigten, da — zumindest und zuvörderst im Gebiete des Geistigen — Geschichte und Philosophie identisch, historia vera philosophia non simulata sei (*Hegel*). Aber mehr und mehr verachtete man, und nicht erst bloß die jüngere historische Schule, auch diesen Kompromiß. Die historisch-positivistische Jurisprudenz stellte sich unter die Devise, daß die Weltgeschichte das

Weltgericht sei auch ohne Rücksicht auf die Vernunft. Um diese sich zu bekümmern, sei unwissenschaftlich, da es sich für den wissenschaftlichen Geist nur darum handeln könne, was wirklich gewesen und gesatzt und geübt worden sei, ja einige wie *Stahl,* der sich in Angriffen gegen Respektierung der Vernunft nie genug tun konnte, fanden es sogar ruchlos, weil man sich ganz dem unterwerfen müsse, von dem es Gott gefallen habe, daß es wirklich gewesen und gesatzt worden sei. Daß die Catonen dazu da sind, daß ihnen *nicht* gefalle, was den Göttern gefällt, fiel den modernen Trägern der Toga, zumal auch den stolzen Romanisten, gar nicht ein; aber Cato war ein Römer, und Deutschland ist bisher ein Land der Catonen nie gewesen. Restlos konnten aber die Historisten jene bequeme, die Verantwortung auf antiquarische Gewissenhaftigkeit einschränkende Devise selbst in dem eigenen Kreise nicht durchführen, denn es hatte der moderne Historismus:

c) den Fortschritts- und Entwicklungsgedanken aufgenommen, und auch dieser war ihm eine besondere Stütze, obwohl ihm der klassische (und der äußerst streng waltende klassizistische) übermächtig und unvermittelt gegenüberstand in einem Widerspruch, der niemals seine Ausgleichung gefunden hat.

Man sieht, wie reich an Widersprüchen und Unüberlegtheiten der Historismus gewesen ist, und ist. Die Schwächen liegen ganz offen. Die damaligen Gegner, die philosophische Richtung, zeigten sich aber niemals fähig, diese Widersprüche zu erfassen und zu demonstrieren, und so verlor sich gegenüber dem Rechtshistorismus jede wirksame Kritik. So kam es, daß:

d) in der Rechtswissenschaft die historische Methode für die Theorie das *Monopol* erlangte.

3. Von der Rechtswissenschaft aus hat der Historismus die gesamte übrige Kulturwissenschaft und Geisteswissenschaft angesteckt — Superinfektion das freilich, da anderweitige Infektion wie auch Urentstehung des Historismus schon weithin in den anderen Zweigen der Kultur- und Geisteswissenschaft vorhanden war. In einzelnen von diesen mag er besser am Platze sein als in der Rechtswissenschaft. Darüber hat aber die Wissenschaftslehre noch keine Untersuchung angestellt, wenigstens keine, die zu einem endgültigen Urteil berechtigte. *Total historisch* darf m. E. keine Wissenschaft bleiben; außer der Geschichte selbst, deren strengste Pflicht es ist und die, wie es leider oft geschieht, sobald sie unkritisch wird, sich versündigt, wenn sie diese Pflicht vergißt. Keine sonst darf in der Geschichte aufgehen; das ist wohl heute schon allgemeine, wenn auch noch vielfach dunkle und allzu abstrakte Überzeugung; und wenn man sich auch heutzutage noch überaus ungeschickt und ratlos dabei anstellt, die Kunstwissenschaft und (wohl die schwierigste Bemühung) die Literaturwissenschaft vom totalen Historismus zu befreien, dem sie im klassischen Altertum und wohl auch in Indien und

selbst in China nicht verfallen waren, der aber in ihnen totaler geworden ist, als er natürlicherweise in der Jurisprudenz infolge deren praktischer Ausrichtung je werden konnte, so darf doch endgültig auch in ihnen der Historismus höchstens nur eine überwiegende Stellung beibehalten; die Antike, Indien, selbst China, deren Literaturwissenschaft sicher nicht arm war, haben ihm nicht einmal diese Stellung eingeräumt.

Selbstverständlich hat der Historismus sehr viel genützt; er hat die Anregung gegeben, gründlichste, methodische und kritische Geschichtsforschung zu treiben, was jeder schätzen wird, der nicht philosophisch auf dem Standpunkt der Inder, mancher Chinesen und D'Alemberts steht, daß es besser ist, sich nicht mehr darum zu kümmern, wie es wirklich gewesen ist, also auf dem — durchaus möglichen und verfechtbaren — Standpunkt des radikalen Antihistorismus. Doch selbst dieser mag der Überzeugung sein, daß der Historismus für seine Zeit gut, das beste, was sie tun konnte, und — wenn nicht das — ein notwendiges Durchgangsstadium war, das zum Antihistorismus erst die volle Berechtigung und kritische Basis geschaffen hatte; wie ein Theologe annehmen kann, daß der Atheismus der beste und notwenige Durchgang zu Gott. Der Historismus hat vor allem der Rechtswissenschaft wie den übrigen Kultur- und Geisteswissenschaften einen Erfahrungsschatz geliefert, von dem man nur wünschen könnte, daß sie ihn voll nutzbar gemacht hätte. Aber es war gerade einer der Mängel (Fehler, Widersprüche) des rechtswissenschaftlichen Historismus, das nicht zu tun.

Geschadet hat der Historismus immens, indem der intensive Rückblick den Drang nach vorwärts nachdrücklich hemmte. Aber gerade dieser ist doch die Sache der Wissenschaft; wenigstens in ihrem modernen Begriff, wo sie nicht mehr wie im Mittelalter Wissenschaft des Wissens, sondern Wissenschaft des Entdeckens ist. Man kann sogar gegenüberstellen: Wissenschaft des Verdeckens und Wissenschaft des Entdeckens. Doch war der *Forschungsbegriff* der Wissenschaft schon der der klassischen Antike und dieser vom *Wissensbegriff der Wissenschaft* im frommen, aber barbarischen Mittelalter des Christentums und frühen Islams in Trägheit teils, teils Gewaltsamkeit verdrängt, da man nicht verstand, daß wenn man die Wissenschaft durch den Glauben ersetzen will, man sie immer nur durch den Aberglauben ersetzt und damit schließlich auch den Glauben verdrängt. Nichts aber fördert so den Aberglauben und schädigt so den Glauben, dessen ärgster Feind eben nicht der Materialismus, sondern der Aberglaube ist, wie das Einandervertretenwollen von Glauben und Wissenschaft und überhaupt jedes verkehrte und usurpatorische Verhältnis, in das sie zueinander treten. Dadurch entsteht der dem aus primitiver Ignoranz erfließenden Ur- und Vulgäraberglauben, dem niederen Aberglauben, an Gefährlichkeit hundertmal überlegene höhere Aberglaube. Die Antike hat zum ersten Mal gezeigt und dämmernd gewußt, wozu Wissenschaft eigentlich da ist. Mit ihrem Begriff der Entdeckungs- und Forschungswissenschaft, der am schönsten in Aristoteles hervortrat, hat sie dem bewußten menschlichen Fortschritt Bahn gebrochen; ein schwaches Frühlicht zwar nur, und auch das auf lange Zeit wieder erloschen. Aber es wurde doch dem menschlichen Fortschritt als Idee und späterer Realität Bahn gebrochen und damit, wenn auch erst kaum andeutend, gezeigt, wozu die Menschheit da ist. Wissenschaft der orientalischen Hochkultur fand ihren Triumph in extremer Betonung des Un-Gedankens der reinen Wissenswissenschaft: die Hochgelehrsamkeit des mesopotamischen Kulturzentrums *rühmt,* daß seit 2000 Jahren keine neue Entdeckung gemacht worden. *So* ist sie sich stolz bewußt, *alles* zu wissen ... 1000 oder so Jahre vor Christus. Ein bißchen früh. Wie viel höhere Wissenschaft ist das „Ich weiß, daß ich nichts weiß" von Sokrates und Newton? *Unendlich* höhere. Sie sieht den progressus in infinitum. Die Wissenswissenschaft sieht weder Fortschritt noch Unendlichkeit. Und gerade das sind die beiden Zeichen, unter denen die Wissenschaft stehen muß. Mögen sie zage Gemüter auch noch so schrecken.

Man sieht, daß der Begriff der Wissenschaft sich im Laufe der Entwicklung zweimal geändert hat, geradezu in sein Gegenteil; und sieht auch, daß diese Änderung, als zweite, endgültige, das Heil der Menschheit ist und Bedingung ihres Gelangens zu überhaupt erst wahrem Menschentum.

Als nun um 1800 der entscheidende Anstieg der Wissenschaft zu dem ihrem endlich durchdringenden wahren Begriff entsprechenden kategorischen Vorwärts eben anfing, hing sich im Historismus eine Hemmung an, die auch heute noch nicht überwunden ist. So wie heute der neuen gewaltigen Kraft des sich beschleunigenden Fortschrittes und ihrem Anlauf sich — bis zur Frustrierung und darüber hinaus — hemmend anhängt der Faschismus. Und der Historismus ist nicht ohne ursächliche Verbindung damit. Historismus und Nationalismus sind zusammen entstanden und hatten stets Verbindung miteinander; wenn es auch antinationalistischen, legitimistischen Historismus gab. Dieser aber ist bis auf gelegentlichste Reste lange tot. Der Nationalismus hat sich eben zur Bekämpfung des Fortschritts noch so viel tauglicher erwiesen als der Legitimismus. Er ist sehr stolz darauf, wie er der illusion du progrès den Garaus macht.

Der Wissenschaft aber konnte der Historismus sich um so leichter insinuieren, als er in seiner Art ja auch, vermöge der neuen kritischen Methode, die Wendung von der Wissenswissenschaft zur Forschungswissenschaft bedeutete. War auch in der Geschichte die Forschung eigentlich nie verboten gewesen, weder durch die Obrigkeit noch durch den guten Ton der Wissenschaft, so war diese doch wesentlich nur Erzählung und meist sogar nur Nacherzählung mit bloß gelegentlichen Entdeckungen und fing jetzt erst an, auf Entdeckungen auszugehen, zeitweise, wie erinnerlich, so sehr, daß für Publikumskreise interessante Geschichtsdarstellung in feinen Kreisen der

Historiker geradezu verpönt war (Streit um *Lamprecht*). Aber geschichtliche Forschung und Entdeckung stehen eben besonders. Geschichtswissenschaft ist die einzige, die von dem kategorischen Imperativ des Vorwärts, wie er den anderen Wissenschaften vorgeschrieben, entbunden ist. Sie versündigt sich sogar, wenn sie für die Zukunft autoritär maßgeblich zu sein wünscht. Die anderen Wissenschaften dagegen versündigen sich, wenn sie sich historisieren. Ihre Aufgabe ist nicht mehr, die Welt bloß zu beschauen, sondern die Welt, die wahrlich schlimm genug ist, zu ändern. Selbst die Geschichte hat zwar praktische Aufgaben, indem es übertrieben wäre, zu behaupten, daß man *gar nichts* aus ihr lernen kann; doch hat auch die Antithese ihr sehr richtiges: es lasse sich aus ihr nur lernen, daß man nichts aus ihr lernen kann. Und je mehr die Welt sich ändert und fortschreitet, desto weniger ist es wohl, was man aus ihr lernen kann; und um so mehr muß sich an die Stelle von historischer Methode die *aktualistische Methode* setzen; so namentlich in der Politik, in der Ökonomie, auch in der Rechtswissenschaft, überhaupt in der Sozialwissenschaft. Die Welt wäre heute anders und glücklicher beschaffen, wenn in der Ökonomie und ganz besonders in der Politik die Fachvertreter die aktualistische Methode zu handhaben in der Lage wären, während sie vielmehr noch nicht wissen, daß die aktualistische Methode überhaupt eine Methode und daß sie Wissenschaft ist. Kommt man ihnen nach eigener gründlichster Durchprüfung der Geschichte mit im Gegensatz zu dieser nach aktualistischer Methode erarbeiteten Resultaten, so meinen sie, das komme alles aus bodenloser Unkenntnis der Geschichte und purer Naivität. — Was nun der Gipfel der Naivität ist. Sie selbst, durch die historische Methode verwöhnt, haben nicht die Energie, in aktualistischer Methode, wo das Wasser keine Balken hat, zuzugreifen. Unsere Zeit ist völlig anders als jede andere (und wird immer mehr so), und deshalb muß die aktualistische Methode immer mehr überwiegen.

Ein Stückchen Ahnung davon, aber ein sehr Sonderbares, steckt in der *Husserl*schen „Phänomenologie". Bessere Dienste als diese leistet immer noch die Dialektik, die aber um keinen Preis auf materialistische beschränkt sein darf; diese steckt ja selbst nicht weniger als die altidealistische Dialektik Hegels im Historismus. Denn sie ist noch *Entwicklungsdialektik*, in der das Sein noch das Bewußtsein regiert, in der erst die Welt *sich* ändert, was sie blutigst ungeschickt, langsam, rückschlägig tut; nicht die Dialektik, die unsere Zeit und alle Zukunft haben muß: *Planen*- und *Schaffensdialektik*, in der das Bewußtsein aktiv das Sein in Arbeit nimmt, die Idee (vorausschauende, konstruierende) die Materie (die soziale und alle seelische wie die physikalische); also eine neue idealistische Dialektik, die Ergebnisse der materialistischen Dialektik nicht bloß wiederkauend, sondern nutzend. Die bloß materialistische Dialektik ist weit weniger revolutionär als passiv; und überdies ist das Zeitalter der Revolutionen vorbei, und die Fortschrittsidee muß einen metarevolutionären Standpunkt gewinnen. Marx hatte gegen den

Utopismus seiner Zeit recht, aber indem die marxistische Epigonendoktrin sich gegen die heute möglichen, über ganz andere Mittel des Zukunftssehens verfügenden Methoden verschließt, indem sie sich in die historistische, bloß evolutionäre und revolutionäre materialistische Dialektik bannt und jede erleuchtende und befeuernde, von wissenschaftlicher Idee bewirkte Zukunftskonstruktion ablehnt, hat sie dem Sozialismus und der Idee sowie Realität des Fortschritts (der nicht Sozialismus sein muß; es gibt manche Wege) todgefährliche Stöße versetzt, und mit der Aussicht des Marxismus, die Welt zu ändern und darin die von Marx und Engels geforderte Einheit von Theorie und Praxis zu repräsentieren, sieht es, bei ihrem ewigen Gebrauch der passivistischen, bloß historistischen, bloß evolutionären-revolutionären materialistischen Dialektik, in jedem Sinne des Wortes faul aus. Jene Methode ist veraltet; nach dem, was wir als praktisch in heutiger Zeit ansehen dürfen und müssen, ist sie gänzlich ungenügend praktisch. Der Marxismus, die materialistische Dialektik, steckt in der historischen Methode, in der Geschichte überhaupt, keine Zukunftdialektik wagend, die gerade wir brauchen; und Geschichte ist die unpraktischste aller Wissenschaften.

Selbst die Geschichte hat praktische Aufgaben; aber die praktischen Aufgaben aller anderen Wissenschaften sind so gewaltig viel mächtiger, daß es eine durchaus zulässige Formel ist, im Vergleich dazu die praktische Aufgabe, den praktischen Beruf der Geschichte gleich Null zu setzen. Also schärfster Gegensatz zu Marx, der darauf ausging, der Geschichte eine unvergleichliche praktische Bedeutung zu geben. Das hat er getan; mit außerordentlichster Kraft und großer Wahrheit und Wirkung; er hat so recht gehabt; aber er kann nicht recht behalten. All seine Leistung hindert eben doch nicht dieses gleich Null, und seine Überschätzung der Bedeutung der Geschichte — er erliegt ihr einfach als ein Kind des historistischen Zeitalters — ist heute erkennbar als verhängnisvollster Irrtum. Historismus und Materialismus, die seine Stärken *waren*, sie *sind* seine großen Schwächen, und schließlich vernichtend. Geschichte kann nicht leisten, was er eigentlich wollte.

Geschichte als Wissenschaft wie als Kunst ist Schau, Rückschau; nicht seherische und schaffende Tat; keine Prophetie. Man hat sie rückschauende Prophetie genannt. Dies hübsche, melancholische Oxymoron und Paradoxon konnte nur gebildet werden, als man an wirkliche wissenschaftliche Prophetie noch nicht glaubte und auch nicht glauben durfte. Diese Zeit liegt ganz kurz hinter uns. Heute haben wir dies Oxymoron in keiner Weise mehr nötig. Die prophetistische Literatur — man braucht nur den Namen ihres Hauptklassikers, *H. G. Wells* zu nennen — ist voll von guter wissenschaftlicher Prophetie, die die Schwächen des Utopismus mehr und mehr überwindet; die eben nicht mehr Utopismus ist. Utopismus scheint es vielmehr, in der Welt, wie sie ist, verharren zu wollen — der gefährlichste Utopismus, der sich denken läßt.

4. Die Geschichte ist auch die einzige Wissenschaft, bei der sich das l'art pour l'art, Wissenschaft bloß um ihrer selbst willen, verteidigen läßt. Alle anderen Wissenschaften stehen vor allem in praktischer Mission. Die Naturwissenschaften sind sich seit den beiden Bacon darüber mehr und mehr klar geworden; nur glaube man nicht, daß diese Klarheit keines Fortschritts mehr fähig und bedürftig ist. Die Bedeutung der Naturwissenschaft für die Technik hat dies Zeitalter der Technik erkannt; aber an der Erkenntnis der Bedeutung der Technik fehlt in diesem doch eben erst beginnenden Zeitalter der Technik noch viel. Was an systematischer Philosophie der Technik bereits da ist, ist größtenteils recht kindlich und irrelevant.

Aber durchaus praktisch ihrem Beruf nach sind auch die Kultur- und Geisteswissenschaften; sie wissen nur noch gar nicht, *wie* praktisch sie sind bzw. werden können; und das bedeutet gleichzeitig, sie wissen nicht, wie prophetisch, der Menschheit Ziele setzend, sie werden müssen. Wie sehr sie unmittelbaren Anteil daran haben können und müssen, die Welt fortgesetzt zu ändern. Wenn sie das begriffen und ergriffen haben werden, so werden sie auch — da und nirgend anders liegt das Geheimnis — den Respekt erlangen, um den sie die Naturwissenschaften so sehr beneiden. Die Leute sagen: „Die Naturwissenschaften helfen uns. Die Kultur- und Geisteswissenschaften helfen uns nicht. Primum vivere et deinde möglichst nicht philosophari." Damit werden sie aber auch aus der Misere nicht herauskommen. „Die Kultur- und Geisteswissenschaften die Welt ändern? Diese ‚Wissenschaften'? Zeitvertreib der Leute, die zum Mathematiker, Chemiker, Ingenieur zu dumm sind?"

Marx hat gesagt, die Philosophie solle die Welt ändern, hat sich dann aber selbst nicht beim Wort gehalten und die Aufgabe der Geschichte überstellt. Womit er den Bock zum Gärtner machte. Der große Mann, der intensivst begreift, daß die Welt geändert werden muß, dazu da ist, geändert zu werden; der das wundervolle, für alle Zukunft richtunggebende Wort prägt, daß die Philosophie nicht mehr dazu da ist, die Welt zu interpretieren, sondern sie zu ändern — die endliche Erkenntnis des Zwecks und die Erlösung der Philosophie —, derselbe gibt diese preis, um die große Aufgabe der ungeeignetsten aller Wissenschaften, der Geschichte, anzuvertrauen.

Aus der Misere herauskommen und sittlich wie materiell besser leben können die Menschen aber nicht, wenn ihnen nur die Naturwissenschaften praktisch werden, wenn es dabei bleibt, daß sie nur diese praktisch zu machen verstanden haben. Es hat sich gezeigt, daß sie so dauernd ihre erfinderische Intelligenz benutzen, nur tierischer als jedes Tier zu sein: Allverschärfter Krieg aller gegen alle ... jede neue Entdeckung wird vor allen Dingen nach Möglichkeit *Waffe*, Werkzeug der Wut und der Vernichtung.

Es fehlt die kulturelle, moralische Führung. Und die kann *nicht* aus der Geschichte kommen, immer wieder auf das zurückgehend, was war. Das versagt ja eben.

Gerade die Kultur- und Geisteswissenschaften müssen also praktische Wissenschaften werden, gerade sie prophetisch sein, mindest ebenso das savoir zum prévoir und zur Anwendbarkeit machen wie die Naturwissenschaft; gerade besonders zur Änderung der Welt beitragen. Wie sollen sie aber dies können? — Ihrer ist die Antwort, ihrer ist die große Hauptaufgabe, *den Menschen zu ändern.* Sie sind alle *praktische Anthropologie,* wenn sie sie ihren Beruf finden lernen. Freilich: in diese Aufgabe teilen sie sich mit der Medizin und der Psychologie; doch sind deren Aussichten auf menschenverbessernde Resultate zur Zeit trotz all ihrer Fortschritte durchaus nicht weniger „utopisch" als die der Geistes- und Kulturwissenschaften. Diese Wissenschaften müssen nur ihre Aufgaben sehen und wagen.

Nehmen wir die *Ethik.* Sie steht ja unter allen Wissenschaften der Rechtswissenschaft so besonders nah. Heute ist sie fast ganz erkenntnistheoretisch und ein wenig noch historisch und vergleichend ethologisch, auch etwas soziologisch und hie und da psychologisch. Alles Theorie. Sie ist nicht praktisch. Da steht sie denn nicht in hohem Ansehen; ja geradezu nicht in gutem Geruch. Mit Recht. In der Tat können Ethik und Jurisprudenz um die Palme streiten, welche von den Menschen mit größerer Kühle angesehen und gemieden wird. (An Mißachtung freilich leiden Philosophie und Theologie ebenso). Ethik nicht praktisch!? Und jemand redet doch von praktischer Vernunft. Das ist aber ein Wort, bei dem die meisten nicht gern etwas denken. Die heutige Ethik fragt bestenfalls, warum wir gut sein sollen und ob es überhaupt so etwas gibt. Wie wir sein, es machen sollen, sagt sie nicht. Sie drückt sich in heiliger Scheu um alles Konkrete. Und die Gründe dafür (sehr, sehr „praktische", aber hier besser nicht zu erörternde) sind ja auch offenbar. Ebenso offenbar sind aber auch die heutigen wirklichen und praktischen Aufgaben der Ethik. Als erstes Pascals Wort: Alle moralischen Maximen sind schon seit 1 1/2 tausend Jahren in der Welt, die Menschheit hat nur bisher versäumt, sie anzuwenden. Das muß die Ethik recht klar stellen und die Anwendung durchdrücken. Zweitens: die geltende Moral ist zu sehr großem Teil so abscheulich wie nur denkbar und bedarf in weitestem Maße geradezu der Umkehrung — wenn die Menschheit endlich anständig werden soll. Die beiden Aufgaben stehen auch bei all ihrem prima vista-Widerspruch in Zusammenhang, auf den trotz seiner Wesentlichkeit hier aber nicht eingegangen werden kann. Nimmt aber die Ethik diese Aufgaben auf, wird sie aus einer bloß theoretischen (was wie ein Hohnwort klingt, aber verdienter Hohn) wieder praktisch, und auf völlig neue, erlösende Weise praktisch, wird sie nun Respekt verdienen und auch ernten. Und das wäre denn doch äußerst wünschenswert.

Bei der Ethik ist es nicht historistischer, sondern epistemologistischer Theoretizismus, der sie apraktisch (und aus Gründen des Herzens wie der Politik: antipraktisch) gemacht hat; merkwürdiger Kontrast zur so nah verwandten Jurisprudenz, in der der Theoretizismus so ganz historistisch ist und in der er freilich nie die allüberwältigende Rolle spielen konnte wie in der Ethik.

Erlangte aber in der Ethik der Historismus trotz der gefährlichen Nähe der historisierten Jurisprudenz eine solche Bedeutung nicht, so hat man doch die Philosophie aufs höchste von ihm bedroht gesehen. Nach dem Sturz der Hegelschen Philosophie trat eine Stimmung auf, daß es nun mit der Philosophie überhaupt aus sei und daß, was man an Philosophie noch treiben könne, nichts anderes sei als Geschichte der Philosophie. Das war dabei sogar hegelianisch; hatte doch Hegel die *Entwicklung* der Begriffe und Probleme zum Wesentlichsten gemacht und dann angedeutet, das Ziel und das Ende der Philosophie sei seine eigene Philosophie. Das aber war gewiß das *Furchtbarste* an Historismus, wenn *die Philosophie* nichts mehr anderes zu geben hatte als Vergangenheit; sie, die doch vor allem dazu da ist, der Menschheit Ziele zu setzen! Das hieß ja nichts Geringeres, als die Menschheit auf- und preiszugeben. Und hier war das Wesen der Philosophie diametral entgegengesetzt bestimmt zu dem, was sie wirklich sein muß. Nur Deutung der Vergangenheit, während sie Bestimmung der Zukunft sein muß. Philosophie identifiziert mit Geschichte! Schlimmer kann es nicht kommen. Sie steht so da als Vergangenheit, und sie muß doch Zukunft sein. Der Schade wurde nicht so schlimm, wie er hätte werden können, weil außer Kuno Fischer und wenigen anderen die Philosophen sich denn doch nicht dieser Erlahmung hingaben, sondern weiter spekulierten und sich dabei in der Tat viel weniger bloß im Kreis herumtrieben als die Historisten. Freilich, zum Setzen von Zukunftszielen und damit zum wesentlichen Begriff der Philosophie gelangten sie noch nicht. Hegel, immer noch der letzte Größte, hatte davon nichts geahnt, und Marx (der das Wort gesprochen, daß die Philosophie nicht mehr dazu da sei, die Welt zu interpretieren, sondern sie zu ändern) sperrte sich dagegen; war auch historistisch, diese Philosophie, die nach ihm die Welt ändern soll, ist auch nur Geschichte, ist nur revolutionär und metaevolutionär bewußt Ziele setzend, planend und schaffend. Die Philosophie hat nicht mit dem zu tun, was der Mensch ist und wie und was er geworden ist, sondern mit dem, was er werden will. Hat sie dies noch nicht erkannt, so hat an dieser Hemmung der Historismus nur wenig Anteil, abgesehen nur von dem Schaden, den Marx, der erste, der ihren Beruf richtig aussprach, zu verantworten hat; ein großer Schaden, den die Gewalt eines großen Mannes anrichtete.

Schwersten Schaden stiftete der Historismus der Wirtschaftswissenschaft, die am direktesten und schwersten von der Rechtswissenschaft her infiziert war. In diesen beiden Wissenschaften ermöglichte es der Historismus den Gelehrten, sich um die ganz großen, bedrohlichen und umwälzenden Probleme herumzudrücken, noch schöner: er erlaubte die Scholastik, in die die theoretische Nationalökonomie nicht ohne Mitschuld von Marx entartet ist.

Historische Methode ist in erheblichem Umfang ein Heilmittel gegen Scholastizismus. Aber Historismus, d. h. völlige Historisierung einer Wissenschaft ist ebenso wie der Scholastizismus eine Degenerationsform der Wissenschaft. Und ganz besonders da, wo er höchstpraktische Wissenschaften wie die Ökonomie, die Soziologie, die Rechtswissenschaft, die Ethik und die Philosophie von ihrer Aufgabe, die Welt zu verbessern, abzieht. Geschichte ist ein sanftes Ruhekissen, das das schönste Gewissen einschläfert. Und die Geschichte einer Aufgabe ist nie die Aufgabe selbst und noch weniger ihre Lösung.

II. Die historische Methode der Rechtswissenschaft

1. Die historische Methode, eine wissenschaftliche Methode, bezieht sich in der Praxis nur auf bedeutendere Fragen — die aber eben u. a. dadurch bedeutend werden, daß sie die Bemühung der historischen Reflexion und des geschichtswissenschaftlichen Apparats verlangen; die gewöhnlichen Fälle brauchen das nicht.

2. Die geschichtliche Methode benutzt entweder das *positive historische Argument:* daß das Recht geschichtlich im Sinne bestimmter Regel geltend sei, d. h. daß es in maßgeblicher Vorzeit so, wie der betreffende alte Rechtssatz besagt, sei und deshalb auch jetzt so sei oder sein sollte, müsse, oder das *negative historische Argument,* welches besagt: dies Recht, dieser Rechtssatz ist altes Recht, und nur solches; es gehört der Vergangenheit an, wie altes Eisen; es ist veraltet, kann so nicht mehr angewandt werden, auch gemäß dem vernünftigen Willen des damaligen Gesetzgebers nicht; die Verhältnisse, für die er es bestimmt, haben sich geändert, die Aufrechterhaltung des Buchstabens seiner Norm wäre eine Willkür, die sich anmaßte, neue Zeit ins Alte, nicht mehr Geltende zurückzuzwingen; wäre revolutionäres, konterrevolutionäres Unrecht an der eingetretenen Entwicklung.

Danach hat die historische Methode ein doppeltes Gesicht: indem sie das „reine", „echte" System der Vergangenheit, des Ursprungs wiederherzustellen sucht (Urchristentum, klassisches römisches Recht, germanisches Recht usw.), ein konservatives und (r)evolutionäres und, in Funktion des negativen historischen Arguments, ein fortschrittliches.

Diese beiden so entgegengesetzten Argumente wurden immer durcheinander gebraucht und durcheinandergeworfen; von Anfang an bestand darin keine Klarheit, selbst bei dem großen Begründer, Gustav Hugo nicht, noch weniger bei seinen romantisierenden Nachfolgern.

3. Endliche Abstreifung des romantischen, klassisierenden Standpunkts, der mit einem mystischen Glauben an überlegene Hochbefähigung und Inspiration der „großen Vorzeit" verbunden war, und damit Abstoßung des positiv-historischen Arguments, welches ja vom Standpunkt des Fortschritts aus etwas durchaus Negatives ist, also das volle evolutionär-monistische Begreifen der Geschichte als Entwicklung bedeutet das Ende der historischen Methode und Übergang zum nationalen Positivismus.

Die Vermengung des positiven und negativen Arguments in ihrer Blütezeit gab der historischen Schule ästhetische Anziehungskraft und logische Schwäche. An dem Widerspruch dieser beiden Argumente (Elemente) mußte sie zugrundegehen. Auch die Begründung des Kults des klassischen, reinen römischen oder reinen germanischen Rechts (oder reinen alten englischen Rechts) mit der besonderen Geisteskraft der Alten war halb rational und halb mystisch. Sie ist erklärlich, weil man damals das Altertum technisch noch nicht übertroffen und nur ein Schauspiel des Zurückstehens des Mittelalters einschließlich Neuzeit vor Augen hatte, im Grunde also vom Fortschritt nichts wußte; den Begriff und die Idee Zukunft kaum (außer in wenigen erleuchteten Geistern: Bacon, Descartes, Leibniz, Wolff, Kant, Lessing, Condorcet, Weishaupt) hatte. Schon damals in der ersten Entwicklung des Geschichtsbewußtseins das negativ historische Argument in der Führung sehen zu wollen, hieße zu viel Prophetismus verlangen; von einer Zeit, die notwendig erst nur den epimetheischen Grundzug des Historismus entwickeln konnte, und nicht den Prometheischen.

Blackstone erklärt im schönsten blühenden Aufklärungs-Fortschritts-Zeitalter, in glorreicher Vorzeit hätten die Altvordern manche ausgezeichneten Rechtssätze gefunden, deren rationale Gründe sie selber sehr gut gewußt und die auch heute noch gültig, aber leider von dem schwächeren Ingenium der späteren Zeit einschließlich der Gegenwart und mit einiger Wahrscheinlichkeit der Zukunft nicht wieder ausgemacht werden könnten, weshalb man eben sich dem überlegenen Scharfsinn jener gläubig anvertrauen müsse. Auch eine hübsche Interpretation des „Non omnium quae a maioribus constituta sunt ratio reddi potest"! (Blackstone hat diesen Satz nicht zitiert, aber das ist zweifellos Finesse, um damit beim Leser, der selbstverständlich an ihn denkt, noch mehr Eindruck zu machen). Es entspricht dies tacendo clamare dem Wissenschaftsstil des ausgehenden 18. Jahrhunderts im Gegensatz zu dem des 17., das seine Bücher mit Zitaten aus der antiken Literatur und der Bibel vollschmierte. Ein geradezu grauenhafter Stumpfsinn, zu dem hier ein von jedem historischen Sinn entblößter Historismus einen so berühmten und bis heute noch viel benutzten Autor führt. Wes Geistes Kinder sollen die Juristen sein, die so erzogen werden! Es ist ja klar, daß man Rechtssätze, deren Grund man nicht kennt, nicht verstanden hat. Man weiß dann nicht, was und wozu Rechtswissenschaft eigentlich ist. Und der „man in the street" *muß* sagen: „Wenn ich, ganz ohne Wissenschaft, nach bewußten Gründen gerichtet zu werden mir vorstelle, dann kann ich keine Wissenschaft gebrauchen, die mich ohne Kenntnis der Gründe richten will. Dazu kann Wissenschaft nicht da sein". In der Tat, da werden Juristen, wie es sich ja mancher doch von ihnen vorstellt, nicht Iurisconsulti, sondern Iurisconstulti. Ganz besondere Torheit ist es, wenn Blackstone annimmt, die späteren (und auch er selbst und seine Zeitgenossen) stünden an rechtswissenschaftlicher Kapazität hinter den älteren Generationen zurück. Das Gegenteil ist der Fall wegen des allgemeinen Kulturfortschritts und wegen des weit reicheren juristischen Studienmaterials, der gehäuften juristischen Erfahrung. Was die vorgängigen Generationen getan haben, wofür ihnen die späteren verpflichtet sind, ist nicht die größere Rechtsleistung, Rechtschöpfung, sondern daß sie die Späteren klüger und fähiger gemacht, als sie selbst sein konnten. Wohl dir, daß du ein Enkel bist! Stumpfsinn, Trägheit, Nichterfüllung ihrer Pflichten durch die Jurisprudenz war es, wenn sie dies Wohl fortgesetzt in Weh zu verkehren wußte. Nicht am Können lag es, sondern am Wollen. Ihrer intellektuellen Situation nach sehr gebessert, begünstigt, verfiel die Jurisprudenz einer Willenskrankheit, an der sie allerdings glücklicherweise nicht durchgängig gelitten hat. Im ganzen gab es ja doch einigen Fortschritt und nicht bloß Nachtreten, und es gab immer wieder außer den guten Juristen, die ihn machten, auch große Juristen, Bahnbrecher, die das grell klar sahen, daß nicht nur den Vorfahren gegenüber nicht inferior und ewig von ihnen gegängelt, sondern in so viel günstigerer Lage ihnen weit überlegen und viel kühner die Nachfahren sein müßten. Zu sagen hat das aber *keiner* gewagt! Daß vielmehr der Spartanerchor das Rechte wies der drei Generationen: „Tapfere Männer waren wir" — „Tapfere Männer sind wir" — „Wir werden tapfer sein und noch viel tapferer". Die Rechtspraxis der großen Juristen handelte denn danach; aber ihre Rechtsphilosophie wagte nicht, es auszusprechen. Und vielleicht hat niemals einer gedacht, wie unvergleichlich viel mehr als die jungen Spartaner zu ihrer Zuversicht berechtigt und zum Übertreffen verpflichtet die jeweiligen jungen Juristen sind, da jenen nur Vorbild gegeben und ihnen Vorrat. Da jene nur gerade ebenso gewaffnet wie die Väter ans Werk gehen konnten und sie hingegen so viel besser gerüstet sind, mit von jeder Generation verstärktem Rüstzeug. Aber der learned judge und learned council (welche Worte natürlich nicht die Darstellung auf England beschränken wollen) fürchteten (von Bedenken der Rechtssicherheit abgesehen), wenn sie neue Ideen brächten, könnten sie nicht gelehrt genug erscheinen.

Für Blackstone und seine Zeitgenossen gab es immerhin noch einen mildernden Umstand. Die gesamte Literatur (alle Kulturgebiete) durchzieht im 17. und 18. Jahrhundert ein überaus lebhafter Streit, ob die Antike überlegen sei oder die Moderne. Obwohl für die Moderne der gewaltig schwerwiegende Grund sprach, daß sie das Christentum mitumschloß, blieb doch die Partei der Antike immer mindestens nicht im Nachteil. Für die englischen Juristen unter ihnen ergab sich, da man nicht nach römischem Recht lebte, die Nötigung, sich eine nationalenglische gleichhöchstwertige Rechtsantike zu konstruieren, wie wir das ja sogar schon im 15. Jahrhundert in *Fortescues* „De laudibus legum Angliae" sehen. Und in der Tat, man durfte auf Bracton und Glanville sich schon etwas einbilden.

Doch muß es schwer fallen, einem solchen mildernden Umstand Rücksicht zu gewähren, angesichts der ganzen Sachlage: nirgends gab es und gibt es vor der Entwicklung der modernen Naturwissenschaft, Mathematik und Technik ein Gebiet, wo so der Nachgeborene von der Leistung der Vorgänger genährt und so zu höherer Leistung als sie befähigt und verpflichtet war wie in der Rechtswissenschaft.

Und wenn man nun gar noch im ersten Jahrzehnt des 20. Jahrhunderts hören und lesen konnte, die römischen Juristen seien unerreichte und *unerreichbare* Vorbilder, so war das wirklich eine unentschuldbar haarsträubende gelehrte Albernheit. Vielleicht der beste Schildbürgerstreich, den der Historismus sich geleistet. Und *gelehrte* Albernheit? Demjenigen, der die Rechtsgeschichte, nämlich auch die Geschichte der Rechtswissenschaft und der internationalen Rechtsprechung wirklich kannte, hätte das nicht passieren können. Daran aber fehlte es im Zeitalter des Historismus noch sehr. Und noch heute haben wir keine Universalgeschichte der Rechtswissenschaft und kein Lehrbuch der Geschichte der Rechtswissenschaft von mäßigem Umfang, das man dem Studierenden zur Einführung in die Hand geben könnte. Wenn das nicht beschämend ist und den — gewiß übertriebenen — Tadel doch nahelegt, daß das Zeitalter vor Historismus die Historie nicht sah! Die ersten Jahre und Lustren der an das deutsche Bürgerliche Gesetzbuch anknüpfenden Rechtsprechung und Literatur haben ja dann doch jener Faselei von der Allüberlegenheit der römischen Juristen, die den Griechen und Orientalen das Grundbuch und die Wertpapiere zerstört haben, ein Ende gemacht.

4. (Anm. des Hg.: Hier fehlt ein Manuskriptteil über „Hegel und die Klassiko-Romantiker" mit Ausnahme des folgenden Schlußsatzes:) Hegels und der Hegelianer Epimetheismus und Positivhistorizität legte mehr Wert auf das Gewordene und dessen logische Durchdringung, die klassizierend historische Schule und die romantisch-feudalistische Rechtsphilosophie auf das Gewesene und dessen gläubige Verehrung.

5. Die ganze Zeitströmung, der Historismus überhaupt, bedeutet eine (ziemlich verworrene) Auseinandersetzung zwischen kapitalistischem Bürgertum und Feudalismus. Hegel und ein Teil des Rechtsklassizismus, welcher *Entwicklung* und „reines" römisches kapitalistisches Recht der klassi-

schen römischen Juristen hervorhebt, ist mit seinem kleinen Teilchen negativ-historischen Argument die vom *Sozialismus* (Godwin, Hugo) *gereinigte* bürgerliche Revolution; ein anderer Teil der Rechtsklassizismus und die Rechtsromantik, die Legitimismus und möglichst *langsamste* Entwicklung betonten, waren die Restauration des Feudalismus. Die Zwiespältigkeit der historischen Schule, ihr innerer Widerspruch ist reinstens repräsentiert in Savigny, in dem so der feudalistische und der kapitalistische Zug der historischen Schule, des Historismus, ihre klassische Synthese eingehen und der infolgedessen auch von der diese Synthese darstellenden akademisch-juristischen Welt als Haupt und Gott der historischen Methode verehrt wurde. Dank ihm hat die historische Schule immer ihre Hauptaufgabe in der Erforschung des klassischen reinen römischen Rechts gesehen, was ein klassischer reiner Unsinn war. Die Zeit verlangte stürmischen Fortschritt und also Konzentration der Kräfte auf Bereitung neuen Rechts.

6. Die historische Schule des 19. Jahrhunderts und das universitäre Treiben ihrer Zeit charakterisiert sich also großenteils als ein Stück Widerspruch und Widerstand rückständiger Intelligenz gegen die Entwicklung der Produktivkräfte. Die Wissenschaft, die Kulturwissenschaft (denn mit der materialistischen Naturwissenschaft war es anders), der „Geist", erwies sich hier also wesentlich nicht als Förderer und Führung der Kultur, sondern als deren Hemmung. Das kapitalistische ungelehrte banausische Fabrik- und Handelsunternehmertum führte, der Geist hinkte nach und „verschönte" mit Lumpenstücken der Vergangenheit die von diesem geschaffene Welt. Man kann nicht leugnen, die Kultur (akademischer Herstellung und Verantwortung) des 19. Jahrhunderts trägt allgemein die Signatur dieses Tatbestandes. So auch in Wissenschaft und Recht. Die Wissenschaft durfte nicht zu ernst und zu sachlich sein. Sie mußte einen ästhetischen und spielerischen Zug behalten. Und das Recht durfte nicht zu stark, zu klar werden in dieser Epoche unerreicht kulminierenden Schachers und Raubes, dunklen und zwielichthaften Gewinns; und kulminierender Ausbeutung, also Ungerechtigkeit, Unrechts. Die Beschwerung der Rechtswissenschaft mit Hemmnissen und die entsprechende Unvollkommenheit der Rechtsmethodik waren also notwendig willkommen. Rechtsphilosophie und Rechtswissenschaft durften nicht die Kraft haben, die ungeheure brennende Hölle des Unrechts aufzudecken, die unter der dünnen Oberfläche zivilisierten Rechtes des kapitalistischen 19. Jahrhunderts lag. Mußten Rechtswissenschaft und Recht also auch mehr leisten als in der feudalistischen Zeit, mußten sie dem allerplumpsten Unrecht gewachsen sein und dieses überwinden, wie etwa die Folter, die erbliche Standesungleichheit, Sklaverei und Hörigkeitsverhältnisse, so mußte sie doch genügend gefesselt, schwerfällig und auf Allotria aus gewesen sein, um an den neuen feineren, der verfeinerten und verbesserten Klassenherrschaft dienenden Unrechtsfunktionen sich nicht zu

vergreifen. Dadurch bestimmt sich Stellung und Eigenart der historischen Rechtsschule, wie überhaupt des Historismus.

7. Auch der Epimetheismus, den die Blüte der historischen Schule und der Hegelianismus domizieren sieht, war ein Fortschritt. Er repräsentiert, groß in seiner Art, den in sich großen Beginn eines neuen, des geschichtlichen Bewußtseins; d. h. der — in der Tat — epochemachenden plötzlichen Einsicht, daß die Zeit geschichtlich zerfällt in Zeiten. Ohne geschichtliches Bewußtsein gab es auch keinen Epimetheismus. Er war nötig zur Vorbereitung des Prometheismus; der Prophetie und des entschlossenen und bewußten planenden Fortschritts in die Zukunft. In der frühgriechischen mythologischen Philosophie sind, trotz deren wunderbarer Hellsicht, Epimetheus und Prometheus Brüder. Sie sind es in einer statischen, entwicklungslosen Welt, in der die Erkenntnis der früheren Beispiele, die Lehre des Gewesenen, nur der Umsicht und Tüchtigkeit gegenüber immer sich wiederholenden, gleichbleibenden Aufgaben dient. In einer dynamischen evolutiven Welt sind sie Vater und Sohn. Noch für Hegel aber ist — und es kann nach dem Stand der Technik und des technikblinden, technikverachtenden rückständig barbarischen „geistig"-„humanistischen" Bildungswesens seiner Zeit nicht anders sein — die Entwicklung, deren genialer Erkenner er ist, praktisch nur die Vergangenheit, die man betrachten kann — also bloß theoretisch —; nicht aber ist sie — über sich hinausweisend — der Ansatz zur Schöpfung der Zukunft durch den Menschen. Nicht einmal Meisterung des Tages, sondern weise Betrachtung bleibt bei Hegel des Menschen höchstes Ziel. So aber schließt noch Windelband seine Einleitung in die Philosophie:

„Fielen Wert und Wirklichkeit", d. h. Sein und Seinsollen „zusammen, so gäbe es kein Wollen und kein Geschehen: denn dann beharrte alles in ewiger Fertigkeit, der innerste Sinn der *Zeitlichkeit* ist die niemals aufzuhebende Verschiedenheit zwischen dem, was ist, und dem, was sein soll, und weil diese Verschiedenheit, die sich in unserm Willen darstellt, die Grundbedingung des Menschenlebens ausmacht. ... Deshalb erwächst uns Menschen wunschlose Freude nicht aus der Unrast des Willens, mit dem wir in das vergängliche Treiben der Erscheinungswelt verstrickt sind, sondern nur aus der Stille des reinen Denkens und Schauens, darin sich die Werte der Ewigkeit offenbaren: He theoria to hediston kai ariston."

Das also wäre der Weisheit Schluß: Wunschlose Freude! Wo so viel zu wünschen übrig ist, und immer mehr zu wünschen übrig sein wird; welch letzteres nun aber am allerwenigsten ein Grund sein darf, nichts mehr zu wünschen, zu wollen und zu tun. Längst schon hat diesen Nachhängern des platonischen Ästhetizismus und der epikureisch-stoischen Ataraxie, die doch beide schließlich Pessimismus sind, Goethe geantwortet:

Sollt' ich zum Augenblicke sagen:
Verweile doch, du bist so schön!
Dann sei es aus mit meinen Erdentagen,
Dann will ich gern zugrunde gehn."

Theorie-Beschaulichkeit hediston kai ariston, das Süßeste und Beste? Das Süßeste ... möchte noch sein; das beste sicher nicht; das Süßeste ... sind wir für die Süßigkeiten da? Das Letztergebnis Windelbands wäre also Hedonismus, das Süßeste, hediston, ist sein letztes Wort, während er doch natürlich den Hedonismus obligat verächtlich abweist, wie es für ein so igniertes Mitglied der saturierten herrschenden Klasse natürlich ist ... dabei übrigens weit mehr vernünftig moderiert, als die meisten anderen. Wir selbst, in unserer Ethik, stehen dem Hedonismus und Eudaemonismus, und speziell dem Utilitarismus, den Windelbands besondere Verachtung trifft, sehr viel günstiger gegenüber, um dann allerdings den hedonistisch-eudaemonistischen Standpunkt noch viel schärfer in seine Schranken zu weisen. Aber erst muß er sein Recht haben. Er hat eins. Und die idealistische Philosophie hat es ihm bisher nie richtig und voll gegeben... und gibt so ihren materialistischen und positivistischen sowie auch ihren skeptischen und nihilistischen Gegnern (viel zu) leichtes Spiel. Eines vergißt die idealistische Philosophie des Platonisch-Windelbandschen Idealismus mit ihren zahllosen Vertretern: daß auch der logoästhetische Hedonismus des reinen Denkens und Schauens, die reine Denk- und Schaulust, doch stets nur Hedonismus bleibt. Selbst aber ob sie, wenn schon nicht das Beste, wie vor allem jeder Christ sagen muß, der auf Christi Lebenswandel und Opfertod sieht, so doch das Süßeste sei, ist keineswegs bloße Geschmackssache. Wenn es auch subjektiv dauernd manchem Geschmack entsprechen mag, so darf doch mit aller Ruhe und Gewißheit *objektiv* versichert werden, daß das Glücksempfinden, welches die nach Kräften gewirkte Erfüllung der Forderung des Tages ist, welche für uns (unendlich glücklicherweise) nun ist, die künftigen Tage mit aller Macht des Willens und treibenden Schaffens besser als jede gewesenen zu machen, jenem Glück der Beschaulichkeit unendlich überlegen ist. Bedauernswert die der prophetischen Idee des rapiden und sich beschleunigenden aktiv-schöpferischen Fortschritts noch ermangelnde Zeit, die an Glück nur das der Beschaulichkeit und des ziellos wilden Treibens kennen konnte und nicht die dritte Alternative eines nun endlich zu seiner Wahrheit findenden Glücks, in welcher die Welt eine Welt des Weltschaffens geworden ist; in welcher, unendlich beschwerend, die weitere Weltschöpfung in des Menschen Hand und Verantwortung gelegt ist. Das spricht doch wohl jemand aus, wenn er sich in einem Atem des Menschen Sohn und Gottes Sohn nennt. Was aber die Werte der Ewigkeit angeht, die uns im Denken und Schauen offenbar werden sollen, so verdienen sie es, daß man seinen Fähigkeiten des Denkens und Schauens durch eine ständig verbesserte zeitliche, materielle Existenzbasis immer größere Kräfte und Möglichkeiten gibt. Diese sind nicht starr und stationär, wie immer wieder behauptet wird, wobei man Religion mit Reaktion verwechselt, sondern sind unendlich. Die Offenbarung ist nicht tot, sondern offenbart sich in Entwicklung immer höher; diese Entwicklung aber bedarf unserer Tat. Das streitet mit keiner Gottesgnadenlehre; im

Gegenteil. Die Tat eben ist es, die uns gegnadet ist. Gott gab uns den freien Willen und die Vernunft, und in den letzten Jahrzehnten, durch die Idee des zielesetzenden Prophetismus, eine neue Offenbarung, *wozu*. Sie hat eine allen früheren Zeitaltern völlig ungeahnte Welt eröffnet. Die Zukunft, die allen früheren Zeiten nur ein Unerschließliches war oder ein Aberglaube. Aberglaube, das war das erste. Unerschließliches, das war ein ungeheurer Fortschritt. Kein Wunder, daß dieser Gedanke gerade, nachdem er kaum begründet war, sofort seinen Grund verlor und explodiert in die Luft flog! Die (anscheinend durch die transzendentale neue Logik in ihren höchsten Triumph sicher gegründete) zeitlichewige absolute Unerschließlichkeit der Zukunft mußte selbst als eine neue Offenbarung gegenüber dem alten Aberglauben erscheinen, und war in ihrer Art es auch. Aber schon hat eine neue und bessere transzendentale Logik eröffnet, daß diese negative Offenbarung, eine Offenbarung, welche nicht Offenbarung ist — in ihrer traurigen Nihildialektik — *nicht* unser, wie man doch so sicher glaubte, endgültiges Schicksal ist, sondern daß zwar eine absolute Zukunfterschließung, ontische Eschchatologie, in der Tat unmöglich und kein Wissen, daß aber in relativer Zukunfterschließung ein reiches Wissen, die verheißungsvollste und effektivste Wissenschaft manifest ist; von Dingen, von denen wir wissen, ermitteln, feststellen, daß wir sie wollen und können und schaffen werden. Gern mag jeder hinzusetzen: „mit Gottes Hilfe".

Im Zeitalter der Wissenschaft identisieren sich Wissenschaft und Offenbarung. Ende des 18. und Anfang des 19. Jahrhunderts ist das Zeitalter der Wissenschaft noch nicht angebrochen. Es bereitete sich erst vor, embryonal. Wir haben die Weltentwicklung in 3 Stadien zu teilen: das, in dem Zukunftsicht Aberglaube, das in dem sie negiert, und das, in dem sie Wirklichkeit, Wahrheit, Wissenschafts-Tat wird. Diese Zeitalter sind zugleich das des Stillstands (des Bewußtseins), bis nach 1800; das der Entwicklung (in Sein und auch Bewußtsein), 19. Jahrhundert; und das der aktivistischen Zukunftsbestimmung, also des gewollten und selbstgetätigten Fortschritts, den das 19. Jahrhundert, das Entwicklungszeitalter, nur erst über sich ergehen läßt, ohne zu ahnen, daß er einst, unmittelbar bald, die Aktion der Menschheit sein wird. Dies ist aber eine neue, ihm (seinem Denken und Empfinden) noch unzugängliche Kategorie, so daß es das, was sich davon ihm aufdrängt, krampfhaft auf die beiden ihm allein geläufigen alten oder neuen — altneuen — Kategorien Natur und Geschichte, Geschichte und Natur zu reduzieren suchte. Die gerade waren ihm in erneuter Weise höchstwertig geworden; sie sind in der Tat damals zugleich alt und neu; in eigentümlicher Dialektik mengen sich die Werte alt und neu in ihnen. Natur und Geschichte, das sind die großen neuen Idee-Errungenschaften, auf die man ja so stolz ist, die den ganzen wissenschaftlichen Stolz des Zeitalters begründen, das nicht ahnt, daß das, was schon im Kommen ist, über diese Kategorien hinausliegt, metahistorisch und in einem neuen, effektiven Sinne metaphysisch ist. In jener Zeit kann auch die Rechtswissenschaft ihre Wissenschaftlichkeit nicht anders als naturalistisch oder historistisch suchen, da diese Zeit des sich erst vorbereitenden Zeitalters der Wissenschaft eben Zeitalter des Naturalismus und Historismus ist und mehr nicht sein konnte. Der Naturalismus hat nun in der Rechtswissenschaft glücklicherweise sehr wenig Glück gehabt (und am Ende hat ihn die neukantianische Rechtsphilosophie ganz erledigt), um so mehr der Historismus. Der Rechtsnaturalismus hatte seinen Katzenjammer eigentlich nach jedem naturalistischen Buch; der Historismus erst am Ende, en gros, und er ist noch nicht überwunden. Wir stehen jetzt eigentlich erst im Stadium dieses Generalkatzenjammers des Historismus.

8. Der Historismus muß aber verschwinden, weil er eben einer Anschauung zugehört, die gegen die eigentlich wichtige Kategorie des Erkennens, der Wissenschaft, noch maulwurfsblind ist und weil er also wurzelt im logoästhetischen Hedonismus und Theoretizismus; diese ist, wie nunmehr erkannt, nicht mehr der Weisheit letzter Schluß, sondern bloß der Weisheit Ende, wo sie meint, daß sie nicht weiterkann. Sie kann aber weiter, denn alle Wissenschaft steht erst an ihrem Anfang.

Auch die Jurisprudenz. Jener unvermeidliche und allgemeine logoästhetische Quietismus der damaligen Zeit hat aber natürlicher-, wiewohl sonderbarerweise auch auf die Anschauung der historischen Rechtsschule sehr abgefärbt und dem „Idealismus" der Akademie die Möglichkeit gegeben, von ihr glücklich geschwellt, die Jurisprudenz vermöge des Historismus zu einer „reinen", unzweckhaften „Wissenschaft um ihrer selbst willen" zu „erheben". Sie, die praktischste aller Kulturwissenschaften, ja die überhaupt nur praktische Wissenschaft. Es gibt keine theoretische Jurisprudenz. Dieses historistische idealistische Ideal war also nichts weiter als der sublim verkleidete, ästhetisierte und metaphysizierte wohlgesinnte Entschluß, in die Gegenwart, in diese sehr böse materiale und materialistische Welt, nicht einzugreifen, sondern — ohne Verantwortung — sie zu betrachten, ohne Zweck zu ergründen und sie der Entwicklung zu überlassen. Dabei diente die Entwicklung als Flucht und als Ausrede. Es ist der Idealismus der Verantwortungslosigkeit; dieser ätherische, saubere Idealismus.

9. Die Größe des Epimetheismus, als der notwendigen Vorbereitung des Prometheismus, gipfelt in Hegel. Der Epimetheismus stellt sich, für sich selbst, als Idealismus, als Geistiges dar, weil er nichts anderes tun kann, als anschauen und betrachten. Nichts tun; gar nichts wollen und tun. Dieser Idealismus durfte nur und mußte dem Prometheismus die Bahn bereiten, welcher Materialismus heißt, weil er in die materiale Welt eingreift. Deshalb aber ist er auch Idealismus, ist an Idealismus, den er in sich aufhebt, ist als Idealismus *unvergleichlich, unendlich* viel stärker als der traditionelle, der alte anhistorische und der historische epimetheische Idealismus. Denn: die

Entwicklung bloß erkennen und etwa als Erlebnis auf sich wirken zu lassen oder: sie erkennen und auf sie gestützt und mit ihr als Werkzeug völlig neue Gestaltungen zu schaffen, aus dem Chaos gegenwärtiger Materie neuen Sinn und wertvollere Welt zu gestalten ... was von beidem ist wertvoller? Die Antwort kann nicht zweifelhaft sein. Der Unterschied zwischen dem vulgären Materialismus und dem dialektischen Materialismus ist evolutionär dadurch gegeben, daß der eine geschichtlich vor, der andere nach dem historistischen Epimetheismus ist. Der philosophische Gipfel desselben, der Riese des Epimetheismus, der Gigant und Gott desselben war Hegel. Ein sehr großer Gott. Aber weil er der Gott eben nur des Epimetheismus war, deshalb mußte Karl Marx ihn stürzen.

10. Die Geburt und Entwicklung des historischen Gedankens in der Rechtswissenschaft war der Ausgangspunkt für dessen große Entwicklung überhaupt. So wurde sie welt- und zeitepochemachend. Das stellt auch den Begründer Gustav Hugo in den Vordergrund der bedingenden und schöpferischen Persönlichkeiten der Weltkulturentwicklung. Neben dem Italiener *Vico,* der sich mehr der philosophischen Ausarbeitung des Gedankens hingab, während Hugo dessen tatsächliche Ausführung in der Rechtswissenschaft als seine Hauptaufgabe betrachtete, dabei aber im Resultat philosophischen Verständnisses dem Italiener überlegen ist. Der freilich noch nicht auf *Kant* und *Godwin* fußen konnte; und das ist ein gewaltiger Unterschied. Auf die Weltentwicklung des Historismus hat mehr die deutsche Wissenschaft als die italienische, mehr Hugo als Vico eingewirkt. Ist die Ursache die unterschiedliche Bedeutung Vicos und Hugos, oder lagen die Möglichkeiten geistiger Weltwirkung günstiger für Deutsch als für Italienisch (das doch Briten, Franzosen, Spaniern und Portugiesen leichter war), günstiger für Göttingen als für Neapel? Lag Hugos Vorteil darin, daß er sich auf die Rechtswissenschaft spezialisierte, während Vico der historischen Idee auf allen Kulturgebieten zum Durchbruch zu helfen suchte? Darin kann man auch einen Nachteil der Leistung Hugos erblicken. Eine genauere Abwägung der Verdienste von Hugo und Vico gibt es noch nicht. Ein Geist erster Größe war Hugo nicht (gibt es solchen, ist solcher möglich in der Rechtswissenschaft?), aber einer der allerbesten Geister unter den Historisten blieb er. Dies ist wohl bezeichnend für die Grenzen der Größe und des Wertes überhaupt der historischen Schule.

11. Rechtsgeschichtliche Untersuchungen hatte die Wissenschaft vor Vico und Hugo allerdings auch schon getrieben. Aber das beschränkte sich als Rechtsphilologie (elegante Jurisprudenz) auf die Herstellung des Textes und die Feststellung der wirklichen Äußerungen der römischen Rechtsquellen und, wo eigentliche Rechtsgeschichte kompiliert wurde, auf mehr oder weniger kritikschwache Aneinanderreihung von Daten und Fakten. Und all das war Beiwerk der Rechtswissenschaft, nicht diese selbst. Das alles war

noch keine historische Schule. Es war Philologismus, nicht Historismus. Der eleganten Jurisprudenz fehlte der Entwicklungsgedanke, den die historische Schule hat. Durch die Entwicklungsidee ist die historische Schule weit entfernt, ein Ableger der eleganten Jurisprudenz zu sein, Wesenheit eines anderen Zeitalters. In diesem, seit Hugo also, war das Programm: Organische Entwicklungsgeschichte der einzelnen Rechtsinstitute zu geben, zu verstehen, wie und warum so die Familie, die Ehe, die Schuldabtretung, der Kauf, die Haftung aus unerlaubten Handlungen, das Strafrecht und die Strafe, der Begriff des Diebstahls, des Mordes, der Körperverletzung, der Beleidigung, des Verschuldens usw. sich entwickelt hatten; denn daß verschiedene Auffassungen eines Rechtssatzes und Rechtsinstituts großenteils Entwicklungsstufen darstellten, hatte man vorher nicht gesehen. Man konnte jetzt mit dem negativ-historischen Argument eine Menge dessen beiseiteschieben, was sich bis dahin in Prozessen hatte unnütz machen dürfen, da man aufzeigen konnte, daß es mit bestimmter Kulturform (bestimmten sonstigen Kulturinhalten) eine niedere Stufe des Rechtsdenkens und Empfindens war. Man verstopfte damit insbesondere auch eine ergiebigste Quelle der in der ganzen Neuzeit entsetzlich wuchernden Justizverzögerung und der Korruption, namentlich in der Advokatur. Den Prozeß konnte man von dem sehr störenden Zwang, bestimmte Klassen von Argumenten alle auf einmal vorbringen zu müssen, befreien, weil eben überhaupt nicht mehr so viele Argumente vorgebracht werden konnten. So bedeutete die historische Schule, aus rein wissenschaftlicher Erwägung heraus errichtet, damals einen ungeheuren Segen für die Praxis. So überwiegend auch mehr und mehr bis zur Blütezeit der älteren historischen Schule (also bis nach Mitte des 19. Jahrhunderts) das Interesse auf das positiv-historische Argument sich erstreckte, so hat das negativ-historische Argument, besonders im Anfang, unter dem Enthusiasmus der Aufklärung und dann auch etwas später wieder in der jüngeren historischen Schule, doch gewirkt. Mit dem positiv-historischen Argument konnte man klärend, aufräumend wirken, in Theorie und Praxis, nämlich manche Widersprüche im Quellenmaterial tilgen; das für die Praxis einzusetzende Quellenmaterial wurde eindeutiger wie übersichtlicher; so daß also das positiv-historische Argument und der juristische Purismus, diese zwei an sich so unersprießlichen Erscheinungen, auch etwas Nutzen gehabt haben; der jedoch den Schaden niemals aufwiegt. Wenn hie und da der Rückgang auf reines römisches oder germanisches Recht, deren historische Herausschälung aus ihren Vermengungen, die sich im Lauf der Zeit ergeben haben, ein besseres Recht aufzeigte und zeitgemäßeres, als man so hatte, war seltene Zufallsangelegenheit. Solche Verbesserung konnte man direkt natürlich viel sicherer und besser erreichen; die historische Methode war darin ärgste Unmethode; aber gerade auf das war sie besonders stolz, brüstete sich als Hoch- und Edelwissenschaft gerade wegen diesen Aufgebots eminentester Unwissenschaftlichkeit.

12. Die historische Schule unterwarf drittens die Tradition betreffend rechtsgeschichtliche Daten und Fakten und deren Zusammenhang der Kritik; und sie fahndete nach verborgen gebliebenen alten Rechtsquellen.

13. Sie verlangte viertens, daß das Recht nicht bloß bürokratisch abgeleitet würde aus den geschriebenen Gesetzestexten und spekulativ-gelehrt dem reinen Denken des Natur- und Vernunftrechts, sondern volkstümlich aus und in der tatsächlichen Rechtsübung des Lebens aufgefunden. Was nun das lebendige Recht der Gegenwart dabei betrifft, so ist die akademische historische Schule wesentlich beim Versprechen geblieben — secundum eius generis naturam —, und zwar sowohl mit Bezug auf Lebendigkeit wie auf Volkstümlichkeit. Sie hat sich da mehr, ja eben fast nur dem Rechtsleben der Vergangenheit zugewandt, was vornehm aussah. Verrückterweise: es war natürlich viel leichter und bequemer sowie auch viel weniger bedeutungsvoll als das Eindringen in das heutige komplizierte Rechtsleben der modernen Gesellschaft. Aber mit dem Ruch der Vornehmheit lohnte und beschwichtigte gern der Kapitalismus, da er begründeten Anlaß hatte, seinem Rechtsleben nicht zu sehr in die Karten sehen zu lassen. Erst mit Verschärfung des Klassenkampfes und des innerkapitalistischen Interessenkampfes trat das Interesse am jetzigen Wogen des sozialen und geschäftlichen Geschehens auch in akademischen Kreisen in den Vordergrund vor dem Interesse an römischen und mittelalterlichen Urkunden. Also im juristischen „Fin de siecle", der Zeit von Ibsens und Zolas Wegziehung der Verkleidungen, zu Beginn des 20. Jahrhunderts. Es war also die Freirechtsschule mit ihren Parallelerscheinungen, die energisch die Forderung nach Erkennung und Wissenschaft des lebenden Rechts stellte, namentlich Ehrlich, Rumpf, Kantorowicz, Cruet, Nussbaum, und, in seinen Vorlesungen vom Anfang seiner Dozententätigkeit an, auch der Verfasser.

Eugen Ehrlich brachte in einem großen Aufsatz in Burians Juristischen Blättern, der unbedingt als Buch neu gedruckt werden müßte, 1888 einen großen Schatz lebenden hochkapitalistischen Rechts. Aber daß er das wagte, war eine Naivität. Ehrlich, der keineswegs Sozialist und Gegner des Kapitalismus war (trotz seiner Verehrung für Anton Menger), wurde alsbald, einer der originellsten Geister der modernen Rechtswissenschaft, nach Czernowitz gesteckt zwischen die wunderrabbi-jüdische Kultur und die Huzulen. Hatte er als junger Mann das Recht um die Wiener Börse herum erleuchten können, wirkliches lebendes Recht lebendiger Gegenwart, so hatte er nun als gereifter Forscher ersten Ranges nur bedeutungslose Bauerngewohnheiten des Hinterwaldes zu seinem Objekt, die viel vergangener und viel toter waren als das römische Recht. Viel, viel toter. Ehrlich, um einen Teil seiner Lebensarbeit betrogen, ging und fiel verzweifelt darauf herein. Er gründete in Czernowitz ein Seminar und eine Schriftenserie für lebendes Recht. Und da hat er also lebendes Recht mit sterbendem Recht verwechselt, einem Recht, das die Entwicklung binnen kürzestem ganz töten mußte. Daß Ehrlich das nicht sah, war entschieden sein schwerster rechtssoziologischer und rechtsphänomenologischer Fehler. Und das „lebende Recht" ist überhaupt nicht das wichtigste. Es als solches, als wichtigstes, aufzufassen ist empiristischer und historistischer Irrtum; wie er aber eben aus den naturwissenschaftlich-empiristischen und historistisch-empiristischen Zeitstimmungen erklärlich ist. Aus dem Studium des lebenden Rechts als Material ist gewiß für die Konstruktion guten neuen Rechts in Tun und Lassen sehr viel zu lernen; es gibt wertvollste soziologische, kulturelle, psychologische Einblicke, und für die tägliche Praxis ist seine Kenntnis und die Gewöhnung seiner Erkenntnis von hohem Wert. Aber die Hauptaufgabe des heutigen Juristen ist konstruktivistisch, d. h. neuschöpfend, inventorisch, Herstellung des Rechts, das mit unsern gegenwärtigen und zukünftigen Bedürfnissen geboren ist, ohne zu viel auf das zu achten, was an Rechtserzeugung getan worden ist und getan wird. Er muß vor allem auf die Bedürfnisse selbst achten und nicht so auf die Art, wie man sie bisher befriedigte. Diese zu ersehen kann ihm nützen, kann ihn anregen und ihm Mühe und Zeit ersparen. Sie kann ihm aber auch Zeit wegnehmen und wird besonders dann schädlich, wenn es ihm die Spannkraft der negativ-historischen Logik lahmlegt und er der einschläfernden Macht des positiv-historischen Arguments erliegt. Aber in Ehrlichs Zeit, des zu früh verstorbenen, konnte im akademischen Milieu der Primat des metahistoristischen Konstruktivismus noch nicht erfaßt werden, zumal das Ganze überhaupt erst auf postmarxistischem Standpunkt möglich ist. Das ist eben eine andere als die historische Methode. Und diese neue Methode zu erreichen ist für diese Zeit mindestens ebenso schwer, wie für die Jahrhunderte der Mittelneuzeit die historische Methode zu erreichen war und insbesondere deren klares Programm. (Wieviel Unklarheit und Schwierigkeit hat dieses klare Programm beim Klärer und Programmatiker Vico!). Das wird eines nahen Tages plötzlich da sein, wie das Programm der historischen Schule plötzlich dagewesen ist. Für die Welt. Im russischen sozialistischen Recht ist es heute in Grundzügen schon vorhanden.

14. Der Hauptunterschied zwischen den älteren rechtsgeschichtlichen Arbeiten der Wissenschaft und dem Rechtshistorismus, also der historischen Schule historische Methode ist, daß für jene ältere die Rechtsgeschichte selbständiges Beiwerk war. In der historischen Schule aber wird, unter Zusammenfassung ihrer vier Programmpunkte, die Rechtsgeschichte identisch mit der Rechtswissenschaft überhaupt; sie wird so zur historischen Methode. Keine Untersuchung gilt mehr als wissenschaftlich, die nicht historisch ist. Historizität ist conditio sine qua non jeder wissenschaftlichen Arbeit. Der wissenschaftliche Jurist mußte zugleich Historiker sein. Erst im zweiten Jahrzehnt des 20. Jahrhunderts hat man in Deutschland mit diesem (edelzopfigen) Prinzip gebrochen!

Man kann heute in Deutschland auch akademischer Lehrer der Jurisprudenz werden, ohne historische Leistungen aufzuweisen. Das ist gut so. Das ist notwendig. Die Identisierung von Jurisprudenz und Rechtsgeschichte war ein schwerer Irrtum. Er mußte viele hervorragende, aber eben nicht historisch gestimmte Talente der Lehre und der rechtskonstruktiven Forscherarbeit fernhalten. Nie wird wohl die Geschichte dessen geschrieben werden, was in dieser Hinsicht die deutschen Rechtsfakultäten auf ihr Gewissen geladen haben; — und auch das gerade ein wichtiges Kapitel der Geschichte der Rechtswissenschaft.

II. Vermischte juristische Schriften

Aktionenwissenschaft und Prozeßwissenschaft*

Allbekannt und fast zum Gemeinplatz geworden ist jene Beobachtung der vergleichenden Rechtswissenschaft[1], derzufolge in der Jugend des Rechts Prozeßrecht und materielles Recht undifferenziert beieinander liegen, und auch das ist bekannt, daß das Prozeßrecht in dieser ungeschiedenen Rechtsmasse dergestalt prävaliert, daß die Allgemeine Gesellschaftslehre (Soziologie) den Lehrsatz aufstellen darf: Das primitive Recht ist Prozeß.

Später ist das materielle Recht aufgekommen; der Prozeß hat seine Alleinherrschaft eingebüßt und darüber hinaus einen tiefen Fall getan, das materielle Recht hat seinen Thron eingenommen. Dieser Fall bedeutete eine Erlösung des Rechtsbewußtseins, des Rechts im Ganzen. Zur Entstehung von Wissenschaft, von Begriffsbildung war er unerläßlich, beide mußten entstehen im materiellen Recht und mit dem materiellen Recht. Und besonders mit dem Privatrecht. Denn das Privatrecht ist der Sitz der Generalisierung im Recht[2] (und drum der „Rechtslogik"), ordnet es doch gleichmäßig die Verhältnisse der Myriaden Individuen. Und im Grunde brachte dieser Niederbruch des Prozessualen erst die Auslösung des Rechtsbewußtseins aus dem dumpfen Gefühl des irgendwie Reagierenmüssens.

Aus den zwei so erkennbaren Stufen der Rechtsentwicklung werden aber drei, wenn man bemerkt, daß nach und nach, indem das Empfinden für prozessuale Rechtsfragen feinhöriger wird, das Bedürfnis erwacht, den Prozeß wissenschaftlich wieder zu heben, ihn mit dem gleichen ethischen und gleichen logischen Wertgehalt zu erfüllen, wie ihn das materielle Recht besitzt.

Auf der bis in die Neuzeit sich ausdehnenden *Mittelstufe* sind zwei Fragen geschieden:

a) Was hat N. N. verdient?
b) Wie wird er dazu gebracht?

b) ist hier nur sekundär, nur notwendiger Umstand; modus, nicht substantiell. Auf der *frühen Stufe* ist die Fragestellung nur eine einfache: „Wie wird

* Aktionenwissenschaft und Prozeßwissenschaft. Ein Beitrag zur Methodik des modernen Zivilprozesses. Lausanne/Leipzig 1908, S. 7 - 32.

[1] Zuerst für das römische Recht dargelegt von *Jhering:* Das Schuldmoment im römischen Recht, 1867.

[2] Vgl. *Störk:* Zur Methodik des öffentlichen Rechts, 1885.

vorgegangen, um zu sühnen, was machen wir mit ihm?" Das Strafübel erscheint hier implizite — sekundär, soweit überhaupt Trennung zwischen Primum und Sekundum, Substanz und Modus hier möglich ist. Nicht: „Er hat Steinigung verdient." Sondern: „*und* das Volk ziehe hinaus, *und* steinige ihn." Nicht: „*Weil* er das und das getan hat", sondern: „*wenn* einer das und das getan hat, so folge das und das."

Die zeitliche Folge: erst das, dann das, ist *plastisch-dramatisch,* drum einfacher als das hochbegriffliche *„Deswegen"*; das *„post hoc"* erfassen ist leichter, als das *„propter hoc"* herauslösen; es bedarf da schon weitergehender Abstraktion. Man denke an das „Und dann" als Form kindlicher Erzählung („da habe ich den Zucker auf dem Schrank gesehen und dann habe ich mir einen Stuhl genommen und bin hinaufgeklettert und dann ist der Vater gekommen und dann hat er einen Stock geholt und dann habe ich Prügel bekommen").

Wie schwer kommt die Begriffswelt des Kindes aus dem temporalen und dem temporal-regulären ins Kausale! Und wie schwer das Bewußtsein der Menschheit. Die Kategorie des *„Weil"* bedeutet gegenüber dem *„Nachdem"* einen Menschheitsfortschritt und vielleicht den allergewaltigsten. *„Weil"* hieß die Frucht vom Baume der Erkenntnis.

Für die kindliche, primitive Anschauung ist das Urteil, die Bestimmung dessen, was verdient ist, nur ein Akt unter Akten, ein Teil des Vorgangs wie alle andern, im *sequi* das *exsequi.* So sieht das deutsche Mittelalter im Bestimmen der Strafe nichts mehr oder nicht viel mehr als einen Prozeßakt und überläßt es dem Richter, was zu entsetzlichen Mißständen führte, weil sowohl die Erfindungsgabe[3] in sehr bedenklicher Richtung angeregt als auch die Zugänglichkeit für den mildernden Umstand der Freigiebigkeit des Delinquenten grenzenlos erhöht wurde.

Daß noch für die Carolina, die peinliche Gerichtsordnung Karls V., das ganze materielle Strafrecht einfach unter den Gesichtspunkt der Prozedur der Urteilsvollstreckung fällt, ist bekannt[4]. Im französischen Recht noch der Neuzeit gehören die wichtigsten Rechtswidrigkeits- und Schuldausschlies-

[3] Denn fixiert und damit materiellrechtlicher Struktur (zugleich privatrechtlicher!) zugeführt ist im wesentlichen nur der Kompositionentarif (die Wergeldtaxen); die Strafen sind arbiträr. — In Indien bleibt die Ansetzung der Strafe dem König vorbehalten, selbst wenn der königliche Rat kollegialisch entschieden hat (*Kohler:* Altindisches Prozeßrecht, 1891, S. 12). Der Beruf des Königs zur Straffindung spielt in der indischen Rechtsphilosophie eine große Rolle.

[4] Im indischen Recht, in dem die Systematik sehr ausgebildet ist (vgl. *Jolly,* ZvglRw. I, 234 ff.), scheint das System materiellen Rechts bei *Manu* aus dem Prozeß qua Zivilprozeß, genauer der Schuldexekution hervorzuwachsen. Ähnlich systematisiert das südindische *Vyavahâramâla.* Aber sehr häufig findet sich auch die umgekehrte Systematisierung, die das Prozeßrecht als Annex zum Schuldrecht oder Strafrecht gibt.

sungsgründe, wie z. B. Notwehr, Notstand, wesentlicher Irrtum etc., keineswegs dem materiellen Rechte an, sondern bilden nur die Prozeßvoraussetzung zur — mit Kosten (Gebühr), und zwar hohen Kosten belasteten und schon dadurch zu einem processuale gestempelten — Erwirkung einer lettre de grâce, mit der dann der solenne Prozeßakt der Bitte um Richten nach Gnade in foro vorgenommen werden konnte![5]

Sehr beliebt ist in der älteren Rechtswissenschaft, sowohl Indiens wie des deutschen Mittelalters, die Darstellung des materiellen Rechts an einem paradigmatisch vorgeführten Prozeß.[6] Auch bei Modernen wird die Darstellung materiellen Rechts aus pädagogischen Gründen mitunter prozeßartig ausgeführt.[7]

Diese pädagogische Erwägung macht sich eben die Tatsache zunutze, daß der Prozeß als in der Zeit Verlaufendes, ja sinnlich Wahrnehmbares, sich dem Auffassungsvermögen leichter anpaßt als das begrifflich gestaltete, intellektualisierte materielle Recht, und träte es selbst in der einfachen Art der bloßen Norm auf: „Du sollst nicht stehlen, du sollst nicht lügen". Freilich geht diese pädagogische Bemühung fehl, wenn sie nun die Darstellung des Prozeßverlaufs im allgemeinen in Lektüre und Lehrvortrag auszubilden sucht, anstatt die allein passende Vermittlung der Erkenntnis der prozessualen Dinge durch die lebendige Anschauung im einzelnen zu suchen. Prozeß und materielles Recht, sie verhalten sich wie zeitliches und zeitloses Achronisches[8], wie Vorstellung und Begriff, wie Psychologisches und Logisches. Und es bildet freilich für den Unterricht im Recht ein Ideal, das Logische aus dem Psychologischen, den Gedanken aus dem Erlebnis sich auskristallisieren zu lassen und das Rechtsbegreifen im Individuum neu entstehen zu lassen, wie es in der langen Entwicklung der Menschheit entstand.

Da zeigt der Rechtsbegriff seine kollektivische Natur, die allem Begrifflichen überhaupt innewohnt. Wie der Begriff „Baum" aus dem Erlebnis einer Vielheit von Bäumen entsteht, so zeigt es sich auch, daß in einer Reihe von

[5] Sternberg: Die Begnadigung unter dem ancien régime in Frankreich, ZvglRw. XVII.

[6] Z. B. Angelas *Aretinus*. Dabei wird dann natürlich die Systematik des materiellen Rechts grausam totgequetscht. *Philippsborn:* Die Klassifikation der einzelnen strafbaren Handlungen, 1906, nennt dies „feuilletonistisch."

[7] *Garraud:* Précis de droit criminel, 9. Aufl. 1907, z. B. § 117 I: „Du cas où l'auteur du fait nie directement l'intention criminelle.", II: „Du cas où l'auteur du délit invoque l'ignorance ou l'erreur de fait." etc. Es sind hier aber nicht nur pädagogische Gründe, sondern teilweise liegt doch Verharren in altertümlichen Rechtsanschauungen, ungenügend differenzierte Systematik vor. Zieht doch Garraud Fragen, wie die nach der Entstehung der Deliktsobligation oder der Strafbarkeit der Beleidigung Verstorbener, in das Prozeßrecht hinein!

[8] Über „achronisch" und „uchronisch" siehe *Sternberg:* Philosophie und Reformgedanken. Ein Beitrag zur Wertung der Utopie, in: Philosophische Wochenschrift 1907 Bd. I, S. 72 ff.

Prozeduren immer wieder gleiche Gegenstände auftauchen, und anstatt nun immer wieder z. B. bei Erstattungsklagen all dasjenige Stück für Stück aufzuzählen, was mit dem Hauptgegenstand des Prozesses zurückgegeben werden muß oder aber beim Besitzer zurückzubleiben hat, festigt man sich allmählich ein für allemal die Begriffe, wie die der „Früchte" verschiedener Art, des Zubehörs, der notwendigen, nützlichen, luxuriösen Aufwendungen usw. Man faßt die vielen Fälle des „dies wird der N. N. dem P. P. *zurück*geben müssen" in den Begriff „Eigentum" des N. N.

Und nun systematisieren sich die Begriffe, so daß jedes Recht viele andere in sich schließt, eins immer aus dem anderen hervorgeht und, wie sehr auch im einzelnen Falle für sich selbst begehrt, doch im übergeordneten Recht als dessen Folge seine Begründung findet. Und so wird durch die Systematik in erster Linie Rechtswissenschaft möglich.[9] Sie schließt den Prozeß, der als ein

[9] *Sternberg:* Allg. Rechtslehre I S. 52. „Erst daraus, daß für typisch wiederkehrende Vorgänge und Gegenstände, vor allem für Erstattungsobjekte, bestimmte abstrakte Namen aufkommen, entstehen Rechtsbegriffe im eigentlichen, prägnanten Sinne und damit gleichzeitig die Unterlage für die Unterscheidung des materiellen Rechtsverhältnisses vom Verfahren, vom Streitverhältnis". Dazu daselbst Anmerkung: „An die Auswicklung des materiellen Rechts aus dem formellen und an die mit ihr, wie diese Darstellung lehrt, in engem Zusammenhange stehende des Privatrechts aus dem öffentlichen Recht knüpft mithin die Möglichkeit der Entstehung von Rechtswissenschaft an, weil nämlich Wissenschaft mit Begriffssystemen arbeitet. *Privatrechtswissenschaft* ist der älteste und auch heute noch bei weitem vorgeschrittenste Teil der Jurisprudenz. Und andrerseits ist auch bis heute noch fast alle Rechtswissenschaft solche des materiellen Rechts. „Daher" sagt *Kohler* (Einführung in die Rechtswissenschaft 1902, jetzt 3. Aufl. 1908, S. 69) „ist *Prozeßwissenschaft* auch erst in der neueren Zeit entstanden... auch kennen ausländische Völker die Prozeßwissenschaft nicht, weder bei den Franzosen noch bei den Engländern findet sich etwas, was über nur utilitäre und faktische Beschreibung des Verfahrens ohne rechtliche Verarbeitung hinausginge". Es liegt eben im materiellen Recht hauptsächlich die Durchbildung des *Moralisch-Praktischen,* im Prozeß tritt letzteres zurück, gegen das bloß *Technisch-Praktische.* Aber fehl geht die Annahme, daß der Prozeß des ersteren Elements ganz entrate. Vielmehr erkennt die entwickelte Jurisprudenz immer deutlicher, wie sehr die im materiellen Recht angestrebten Gerechtigkeitswirkungen von der Gestaltung prozessualer Institutionen abhängig sind und wie sehr beide Rechtsteile ineinandergreifen. Aber freilich müßte, damit Prozeßwissenschaft erzielt würde, das Prozeßrecht bezüglich der Begriffsbildung und der Hervorkehrung des Moralischen gegenüber dem bloß Technischen ähnlichen Bedingungen unterstellt werden wie das materielle Recht: es hat eine *Materialisierung des formellen Rechtes* stattgefunden. Man studiert nämlich den Prozeß besonders vermittelst der *Methode der Querschnitte,* d. h. man greift *prozessuale Situationen* heraus, ähnlich wie man in der Physik Bewegungsvorgänge erforscht, indem man die einzelnen Bewegungsaugenblicke festhält, und begreift sie als Rechtsverhältnisse. Diese analysiert man und stellt namentlich fest, wie sie zur Entstehung gelangt sind, alsdann, wie sie sich weiter entwickeln mögen. Der Prozeß tritt danach als eine Reihe einander ablösender Rechtsverhältnisse auf oder auch als ein einziges, seiner Bestimmungen noch stark veränderliches Rechtsverhältnis. Der *Prozeß als Rechtsverhältnis aufgefaßt,* und zwar zwischen 3 Personen, dem Gericht und den beiden Parteien, ist die Grundlage

Verlauf, ein Nacheinander, ein Eindimensionales, nicht in ein System, sondern nur in Abschnitte gegliedert werden kann, von sich aus. Sie glänzt in ihrer unendlichen Mannigfaltigkeit, und der Prozeß wird ihr gegenüber mit seinem für alle materiellen Rechte wesentlich gleichen, nur durch eine beschränkte Anzahl von Varianten gebrochenen Schematismus (vom systematisch-logischen Standpunkt aus) gänzlich eintönig. Der Anspruch wird durchaus bestimmt durch seine materielle und nicht durch prozessuale Eigenart. Danach ist es denn auch die erste Aufgabe rechtswissenschaftlicher Schulung, scharf und rein materiellrechtlich denken, den Inhalt von Ansprüchen auswickeln zu lehren ohne Rücksicht auf den Prozeß. Das „wenn der A. A. dafür einen Zeugen hat" — „wenn er sich das hat schriftlich geben lassen" — „wenn sich das so feststellen läßt", das haben wir als Rechtslehrer zuerst dem Schüler abzugewöhnen und ihm klar zu machen, wie die Frage nach Schlüssigkeit der Klagen ganz selbständig und ohne Rücksicht auf alles Prozessuale zu lösen ist.[10] Da zeigt es sich in pädagogisch-praktischer, und ich möchte fast sagen: in experimenteller Illustration, wie der Schritt der Erhebung aus primitivem Rechtsdenken zu rationalem und zielbewußtem bewirkt wird durch die Erlangung der Fähigkeit, zu scheiden zwischen formellem und materiellem Recht. Die Läuterung des Begriffes *„Rechtsleben"* setzt ein; aus der ersten Stufe, die ihn mit „Prozeßbetrieb" gleichsetzt, hebt er sich zur Ahnung der Rechtssubstanz, die sich im materiellen Rechte offenbart. Mit einigem Staunen merkt der angehende Rechtsbeflissene, daß die Loslösung des materiellen aus dem formellen Recht auch nicht einmal nur eine künstliche war zur Ermöglichung folgestrengeren Denkens, sondern daß materielles Recht auch materiell für sich allein stehen, materielles Recht an und für sich Rechtsleben bilden kann. Während er eben allerwegen noch von „Zeugen" und sonst von „Beweisen" und „Feststellen" sprach, wird ihm klar, daß *actio* emptvenditi, *actio* mandati, daß „Kauf*klage*", Auftrags*klage* — daß alle solche Klagen möglich und wichtig sind, ohne daß jemand wirklich „klagt" oder selbst nur klagberechtigt wird.

Ist man mit den jungen Juristen in der Entwicklung juristischer Denkfähigkeit jedoch bis dahin gekommen, so macht sich nun sehr häufig ein anderes geltend, nach der prozessualistischen eine antiprozessualistische Einseitigkeit. Ich stellte in meiner Vorlesung „Anleitung zum juristischen Denken und zur juristischen Stilistik"[11] die Frage:

---

der Methode der Querschnitte. Diese Auffassung hat sich den Begriff der *Prozeßvoraussetzungen* geschaffen, das sind juristische Tatsachen, an deren Vorliegen die Möglichkeit zur Vornahme einer prozessualen Handlung (z. B. Erlaß eines Urteils, Stellung eines Antrags etc.) geknüpft ist. Um sie gravitiert die Bewegung in der Entwicklung des Rechtsverhältnisses."

[10] Ob gemäß § 331 II ZPO Versäumnisurteil zu erlangen ist, so kann man es in einer das Prozessuale auf ein lehrreiches Minimum herabdrückenden Weise aussprechen.

X stirbt, er hinterläßt kein Testament. Es überleben ihn seine Witwe, zwei unverheiratete Söhne und eine unverheiratete Tochter. Von einer verstorbenen Tochter ist ein uneheliches Kind vorhanden. Eine verheiratete Tochter hat 2, ein verheirateter Sohn 3 Kinder, von einem verstorbenen Sohn sind 4 eheliche und 1 uneheliches[12] Kind vorhanden. Wie teilen sie den Nachlaß?

Ich erhielt die Antwort:[13] „Darüber gibt es doch sicher gar keine Rechtsregel, die Leute haben sich eben anständigerweise untereinander zu einigen."

Die Antwort wurde von einem Teil des (ganz überwiegend aus Rechtsstudierenden I. Semesters bestehenden) Auditoriums als grotesk belacht, aber doch nur von einem Teil.[14]

Ich konnte darauf hinweisen, daß in der Antwort ein richtiger Kern stecke, indem der Antwortende sich offenbar der engen Verbindung von Sitte, Sittlichkeit, Recht gerade in Familie und Erbrecht bewußt war, — aber offenbar nimmt eine derartige Ansicht dann aus derartigen Verhältnissen das Recht ganz hinweg und rottet, in die Konsequenz geführt, die Begriffe Familien- und (Intestat-) Erbrecht (als Widersprüche in sich selbst) überhaupt aus — ganz abgesehen davon, daß sie den primitiven Standpunkt durchblicken läßt, Recht sei eine barbarisch-polizeiliche, eine schergenhafte, brutale und dem menschlichen Empfinden fremde Normenart, die mit dem Anständigen und Natürlichen ihrem Wesen nach im Widerspruch stehe. Wie sich Recht aber mit dem Gemütsbedürfnissen verschwistert und den Schild über sie hält, das zeigen, heißt Rechtsbewußtsein schaffen und schulen.

Allein kurz darauf gibt man mir auf die Frage: „A. A. hat aus beliebigem Grunde von N. N. 100 Faß Dézaley de la ville[15] zu bekommen; über Art und Güte ist nichts ausgemacht; was ist zu liefern?" Die Antwort: „Ja wenn nichts ausgemacht ist, dann müssen die beiden sich eben einigen."

---

[11] In der die von *Fuchs* (Schreibjustiz und Richtertum, 1907) sowie die von Danz (DJZ 1908, S. 26) gestellten pädagogischen Forderungen und manche mehr längst erfüllt waren.

[12] Dem Kundigen leuchten die rechtsvergleichenden und rechtshistorischen Gänge, in die die Frage durch ihre Einzelheiten hineinführen soll (sowie deren dogmatischer Wert) ohne weiteres ein. Töchter besonders wegen Feudalismus, russ. Recht, engl. Recht.

[13] Von einem 30 jährigen und — freilich nicht auf juristischem Gebiet — hervorragend begabten Herrn. Vgl. auch mein „Geistiges und Gefühlsleben des Mannes" in *Weiss und Kossmanns* Mann und Weib I S. 130.

[14] Und wer die Massenpsyche eines akademischen Praktikums kennt, weiß, wie viele in solchen Fällen nur eben mitlachen — und warum sie's tun.

[15] Das eigenartig feurige und stark berauschende Produkt der Lausanner Weinberge.

Wieder erscheint das Wesen des Rechts völlig verkannt. Ja wenn durch Vergleichs- und Schiedsverfahren und freiwillige Gerichtsbarkeit alle Differenzen erledigt werden könnten! Aber eben das ist die Aufgabe des Rechts, vorzusorgen für den Fall, daß die Leute sich nicht einigen wollen; mit den Fällen des Sich-Einigens hat es nichts zu tun, das sich nicht einigen wollen ist geradezu die Voraussetzung für das Eintreten des Rechtsbegriffs! Wer darauf nicht achtet, der macht sich des elementarsten juristischen und rechtsphilosophischen Denkfehlers schuldig, der überhaupt möglich ist. (Das Naturrecht mit seiner ungenügenden Scheidung von Norm und Naturgesetz kreist freilich stets in beängstigender Nähe dieses gefährlichen Irrtums.)

Da ist es ja eben, was die Ordnung unseres Lebens zur Rechtsordnung macht, daß *alle Lebensverhältnisse als eventuelle Streitverhältnisse* geregelt werden müssen, so daß Rechtsverhältnis und potentielles, abstraktes Streitverhältnis durchaus dasselbe sind. Der Thesis, daß zur Bildung richtiger Anschauung vom Recht vom Prozeß abstrahiert werden müsse, tritt die Antithese gegenüber, daß das *Recht, als streitgeborenes Wesen,* ohne Reflexion auf den Prozeß nicht auffaßbar ist.

Es ist evident, daß alle diese Antworten des „Sicheinigenmüssens" den Fehler in sich tragen, daß das Verhältnis materiellen und formellen Rechts nicht zur rechten Klarheit gebracht ist. Es liegt, wenn wir die beiden hier durch rechtspädagogische Exemplifikation gebildeten einander korrespondierenden Fehler nunmehr zusammenfassen, ein Mangel vor, der der Jurisprudenz schon an allen Ecken und Enden ungeheuerlichen Schaden getan hat: eine an sich richtige, ja notwendige Abstraktion wird vorgenommen, aber anstatt daran zu denken, daß man auf Grund *einer* solchen Abstraktion das Ding nur einseitig sieht und daher irren muß, wenn man es so für das Ganze nimmt, beißt man sich in diesen einen Abstraktionsgesichtspunkt fest und vergißt die komplementären aufzusuchen dergestalt, daß die Konstruktion dann zwar sehr „prinzipiell", aber auch ebenso unpraktisch — vulgo falsch wird. Man fängt eine an sich sehr löbliche Analyse an, aber man vollendet sie nicht, geschweige denn, daß man es bis zur Synthese brächte. Wie z. B. im Strafrecht die Abstraktion eine Scheidung zwischen Tatseite und Schuldseite der Handlung mit Recht vorgenommen, aber dann nicht als Abstraktion, sondern als Realteilung behandelt wird, woraus für die deutsche Rechtswissenschaft das schwere Leiden der Kausalitätskontroversen herausgewachsen ist.[16]

Immerhin muß man gerechter Weise auch die Schwierigkeit anerkennen, die in Hinsicht auf die Erkenntnis des Verhältnisses von formellem und materiellem Recht den Fehler hervorruft; gerade wenn man das Recht als

[16] Vgl. *Sternberg:* Allg. Rechtslehre II S. 136; dazu neuerdings *Kollmann:* Die Bedeutung der metaphysischen Kausaltheorie für die Strafrechtwissenschaft, 1908, S. 75.

Substanz, als System, als Wissenschaft denken soll, ist es nicht leicht, zugleich es zu denken als potentiell Streitiges, als Inbegriff der Rechtsfälle, als Summe dessen, was unter Menschen streitig werden kann. Die Kasuistik ist es, die an sich ja der Systematik spottet, und was unter Menschen streitig werden könne, das scheint das Zufälligste unter allem Zufälligen, das Alogischste unter allen „alogischen Elementen"[17] des Rechts zu sein. Die menschlichen Bedürfnisse wirtschaftlicher und geistiger Art zu klassifizieren, getraut man sich wohl eben so wie etwa die Gegenstände der Botanik, Geologie, Mineralogie; aber den Korb aller möglichen Zankäpfel in eine Formel zu fassen, zu berechnen, was alles streitig werden könne, erscheint entweder als ein nicht sonderlich geistreiches, ja als ein ineptes und impertinentes Unternehmen, oder wenn mans denn will, als paradox bis zur Abenteuerlichkeit... will man beides zusammenfassen, so drängt sich das Wort „Donquixoterie" auf, das Wesen des sinnreichen Ritters von der Mancha. In diesen Wallungen des Fühlens und Denkens wird die Skepsis gegenüber der Qualifikation der Jurisprudenz als Wissenschaft immer wieder auftauchen.

Es verlohnt, der Mentalität, die sich in der Verkennung des Verhältnisses von formellem und materiellem Recht offenbart, noch tiefer nachzuspüren. Denn sie äußert sich nicht allein im Recht. Sie äußert sich allenthalben, wo die Gegensätze Inhalt und Form, Kern und Schale, Wesen und äußere Erscheinung einander gegenübertreten, und stets ist für die Stufe menschlicher Entwicklung gerade das entscheidend, ob man deren Verhältnis richtig zu beurteilen, wirklich zu scheiden weiß, und stets die Neigung sehr groß, die beiden zu vermischen.

Wir finden z. B. in deutschen Sagenerzählungen, die dem Geist des Mittelalters entsprechen, stark betont das Institut des *Botenlohns* oder *Botenbrotes,* das vom Empfänger einer Nachricht dem Boten gespendet wird. Ist die Nachricht günstig, so wird meistens das Botenbrot über das gewöhnliche erhöht... das kann zunächst verstanden werden als der Wunsch, den Boten an der eigenen Freude teilnehmen zu lassen. Doch auffällig wirkt es schon hier: weshalb in der Umgebung des Benachrichtigten, die mitgenießen soll, den Boten besonders hervorheben? Dann sieht man weiter, wie dem Überbringer mißliebiger Nachricht das Botenbrot gekürzt oder gar entzogen wird, so daß an einigen Stellen der Botenlohn geradezu durch Überbringung günstiger Nachricht verdient erscheint. Hier setzt sich offenbar der verschwommene Gedanke eines *Anspruchs auf günstige Nachricht fest,* also die ärgste Vermengung von Inhalt und Form, Wesen und Hülle, Substantiellem und Zufälligem, von Materiellem und Formellem, die nur gedacht werden kann. Ja, die Kraft dieses Anspruchs wird zu solcher Spannung erhöht, daß man das Überbringen böser Nachricht gar als strafwürdig empfindet und ein

---

[17] Eine von *Kohler* geschätzte Terminologie. Vgl. z. B. dessen Lehrbuch des Deutschen bürgerlichen Rechts I.

Flehen des Unglücksboten um Entschuldigung dafür, daß er so böse Nachricht bringe, womöglich um Gnade für Leib und Leben als etwas ganz Normales erscheint. Von einem Herulerfürsten wird berichtet, daß er seinem Späher, der während einer Schlacht den Ausguck hält wie Johanna im letzten Akt der Jungfrau von Orleans, befiehlt, bei Todesstrafe nichts Ungünstiges zu melden. Nun galten die Heruler bei den übrigen deutschen Stämmen als eine Art Schildbürger — aber mag die Sache auch von ihnen erzählt worden sein, um sie zu hänseln ... es gibt doch anderweitig, besonders im Orient, vielfach ähnliche Züge, denen eine Ironie jedenfalls äußerlich nicht anzumerken ist. Vielfach trägt auch dazu bei die Vermengung der Aufgaben des Forschens und des Berichtens: wird einer zum Erforschen etwa eines verschwundenen Prinzen vom Sultan ausgesandt mit der Drohung: „bringst du nicht günstige Nachricht, so lasse ich dich köpfen", dann wird die Strafe in besseren Verhältnissen natürlich gedacht als erteilt wegen mangelnden Eifers in den Nachforschungen, aber unter böseren scheint das keineswegs allgemein zum Bewußtsein zu kommen.

Noch in jedem heutigen „Es tut mir leid, Ihnen mitteilen zu müssen" steckt nicht nur die höfliche Beteuerung des Mitempfindens, sondern noch ein Ausdruck der Bitte um Entschuldigung und des Bedauerns, gerade persönlich zum Träger der peinlichen Nachricht geworden zu sein. Auch bietet die halb bewußte Paradoxie hierin einen ästhetischen Reiz, der auf das Verhältnis zwischen Benachrichtigtem und Nachrichtträger und schließlich selbst auf des ersteren persönliches Schmerzempfinden wohltätig einwirkt.

Symbole des Unglücks (z. B. „Unglücksraben"), an sich unschuldig, sind *verhaßt*, und das „Glück" und „Unglück" der französischen Sprache, „bonheur" und „malheur", waren einst das Glücks- oder Unglücks-Vorzeichen, bonum augurium und malum augurium. Die Symbole und Symptome des Bösen werden mit diesem selbst identifiziert, und man weiß, wie sowohl in Bezug auf Leiden des Körpers wie auf andere Übel geradezu Wissenschaften von sympathetischer Behandlung ausgebaut worden sind, die durch Einwirkung auf diese Symbole und Symptome der Sache selber beizukommen glaubten.

Man muß sich bei diesen Dingen, nicht aber über sie aufhalten ... beides, um sich klar zu bleiben oder zu werden, daß die Mentalität der Verwechslung von Formellem und Materiellem keineswegs etwas reinweg Überwundenes darstellt. Auch hochkultivierte Zeitalter unterliegen der Gefahr, die zumal im Prozeßwesen eine große bleibt. Gröbliche Verklitterungsphänomene werden erkannt, aufgelöst, beseitigt, leben etwa zum paradoxen Scheinwesen abgeblaßt in der Sitte fort, wie eben gezeigt; aber immer neue treten auf, werden, vielleicht heute noch als selbstverständlich hingenommen, heute noch „unerkannt", morgen als lästig empfunden und werden einer neuen Zeit Problem. Das wird sich nicht ändern; hier liegt die fundamentale Aufgabe aller Prozeßrechtsentwicklung.

Zu diesen gefahrdrohenden und rohen Verklitterungen von materiellem und formellem Recht ist nun freilich nicht zu zählen die für deutsches Empfinden mangelhaft durchgeführte Trennung in der römischen Rechtswissenschaft. Nach allem bisherigen leuchtet nämlich ohne weiteres ein, daß für die wissenschaftliche Auffassung des Rechts eine monistische und eine dualistische Methode möglich ist. Die dualistische, die sich bei voller Differenzierung von materiellem Recht und Prozeßrecht sofort ergibt, legt zunächst durch das ganze Recht einen Horizontalschnitt: Unterhalb die ganze Masse der Ansprüche materiellen Rechts in ihrer ungeheuren Mannigfaltigkeit, oben der Prozeßgang in seiner Einheitlichkeit bzw. geringfügigen, durch die Zahl der Prozeßarten bestimmten Mehrheitlichkeit (Pluralität), die schließlich, soweit man sie überhaupt festhält, durch die dann notwendige Einteilung in *ordentlichen* und außerordentlichen (besonderen) Prozeß zur Zweiheitlichkeit (Dualismus)[18] herabsinkt.

Der Prozeß wird dem materiellen Recht gegenüber zur bloßen Einheitlichkeit, eben durch die Abstraktion, die von seiner Mannigfaltigkeit gänzlich absieht, während sie in die des materiellen Rechts sich versenkt; man kann das materielle Recht durchstudieren und begreifen mit dem Gedanken, daß da irgendwie um die betrachteten Lebensverhältnisse prozessiert werden könne, ohne daß man sich um die Einzelheiten des Prozessierens irgendwie kümmert. Und umgekehrt kann man das materielle Recht als Einheit, als immer dasselbe ohne Rücksicht also auf seine Inhaltsbestimmungen ansehen, um nur die Gliederung des Prozesses zu betrachten.

Beim durchgeführten Dualismus der Rechtswissenschaft also untersucht die *Prozeßwissenschaft* das Rechtsverhältnis in abstracto in seiner notwendigen, die *Wissenschaft des materiellen Rechts* die vielen einzelnen Rechtsverhältnisse des Systems jedes in seiner möglichen Entwicklung. Die Prozeßwissenschaft sieht die Entwicklung des Rechtsverhältnisses im „Kriege", im Rechtsstreit, die Wissenschaft materiellen Rechts in seiner Entwicklung im Frieden, außerhalb des Prozesses. Für die Prozeßwissenschaft hat die *Entwicklung* einen rein temporalen, historischen Charakter, es handelt sich um eine, wie gesagt, notwendige Aufeinanderfolge; der Prozeß bricht ab oder entwickelt sich in ziemlich eindeutig bestimmter Weise weiter; für die Wissenschaft materiellen Rechts aber ist die Entwicklung zugleich Darlegung, sie hat als *Begriffsentwicklung* zugleich *dialektische* Natur, irgendeine prozessuale Entwicklungsform (Entwicklungspunkt) ist stets nur *Situation,* eine materiellrechtliche ist stets zugleich Situation und Möglichkeit. Die Situationen und Möglichkeiten eines materiellen Rechtsverhältnisses liegen

[18] Hier Dualismus innerhalb des Prozesses, nicht innerhalb der Rechtswissenschaft als Ganzes.

in tausendfacher Zahl und in Mannigfaltigkeit beieinander wie die Molekeln eines Körpers, die prozessualen Situationen liegen übereinander wie die Erdschichten.

Danach kommt die Prozeßwissenschaft zu einer ganz anderen Methode und Begriffsbildung als die des materiellen Rechts. In die Variation des Zivilrechtsverhältnisses tritt als Ursache seiner verschiedenen Wandlungen das wirtschaftliche Interesse der Parteien, welches sie eben verfechten, in seinen verschiedenen Wendungen ein. Die Diskussion des Prozeßrechtsverhältnisses hingegen ergibt sich aus den psychologischen Momenten, die den Parteien oder dem Gericht diese oder jene Fechtart, dies oder jenes Eingreifen bzw. Abwarten als wünschenswert erscheinen lassen.

Nun ist aber die Entwicklung des Rechtsverhältnisses innerhalb und außerhalb des Prozesses eine stark parallele, wenigstens für das Zivilrecht. Das ergibt sich schon aus dem Gesichtspunkt, unter dem die Begriffsunterscheidung des materiellen und formellen Rechts gemäß den oben angestellten Erwägungen überhaupt zustandekommt und benötigt wird. Im aktuellen Streite vor Gericht und im potentiellen, in der Korrespondenz über ihr Rechtsverhältnis ohne den Richter können die Parteien das materielle Rechtsverhältnis ganz gleichmäßig diskutieren und ihm ganz die gleichen Wendungen geben. Wir haben Aufrechnung im materiellen Rechtsverhältnis und Aufrechnung im Prozeß, Wandlung und Minderung im materiellen Rechtsverhältnis und im Prozeß, ebenso Geltendmachung eines Zurückbehaltungsrechts, Fristsetzung behufs Nachlieferung oder Nachbesserung u. a. m. Wir haben vor allen Dingen Anerkenntnis, Vergleich, Verzicht gerichtlich und außergerichtlich.

Und es ist da natürlich äußerst problematisch, ob man diese Rechtstatsachen als „Schicksale des (subjektiven) materiellen Rechts im Prozeß" einfach zum materiellen Recht schlagen soll, oder anerkennen, daß sie, und zwar namentlich die drei letztgenannten „Dispositionen in der Sache selbst" auch prozessualen Charakter haben. Wenn eine derartige Verfügung in der Sache selbst eine das Rechtsverhältnis erledigende Wirkung hat — sei es, wie Anerkennung, Vergleich, Verzicht eine durchschlagende, oder wie Aufrechnung wenigstens eine potentielle —, so würde sich zunächst scheinbar der erstgenannten bequemen Auffassung nichts in den Weg stellen, weil mit der Erledigung des materiellen Interessengegensatzes dem prozessualen Streitverhältnis sozusagen der Boden unter den Füßen weggezogen würde; aber schon die Tatsache, daß derartige Momente oft genug nicht total, sondern nur teilweise erledigend wirken, das Streitverhältnis also schon darum nicht immer beendigt, sondern fast öfter nur geändert wird ... (Anerkenntnisteilurteil als häufige Form des Anerkenntnisurteils!), benimmt den Mut, ihre prozessuale Seite zu ignorieren.

Verfolgt man aber den so gewonnenen Gesichtspunkt, die so gerechtfertigte Systematisierung weiter, so zeigt sich alsbald, daß nicht nur diese typischen Änderungsformen des Zivilrechtsverhältnisses zivilprozessuale Bedeutung haben, sondern daß jedes einzelne denkbare Privatrechtverhältnis schon in sich seine prozessualen Sondergestaltungen trägt: nicht nur, daß das Interesse der Parteien im Materiellen (im Wirtschaftlichen etc.) an sich in jedem Rechtsverhältnis sein Individuelles hat, wodurch eben die Rechtsverhältnisse sich voneinander unterscheiden: ihre Uniformierung im Prozeß ist eigentlich eine Art Willkür, eine Arbeit aus dem Groben, mit dem bloßen Auge, das zu schwach ist; in Wahrheit besteht und wird vom geschärften Blick gefunden bei jedem einzelnen auch reichlich prozessuales Sonderbedürfnis; allenthalben findet sich die materielle Unterscheidbarkeit in parallele Unterschiede des prozessualen Bedürfnisses weitergeführt.

Wir begreifen ohne weiteres, daß z. B. für einen Rechtsnachfolger, sei es etwa ein Erbe oder ein Zessionar, eine andere prozessuale Stellung sich entwickeln wird als für den, der sein Recht als ursprünglich Berechtigter vertritt. Wer den Pulsschlag des Prozesses in seinem feinsten Rythmus schlagen hören, wer das Zellengewebe dieses Organismus und seine Lebensäußerungen wirklich kennen will, der muß all diese Einzelheiten betrachten und studieren. Eine *mikroskopische* Arbeit!

Wer nun als philosophierender Jurist weiß, daß die annoch stattfindende Inferiorität der Geisteswissenschaften durch Gestaltung nach naturwissenschaftlichem Vorbilde bzw. durch Übernahme der einzig reinen wissenschaftlichen, eben der naturwissenschaftlichen Methode behoben werden muß, der wird die Entwicklung dieser Aufgabe mit Freuden begrüßen, wird begreifen und lehren, wie die mikroskopische Prozeßwissenschaft schwesterlich und gleichberechtigt hertritt neben die makroskopische Prozeßwissenschaft alten Schlages (die Wissenschaft des processus als Rechtganges, Wissenschaft der Prozeßmaximen, etc.), ihr aber doch erst zum wahrhaft exakten Charakter verholfen hat. Wer aber weiß, daß das Postulat der Umkrempelung aller Geisteswissenschaft in Naturwissenschaft nichts als eine rohe und spielerische, unreife, kindlich stammelnde und durchaus gedankenlose Analogistik ist, der wird zwar jener mikroskopischen Prozessualistik keineswegs das Lebensrecht abstreiten, das wir oben deutlich genug betont, aber doch darauf hinweisen, daß σχόποζ und σχήπτειν der Geisteswissenschaft mangelt, daß λόγοζ und λέγειν ihr Wesen ist und nicht der Reichtum der Natur, sondern der Geist-Reichtum, nicht der Reichtum des Objektes, sondern des Subjektes ihre Auszeichnung ist, die *Mikroskopie Mikrologie* zu werden und die Wissenschaft zu entgeistigen droht. Natürlich wird bei der mikroskopischen Untersuchung der prozessualen Flimmerbewegungen jedes einzelnen Privatrechtsverhältnisses eine nie dagewesene Fülle des Stoffs erwachsen, aber eben eine Überfülle, eine hypertrophische Wucherung.

Es läßt sich — und das haben die Römer getan — unter Verwertung der Einsicht von den prozessualen Eigentümlichkeiten jedes materiellen Rechtsverhältnisses eine *monistisch systematisierte Rechtswissenschaft* gestalten. Den zuvorderst sich aufdrängenden Gedanken, diese Rechtswissenschaft müsse eine bloß materiellrechtliche sein, haben wir bereits ad absurdum geführt. Der Rechtskörper der Römer ist ein wesentlich materiell-formellrechtliches Ding, ist das Rechtsding in all seiner wirtschaftlichen und kampfpsychologischen Lebendigkeit, es ist das Recht als „Anspruch", als (materielles) Forderungsrecht und als (formelles) Prozessierrecht zugleich, es ist die actio-exceptio oder kurzweg actio.[19] Das antike Recht zerfällt nicht wie das moderne kontinentale Recht in ein System materiellen Rechts und einen Aufbau des Rechtsganges, sondern materiellrechtliche und prozessuale Gesichtspunkte haben auf die Einteilung (annähernd) gleichviel Einfluß: das römische Recht ist *Aktionensystem.*

Die römische Rechtswissenschaft ist *Aktionenwissenschaft.* Sie ist als solche freilich nicht nur aus der oben angedeuteten Einsicht heraus zu erklären, sondern aus den primitiven Anfängen des Rechts heraus, in denen der Prozeß überwog und Prozeßtypen den Anfang der Systematik bildeten; der zähe Konservatismus der Römer hat die urzeitliche Anregung kultiviert und rationalisiert, wobei dann später natürlich die Einwirkungen materiellrechtlicher Systematik wenigstens im Zivilrecht große Macht bekommen.

Im Strafrechte, wo einerseits der allem Strafrechte mit Notwendigkeit sich aufdrängende Satz „Nulla poena sine lege" es unmöglich machte, das Herkommen und die Wissenschaft, die freie Aktionenkomposition, in denen so viele der Aktionen des Zivilrechts wurzeln, so verhältnismäßig ungestört walten zu lassen wie im Zivilrecht, wo man aber andererseits zu systematischer Kodifikation sich schon gar nicht aufzuschwingen vermochte, wird dies besonders offenbar. Zumal im *„Quästionenprozeß".*

„Die Entwicklung desselben charakterisiert sich im allgemeinen dadurch, daß weder in früherer noch in späterer Zeit eine das Verfahren in Strafsachen überhaupt regelnde Strafprozeßordnung erlassen wurde, sondern daß vieles dem Gerichtsgebrauch überlassen, anderes zwar durch Gesetze, aber nur je

[19] Das ältere und klassische römische Recht handelt zwar natürlich auch nach dem (tautologischen) Satz: „Wenn die Gesetze ein Recht geben, geben sie auch ein Mittel zu seiner Behauptung." Aber nicht jedem Recht steht bei ihnen ein zu Forderung und Klage autorisierendes Angriffsrecht (actio) zu Gebote, sondern manche müssen sich mit einem zur Leistungsverweigerung autorisierenden, zur Klagabweisung verhelfenden bloßen „Abwehrrecht" oder „Gegenrecht" (exceptio) begnügen, insbesondere die aus nuda pacta, d. h. solchen Vereinbarungen hervorgingen, die sich nicht einem der festen römischen Vertragstypen anschlossen oder wenigstens im konkreten Fall (als pacta in continenti adiecta) anlehnten. Es geschah dies der von den Römern immer sehr gepflegte Akkuratesse des Geschäftsabschlusses zuliebe (vgl. die schönen Ausführungen Ulpians I. 7 D. de pactis II, 14; auch von hohem pädagogischem Wert, sollten in keinem Pandektenpraktikum unerörtert bleiben).

für eine einzelne Verbrechensart geregelt wurde. Schon in der alten Zeit finden wir eine ‚Lex horrendicarminis' (Liv. I, 26), welche nur das Verfahren für das crimen perduellionis regelte, während wieder ein anderes Verfahren z. B. galt, wo es sich um paricidium handelte. In derselben Weise gingen die späteren leges vor. Erlassen zumeist im Drange des Augenblicks und im Hinblick auf das Umsichgreifen eines bestimmten Verbrechens, faßte die lex eben diese einzelne Verbrechensart ins Auge, gab ihre Definition, sprach die Strafdrohung (als poena legitima) aus und ordnete das Verfahren für dieselbe. Ähnlich, nur viel summarischer, verfuhren später die Kaiser in ihren Verordnungen. Allerdings enthielten aber die leges eine Anzahl übereinstimmender Vorschriften, andere fanden sich in der lex Julia publicorum iudiciorum, in kaiserlichen Konstitutionen und Senatsbeschlüssen, und aus diesen Elementen bildete sich in der Zeit der klassischen Juristen ein im wesentlichen für alle Verbrechen (crimina publica sowohl als extraordinaria) gemeinsames Verfahren, welches in der Darstellung der Justinianeischen Rechtsbücher zu erkennen ist."[20]

Diese Art der Jurisprudenz, das Aktionensystem, hat einen großen Vorteil: den, daß infolge des immer festgehaltenen Zusammenhanges von materiellem Recht und Prozeß das Recht durchaus praktisch bleibt und nie in Gefahr gerät, öder schematischer, haarspaltender Über-Wissenschaftlichkeit zu erliegen, nie auch dem magischen Trug allzu blendender „Leuchte der Philosophie" in gefährlichem Maß anheimzufallen. Jherings Mahnungen am Anfang und am Ende seines „Scherz und Ernst in der Jurisprudenz" finden so bei den Römern keinen Gegenstand. Mit Geist und mit Bewußtsein, mit einer Absichtlichkeit, die sie über Atavismen und Tüfteleien meist erhob, verstanden sie, die Undifferenziertheit von Prozeß und materiellem Recht zu handhaben und zum wohlbedachten Zwecke zu erhalten, so daß sie bei ihnen nicht Quelle und Ausdruck der Rückständigkeit und Barbarei, sondern souveränster juristischer Schöpferkraft wurde.

Darüber dürfen freilich die Nachteile des Systems oder vielmehr der ihm zugrunde liegenden Auffassung vom Recht nicht übersehen werden, die ihre Schatten denn doch auch ins römische Recht geworfen haben und bei anders gearteten Völkern verderblich wirken können.

a) Das wissenschaftlich ausgebildete Aktionensystem duldet zwar, ja verlangt auch eine tüchtige materiellrechtliche Systematik, aber ihrer vollen Durchbildung setzt es unübersteigliche Hindernisse entgegen. Sie entzieht dem materiellen Recht die Straffheit der Konsequenz, die ihm innewohnen muß; das Aktionensystem, die Aktionenwissenschaft birgt in sich einen Kern von *Launenhaftigkeit,* den die Römer ertragen haben, wie ihn die Engländer ertragen, der aber deutschem und meist auch französischem

[20] *Geyer:* Lehrbuch des gemeinen deutschen Strafprozeßrechts, 1880, S. 237; *Birkmeyer:* Deutsches Strafprozeßrecht, 1898, S. 807.

Rechtssinn wider den Strich geht und durchaus nicht etwa ein an und für sich zu schätzendes Gut ist. Im römischen Strafrecht hat dieser Mangel an Konsequenz verheerend gewirkt! Wenn die römische Psyche in Sachen Strafrecht und drum in Sachen der Politik so unglaublich schnell anima vilis wurde, haltlose, freche, winselnde, despotisch-sklavische Byzantinerseele, ist der eingewurzelte Mangel systematischer und systematisierender Gedankenzucht auf diesem Gebiete hauptsächlich schuld gewesen. Erst das Naturrecht hat dem materiellen Recht zur Ausbildung seiner Systematik verholfen, das Naturrecht, das als solches gegenüber dem Prozeß total verständnislos war und ihn schon deshalb eliminierte, so den Dualismus der Rechtswissenschaft begründend.

b) Das führt bereits hinüber zum zweiten Mangel. Mußte auch der Vorwurf eines einseitig materiellrechtlichen Charakters von dem Aktionensystem abgewehrt werden, so ist doch die ungeheure Präponderanz des materiellen Rechts, und zwar natürlich besonders des Privatrechts, im wissenschaftlich ausgebildeten Aktionensystem gar nicht zu übersehen. Schließlich rührt die Systematik, gestehen wir es nur ruhig ein, denn doch vom materiellen Recht, vom Privatrecht her, sie *regiert*; und wo, dies Gesetz durchbrechend, das prozessuale Moment maßgebend wird, ist bösartigste Unklarheit gar oft die Folge.[21]

c) Wenn die in entwickeltes Privatrechtssystem und kümmerlichen Prozeßaufbau geschiedene dualistische Rechtswissenschaft in Gefahr schwebt, (in ihrem allein wissenschaftlich entwickelten Teil natürlich, dem materiellen) *doktrinär* zu verkümmern, auch wohl spinöser Philosophasterei zu erliegen, so lauert ob der Aktionenwissenschaft das fatale Schicksal, *routinös* zu verelenden — wie in der dualistischen Rechtswissenschaft alten Schlages der Prozeß (d. h. vor tüchtiger Ausbildung der Maximentheorie).

d) Wie sehr auch die prozessualen Schicksale des materiellen Rechts wirklich dem Prozeßrecht angehören, so vermag doch eine Aktionenwissenschaft über sie eben nicht wesentlich hinauszukommen, und das eigentliche reine Prozeßrechtsverhältnis, d. i. die rechtliche Regelung der Stellung von Parteien und Gericht in der Tatsachenermittlung, das Psychologikum des (Prozeß-)Rechts erfaßt sie deutlich und geschlossen niemals. Noch weniger als die Prozeßroutine einer zur Theorie der Verfahrensmaximen noch nicht vorgeschrittenen dualistischen Rechtswissenschaft.

Hier leuchtet denn auch sogleich der Mangel ein, der unrettbar der neuesten Gestaltung der Rechtswissenschaft anklebt, wie man sie in Deutschland versucht hat: dualistisches System, das die moderne Privatrechtssystematik einerseits in ihrer vollen Entwicklung und Entwicklungsfähigkeit kultiviert, andererseits mikroskopisch die prozessualen Ergebnisse

[21] z. B. bei der hereditatis petitio.

der Aktionenwissenschaften aufnimmt ... eben unter Benutzung jener gesteigerten Intensität und Sättigung der Privatrechtssystematik mit verstärkter Energie, welche noch gewaltig gehoben wird durch die Isolierung des Zivilprozesses, die Arbeitsteilung, welche das Anerkennen, Betonen, Vertiefen jenes Querschnitts dualistischer Rechtswissenschaft ermöglicht.

Gerade bei dieser Isolierung wird ja nun die Fülle der Beobachtungen erzeugt, jene unendliche, üppige, die wir oben schon gekennzeichnet als den großen Erfolg der mikroskopischen Methode; die Zusammenfassung nach prozessualen Rubriken gelingt wenigstens teilweise und begünstigt das Emporschießen immer neuer Einzelheiten. Aber diese Fülle erweist sich als Schwäche, wenn Einheitlichkeit und Einfachheit gefordert wird: in *Hellwig*'s durch den ungeheuren Reichtum des Rechtsstoffs Staunen erregendem *Lehrbuch* des deutschen Zivilprozeßrechts vernichtet eben dieser Reichtum die pädagogische Brauchbarkeit vollkommen ... und item, daß man das, was Hellwig darstellen will, auch kürzer „im Auszug" sagen könnte — das ist ein großer Irrtum.

Reichtum des *Rechtsstoffs*. Nicht nur eine Verlockung der naturwissenschaftlichen Methodik ist es nämlich, die manchen auf den Weg der mikroskopischen und mikrologischen Zivilprozessualistik treiben mag, sondern gerade auch eine solche der geisteswissenschaftlichen und speziell der juristischen!

Die Freude über die Errungenschaft der zivilprozessualen Mikroskopie war gerade deshalb so groß, weil man da lauter reines Recht auffand, frei von den Schlacken des bloß Technischen, dessen starke Beimengung dem Prozeß den spezifisch juristischen Charakter benimmt und ihn zur Inferiorität herabdrückt. Viel besser als je selbst in der Maximentheorie glaubte man so, den Kern wahrer Wissenschaftlichkeit, weil vor allem den Kern wahren Rechts, für den Prozeß jetzt entdeckt zu haben.

Verhängnisvolle Täuschung! Immer kommt doch das wirklich Entscheidende im Prozeßrechtsverhältnis, das Rechtsverhältnis betreffend die Rollenverteilung zur Ermittlung des Sachverhalts, zu kurz! Das, was dem Prozeß sein psychologisches Interesse verleiht, wodurch er er selbst wird, fällt unrettbar dahin. Es bewendet schließlich doch immer bei einer bewundernswürdig sorgfältigen und straffen Theorie des „materiellen Prozeßrechts", des „Grenzgebiets zwischen Privatrecht und Prozeß" — kurz bei dem, was man sonst auch in speziellerem Sinn „Aktionenlehre", „Aktionenrecht" nennt. Der Versuch, alles in einer prozessualen Systematik unterzubringen, gelingt denn auch zum Teil, aber nie ganz.[22] Und wenn er ganz

[22] *Hellwig:* Lehrbuch des Deutschen Zivilprozeßrechts Bd. II, 1907, Vorbemerkung: „Ich hoffe durch sie (die Register) die Auffindung von solchen Erörterungen zu erleichtern, die sich bei der Art meiner Stoffeinteilung oder wegen ihrer vorwiegend zivilrechtlichen Natur leicht der Beachtung entziehen. Man hat die ausführliche

gelänge: auch die vollständige Erörterung der prozessualen Schicksale aller materieller Rechte ist noch kein Prozeß! Wir leugnen gar nicht, daß diese Erörterung die moralia und psychologica der Sachverhaltsermittlung mehr oder minder eingehend zu berühren vermöge ... aber das reicht nicht! Berührt sie selbstverständlich infolge der Kontinuität alles Wissens, Gewußten, Wißbaren, in das wir die Grenzen — Male unsrer Kraft und Schwäche — erst hineinritzen ... aber das dispensiert uns niemals wieder davon, eine solche Anlage der Wissenschaft aufrechtzuerhalten, die diese moralia und psychologica processus zur Einheit bringt; so daß eine Disziplin existiert, in welcher sie den beherrschenden Gesichtspunkt ausmachen: eben eine Prozeßwissenschaft. Es gibt Moralisches, gibt rein Rechtliches in den alten Maximen der Sachverhaltsermittlung, es gilt nur, sie zu sehen; und sie sind, für sich in Abstraktion, in ihrer prozessualen Einheit und Reinheit gefaßt, natürlich von ganz anderer Kraft und Tiefe als in der bloßen Verbindung mit irgendeinem zufälligen Sonderbedürfnis, einem Konkretum des Privatrechts!

Erörterung von privatrechtlichen Fragen getadelt. Ich verweise demgegenüber auf Bd. I, S. 192 I. Gehören diese Lehren, auch vom systematischen Standpunkt aus, nicht in ein Lehrbuch des Prozeßrechts, so sind sie zu dessen Verständnis doch so unbedingt erforderlich, daß wir die Rücksicht auf den didaktischen Zweck dieses Buches über die Rücksichten auf systematische Gesichtspunkte stellen und somit einen Gang durch die verschiedensten Lehren des bürgerlichen Rechts mit stetem Hinblick auf ihre prozessuale Bedeutung antreten. Dem Prozessualisten muß dieser Übergriff in das Gebiet des Zivilrechts ebensogut erlaubt sein, wie dem Zivilisten die Hineinziehung prozessualer Gesichtspunkte. Es handelt sich zum Teil um solche Lehren, die man dem Grenzgebiet zwischen Zivil- und Prozeßrecht zuzuzählen pflegt."

Hellwig gibt auf das Didaktische so viel, und doch ist gerade in didaktischer Hinsicht sein in Vorzügen und Fehlern außerordentliches Buch so durchaus mißraten! Für den Gelehrten von brennendem Interesse trotz aller Widersprüche — ich gestehe, daß ich den 2. Band geradezu verschlungen habe — aber für den Anfänger, auch für den „strebsamen", eine Unmöglichkeit. Das mögen diejenigen, die nach Hellwig den Prozeß lehren, insbesondere auch wegen der Examina berücksichtigen! Hören wir aber noch weiter *Hellwig* selbst wegen der Systematik:

„Die Schwierigkeiten, die die systematische Darstellung des Prozeßrechts bietet, sind gegenüber der früheren Zeit noch erheblich gewachsen. Nicht nur muß ein Lehrbuch heute auch solche Materien eingehend behandeln, die die Prozessualisten bisher ohne große Bedenken den Zivilisten völlig zu überlassen pflegten, sondern es gilt auch, die innige Wechselwirkung zwischen Zivil- und Prozeßrecht mit Rücksicht auf das neugestaltete bürgerliche Recht aufzuzeigen. Man muß sonach zu vielen Fragen Stellung nehmen, an deren neue Bearbeitung die zivilistische Wissenschaft eben herangetreten ist. Die eingehende Berücksichtigung des bürgerlichen Rechts ... erscheint durchaus geboten. Nur durch sie gewinnt eine Darstellung des Prozeßrechts Fleisch und Blut und kann bei dem Studierenden das lebhaftere Interesse erwecken, ohne daß die Beschäftigung mit dieser praktisch so wichtigen und zum vollen Verständnis des bürgerlichen Rechts unentbehrlichen Materie keine reifen Früchte bringen kann."

Zudem vertrocknet natürlich die Frische und Lebendigkeit, die gleichwohl den Vorzug eines taktvoll dirigierten Aktionensystems bildet, sobald nun noch etwas der aktionistische Prozeß isoliert, der Zufluß der Nährsäfte aus dem materiellen Recht her infolge der fortschreitenden Arbeitsteilung beiseitigt wird.

Es bleiben endlich die eminent wichtigen staatsrechtlichen und politischen Züge des Prozesses im Dunkeln, und die Kräfte der Geschichte liegen brach. Teils weil schon der Raum ihre Berücksichtigung nicht zu gestatten pflegt, teils weil im Kleinkram historischer Geist erstickt; nie ist mehr als in der neuesten Prozessualistik etwaige historische Einleitung bloßes Dekorativum gewesen.

Solches und ähnliches muß Altmeister Ernst Immanuel Bekker gefühlt haben, als er sehr früh schon, im Pandektenfragment, die eben aufkommende Lehre vom „Prozeß als Rechtsverhältnis" bekämpfte; hat da kulturgesättigter, geschmackgelenkter Epikuräergeist die Prozessualistik mit Maschinenbetrieb vorgefürchtet, deren wir uns heute „erfreuen"?

Einen bleibenden Gewinn *für den Prozeß* hat die neue mikroskopische und zivilistische Prozessualistik durch die große Genauigkeit gebracht, mit der sie im einzelnen die Grenze zwischen Prozeßrecht und Privatrecht festlegt. So wenn *Hellwig* zeigt und in glänzender Weise durchführt, daß den Rechtsschutzvoraussetzungen und der Lehre von der Rechtskraft nicht lediglich privatrechtliche, sondern auch hohe prozessuale Bedeutung innewohnt.[23] Wenn er sagt: „So ist es systematisch gewiß nicht richtig, in der Lehre von der Klagerhebung (von dem Inhalt der Klageschrift) die Arten der Klagrechte und ihre Voraussetzungen darzustellen", hat er sicherlich Recht; ich entsinne mich, wie als Studenten bereits mir diese Darstellung der Klagrechtsarten als möglichen Inhalts der Klageschrift, zu der freilich das System der deutschen Zivilprozeßordnung allzu leicht verführt, bei einer routinösen „Praktischkeit", die sich darin äußert, in systematischer Hinsicht geradezu einen *hilflosen* Eindruck machte.

Es hat jene neue Prozessualistik auf jeden Fall Erhebliches beigesteuert zu jener von uns als fundamental hingestellten Aufgabe aller Prozeßwissenschaft, der abstrahierenden Lösung der Undifferenziertheit von formellem und materiellem Recht. Im *Stoff* der Prozeßwissenschaft bleibt sie hervorragend beteiligt, darf aber ihre *Form* nicht beherrschen.

---

[23] Lehrbuch I, 17.

Der Rechtsunterricht*

1. An keinem Punkte dürfte gerade gegenwärtig die Notwendigkeit hochschulpädagogischer Wissenschaft so hervortreten, wie im Gebiete des Rechtsunterrichts. An ihrem Mangel allein liegt es, wenn die Reform, über deren dringende Notwendigkeit nur *eine* Meinung besteht, noch immer der Vorbereitung entbehrt. Es fehlt zwar nicht an Literatur — im Gegenteil, es gibt deren nur allzuviel. Kaum ist ein akademischer Lehrer, alt oder jung, zu finden, der nicht bei irgendeiner Gelegenheit ein unfehlbares Mittel eröffnet hätte. Dazu die Prüfungspräsidenten mit ihren Motusproprii und das Heer der Amtsgerichtsräte, die entdeckt haben, daß die Justizanwärter tüchtiger sind als die Referendare und das Studium durch die Subalternausbildung mehr oder minder ersetzt sehen möchten. Endlich haben auch die Repetitoren angefangen, ein wenig den Schleier von ihren geheimen Künsten und wundertätigen Kräften zu heben, und in den Verhandlungen der Parlamente sowie in den Tageszeitungen ist die Ausbildung der Justiz- und Verwaltungsbeamten zu einem ständigen Kapitel geworden. In all dem manches Anregende und Bedeutende, aber über dem Ganzen brütet ein undurchdringlicher Schwaden des Dilettantismus und der rohen Empirie. Einsam ragt *Goldschmids* umfassende wissenschaftliche Untersuchung „Rechtsstudium und Prüfungsordnung", vereinzelt stehen neben ihr die Arbeiten der wenigen Dozenten, die sich ständig, als mit einer Lebensaufgabe, in Aufsätzen und in der Herstellung von Hilfsmitteln zum Unterricht, mit der Rechtspädagogik befassen. Die unendlich wichtige Geschichte des Rechtsunterrichtes stellt einen großen weißen Fleck auf dem Globus intellectualis dar, nur einzelne Punkte sind durch einzelne hervorragende Forschungen aufgehellt. — So fehlt der Überblick über das Ganze; die große Masse der Gelegenheitsschriften ist gar nicht unmittelbar als Beitrag zur Wissenschaft der Rechtspädagogik zugrundezulegen, sondern nur als Rohmaterial verwendbar; sie hat keinen anderen Wert, als den von Dokumenten persönlicher, individueller Erfahrung, deren subjektive Ergebnisse gerade eben auch dann, wenn sie von befähigten und erfolgreichen Dozenten herrühren, nicht verallgemeinert, nicht zum objektiven Bestande rechtspädagogischer Lehre

---

* Zeitschrift für Hochschulpädagogik II (1911), S. 9 - 13. Zusammenfassung eines Vortrages vor der Gesellschaft für Hochschulpädagogik. Nach einer Diskussion, an der sich u. a. H. Gerland (Jena) und F. v. Liszt (Berlin) beteiligten, wurde daraufhin ein rechtsdidaktischer Ausschuß begründet.

gezogen werden können. All das ist gänzlich ungesichtet, und das Ergebnis einer bibliographischen Zusammenstellung und eindringender Durcharbeitung wird sicher qualitativ erdrückend gering sein! Doch ist beides nötig, denn dieweil fort und fort neue Reformbroschüren geschrieben werden, wird nur der Haufe immer größer, während man der notwendigen Grundlage der Reform, dem systematischen Verständnis der rechtspädagogischen Möglichkeiten, Fragestellungen, Notwendigkeiten und der methodischen Verständigung über sie, um kein Haarbreit näherrückt.

Diese Not kann nur durch Einführung der *Rechtspädagogik* in den akademischen Unterricht behoben werden, durch die Eingliederung in die Universitas litterarum. Die Unterrichtstechnik aber wie die Wissenschaftslehre, die Universitätsorganisation wie die Logik weisen dem neuen Stoffe seinen Platz an als ein *Teilgebiet der Rechtsphilosophie*. Erledigt man die Ontologie und letzte Bestimmung des Rechts in der Rechtsmetaphysik, die kritischen Probleme in Rechtslogik, Rechtsethik, Rechtsästhetik, die Frage, von wannen das Recht zeitlich kommt und wohin es führt, in der Rechtsgeschichtsphilosophie, so bedürfen die Ergebnisse, um wenn auch nicht des unvermeidlichen Restes ihrer Subjektivität entkleidet, so doch im Grade ihrer Subjektivität erkannt, bewußt zu werden, noch der Spiegelung in der positiven, anthropologischen Philosophie, in der Psychologie und Charakterologie. Und wird hierin der Mensch als Wesen von geistiger Entwicklung eingestellt, so ist das Problem der philosophischen Rechtspädagogik von selbst gegeben: Erziehung des Einzelnen und des Volks a) zum Recht, b) durch das Recht. Die Ausbildung des Berufsjuristen macht einen wichtigen Teil aus, aber selbst die Kinderlehre hat ihre Stelle.

2. Das Ideal des Richtertums, dessen Gewinnung den Hauptzweck der juristischen Ausbildung darstellt, ist der *weise* Richter. Darum ist bis zu einem gewissen Grade die rechtswissenschaftliche Jugenderziehung, die Heranbildung der Achtzehn- und Zwanzigjährigen und der anschließenden Altersstufe für den juristischen Beruf ein unlösbares Problem. Ja läßt sich Weisheit überhaupt durch Unterricht erzielen? Und alsdann, wie geschieht's? Zunächst ist es bereits das geringste Material unter den Absolventen der Mittelschulen, das sich dem juristischen Beruf zuwendet, diejenigen, denen es teils an idealem Sinn, teils an Initiative mangelt. Sodann wird das Universitätsstudium, dessen Einrichtungen überdies trotz der großen Verbesserung durch Einführung der Zwangsübungen (die auch der Frequenz der fakultativen Übungen mindestens nicht geschadet haben) rückständig bleiben, vernachlässigt. Ist das Studium angeblich zu trocken — während in Wirklichkeit die Ursache des Unfleißes mehr darin zu suchen ist, daß das Jünglingsalter die Hingebung an fremdes Schicksal, fremde Not, die subjektive und dann gar die aus der Subjektivität zur weisen Objektivität herausgebildete Anteilnahme ablehnt und ablehnen muß —, so wird doch auch die

Fühlung mit dem Leben selber, die Kenntnis der Bedürfnisse und der gedrückten Lage der bei weitem überwiegenden Menge der Bevölkerung nicht gesucht, und ebensowenig die Kenntnis des wirtschaftlichen Getriebes, der Funktionen der großen Kräfte des Verkehres, des Handelsgeschäftes und der Produktion, über deren Subtilstes, nämlich ihre Reibungen im Interessenkampf, der Jurist später richten soll. Ja es besteht ein schroffes Vorurteil gegen jede derartige Betätigung; und in den Verbindungen, darin der durch Studium und soziales Erleben nicht befriedigte Tatendrang des jungen Juristen sich sein Feld sucht, wird gerade nichts so sehr gepflegt, als eine kindische Exklusivität. Von den großen Angelegenheiten des sozialen Lebens hermetisch abgeschlossen, konzentriert sich sein Eifer auf einen Wust des Allerkleinlichsten. Am Schlusse der Studienzeit ist es das Resultat der Fach- und insbesondere der Charakterbildung, daß der junge Jurist die Arbeit und die Verantwortlichkeit nicht übernehmen, die Energie nicht aufbringen mag, sich wie die überwältigende Menge der anderen Studierenden selbständig zur Prüfung vorzubereiten. Lieber begibt er sich unter schulmäßigen Drill, bei dem der Zwang durch die hohen Kosten gewährleistet ist. Hat nun auch das Repetitorium seine besonderen Aufgaben, die die heutigen juristischen Fakultäten nicht erfüllen, und gibt es unter den Repetitoren manchen Mann von großem Können und edlem Wollen, so wird doch im ganzen von den Repetitoren der Geist der Selbständigkeit, des Selbstbewußtseins, der Selbstverantwortung noch weiter herabgedrückt, teilweise sogar mit den übelsten Mitteln systematisch auf Einschüchterung und abergläubische Examensfurcht hingearbeitet. Eine eigene Atmosphäre von Fatalismus und puerilem Wesen herrscht in den Kreisen der Rechtskandidaten.

Der Vorbereitungsdienst zeigt den Referendar in einer Reihe von Übergängen zwischen dem tennisspielenden Nichtstuer und dem überlasteten Arbeitstier — allen Arten und Abarten aber ist *das* gemeinsam, daß der Vorbereitungsdienst sie weder praktisch noch wissenschaftlich zu dem erforderlichen Grade der Ausbildung emporträgt, und wieder tritt der Repetitor ein. Das Verbot, zwischen der Beendung des Vorbereitungsdienstes und der Prüfung Urlaub zu nehmen, mit dem man diesen Tatbestand hat verdecken wollen, verdient gar keine Kritik; die Geschäftsverzeichnisse und die Übungen, erst fakultativ, dann zwangsmäßig, haben nichts gebessert und sind sprechende Zeichen dafür, wie rein äußerlich die Maßregeln auf diesem Felde bedacht werden und wie nötig die wissenschaftliche Vertiefung der einschlägigen Fragen ist. Noch bedenklicher aber sind, wie ich schon vor Jahren hervorhob (Allgemeine Rechtslehre I, § 16), die Einwirkungen auf den Charakter. Zwischen 20 und 30 fast 10 Jahre lang aller eigenen Verantwortung entzogen zu sein, das ist ebenso demütigend und lästig wie ruinös für Herz und Rückgrat. Die Entwicklung der Persönlichkeit wird gehemmt und verkümmert gar. Fast ausnahmslos finde ich die jungen Assessoren und

Anwälte an männlicher Reife hinter den Gleichaltrigen anderer Berufe zurückstehend. Wohl wächst dann der Anwalt in seiner freien Sphäre innerlich nach, wohl regt sich in dem Assessor mit dem Gefühl der endlich erlangten Verantwortlichkeit das Bewußtsein der Hoheit richterlicher Pflicht, insbesondere der Unzugänglichkeit für jede Beeinflussung und jedes Vorurteil. Aber sie suchen dann diese Unzugänglichkeit zu verwirklichen — wie sie es ihrem ganzen Erziehungsgange nach nicht anders können — in der *Passivität:* durch Zurückziehen vom Getriebe des Lebens, sich einspinnend in ihren spezifischen kollegialen Kreis. Auch ist die verlorene Jugend nie ganz zu ersetzen. Und noch eins: nur zu gut weiß der Assessor, daß er, in jungen Jahren schon, schlimmstenfalls für immer geborgen ist und auch seiner Pflicht genügt durch den bloßen Sitzfleiß. Aus einem Keim der Passivität erwächst der Entschluß zum Rechtsstudium, und dann wird, Stufe für Stufe, auf dem ganzen Entwicklungsgange die Passivität gezüchtet und mit ihr die Weltfremdheit.

Daß der Weg so arg verfehlt worden ist, liegt, wie gesagt, zum Teil daran, daß die Aufgabe, einen *jungen* Mann zum Richter zu bilden, bis zu einem gewissen Grade an einem inneren Widerspruche leidet und daß deshalb das Rechtsstudium überhaupt im Grunde ein Studium des gereiften Alters ist. Man mag als Endziel der Entwicklung einen Zustand bezeichnen, bei dem verdiente Anwälte und sozial und rechtlich besonders interessierte begabte und in allerlei Ämtern, unter Ausschluß des Referendariates, geschulte Ingenieure, Kaufleute, Ärzte, Lehrer die sella curulis des rechtsgelehrten Richters einnehmen würden; aber für das heutige Deutschland ist derartiges unmöglich in Aussicht zu nehmen, weil es eine Umwälzung der politischen und teilweise selbst der sozialen Verhältnisse voraussetzt; das Referendariat und der heutige Rechtsunterricht sind, was meist übersehen wird, mit den politischen Verhältnissen und dem Staatsrecht eng verknüpft. Auch eine Verkürzung oder Verlegung des Vorbereitungsdienstes wird deshalb sehr schwer zu erlangen sein. Immerhin ist die Verkürzung mit allen Mitteln anzustreben, um Raum für ein wirkliches, den modernen Aufgaben des Juristen genügendes Studium zu schaffen.

3. Denn dies ist die erste Bedingung, wenn doch die Aufgabe der juristischen Fachbildung junger Leute einmal gelöst werden muß. Es muß, am besten unter Ausdehnung auf 10 Semester, das Rechtsstudium mit dem vollständigen und eingehenden Studium der Volkswirtschaftslehre und der Verkehrswissenschaft (Handelsfächer) verbunden werden. Dann würde das Interesse der Studierenden und ihr Ernst stärker sein. Die nationalökonomischen Studien ziehen fast jeden an, und sie, die vom Standpunkt der Charakterbildung aus leichter, elementarer sind als das Rechtsstudium, lassen sehr schnell den Wunsch nach Rechtskenntnissen wach werden.

Im engeren Gebiete des Rechtsunterrichtes aber bleibt erste Forderung die Zurückdrängung der akroamatische Methode und Ersatz durch die katechetische, besser die diskussionale, die von vornherein allein dem Wesen des Rechtes angemessen ist. Ich trug während meiner Lehrtätigkeit an der Universität und der Handelshochschule zu Lausanne nur die Rechtsphilosophie rednerisch vor; in allen Einzelfächern verwandte ich das erste Drittel jeder Stunde oder Doppelstunde teils vortragend auf zusammenfassende Repetition des schon behandelten Stoffes, teils auf katechetische Erörterung des von den Hörern in häuslicher Arbeit selbständig Erlernten; das zweite Drittel auf Einführung der neu zu behandelnden Gegenstände mittels Diskussion von Fällen (induktive Ableitung der Rechtsregeln durch die Hörer selbst); das letzte Drittel auf systematischen Vortrag.

Natürlich kann hierbei nur auswahlweise vorgegangen werden, schon deshalb, weil mir die von *Danz* wie etwas Neues aufgestellte Maxime, daß nicht so das Gesetz als Literatur und Judikatur den Gegenstand des Unterrichtes zu bilden haben, immer als selbstverständlich galt. Denn akademischer Unterricht ist Problemunterricht. Das Auswahlsystem ist aber nicht etwa Notbehelf, sondern gehört zum Kern und Wesen der Sache selbst; die Hörer müssen die Lücken ergänzen, sie werden vom ersten Tage an an eine Arbeit und Methode gewöhnt, deren Ziel es ist, das Gesetz juristisch, d. h. geschichtlich, sozial, dogmatisch kommentierend zu lesen.

Sodann muß die alte Frage, wie die Anfänger zu gewinnen seien, durch enzyklopädische Einführungsübungen und Colloquia gelöst werden, wie ich sie seiner Zeit als *„Anleitung zum juristischen Denken und zur juristischen Stilistik"* zusammenfaßte. Unter beständigen Hinweisen auf die äußerlichsten Einzelheiten der Arbeitstechnik wie auf die höchsten innerlichen Anforderungen des juristischen Berufes, unter Entwicklung des Rechtsstiles als des ästhetischen Trägers der Würde des Rechtes sind leichteste Fälle aus *allen* Rechtsgebieten zu behandeln, teils um an allen Ecken und Enden die großen Zusammenhänge aufleuchten zu lassen, teils um alle Zugangstüren zum Verständnis und zur Liebe für das Recht zu öffnen. Dabei ist das *Prinzip der Unmöglichkeit falscher Lösungen* zugrunde zu legen: die *subjektive* Anteilnahme am Recht soll hier zunächst geweckt werden, darum Entscheidung ohne Gesetz „nach dem eigenen Rechtsgefühl" mit Begründung „in Form eines deutschen Aufsatzes". Jede Antwort wird in der Tat irgendeinem Rechtssystem entsprechen; die arg falschen natürlich primitiven, überlebten, und hier quillt denn sogleich in unmittelbarster Frische der tiefe Born der rechtshistorischen und rechtsvergleichenden Belehrung — die Studierenden merken ihre Denkfehler und -unvollkommenheiten aber doch sehr gut. Der Zusammenhang von Recht und Kultur wird ihnen gleich offenbar. Daneben Anleitung zu rechts- und staatswissenschaftlicher Privatlektüre und zu Referaten, und Förderung der allgemeinen Bildung. Der Aberglaube, daß im Rechtsstudium das jedem zugängliche, freie, ans Herz gewachsene ethische Empfinden gar nichts zu tun habe, sondern nur starre, fremde, spröde und seelenlose, aber schwierige Formeln und logische Kniffe zu erlernen seien, wird verdrängt. Es setzt gerade im Anfang mit vollem Klange das Prinzip ein, das als einzige formulierte These aus den vorstehenden Erörterungen erfließen mag: Schwerpunkt des Rechtsunterrichtes ist die *Entwicklung des mitgebrachten Rechtssinnes.*

Die Entwicklungslinie der Rechtsphilosophie und das Problem ihrer Geschichtsschreibung*

In memoriam Karl Lamprecht

I.

Die Geschichtsschreibung der Rechtsphilosophie datiert vom Anfang des 19. Jahrhunderts, ist also eine junge Wissenschaft. Doch entspricht dies genau dem Zuge der allgemeinen Wissenschaftsentwicklung. Die kontinuierliche Geschichtsschreibung der allgemeinen Philosophie ist nicht viel älter und die Rechtsgeschichte ebenfalls nicht. Ein Auftreten der Geschichte der Rechtsphilosophie kann aber nicht erwartet werden vor dem Aufstieg systematischer Rechtsgeschichtsschreibung, und dieser steht selbst erst an der Wende des 19. Jahrhunderts. Die Bedingungen für die Entstehung der Rechtsphilosophiegeschichte waren damals halb ungünstig, halb günstig, weil das Zeitalter, dem sie nach der damaligen und auch nach heute herrschender Meinung vorzugsweise ihren Stoff zu entnehmen hat, die Neuzeit ist, um die die halb neuhumanistische, halb romantisch-mediaevistische, also germanistische Rechtswissenschaft sich grundsätzlich nicht kümmerte, mit dem aber die Philosophie sich besonders intensiv befaßte. Im übrigen sind die Bedingungen des allgemeinen geistesgeschichtlichen Interesses, das am Anfang des 19. Jahrhunderts flammend erwachte und das 19. Jahrhundert kennzeichnet, ihrerseits durch Ideen bedingt, die in der Rechtsphilosophie erzeugt wurden. Damals erzeugt wurden, und zwar von denen, die mit der Entstehungsgeschichte der Rechtsphilosophiegeschichtsschreibung am engsten verbunden sind. Denn aus und innerhalb der Rechtsphilosophie kamen Schelling, Hegel und Stahl zur „Geschichtsphilosophie."

Das Naturrecht empfand kein Bedürfnis zur Geschichte der Rechtsphilosophie. Was aus den Zeiten der Naturrechtslehrer an rechtsphilosophiegeschichtlichen Konstatierungen sich findet, dient fast lediglich aktuellpolemischen Absichten.

Die beiden ersten unter den Rechtsphilosophen, die sich ausdrücklich auf den Boden des positiven Rechts stellten unter Vermeidung des Begriffs und auch des Wortes Naturrecht, haben auch sofort die Geschichte der Rechtsphilosophie begründet. *Krause* und *Stahl* waren die ersten Geschichts-

* Hogaku Kyokai Zasshi 1915, Heft 2 und 3.

schreiber der Rechtsphilosophie. Nicht als Historiker im strengen Sinne: für die historische *Forschung* auf dem Gebiet der Rechtsphilosophie konnte natürlich erst später etwas geschehen.[1] Stahl und Krause, die Anreger, konnten und mußten nur auftreten als Geschichts-*darsteller*. Es boten: *Stahl* ein umfassendes, in seiner Art *bis heute unübertroffenes* Werk, ein klassisches Meisterstück, so in sich vollendet und glänzend erstellt, wie es nur sein kann, wenn Tendenz und Befangenheit Geburtshilfe leisten. Krause, in schwerem Ringen mit dem Stoff, nur kleinen verborgenen Abriß — aber interessanter Weise in zwei verschiedenen Anordnungen und Problemstellungen, analytisch[2] und synthetisch,[3] aufgrund der These, daß die rechtsphilosophische Geschichte überhaupt nur so in kombinierter Methode unter korrespondierender Dualität der Gesichtspunkte wissenschaftlichen Ansprüchen gemäß erörtert werden könnte.

Seitdem ist eine ganze Reihe teilweise großangelegter und offenbar lehrreicher Geschichten der Rechtsphilosophie erschienen.[4] Unter diesen Umständen muß es wohl befremden, wenn nun die Frage gestellt wird: *gibt es überhaupt eine Geschichte der Rechtsphilosophie?*

Was die Aufzeichnungen der Rechtsphilosophiegeschichte an rechtsphilosophischen Leistungen vor uns hinbreiten, sind doch offenbar keine durcheinandergeworfenen Rudimente, sondern deutlich zeigt sich ein Fortschritt des rechtsphilosophischen Gedankens bzw. — um das Wesen der Geschichte vorsichtiger, moderner anzusetzen — Zusammenhang ist da oder doch Zusammenhänge, Werden des einen aus dem anderen. Und Bedeutsamkeit scheint auch da zu sein. Fragt sich nur, wie sie sich verteilt.

Doch man sehe einmal näher zu. Unter allen diesen Werken ist nicht ein einziges, das den Anforderungen der Gegenwart auch nur annähernd entspricht. Mehrere der Schriften sind Fragment geblieben, gerade die geistvolle Arbeit *Hildenbrands* betrifft nur das klassische Altertum, und *Lassons* für das Altertum so vortrefflicher inhaltreicher Abriß beraubt sich für die

---

[1] Was geschehen ist, ersieht man am besten aus Stintzing-*Landsbergs* Geschichte der deutschen Rechtswissenschaft. Für das Altertum sind nur zur Verfügung die allgemeinen philosophiegeschichtlichen Werke: *Überweg-Heinze, Zeller, Gomperz*. Für das Mittelalter fehlt zuverlässige allgemeinere Nachweisung ganz.

[2] System der Rechtsphilosophie (ed. Röder), 1874, S. 109 - 127.

[3] Ebd. S. 362 - 426.

[4] Übersichten dieser Literatur bei *Lasson:* System der Rechtsphilosophie, 1882, S. 45; *Berolzheimer:* System der Rechts- und Wirtschaftsphilosophie II, 1905, S. 6; ferner die bedeutende Übersicht von *Geyer* in Holtzendorffs Encyklopädie der Rechtswissenschaft, 4. Aufl. S. 9 - 51; *Bélime:* Philosophie du droit, 2. éd., Préface S. 5 - 26, Text S. 175 ff.; *Harms:* Begriff, Formen und Grundlegung der Rechtsphilosophie, 1889, S. 26 - 34, 135 - 148; *Bunge:* Le droit c'est la force, Paris 1908, S. 19 - 94. Viel gutes Material bei *D'Aguanno:* Gian Domenico Romagnosi II, Parma 1906. Fundgrube für Monographien ist *Landsbergs* Geschichte der Rechtswissenschaft.

Neuzeit mutwilliger Weise selber seiner Wirkungskraft. Überdies sind im Laufe der Zeit die zusammenfassenden Darstellungen der Rechtsphilosophie nicht häufiger, sondern seltener geworden. Während die Zahl der rechtsphilosophiegeschichtlichen Monographien erfreulich zugenommen hat und auch einzelne Zeitabschnitte gelegentlich mit Erfolg behandelt werden, hat die umfassende Darstellung der Geschichte der Rechtsphilosophie seit längerer Zeit vollständig aufgehört. Es gibt kein Lehrbuch, das man empfehlen kann; die österreichischen Rechtsfakultäten, an denen Geschichte der Rechtsphilosophie offizielles Studienfach ist, müssen ohne ein solches auskommen. Niemand nimmt das gehörige Interesse an dem Gegenstand, und niemand wagt sich an ihn. Das Altertum als eine in sich abgeschlossene Materie, die überdies immer die Möglichkeit gibt, durch philologische Prästationen wissenschaftliches Verdienst zu erwerben, wird eher angegriffen, aber vor der Neuzeit, auf die es gerade ankommt, scheut alles. Eine kürzlich erschienene allgemeine Geschichte des Naturrechts[5] ist ein elendes Machwerk.

Nun ist unter den modernen Schulen der Rechtsphilosophie der Neukantianismus historisch bedürfnislos;[6] es genügt ihm, Kant zu kommentieren und gelegentlich von Fichte oder Rousseau zu reden, auch mal Aristoteles und Platon dekorativ heranzuziehen. Der Neuhegelianismus aber empfindet ein außerordentlich intensives historisches Bedürfnis,[7] und die Methodologenschule in ihren wissenschaftlich ernsten Vertretern ebenfalls.[8]

Es *gibt* nach aller Wahrscheinlichkeit eine Geschichte der Rechtsphilosophie, man *hat* sie aber nicht. Das Haben ist jedoch wichtig. Ob es eine Geschichte der Rechtsphilosophie nicht gibt oder ob man sie nicht schreiben kann, kommt schließlich auf das gleiche hinaus. Die Hauptgründe dieser peinlichen Verlegenheit sind offenbar zwei.

1. Das Material an vorarbeitenden Monographien ist noch überaus unvollständig.

2. Die obwaltende Krisis der Rechtsphilosophie.

Der erste bietet keine grundsätzliche Schwierigkeit, oder wenigstens darf man diese Schwierigkeit nicht als grundsätzlich erachten. Soweit reicht das monographische Material denn doch, daß auf seinem Grunde eine vollexistenzberechtigte, d. h. unsere Einsicht weit über die bisherige hinaus för-

---

[5] *Giulio de Montemayor:* Storia del diritto naturale, Neapel 1911.

[6] *Del Vecchio* ist eine Ausnahme, die um so mehr die Regel bestätigt, als er niemals ein bloßer Kantianer gewesen ist. Unterhält er doch noch heute, wo er sich Neukantianer *nennt,* rege Beziehungen zum Neuhegelianismus und dessen Anverwandten.

[7] Dem *Kohler* in Einzelstudien unablässig nachlebt. *Berolzheimers* Gesamtdarstellung im System der Rechtsphilosophie ist nur eine starke Materialsammlung.

[8] Auf dieser Grundlage ruht das Werk *Kantorowiczs.*

dernde neue Gesamtgeschichte der Rechtsphilosophie geschaffen werden kann. Beweis für diese kühne Behauptung? Es gibt deren mehrere.

Erstens aus der Literatur: die Leistung Landsbergs. Er schrieb eine Geschichte der Rechtswissenschaft, und wieviel erfahren wir nicht — bei ihm, dem ausgesprochenen Positivisten! — Neues zur Geschichte der Rechtsphilosophie. Wenn man es nicht vorher wußte, durch dies gar nicht ex professo der Rechtsphilosophie gewidmete Werk ersah man, wie veraltet die bisherigen gangbaren, auch die besten Geschichten der Rechtsphilosophie schon sind. Zweitens aus der akademischen Praxis: Ich las an der Universität Lausanne im Sommer 1906 *„Rechtsphilosophie als Geschichte der Rechtswissenschaft."* Dieser Vorgang fand Nachfolge, u. a. *Kantorowicz* und *Preuss*. Bei den Studierenden, die sonst der Rechtsphilosophie überaus abwendig waren, erregte die Vorlesung in dieser Form größtes Interesse. Damit ist gesagt, daß im Geschichtlichen der Rechtsphilosophie sich etwas Neues, und zwar etwas der Gesamtdarstellung fähiges Neues angefunden hat. Auch wird niemand zweifeln, daß E. v. Möller, wenn auch auf urkonservativer Basis, eine sehr gute Vorlesung über Geschichte der Rechtsphilosophie halten, eine Gesamtdarstellung über sie schreiben kann.[9] Damit ergibt sich drittens der durchschlagende, und zwar gemeinplätzliche, aber auch allgemeingültige praktische Beweis. Du kannst, denn Du sollst! Gesamtverarbeitung des vorhandenen monographischen Materials wird gebraucht, darum muß sie gemacht werden. Das Bedürfnis tritt von außen her auf, aus der systematischen Philosophie, wie schon gezeigt ist, da der Rechts-Methodologe wie der moderne Rechtsmetaphysiker sich fortwährend mangels übersichtlichen historischen Fahrwassers aufs Trockene geraten sieht.[10] Aber auch von innen, aus dem Geschichtsmaterial, den Monographien selbst heraus; sie

[9] Ebenso natürlich *Kohler*, wenn es ihm in den Sinn kommen möchte, sich über den Geschichtsgang der Rechtsphilosophie eingehend zu verbreiten. Nicht aber *Gierke*, der — obwohl er weit über die Gegenwart hinausreichende, teilweise noch unverstandene und unausgebeutete wissenschaftliche Werke geschaffen — in seinen *historischen* Arbeiten doch ebenso wie *Lasson* ganz zur älteren Generation gehört.

[10] Geradezu erschreckend ist, wie wenig man mangels Gesamtübersicht mit dem von Gény angesammelten ungeheuer wertvollen Zitatenmaterial anfangen kann. Die Unsicherheit, ob die freie Rechtsfindung etwas ruchlos Neues oder etwas Selbstverständliches, längst Dagewesenes sei, konnte nur infolge der fehlenden Rechtsphilosophiegeschichte auftreten, und nicht stünden wir ohne ihr Fehlen vor jenen Lähmungen gerade der tiefsten Forscher: *Seitz* (seit 50 Jahren viele Werke, zuletzt Biologie des geschichtlichpositiven Rechts, 3 Bände 1910) wegen der Erfolgs- und Berechtigungsunsicherheit des Unternehmens geradezu um den Verstand gebracht; *Gény*, der Größte des Fachs, sich unfähig haltend zur Herstellung einer 2. Auflage der Méthode d'Interprétation und die erste unwürdig des Neudrucks; *Lambert* über seinen ersten Band nie hinausgekommen — und ähnlich mancher andere! Kein Wunder, wenn dann gemütliche Seichtheit und sensationslustige Scharlatanerie den Markt beherrschen.

sind immerhin so zahlreich. Und etwas einzelforschende Arbeit muß der darstellende Historiker sich eben auferlegen; niemals aber darf er mangels Vorarbeit unserer Zeit oder irgendeiner anderen Zeit den Beruf zur Geschichtsschreibung abstreiten; es ist größte Selbsttäuschung und Gedankenlosigkeit, zu glauben, das Monographienmaterial könnte jemals vollständig werden; größte Kritiklosigkeit, zu glauben, daß das Monographiesystem sich selbst und die Wissenschaft ohne Gesamtdarstellung auch nur lebendig halten kann. Jedes Zeitalter, jede Lage der Wissenschaft hat den Beruf zur Geschichtsschreibung. Gerade in unserem Fach der Rechtsphilosophie ist das am besten belegt: was für monographische Vorarbeiten hatte denn *Stahl*?[11]

Aber der zweite Grund: die Krisis der Rechtsphilosophie. Sie bietet wirkliche, ernste Schwierigkeit; die zu erörtern, Zweck dieser Abhandlung ist, um ihre Lösung vorzubereiten.

Wie die moderne Krisis der Rechtsphilosophie die Historik der Rechtsphilosophie beeinflußt, ist ohne weiteres klar. Die älteren Geschichten der Rechtsphilosophie haben von jedem Autor dargestellt, wie er sein Naturrecht konstruiert, d. h. sie geben seinen Beweis des Naturrechts und streifen einzelne Punkte aus seinem Naturrechtssystem. Allerdings bewendet es meist beim ersten, und das ist kein Verlust, weil die durchgeführten Systeme des Naturrechts einander wie ein Ei dem andern ähnlich sehen, was niemand wundern kann, seit Cicero erklärte, das Naturrecht sei recht eigentlich das römische Recht. Immerhin: die Begründung des Naturrechts und die Ausführung des Naturrechts im praktisch anwendbaren, der ewigen Heilsordnung oder Vernunftordnung zugehörigen, daran einen wesentlichen Teil bildenden System hat die früheren Zeiten *interessiert*. Die Zeit seit 100 Jahren, die eine Geschichte der Rechtsphilosophie kennt, hat sich in ihren bedeutenden Vertretern nur noch negativ dafür interessiert; alle haben das Alte, die Beweise und Darstellungen des Naturrechts mitgeschleppt. Denn sie wußten ja nicht, wofür sie sich sonst interessieren sollten, und wenn sie das Naturrecht abtaten, so fehlte ihrem geschichtlichen Berichte überhaupt jedweder Stoff. Wir aber interessieren uns für das Naturrecht gar nicht mehr. Weder für seine Beweisung noch für sein System. D. h. das konservatorische oder im besseren Sinne das philologische Interesse haben wir, und dazu haben wir ein negatives Interesse ähnlich dem der traditionellen Rechtsphilosophiehistorik von Lasson bis zurück zu Stahl. Unser Interesse für das Naturrecht ist also *rein historisch* und sekundär. Aus rein historischem

[11] Dessen Sünden in seiner Eigenschaft als Historiker ich mit meinem Lobe nicht beschönigen will — wenn er z. B. die ungeheuerliche Behauptung wagt, *die* Römer hätten nie ein Naturrechts*system* unterstellt (Rechtsphilosophie I, 3. Aufl., S. 233), sondern nur einzelne, Menschen und Tieren gemeinsame Normen gemäß pr. I. de iure nat. I, 2. — was ein Blick auf *Cicero* widerlegt.

Interesse kann man aber keine Geschichte schreiben[12], und aus sekundärem Interesse geht es schlecht.

Die rechtsphilosophische Historiographie des 19. Jahrhunderts lebte in ihrem negativen Sinne noch immer von der dogmatistischen Verschmelzung des Naturrechts mit dem Begriffe des Rechts. Dogmatistisch glaubte alle Vergangenheit bis auf Schelling, Krause und Stahl, wenn sie beweisen wolle, daß Recht sei oder möglich sei, so müsse Naturrecht bewiesen werden. Wir Heutigen können unseren Beweis des Rechts nur beginnen auf der Basis der kritischen — aber nicht kantischen — Überzeugung, daß das Recht, welches wir eventuell beweisen werden, Naturrecht sicher nicht ist. Wie die Naturrechtsdoktrin zu dieser kritischen Überzeugung, die auch in ihr irgendwie keimen möchte oder auf die sie hie und da irgendwie über sich hinausweist, — wie zu dieser die Naturrechtsdoktrin sich im einzelnen verhält, das ist ein Punkt *unseres* negativen und Sekundärinteresses an der traditionellen Geschichte der Rechtsphilosophie.

Ein positives und primäres Interesse haben wir bis auf die Gegenwart gar nicht gehabt. Es war darum nur eben recht, daß uns eine Geschichte der Rechtsphilosophie gebrach. Wir konnten sie nicht schaffen, und wenn ein Geist sie uns geschenkt hätte, hätten wir nichts mit ihr anzufangen gewußt. Das konnte nur so und nicht anders sein, denn wir hatten ja keine Problematik der Rechtsphilosophie. In den rechtsphilosophischen Vorlesungen und den als „Rechtsphilosophie" etikettierten Werken wurden nur die traditionellen loci communes weitergeführt nebst einigen Klagen über die — verdiente — Interesselosigkeit des Publikums. Das Gute und Neue kam aus Untersuchungen, die gar nicht rechtsphilosophisch sein wollten; es ging damit ganz ähnlich wie gleichzeitig mit der Naturphilosophie, die der philosophisch begabte Teil der Naturwissenschaftler erneuert, indem er auf sie schimpft.

Heute ist die Lage verändert. Wir besitzen heute eine Problematik der Rechtsphilosophie und damit das unabweisliche Bedürfnis nach einer Neuorientierung ihrer Geschichte. Denn jene Problematik ist neu. Sie geht *uns* an und gehört ganz und gar der Gegenwart. Die Zeiten sind vorbei, in denen die philosophische Fragestellung über Wesen und Bedeutung des Rechts in der Stahlschen Theologie und im historischen, materialistischen und neukantianischen Positivismus und Agnostizismus ertrank. Vorbei die Zeit, in der solche, die überhaupt der Rechtsphilosophie das Leben gönnten,[13] darüber

[12] Bloß Annalistik. Solch rein historisches Interesse hatten die Chinesen.

[13] Wenn man bedenkt, wie auf die Rechtsphilosophie gehöhnt und in welchen Tönen sie totgesagt worden ist, kann man sich darüber wundern, daß niemals ihre Geschichte geschrieben worden ist als die einer menschlichen Verirrung, wie man seit der Aufklärung die Geschichte von Folter und Hexenprozeß zu schreiben pflegt, um die Masse mit ihrem Bilde zu unterhalten wie einst mit ihrer grausen Wirklichkeit. Oder ähnlich wie man mitunter Geschichte der superstitiösen Naturwissen-

klagten, es sei eigentlich gar nicht festzustellen, welches ihr Zweck und ihre Aufgabe sei. Dabei waren diejenigen im Grunde sympathischer und auch der Wissenschaft förderlicher, die die Rechtsphilosophie ehrlich leugneten, als die, die Rechtsphilosophie verhandelten, ohne zu wissen, was sie eigentlich sei.

Wie Literatur und Kunst in der Fessel und Augenbinde traditioneller Regeln und Vorbilder bis nach Mitte des 18. Jahrhunderts eigener Probleme und Leidenschaften, des Charakters und eigener Formen bar geblieben ist, so hat auch die Rechtsphilosophie, die als solche fortlebte, in Nachahmung gelebt und der Probleme, des Temperaments[14] und der Form entbehrt.

Wie sehr die rechtsphilosophische Stumpfheit, die Problemlosigkeit bestanden hat, zeigt auch für den, der die Literatur und die Kollegpraxis jener Zeit nicht kennt, die eben erwähnte Rolle, die plötzlich dem logischen Problem der Rechtsphilosophie zuteil geworden ist, der „Rechtswissenschaftslehre," „Rechtsphilosophie als Geschichte der Rechtswissenschaft." Bot sie nach der einen Seite hin Neues, bot sie echte Problematik in der Methodenfrage, so war sie doch nach der anderen Seite hin noch ein deutliches Produkt der alten Stumpfheit und Ratlosigkeit. Hing sie doch offensichtlich noch gründlich fest im Historismus, dessen Wappenschild sie trug. Bedeutete sie doch auch eine Grenzverwischung, eine Vermengung verschiedener Disziplinen, die beim ersten vollbewußten Augenöffnen sich darüber klar werden mußte — wie antiquiert sie war. Ihre Zeit ist längst vorbei.[15] Man soll und man darf, man wird keine Rechtswissenschaftslehre

schaft, Religionsgeschichte und Geschichte gewisser sozialer Erscheinungen, überlebter Verfassungs- und Verwaltungseinrichtungen schreibt, ... als Kultur-Kuriosa. Doch ist die österreichische Verfügung, daß (nicht Rechtsphilosophie, sondern) Geschichte der Rechtsphilosophie vorgetragen werden sollte, von solchem Standpunkt absolut entfernt?

[14] Mit starkem Gefühl und Ernst haben die katholischen Schriftsteller, insbesondere seit der Encyclica Immortale Dei, die ihnen verderblich erscheinende moderne Rechtsphilosophie bekämpft (vgl. die glänzende Streitschrift des Mgr *Hugonin:* Du droit ancien et du droit nouveau, 1887). Aber ihre Problemstellungen sind natürlich noch mehr als die aller anderen traditionalistisch, und auch die neuesten Thomisten, mögen sie im Stoff noch so geflissentlich die neuesten sozialen Entwicklungen berücksichtigen oder mögen sie, wie etwa *Cathrein,* noch so scharfsinnige Einzelheiten bieten — für die rechtsphilosophischen Grundprobleme können auch sie nicht anders gewertet werden als die erledigten *De Maistre, Lamennais und Stahl.*

[15] Sie ging schnell dahin. In der „Allgemeinen Rechtslehre" (1. Aufl. 1904) habe ich die „Rechtswissenschaftslehre" entworfen; in die 2. Aufl. 1912 ging sie schon nicht mehr ein. Ich sehe mich genötigt, gerade diesen Entwurf heranzuziehen, weil er meines Wissens die einzige gedruckte Formulierung geblieben ist in Verbindung mit meinem Aufsatz: Philosophie und Reformgedanken. Ein Beitrag zur Würdigung der Utopie (Philos. Wochenschrift 1907 Bd. 1, S. 72 ff., insbes. S. 75). Und doch wird man sich leicht erinnern, wie allgemein die Überzeugung war, daß die Rechtswissenschaftslehre die moderne Rechtsphilosophie bleiben und werden würde, wenn man

als Rechtsphilosophie mehr schreiben, keine Rechtsphilosophie als Geschichte der Rechtswissenschaft. Und bald wird diese auch hoffentlich nirgends mehr vorgetragen, sondern jedes für sich: Rechtsphilosophie und innerhalb ihrer als Bestandteil — nach Bequemlichkeit einverleibt oder ausgelöst — die Rechtswissenschaftslehre; und von ihr unabhängig als Sonderfach die Geschichte der Rechtswissenschaft.

Vor allem: die Rechtswissenschaftslehre oder Rechtsphilosophie als Geschichte der Rechtswissenschaft bot, so universell, so totalistisch sie sich zu geben suchte, doch eben nur *ein* Problem der Rechtsphilosophie, und wenn sie noch so überzeugt und geschickt dies Problem als *das Problem der Rechtsphilosophie nach Lage der Gegenwart* hinzustellen suchte, so besaß doch dieser Standpunkt zu wenig Festigkeit. Solch ein Intellektualismus konnte keine Dauer haben in einem so eminent praktischen Zweige wie der Rechtsphilosophie in einer Zeit, wo die Rechtsphilosophie in *Bewegung* gerät. War ja doch die neue Strömung wesentlich entstanden in Reaktion gegen gewisse Intellektualismen: die Intellektualismen des armseligen, herzlosen und unsinnigen Interpretierwerks, den Historismus und den abgelebten und doch immer noch spukenden rechtsphilosophischen Intellektualismus, das Naturrecht. Neben der intellektualistischen und ästhetischen Auflehnung gegen die Rückständigkeit und Dürftigkeit in den durchschnittlichen Leistungen der Lehre und der Justiz, gegen ihre kümmerliche Produktionsscheu und ärmliche Beckmesserei hatte doch das Gefühl einen starken Anteil, und so mußte dieser Logizismus ganz aus sich selber wieder auf das ethische Problem hinführen, zugleich damit auf das metaphysische, und damit mußte in und aus ihm selber neu lebendig werden das Pathos und Bathos des rechtsphilosophischen Problems. Die Vertreter der Rechtswissenschaftslehre waren bei ihrem deutlichen Bewußtsein, das Problem der Rechtsphilosophie neu gestaltet zu haben, stolz auf ihre erkenntnistheoreti-

zurückdenkt an die Wirkung von *Jellineks* Rektoratsrede: Der Kampf des alten mit dem neuen Recht. Es war ersichtlich, daß Jellinek durch beredtes Schweigen in einer diesen Titel tragenden Abhandlung nicht nur seine Reserve gegenüber dem juristischen Freirechtsgedanken betonen wollte, sondern zugleich auch aussprechen: die Rechtswissenschaftslehre ist die Rechtsphilosophie nicht. Man hatte Grund gehabt, anzunehmen, daß Jellinek für die Rechtswissenschaftslehre auftreten würde. — Ebenso bestand Grund, daß die Neukantianer, denen die Rechtswissenschaftslehre zweifellos und gemäß der Natur des Kantianismus notwendigerweise Anregung verdankt, ihr Sukkurs leisten würden. Der ist auch mit schwerstem Geschütz (*Stammlers* Theorie der Rechtswissenschaft, insbes. S. 35) gekommen — als die Rechtswissenschaftslehre längst wieder erledigt war. Erst recht mußte von den Fichteanern Mitwirkung erwartet werden; aber *Münsterberg, Rickert,* auch *Eucken* äußerten sich nicht zum Recht, und *Lask* („Rechtsphilosophie" in der Jubiläumsschrift für Kuno Fischer) verhielt sich unentschieden; immerhin findet man bei ihm vieles die Stimmung jener Tage für und wider die Rechtswissenschaftslehre Bezeichnende. — Und endlich äußert sich das, was damals gewesen ist, in den Nachzüglern, die noch heute schreiben, als sei die Rechtswissenschaftslehre die ganze Rechtsphilosophie.

sche Fassung, aber sie mußten sich doch besinnen auf seine gewaltige urtümliche *ontologische* Form: *Gibt es denn Recht?* Diese Frage, die aus dem Erleben der Macht des Unrechts fließt, ist die Frage der Menschheit und das immer aktuelle Problem der Rechtsphilosophie. Und wer unter dem Drucke der bestehenden Rechtsordnungen leidet, wird statt der radikalen metaphysischen die *ethische* Form des Rechtsproblems aufgreifen, ob das Recht vom Guten oder vom Bösen sei, und damit die zweite materielle ontologische Frage stellen: „Was ist das Recht?" Dies führt zu folgendem Fragenkatalog:

Was für ein Wesen oder Ding ist dies (Gesamtproblem der Rechtsphilosophie)?

1. Ist es Wirklichkeit oder nur ein Hirngespinst (ontologisch-erkenntnistheoretisches Problem)?

2. Wohnt diesen Rechtssätzen, Rechtsgesetzen, die Geltung — von mir — heischen, ein vernünftiger Zusammenhang inne, der sie beglaubigt; und eine innere Verbindung mit unserer übrigen Erkenntnis, die ihnen gestattet, innerhalb des Systems widerspruchsfreier Welterklärung aufzutreten? Besitzt das Recht also einen Gehalt an *Wahrheit* (logisches Problem)?

3. Muß ich das Recht wirklich dulden und achten? Ist es nicht vielleicht, mit seinem Zwange und seiner Kurzsichtigkeit (summum ius summa iniuria), verabscheuenswert, so daß es besser wäre, das Recht wäre *nicht*? Hat also das Recht eine *Berechtigung*? Ist es vom Guten oder vom Bösen (ethisches Problem)?

4. Erscheint nicht der äußere Anblick, den das Recht in seiner Betätigung gewährt, abstoßend? Eine rast- und gemütlose, wirre und öde, von Fall zu Fall ohne innere Einheit, ohne krönenden absoluten Formgehalt sich fortwälzende Geschäftigkeit; Aktenwust, Schreibstube und Gezänk; Chaotisch-Unreinliches, eine Abseite des Lebens? Oder sollte es einen Aspekt geben, unter dem dies Getriebe ein Anmutendes, einen Adel der Erscheinung erhält, Formen sichtbar werden läßt, so daß doch in ihm das menschliche Streben nach Höherem einen Ausdruck findet? Gibt es also *Schönheit* im Recht (ästhetisches Problem)?

5. Ist das Recht als Faktum, wie es mir entgegentritt, ein Gegenwärtig-Zufälliges, oder war es immer, ist es unter dem Druck bestimmter Notwendigkeiten zu dem geworden, was es ist; und welcher Notwendigkeiten? Wie ist es geworden (historisches Problem)?

a) Ist es überhaupt immer dagewesen, und was war möglicherweise vorher (prähistorisches Problem)?

b) Wird es in Zukunft sein, oder ist es überlebt bzw. sich zu überleben bestimmt und worauf weist es alsdann hin, was half es vorbereiten, worin hätte der Sinn seiner vorübergehenden Existenz bestanden (geschichtsphilosophisches Problem)?

6. Aber beruhte vielleicht der Eindruck, den ich vom Recht empfange, auf den innerlichen Vorbedingungen, die ich mitbringe (anthropognostisches Problem)? Inwiefern sind also möglicherweise meine Auffassungen vom Recht und die Auffassungen, denen ich bei anderen begegne, von der eigenen Zufälligkeit, von der nur bei mir oder bei jenen vorhandenen Geistesverfassung beeinflußt? Oder von der eigenen Gesetzmäßigkeit? Welchen Anteil haben möglicherweise die typischen Eigenschaften und Veränderungen der Geistesverfassung der Menschen, d. h. also die *Seele* (psychologisches Problem), und welchen das eigentümliche Ganze der Geistesverfassung einer Individualität oder Gesamtheit, also der *Charakter* (charakterologisches Problem)? Welche Rolle spielen, kurz gesagt, die verschiedenen *Rechtsempfindungen*?

Das also sind die Probleme der Rechtsphilosophie, die wir uns stellen, nachdem auch der Stand der Vertreter der gelehrten akademischen Rechtswissenschaft sich zu erheben sucht aus seiner rechtsphilosophischen Indifferenz. Das allgemeine rechtsphilosophische Interesse aber, das heute herrscht und das es jedem akademischen Rechtslehrer heute zur Eitelkeits- u. Ehrensache macht, bei jeder möglichen Gelegenheit seine Beseeltheit von rechtsphilosophischen Ideen zu zeigen, wie es ihn vor zwanzig Jahren mehr oder minder der Lächerlichkeit aussetzte, würde sich schwerlich fruchtbar halten lassen, wenn wir nicht der Indifferenz ein Ende machen auch auf dem rechtsphilosophiegeschichtlichen Gebiet. Es verträgt sich schlecht, daß man im Bereiche der dogmatischen oder systematischen Rechtsphilosophie stürmisch und erfolgreich neuert und sich im Bereich der Geschichte der Rechtsphilosophie den alten, für uns nun unbelehrsam gewordenen Zustand einfach gefallen läßt, so daß dann zwischen der Rechtsphilosophie und der Geschichte der Rechtsphilosophie gar kein Zusammenhang mehr besteht. Die Geschichte der Rechtsphilosophie würde dann noch mehr in Mißkredit geraten, als sie es in ihrem Zusammenhang mit obsoleter und mißachteter Rechtsphilosophie schon gewesen ist, und ihre wissenschaftliche Pflege würde unmöglich. Die Studierenden würden sie widerwillig hören, und die Lehrenden mit schlechtem Gewissen sie lehren. Das Ziel, daß die Geschichte der Rechtsphilosophie nur noch als ein Kapitel aus der Geschichte des Unsinns vorgetragen würde, könnte dann erreicht werden, und man könnte das nicht einmal als den ungünstigsten Fall bezeichnen, weil dann in ihrem Vortrag doch wenigstens noch ein wenn auch kümmerlicher Hauch von Geist und Leben wäre. Dies für die Geschichte der Rechtsphilosophie, deren Selbstzweck als historischer Wissenschaft niemand bezweifeln wird. Von der Bedeutung lebendig gestalteter und wirkender Rechtsphilosophiegeschichte für die dogmatische Rechtsphilosophie soll hier nicht gesprochen werden, weil das das ganze Problem des Historismus und der historischen Methode aufrollen heißt.

Wir sind überzeugt, daß die spekulativen und dogmatischen Wissenschaften mit ihrer Geschichte methodisch unlöslich verbunden sind, denn sie alle sind keine reinen Objektwissenschaften. Was ihre Arbeit anstrebt, ist ein Fortschritt, eine Entwicklung im *Ich*; ein Fortschritt im individuellen Ich sowie auch in der Menschheit und den einzelnen menschlichen Gemeinschaften als Persönlichkeit. Der Fortschritt, die Entwicklung im Ich erfolgt aber durch Selbst*bestimmung*. Sie ruht darum in stetiger Vergegenwärtigung der Vergangenheit. Hier forscht und arbeitet das Subjekt im Subjekte, ist das Subjekt arbeitend sich selbst sein eigener Gegenstand,[16] Subjekt und Objekt sind eins.[17] Während in den Erkenntniswissenschaften das Subjekt vom zeitlosen Objekte völlig zu trennen ist und der Forscher das Beste leistet ohne alle geschichtlichen Bezugnahmen auf das Forschen und Erleben in reiner Hingabe an das Objekt, muß der wissenschaftliche Forscher, der auf dogmatischem Gebiet, etwa in der Rechtswissenschaft, *Prinzipielles* feststellen will, immer das Forschen der Vergangenheit in sich neu existent machen zur Bereicherung des eigenen Ichs und Forschens und zur Kritik. Das mag genügen.

Also die Neuorientierung der Geschichte der Rechtsphilosophie ist Erfordernis, für die Rechtsphilosophie. Schon die Rechtswissenschaftslehre hat das eingesehen — sie, aus deren Schoße doch auch die anthistoristische Strömung[18] auf dem Gebiete der Rechtswissenschaft hervorgegangen ist. In

[16] Darum muß auch die Rechtswissenschaft mit ihrem Gegenstand identisch sein, ein Fundamentalsatz, der dogmatisch — einer Imitation der Naturwissenschaft oder Exaktwissenschaft zuliebe — so oft verkannt worden ist, von *Jherings* faden naturalistischen Analogismen an (Geist des römischenRechts, 4. Aufl., I S. 27 ff., II/2 S. 334 ff., III S. 178 f.) bis auf die verfeinerten Aufarbeitungen desselben Irrtums bei *Kelsen:* Hauptprobleme der Staatsrechtslehre, 1911, den seine — in ihren Grenzen brauchbare — Unterscheidung zwischen Imperativ und Norm zu verfehlten Konsequenzen führt, und *Bierling,* den ein rechtsethischer Grund mißleitet, weil er durch Fehlen eines objektiv festen Gegenstandes der Rechtswissenschaft die Rechtspflege der Willkür ausgeliefert glaubt.

[17] Deshalb muß die Methode der Rechtsphilosophie und der Geisteswissenschaften überhaupt auf dem Identitätssystem aufgebaut werden (Schelling, Hegel, Krause) und nicht auf dem Kantianismus. Der Streit zwischen den Systemen, der uns speziell in der Rechtsphilosophie das Leben sauer macht, beruht wesentlich auf dem Mangel an Klarheit darüber, welchen Gebrauch man von dem einzelnen System zu machen hat. Das Kantsche System mit seinem Dualismus lehrt, wie man Naturwissenschaft treiben, wie man in der Naturwissenschaft wahre Tatsachen und bloße Glaubens-Phantastereien und Trugbilder unterscheiden kann, indem es zeigt, daß viele angebliche Objektiv-Tatsachen (Gott, Freiheit, Seele und ihre Eigenschaften) nur Ideen sind, also dem Subjekt zugehörig. Methode und Verständnis der Geisteswissenschaften liefert dagegen der Kantianismus nicht, dazu braucht man ein Identitätssystem.

[18] Die wissenschaftliche Richtung des juristischen Anthistorismus ist begründet von *Kantorowicz* (Kampf um die Rechtswissenschaft, 1906) und selbständig bisher eigentlich nur von ihm vertreten. Neben ihm kann *Ernst Fuchs* (Gemeinschädlichkeit

ihrem ausgeprägten Historismus, dessen Schwächen wir oben bezeichnet, liegt ein Verdienst in Hinsicht auf die grundlegende Vorbereitung einer Wiederaufnahme und Neugestaltung, forschender, produktiver Behandlung auch der Geschichte der Rechtsphilosophie. Aufgrund der neuen Problematik muß das rechtsphilosophische Material — und vielleicht mehr, anderes als das bisher als rechtsphilosophisch geltende Material; denn neue Probleme suchen, weisen auf neue Materialien — nach neuen Richtpunkten hin durchbohrt, es muß nach neuen Grundsätzen angeordnet werden, nach neuen Wertungen klassifiziert. Es muß möglicherweise mithin die Rechtsphilosophie neu periodisiert,[19] jedenfalls die Entwicklungslinie der Rechtsphilosophie revidiert werden.

Diese Revision soll hier begründet werden. Dabei sollen die Bedingungen der Blüte der Rechtsphilosophie ermittelt werden, soweit sie gelegen sind in den Entwicklungsschicksalen und Entwicklungsgesetzen der philosophischen Wissenschaft.[20] Es soll zunächst von dem bestehenden, herrschenden Periodenschema ausgegangen, sodann gezeigt werden, inwieweit dieses bereits angefochten und inwieweit es durch widersprechende einzelne (rechts-) philosophiegeschichtliche und geschichtsphilosophische Auffassungen erschüttert ist. Endlich soll ausgeführt werden, in welchem Sinne die Geschichte der Rechtsphilosophie neu zu periodisieren.

---

der konstruktiven Jurisprudenz, 1909; Jurist. Kulturkampf, 1912) genannt werden; gefolgt sind ihm *Wieland:* Historische und kritische Methode in der Rechtswissenschaft, 1910, und *Anderssen:* Wert der Rechtsgeschichte, Lausanne 1911; entgegengetreten *Köhne* im Archiv für Rechts- und Wirtschaftsphilosophie.

[19] Die Anregung dazu muß als gegeben erachtet werden, seitdem nicht nur das kirchliche Schriftstellertum, sondern auch *Kohler* entschieden das Mittelalter über die Neuzeit stellt und diese traditionell gepriesene Neuzeit als ganz unoriginal bezeichnet. Daß Erwägungen über die Berechtigung der herrschenden Periodisierung schon früher auftauchten, beweisen die Eingangsworte *Hildenbrands* zur Geschichte der Rechtsphilosophie. — Leider unzugänglich blieb mir *Rossbach:* Die Perioden der Rechtsphilosophie, Regensburg 1842.

[20] Eine willkürliche Beschränkung des Themas. Auch die Entwicklung der Rechtswissenschaft und die politischen Verhältnisse haben natürlich starken Einfluß auf das Gedeihen der Rechtsphilosophie. Den Zusammenhang zwischen Rechtswissenschaft und Rechtsphilosophie haben wir einmal berührt: in dem Gedeihen der ersteren, dem Stillstand der letzteren in Rom. Würden es aber für sehr gewagt halten, aus diesem prominenten Beispiel ein Gesetz herzuleiten des Sinnes, daß eine vorzügliche Jurisprudenz eine schlechte Rechtsphilosophie und etwa eine gute Rechtsphilosophie wie bei den Griechen eine schlechte Jurisprudenz bedingt, z. B. etwa des 19. Jahrhunderts notleidende Rechtsphilosophie aufs Konto seiner zum Himmel gipfelnden Jurisprudenz zu setzen? Wenn dieser Himmel nicht mehrstenteils der Begriffshimmel gewesen wäre! Nicht zu gedenken des bei manchen und nicht nur spezifisch anthistorischen Anhängern der Rechtswissenschaftslehre oder der Freirechtslehre herrschenden Vertrauens, die bisher zu erforschen verabsäumte Rechtsgeschichte der Neuzeit werde eine Überlegenheit jener Zeit über die historische Schule ergeben.

II.

Die Erhebung der spekulativen Rechtstheorie in die Philosophie vollziehen die Hellenen, deren Rechtsphilosophie von den Römern konserviert wird. Alsdann bringt das Mittelalter einen radikalen Rückfall; die Rechtsphilosophie geht wieder unter in der religiösen Spekulation. Indem die neuere Zeit die Ideen der Antike wiederbelebt, begründet sie auch von neuem die Rechtsphilosophie.

Nur zwei Perioden wirklicher und wissenschaftlicher Rechtsphilosophie sind in der Geschichte der Menschheit zu erkennen: die Antike und die Moderne: 400 vor Chr. bis 400 nach Chr.; 1600 - 1900; im Ganzen 800 + 300 = 1100 Jahre auf 6000, die wir heute übersehen. Es sind die Perioden, die man als Trägerinnen der intensivsten Kulturentwicklung betrachtet. Insoweit kommen freilich die Schicksale der Rechtsphilosophie mit denen der Gesamtphilosophie überein. Nur das läßt sich zur Unterscheidung festhalten, daß die Rechtsphilosophie jeweils ein wenig später auftritt als Naturphilosophie-Logik und selbst später als die allgemeine Ethik, und etwas früher als die Ästhetik. Ähnlich wie die Ethik ist ihr annähernd gleichaltrig — aber jünger — die Geschichtsphilosophie und die Ökonomie.

Hier das *Schema der Epochen* (Entstehungs-, Blütezeiten):

1. Hellenische Philosophie

Begründung der selbständigen wissenschaftlichen Philosophie um 600; die Naturphilosophie in Logik übergeführt durch die Eleaten, und nun von diesen, von Heraklit und Demokrit, von den Pythagoreern[21] und endlich von Dichtern[22] und Staatsmännern auf das mannigfachste angeregt *Ethik*, 440 - 400: Sophisten, Sokrates. *Rechtsphilosophie*, in der Sokrates und die Sophisten Vorläufer sind,[23] 400 - 330: Platon, Aristoteles,Epikur. Ästhetik um 350:

[21] Auf dem Boden der Ethik haben Eleatismus, Pythagoreertum und staatsmännischer Idealismus einander berührt und genährt; vgl. über Parmenides *Überweg-Heinze:* Grundriß der Geschichte der Philosophie I, 10. Aufl. 1909, S. 59.

[22] Schon seit recht alten Zeiten Lyriker, von Archilochos, Theognis, bis auf den Staatsmann-Dichter Solon, so daß also diese ethische Dichtung ausmündet in Didaktik und Epigramm; dann die Tragiker.

[23] Nur Vorläufer, weil sie die Rechtsphilosophie noch nicht zu vollen Systemen ausgerundet und demgemäß noch nicht zu einem Sonderabschnitt der Ethik bzw. der gesamten Philosophie verselbständigt hatten. Dem Sokrates wie den Sophisten ist die Rechtsphilosophie nur Einschlag im Gewebe der Ethik. Beziehungen der Rechtsphilosophie zu anderweitigen Disziplinen der Philosophie, die schon früher, bei Pythagoreern, Orphikern usw. angelegt waren, nimmt erst Platon wieder auf. Doch sind Sokrates wie die Sophisten *ernstliche* Vorläufer der Rechtsphilosophie, und zwar sind sie gleichermaßen beachtlich; nicht ist Sokrates vorzuziehen; zwar ist sein

Aristoteles mit Vorläufer Platon.[24] *Geschichtsphilosophie* seit Historikern wie Theopomp im aristotelischen Zeitalter, dem die Veranlassung zu seinen leichten geschichtsphilosophischen Insinuationen aus der Rhetorik (seinem Beruf) gekommen sein mag, dann weiter im Hellenismus: Diodor, Lukianos, Stoiker. Freilich immer nur rudimentär, weil die Menschheits- und Fortschrittsideen[25] ärmlich und unentwickelt blieben bis zur Entfaltung des

---

die Tiefe und die Intuition eines großen Prinzips; aber auf Seite der Sophisten ist das größere wissenschaftliche positive Material, wie zu ersehen bei *Gomperz:* Griechische Denker.

[24] Nur Vorläufer trotz ganz großer Leistungen! Wie Sokrates trotz seiner großen grundlegenden Leistung auf dem Gebiet der Rechtsphilosophie Vorläufer bleibt. Die Ästhetik ist bei Platon noch ein Einschlag der Moral und im einzelnen noch nicht genügend ausgeführt. So selbst sein am meisten eingehender Darsteller *Tennemann:* System der Platonischen Philosophie Bd. IV, S. 265, 275, 276. Immerhin hat aber, trotz ihrer Verquickung mit der Moral, die Platonische Ästhetik sehr beträchtliche Beziehungen zur Metaphysik gemäß pythagoreischer und orphischer Tradition, was Tennemann völlig übersieht.

[25] Ideen, ohne die eine Geschichtsphilosophie nicht möglich ist, die aber jener lediglich *nationalen* Geschichtsschreibung unzugänglich blieben. Diodor, der universalgeschichtliche Tendenz pflegte, war kein Philosoph, und die Stoa, die jene Ideen hatte, besaß nicht mehr die Spannkraft zur Historiographie; auch sie dachte nicht entfernt daran, daß jene Ideen durch *Geschichte* verwirklicht oder angestrebt werden könnten. So vermochte selbst der Alexandrinismus, trotz Unterstützung durch Judentum und Christentum, keine Geschichtsphilosophie herzustellen.

Universalistische Ideen, die Geschichtsphilosophie zeugen *können,* finden sich bei den orientalischen Völkern. Aber Inder und auch Chinesen waren ohne Sinn für Chronologie, und so brachten an Geschichte namentlich die Inder nur Zerrbilder hervor. Zudem ist das Endziel im Brahmanismus (relativ) und im Buddhismus (absolut) negativ, und die Geschichte wird dadurch *gleichgültig,* so daß die Inder sie nicht beachten, die Chinesen aber Geschichte und Politik als Sammlung aller tendenziösen Lügen und kindlich nutzloser, von der Leidenschaft mißleiteter Tatbestrebungen verachten. Bei den Indern liegt das Mittel, bei Chinesen, Japanern, Mesopotamiern, Ägyptern das Ziel in dem Zusammenhang mit einem koexistierenden Totenreich; die Geschichte wird gleichgültig, weil dies Ziel sich beständig verwirklicht; das Reich der Toten ist dem der Lebenden im Grunde gleich, da nach altanimistischer Auffassung die Toten in ihrer Weise weiterleben. Ähnlich animistisches, aber doch halb positives Ziel, wenn auch ein pessimistisches, hegt die Mythologie der Germanen; daher bei ihnen jene in der Edda (Nibelungenring) ausgeprägte Spur von Geschichtsphilosophie, die mit Rechtsphilosophie eng verknüpft ist. Infolge allmählicher Bildung von Erlösungsidealen stellt sich ein noch mehr positiver Anflug von Geschichtsphilosophie (astronomisch-astrologisch geschützt) bei den Babyloniern ein und führt durch Perser und Spätjudentum schließlich zu der grundlegenden universalistisch-geschichtsphilosophischen Konzeption des Christentums, zu dessen detailliertem, von der Schöpfung über Abraham, David, Christus zum jüngsten Gericht reichenden Heilsplan, der die Mutter aller Geschichtsphilosophie geworden ist. — Der ostasiatischen Philosophie ist neuerdings eine Geschichtsphilosophie geschaffen auf shintoistischer Grundlage mit buddhistischer Zielsetzung, der ein positiver Charakter gesichert wird durch die Nationalitätsidee, den Evolutionsgedanken und durch vollständige moderne Verarbeitung des wissenschaftlichen Materials.

Christentums.[26] *Ökonomik:* Xenophon, Aristoteles mit Vorläufer Platon. Blieb gleichfalls durchaus rudimentär; so sehr, daß manche ökonomische Lehrbücher sich weigern, eine Geschichte der Ökonomik des Altertums überhaupt mitzuteilen, und „diese ganz moderne Wissenschaft" erst mit Adam Smith beginnen lassen.[27] Es will scheinen, als ob ohne Geschichtsphilosophie auch eine wissenschaftliche Ökonomik nicht möglich sei, *wenigstens* gilt das von der philosophischen Ökonomik (Wirtschaftsphilosophie).

2. *Moderne Philosophie*

a) Erstes, vorkritisches Zeitalter

Begründung der neuen Philosophie aufgrund der Restauration der Wissenschaften und der Freiheit des inneren Menschen 1400, von Nicolaus von Kues und Früheren an.[28] Naturphilosophische und scholastisch-logistische Spekulation von ihm und Früheren an über die humanistischen Schulen hin bis 1600 (Giordano Bruno). *Ethik* begründet um 1500; nämlich: *Begründung der protestantischen und modernen Ethik durch die Reformatoren und ihre humanistischen und mystischen Begleiter, Vorläufer, Schüler,* etwa[29] Savonarola, Leo Hebraeus; Telesius; Pomponatius; Vives; Laurentius Valla, Agricola, Erasmus, Mutianus Rufus; zuletzt Giordano Bruno; eine philosophiegeschichtliche Tat und Epoche, die darum nicht weniger wesentlich und fundamental ist, weil man ihre Kenntnis aus den kirchenhistorischen, dogmenhistorischen, philosophiegeschichtlichen Werken und den Geschichten der Mystik erst mühsam zusammenschaufeln muß[30]. *Rechtsphilosophie* 1600 - 1650: Bodin, Althusius, Grotius; Vorläufer die naturrechtlichen Reformato-

---

Diese Geschichtsphilosophie hängt mit der Rechtsphilosophie eng zusammen: *Kukehi,* Kókoku no kontei, 5. Aufl. 1913.

[26] Vgl. die umfassenden Darlegungen bei *Bernheim:* Lehrbuch der historischen Methode und der Geschichtsphilosophie, 5. und 6. Aufl. 1908, S. 33 ff.; 71; 157; 210; 220; 687 ff. Bei ihm auch bis ins einzelnste nachgewiesen die reichliche Literatur, die es hier verschmerzen läßt, daß es eine Geschichte der Geschichtsphilosophie noch immer nicht gibt.

[27] Literatur bei *Schmoller:* Grundriß der allgemeinen Volkswirtschaftslehre, 4. - 6. Aufl. 1901, S. 45 f.; *Conrad:* Grundriß zum Studium der polit. Ökonomie, 4. Aufl. 1902, S. 293, 296; *Gustav Cohn:* Grundlegung der Nationalökonomie, 1885, S. 91 (beachte aber S. 97, § 68).

[28] Ganz früher, versprengter Vorläufer *Abälard.* Übrigens ist auch *Leonardo da Vinci* hier zu nennen.

[29] Ohne die Mystiker, denen die hier beiden Erstgenannten, auch der frühe Luther, allerdings nahestehen; Auswahl von Namen der Mystiker und als Vorläufer wichtiger Antinomisten hier untunlich, weil sie erst noch im einzelnen zu erläutern wäre.

[30] Zur Ethik der Reformatoren ein wenig Literatur bei *Überweg-Heinze III,* 10. Aufl. 1907, S. 26; *Conrad* (N 27), S. 300.

renschüler[31], Reformatoren selbst und Gegenreformatoren; unter ihnen Köpfe wie Bellarmin und namentlich Suarez, freilich bereits zur Blüte der neuen Rechtsphilosophie zu zählen, wie sie ja auch chronologisch dahin zu stellen sind. *Geschichtsphilosophie* um 1700: Vico.[32] *Ökonomik:* Merkantilisten und Physiokraten; Vorläufer der Merkantilisten und Physiokraten sind die Reformatoren und Humanisten, soweit sie über ökonomische Dinge geschrieben haben[33], freilich nicht im Inhalt ihrer Darlegungen, sondern nur darin, daß sie in modernem, weltlichem Sinne ökonomisieren.

b) Zweites Zeitalter: Kantische und nachkantische Epoche

Begründung der neuen Kritischen Philosophie durch die Kritik der reinen Vernunft 1781. Überführung der Philosophie aus der erkenntnistheoretischen Metaphysik in Naturphilosophie durch Kant[34] und Schelling[35]; in Logik durch unfreiwillige Kantianer wie Bardili, Thorild[36]; Hegel. *Ethik,* angelegt vom späten Kant, durchgeführt von Fichte, Schelling, Krause, Schleiermacher, Herbart, Schopenhauer; *Rechtsphilosophie* angelegt von G. E. Schulze (Aenesidem-Schulze)[37] und anderen Kantianern[38] mit Kant als Vorläufer, neben dem hier Rousseau und auch Hume zu nennen sind; Fortführung der Anlage durch Fichte, Schöpfung des Grundgedankens der modernen kritisch-organisch-evolutionistischen Rechtsphilosophie selbst durch Schelling und Krause, schöpferische Vollendung (ihrer Jugendepoche) durch Hegel. *Ästhetik,* angelegt von Kant[39], neben ihm von Schiller,

---

31 *Oldekop* und Genossen, wie nachgewiesen bei *Kaltenborn:* Vorläufer des Grotius. Auch Arminianer und Gomaristen.

32 Wohl sicherlich auch Vorläufer. *Bodin* wird mit seinen geschichtsphilosophischen Anläufen doch nicht ganz allein geblieben sein. Daß wir über die Vorläufer so gar nichts wissen, liegt sicherlich zum guten Teil am Mangel jeglicher Geschichte der Geschichtsphilosophie. Allerdings steht der Absolutismus (anders der Cäsarismus) der Geschichtsphilosophie ablehnend gegenüber und bliebt sein Zeitalter geschichtsphilosophisch relativ unfruchtbar, machen Geschichtsphilosophie erst wieder die Vorboten der Revolution und Nationalität.

Wie Bodin sich den weiteren geschichtsphilosophischen Ausblick selbst verbaut hat, hat *Bernheim* (N 26), S. 220 gezeigt.

Aber die geschichtsphilosophischen Ansichten eines Thomasius und eines *Leibniz* wären monographischer Bemühung doch wohl wert gewesen.

33 *Conrad* (N 27), S. 299 ff.

34 Kritik der Urteilskraft; Prolegomena.

35 Daneben von anderer Grundlage aus *Goethe.*

36 *Kuno Fischer:* Geschichte der Philosophie Bd. VII, S. 127. Auch an Kants Vorlesungen über Logik, herausgegeben von *Jäsche,* ist zu denken.

37 Leitfaden der Entwicklung der philosophischen Prinzipien des bürgerlichen und peinlichen Rechts, 1813.

38 Gros, Fries, Krug, Hufeland, Heydenreich, Bouterwek, Abicht etc.

39 Kritik der Urteilskraft.

Herder, Goethe, ausgebaut von der Romantik unter Vorgängerschaft von Schelling und mit begleitender Wirksamkeit Krauses. Dazu dann Herbart. Geschichtsphilosophie, angelegt von Hume, Rousseau, *Herder*, auch Schiller und Condorcet, weitergebaut und vollendet von Krause und *Hegel*. St. Simon, Comte, Marx-Engels. *Ökonomik:* a) technische, positiv-fachwissenschaftliche, aber keineswegs aphilosophische, da nämlich naturrechtliche und aus ethischer Schule erzeugte Ökonomik, basiert auf die optimistische Geschichtsphilosophie der Aufklärungs-Revolutionsepoche: Adam Smith. b) philosophische Ökonomik (Wirtschafts- und Sozialphilosophie). Erste Anlage bei französischen Rousseau-Schülern (Babeuf) und bei Hegel[40], Aufblüte und Gipfelung durch die St. Simonisten, Comte, die französischen Sozialisten nebst Proudhon und Marx. Dann Ausbau mit mannigfachen Neuerungen durch die Wissenschaft der Gegenwart.

Die Gliederung wird immer schwieriger, je weiter wir in der Geschichte hinabsteigen; je reicher der Stoff ist, natürlich; und je besser wir das Material kennen. Ganz gewiß, Durchführung unserer These, die Anwendung unseres Schemas über die Reihenfolge in der Entstehung und Blüte der philosophischen Disziplinen auf die letzte Periode kann nicht auf ruhige Annahme und Zustimmung hoffen. Sie steht zu sehr im offenen Widerspruch mit den herrschenden Annahmen und Wertungen. Sie muß gegen diese bewiesen werden.

Der Vorwurf, der offenbar zur schärfsten Abweisung unseres Ablaufs-Schemas der Philosophie nötigt, ist kein geringerer als: unbegreifliche Unterschätzung, völlige Verkennung des Wertes und der geschichtlichen Bedeutung Kants gesamter praktischer Philosophie nebst der kantischen Ästhetik. Das kann gar nicht anders sein. Für die herrschende modische Strömung in der deutschen Philosophie und ganz besonders der Rechtsphilosophie steht es fest, daß innerhalb der gesamten Philosophie das Kantische System die absolut entscheidende Erscheinung ist.

Und zwar der ganze Kant, soweit er Kant der kritischen Periode. Es genügt nicht, das als unbedingt wertvoll anzuerkennen, worin Kant wertvoll ist, das Kanticum Kanticorum, die Kritik der reinen Vernunft. Es genügt nicht, rückhaltlos anzuerkennen und anzunehmen die „Kopernikanische Tat," den kritischen Gedanken, die Darstellung des Kritizismus, der Möglichkeit der Wissenschaft zwischen Hirngespinnst und Verzweiflung, die Denunziation und Abwehr des Dogmatismus unter Bewahrung der Kritik vor der Skepsis, die Sonderung des Transzendentalen von der Transzendenz, des Wissens vom Glauben. Die Unterscheidung von *Daß* und *Wie*, von *Dasein* und *Sosein* dahin, daß keines sich aus dem anderen ableiten läßt, also die Aufweisung jedweder Ontologie als Dogma, die Bedeutung des Bewußtseins in seiner Einheit mit dem Sein in der Erscheinung bei notwendiger abstraktiver

40 Wegen des „geschlossenen Handelsstaats" ist auch Fichte zu erwähnen.

Sonderung der beiden; Notwendigkeit der denkenden Spaltung des Wirklichen in Bedingendes und Bedingtes, Materie und Form, Erkenntnis der Substanz, der Kausalität als Denkformen und die absolute Verknüpfung-Erkenntnis des Wirklichen durch das *Gesetz*. Es genügt nicht, bei diesen Sätzen festzustehen, in denen jedes Wort ein Grundproblem des Denkens löst. Gerade die Arbeiten Kants zur praktischen Philosophie sind Lieblinge der neueren Kantianer, zumal der Rechtsphilosophen; mit ihrem Primat des Willens, ihrem kategorischen Imperativ, ihrer Autonomie, ihrem Freiheitsbegriff, der Achtung vor der Würde der Person, die niemals gänzlich Mittel werden darf; mit ihrer Denunziation des Endämonismus und stolzen scharfsinnigen Sonderung des Guten vom Klugen und von der Lust, mit ihrer Scheidung zwischen Legalität und Moralität, zwischen Moralisch-Praktischem und Technisch-Praktischem und mit ihrem teleologischen Gesetz.[41] Es sind in der Tat alles liebenswerte und würdige Prinzipien; wissenschaftlich aber besonders anziehend die auch hier durchgeführte Verwertung der Gesetzesidee, die innerhalb des Moralischpraktischen *reine praktische Vernunft* und damit kategoriale, kategorische, a priori geltende transzendentale Moralgebote und Rechtssätze aufwies und dann, auf die Idee des Schönen, die Ästhetik übertragen und in die Welt des Werdens und Schaffens wenigstens noch hineinleuchtend, die metaphysische Einheit sehen ließ der theoretischen, praktischen, ästhetischen und technisch-organisch zielstrebigen Welt unter dem *einen Gesetz:* der Vernunft. Um dieser Weltbildfassung willen begreift man wohl, daß der Kantianismus auch die praktischen Schriften des Meisters haben und sie gleich der Kritik der reinen Vernunft und den Prolegomena[42] kanonisieren muß.

Es ist leicht zu zeigen, daß diese konzentrative Kraftleistung, diese dogmatische Stärke des Systems zugleich seine Schwäche ist, indem das metaphysische Einheitsbedürfnis unter Vorherrschaft der theoretischen Disziplin die praktische Philosophie vergewaltigt, unter unzutreffende Gesichtspunkte bringt, an der Auswirkung ihrer eigenen Gesichtspunkte und Methoden hindert und sie so verarmt, zu falschen Ergebnissen führt und unfähig macht, den positiven praktischen Wissenschaften und den Lebensidealen als Leuchte zu dienen und zur Entfaltung zu helfen, im Gegenteil diese in die Sackgasse und zur Verkümmerung treibt. Das alles wird alsbald ersichtlich werden. Betrachten wir aber zunächst nur die Kantische praktische Philosophie in ihrer tatsächlichen Wirklichkeit.

Es ist vollkommen klar und deutlich, daß die praktischen Hauptwerke, die Kritik der praktischen Vernunft, die Rechtslehre, die Tugendlehre und die

---

[41] Das man bekanntlich bei *Stammler* noch stärker und einleuchtender ausgedeutet findet als bei Kant selbst, weil Stammler noch mehr genötigt war, die teleologische Gesetzmäßigkeit gegen die empiristisch-monistische These bloß kausaler Gesetzmäßigkeit zu verteidigen, als Kant.

[42] Zu jeder künftigen Metaphysik.

Metaphysik der Sitten in ihrer Anlage und Ausarbeitung gänzlich verschieden sind von dem theoretischen Hauptwerk. Sie alle zeigen die Schwäche des Alters. Die Tugendlehre etwa ausgenommen, enthalten sie eigentlich alle das gleiche. Man wird nicht leicht, wenn man eins der drei Werke gründlich gelesen hat, in den beiden anderen noch auf irgendetwas Überraschendes stoßen; natürlich bietet die Rechtslehre im speziell Juridischen manches, was die beiden anderen Schriften nicht andeuten. Alle diese Werke wimmeln von Selbstinterpretationen und von Wiederholungen; dabei erreichen alle zusammen noch nicht den Umfang der Kritik der reinen Vernunft. Sie sind also sehr wenig reichhaltig. Sie sind nicht und können unter diesen Umständen nicht durchgearbeitet sein. Sie konnten nicht die Wirkung haben und hatten wohl auch nicht die Wirkungsabsicht, den Wirkungswillen wie die Kritik der reinen Vernunft (bzw. die Prolegomena).

Zum Inhalt: Ich bin gewiß der letzte, der Kantischen praktischen Philosophie Größe und Bedeutung abzusprechen. Wäre es nur das allein, daß Kant eine in sich selbst gegründete Moral geschaffen hat, die von der Religion alten Typs mit ihrem eudämonologischen System der Jenseitsentgeltungen unabhängig ist. Was das für eine gewaltige Tat ist, lehrt ein Blick auf die moderne französische Philosophie: mit größter Umständlichkeit und Schwierigkeit muß sie die „morale sans obligation et sanction" begründen, die Frage: wie kann Moral bestehen, wenn der altpositive Glaube an die Sanktionen des göttlichen Strafgerichts zessiert, wenn die Religion eliminiert oder von ihr abstrahiert, „das Heiligtum begraben" ist, spornt *Guyau* zur höchsten Anstrengung[43] und läßt *Renan, Anatole France*[44] und *Maeterlinck*[45] in skeptischer Verzweiflung, während sie für die deutsche Philosophie und jetzt herrschende ernstere Lebensanschauung durch Kant längst gelöst und die vom Glauben unabhängige Moral in der deutschen Seele fest begründet ist. Was zugleich eine Anknüpfung an das antike klassische Ideal bedeutet.

Gleichwohl hat die Kantische Ethik schwere, offenkundige, alsbald bemerkte und von den Besten dauernd reprobierte Mängel. *Schiller* (nebst *Humboldt*), der der Kritik der reinen Vernunft vollkommen huldigte, der die *Erhabenheit des Sittengesetzes* wie kein anderer begeistert würdigte und gepriesen hat, sträubte sich gegen Kants praktisches System. Kant hat sich hier auf der schwindelnden Höhe des Erhabenen zu halten nicht mehr die Kraft gehabt. Er ist den Schritt zum Lächerlichen hinabgeglitten. Schiller tadelt den Kantischen Rigorismus mit bekanntem Sarkasmus. *Herder, Hamann* entrüsteten sich, *Goethe* lehnte sozusagen schweigend ab.

---

[43] Esquisse d'une morale sans obligation ni sanction, 12. éd. 1913.

[44] In verschiedenen Werken; zuletzt „Les dieux ont soif."

[45] Le temple enseveli I: Justice.

Für manchen das Wertvollste, sicher eines der Juwelen in der Krone der Kantischen Ethik ist die *Autonomie*. Aber sollen nun alle die Gottgläubigen vor Kant verdammt sein, die *heteronom* um Gottes und des Heilands willen Gutes taten? Übrigens ist die Autonomie auch dem Christentum nicht wesensfremd. In der Lehre vom Charisma, von der Nacheiferung Christi und vor allem in der Lehre von Christi Übernahme der Verantwortlichkeit für die ganze Welt liegen so starke Betonungen des absoluten Wertes der Selbsteinsetzung, daß darin die Autonomie nicht nur gegeben, sondern überboten erscheint. Sie liegen letztlich auch in der Lehre vom absoluten Wert jeder menschlichen Seele — die sich mit der Kantischen Lehre vom absoluten Werte der Persönlichkeit deckt und zusammenfällt — und sie erreicht auch nach der Pflichtseite hin das Kantische Autonomiegebot „Handle frei" bzw. steigert sich über diese hinaus, weil notwendiges Komplement zu diesem aboluten Wert der Seele deren Selbsteinsetzung im Sinne absoluten Zweckes ist. Mag die Weltentwicklung der katholischen Rechtskirche mit ihrer Neigung, die Massen zu führen, diese aktivistischen Tendenzen des Christentums zeitweise in den Schatten gedrängt haben, so hatten sie durch den Protestantismus Gelegenheit, wieder hervorzutreten. Die Verkennung, Leugnung des aktivistisch-heroistischen Prinzips im Christentum, die die Grundlage von Nietzsches philosophischen Positionen bildet, war ein Irrtum, so schwer, daß er geeignet ist, Nietzsches ganze Philosophie als wertlos erscheinen zu lassen. Freilich ist für den Christen nicht wie für den Kantianer die Autonomie das letzte Wort, sondern er erkennt über sich einen Willen, von dem er unbedingt abhängt, einen absoluten heiligen Willen, während der seinige als solcher nicht heilig ist, sondern erst durch Übereinkunft mit jenem sich heiligt. Allerdings nur durch freie Übereinkunft, und es verschmilzt demgemäß seine Autonomie zu einer Einheit mit einer edlen Heteronomie, die der Autonomie so wenig widerspricht, daß sie sie vielmehr fordert und die Autonomie, die bei Kant unerklärlich dasteht, durch sie erst begründet wird. Einer Heteronomie, die — wie *Kirchmann*[46] es gewandt hat — „keineswegs aus Lust, sondern aus Achtung" erfließt (und darum sittlich ist, sagt Kirchmann); einer Heteronomie, die die Persönlichkeiten in einer Stufenreihe einander unterordnet vermöge reiner, freier Hingabe einer Persönlichkeit an andere, die sie als höher, deren Reinheit, Kraft und Innerlichkeit sie als größer empfindet als die eigene und von der sie darum, aus Sittlichkeit und Achtung ohne eudämonistische Beimengung das Gebot zu

[46] Grundlagen des Rechts und der Moral, 2. Aufl. 1873; ders.: Über die neueste Schrift E. v. Hartmanns: Phänomenologie des sittlichen Bewußtseins. Prolegomena zu jeder künftigen Ethik, Verhandlungen der Philosoph. Gesellschaft zu Berlin Heft 13/14 (1879), S. 10 ff.; *Sternberg:* I. H. von Kirchmann und seine Kritik der Rechtswissenschaft, 1908, S. 109 ff. Kirchmanns Heteronomismus ist von befreundeten Jesuiten mitbeeinflußt. Gegen „Autonomismus" konsequent die katholischen Schriftsteller, insbesondere *Willmann:* Geschichte des Idealismus (mit überschießender Heftigkeit), entsprechend dann *Paulsen:* Philosophia militans, 1891, S. 8 f.

empfangen wünscht. Es endet diese Stufenleiter im persönlichen Absoluten, der absoluten Persönlichkeit; aus den relativen Persönlichkeiten der Stufenreihe aber empfängt die Sittlichkeit ihren Inhalt, während sie ohnedies formal bleiben muß und also inhaltlos.[47] Die Hingabe an Persönlichkeit und Empfangen der Sittlichkeit aus ihr ist selbstverständlich *Glaube*. Die absolute Persönlichkeit (für das Denken in Erfahrungsbegriffen eine contradictio in adiecto) ist „Gott", die relativen autoritären Persönlichkeiten und Götter, Helden, Vorfahren, Heilige sind als solche von den alten Gesetzgebungen-Religionen *normiert;* schon von der Heldenverehrung her führt aber ein Zug zum freieren (von der Kirche früher mit gutem Grund verfolgten) Kultus des Lebendigen, auf den uns hingewiesen haben *Goethe* und *Comte*... in den Schlußversen des Faust eint sich die Offenbarung beider.[48]

Es ergab sich so eine Weltanschauung, in der die Religion wieder eine Stellung über die Moral gewinnen konnte, in der auch die höhere Einheit sich fand, in der die Trennungen von Verdienst und Glück, von Gutem und Schönem, von Sollen und Sein wieder in Einklang kamen in wesentlich ästhetischen Systemen. Doch wahrlich eine gewaltige Geisteskraft gehörte dazu, da aufzubauen, wo soeben ein Kant zerstören gemußt hatte; diese hohe philosophische Geisteskraft verfiel gar bald, und es ist kein Wunder, wenn später, jetzt, der kantianische Dualismus und die vergröberte popularisierte ästhetische Weltanschauung Nietzsches das Feld behielten. *Kants* Ethik mag nicht nur zu mönchischer Askese führen, der *Schiller* sie nahe fand,[49] sondern auch zum Quietismus. Man kann so leicht auf manches resignieren, was als allgemeines Gesetz eben leidlich ist, und die passive Zustimmung, besonders wenn sie mit einigem Bewußtsein der Staatsklugheit sich selbst

---

[47] Noch kein Kantianer (so wenig wie Kant selbst) hat die Inhalte seiner Ethik und seiner Rechtslehre (und ohne Inhalte tun sie es doch einmal nicht) begründet, ohne in Dogmatismus zu verfallen: Prinzipien mit Inhalt erfüllend, die er vorher und nachher als rein formal ausgibt. Hingegen die Lehre von der Heteronomie und den Persönlichkeiten höherer Ordnung („Autoritäten" sagt Kirchmann) gibt und erklärt die Inhaltlichkeit der Moral. Sie erweist diese Moral als wahrhaft sittlich, nicht eudämonistisch; da sie aus Achtung erfließend in Hingabe sich betätigt und gestaltet und also als Liebe wirkt, nämlich durch das Konkrete hindurch, das wir lieben können, als Alliebe und damit Drang zum reinen Guten; sie gibt zu daß und erklärt warum solche Moral und jedes Moralprinzip überhaupt dogmatisch sein *muß*... darin ist die Heteronomie-Persönlichkeitslehre wahrer Kritizismus, während derjenige offenbar nicht kritisch ist, der dogmenfrei zu bleiben glaubt auch da, wo das Dogma unausweichlich ist.

[48] Mehr geläufig ist Kultus der Verbandspersönlichkeit; als Staatskultus, Nationalismus, Rassekultus, Gesellschaftskultus (vgl. *Sternberg:* Forel und die moderne Metaphysik, in: Wissen und Leben 1912, S. 121) heute die eigentlich herrschende Religion der führenden Kreise in den zivilisierten Ländern. Zwischenstufen sind der Obrigkeitskultus *Hallers* und das Autoritätenschema Kirchmanns. — *Gierke:* Krieg und Kultur, 1914, S. 24.

[49] Über Anmut und Würde. Vgl. *Überweg-Heinze* III, S. 398 (10. Aufl.).

sich zu versüßen und würzen vermag, übernimmt die Rolle der stolzen Autonomie. Damit ist Kants Ethik an einem toten Punkt — an dem so viele, viele zu ihr halten; der für so manchen, namentlich Juristen, den Grund bilden mag, weshalb er Kantianer ist. Diesen toten Punkt, der in Kant gelegen ist, überwindet die Tat-Ethik Fichtes, und diese Tatethik, wenn nichts anderes, führt die Ethik auch wieder aus den Nüchternheiten Kants in die Höhen und Tiefen des Christentums, und hiermit kann erst wieder wahrhaft Blüte der Ethik sein.

Dies ist das Entscheidende zwischen der Tat-Ethik und der Ethik Kants: Die Kant-Ethik, wie sie Gesetzes-Ethik ist, verlangt der Seele gewaltigen Aufschwung nicht; das Gute in breitem Saume webt sie hervor, aber sie weckt das heilige Feuer nicht — der Zugang zum Ausnahmsweisen, zum *Edlen* fehlt. Sie fordert und begründet nicht das Heroenrecht, würde Hegel sagen: sie führt zu keinem ethischen Optimum. Sich haltend bei dem, was allgemeines Gesetz sein könnte, leitet sie zum Begnügen und zur Pedanterie, geht vorbei an dem, was einzigartig aus dem einzelnen hervorlodern muß. Eine rechte Weltanschauung für Juristen und Beamte;[50] aber alle künstlerisch oder priesterlich[51] gestaltete Bewußtheit mußte sie verabscheuen. Wirklich kann das höchste Ethische immer nur in Persönlichkeit erscheinen, die mit dem bestehenden Ethischen bricht. Wohl wird alsdann *ihre* Tat Gesetz von nun an, für die Künftigen, und wer wie sie tut, tut nun erst das Gute, aber auch nur dies. Aber das neue Ethisch-Große, der kategorische Imperativ im innersten und reinen Sinne verwirklicht sich erst in dem wieder, der diese Tafeln zerbricht, in dem neuen Einsamen, Gescholtenen, dem neuen Gesetzesbrecher-Gesetzschöpfer. Was er schafft, seine Tat bleibt für das *bloß-ethische* Maß allerdings inkommensurabel. Wie aus gewöhnlicher Legalität nur Durchschnittlich-Gutes entsteht, so entsteht nur solches auch aus der höheren, der höchsten Form, welche allgemeingesetzliches Gute hervorbringt, der Wissenschaft. Das höchste Ethische, das Edle aber wird wie alles Höchste nicht durch Wissenschaft hervorgebracht, sondern durch Kunst. Die Wissenschaft, von der wir — sie gewöhnlicher Legalität überordnend — hier sprechen, ist, um es ohne Umschweife zu sagen, *Jurisprudenz.* Das Edle muß nicht notwendig aus großer Persönlichkeit hervorwuchern; es genügt für das ethische Edle der vereinzelte große Moment. Die

[50] Wozu ganz nebenher darauf aufmerksam gemacht sei, wie weite Kreise anderen Systemen nachleben: Die Lehrer der Moral Herbarts, Theologen vielfach der Schleiermachers; in vornehmen, geistig interessierten Kaufmannskreisen lebt immer noch die Moral Wolfs in nicht zu verachtenden Gestalten. Dazu die Invasion der Kampf-Moral des Darwinismus. Dem Kantianismus hat in letzter Zeit der deutsche Sozialismus sich zugeneigt (vgl. *Schulze-Gävernitz:* Marx und Kant), gemeine Weltanschauung des deutchen Volkes ist der Kantianismus aber erst im gegenwärtigen Krieg geworden.

[51] Hier ist an die Skandinavier zu denken: Swedenborg, Kierkegaard und so fort bis auf Björnson.

Fähigkeit, ohne Beziehung auf das Gesetz zu handeln, in einem Augenblick, einer Gelegenheit von Zwang und *Nachahmung* frei über das Gesetz hinaus zu wachsen und zu handeln, zu tun, was in dieser Gelegenheit schwer und groß ist ohne Rücksicht auf das allgemeine Gesetz führt bei Formalisierung des Autonomiebegriffs zum Verweilen in Anerkanntem und wird damit unvermerkt zur bloßen Legalität. Man braucht nicht ungestraft im Geistigen den gefährlichen Talisman-Begriff „Gesetz"! Die Kantische Moral ist also doch im Grunde *Recht,* und er, der so von Grund aus scharf Recht und Moral zu trennen suchte, hätte also hier der kleinmenschlichen unfreien Neigung, Recht und Moral zu einen, doch seinen Zoll bezahlt. *Unfrei* werden die Anhänger Kants; wie unfrei sie werden (und das, die Unfreiheit, ist schließlich der tiefere Grund, weswegen Schiller und Goethe den Rigorismus verlachten), zeigen sie, namentlich, wenn sie Philosophen oder Rechtsphilosophen von Fach sind in dem Pedantismus, darin, in wie kleinliche, lächerliche, blinde Observationen sie geraten können, an wie unwichtigen Gesetzen sklavisch festhalten, die sicher nicht von ihnen gegeben sind, Obstination verwechselnd mit Autonomie (etwa in Notlügefragen, Versprechensbruch etc.). An ganz *veralteten* Gesetzen halten sie dabei fest; sie sträuben sich gegen die leiseste *freie Anwendung* — ich habe erklärte Freirechtler gesehen, die — wo es ihnen gerade einfiel, daß sie Kantianer seien und nach Sittlichkeit zu handeln hätten — mit Inbrunst auf sinnwidrige Befolgung von Vorschriften sich versteiften und heroisch zugutetaten; sie verlieren dabei jede Disposition zur Wägung der Interessen. Wenn sie somit im Willen, Empfinden und methodischen Denken unfrei sind, so sind sie im metaphysischen Denken, indem sie an solches Gesetz durch absolutes Band sich gefesselt zu erkennen glauben — *Dogmatisten.* Erst recht hypostasieren sie dann nämlich geltende, in der Meinung der Zeit besonders hochgehaltene Gesetze. Wie *Cohen,* wenn er die Monogamie oder das allgemeine Wahlrecht, oder Stammler im Besonderen Teil der Lehre vom richtigen Recht, zumal wenn er das Verbot der Sklaverei proklamiert als absolutes Sittengesetz — oder sagen wir doch dreist: als Naturrecht. Denn alle diese „absoluten Sittengesetze" gerinnen einem unter der Hand in *Recht.* Versteht sich: Naturrecht ganz ohne wechselnden Inhalt!

Wir sind damit in der Rechtsphilosophie; haben auf die einzelnen Fehler der Kantischen Rechtsphilosophie wie ihre üble Ehe-Definition, ihren krausen Talionsgedanken, ihre kurzsichtige Beschränkung der Begnadigung etc. nicht einzutreten; wir stehen hier am Vereinigungspunkt von Rechtsphilosophie und Ethik vor dem Grundirrtum der kantischen praktischen Philosophie. Das ist die Übertragung der für die theoretische Philosophie und auch für die kritische Reinigung der Ethik und ihre Lösung vom fetischgläubigen Ontologismus (Naturalismus und Bücherfetischismus) vorbedingenden erkenntnistheoretischen Einsicht, ihre Einführung als Formel in das System der Ethik (und des Rechtes) hinein.

Kant hatte, unter Absonderung der transzendenten Ideen wie Gott, Seele etc. aus dem Bereich der Erfahrung und des Rationalen und unter Widerlegung des radikalen totalrelativistischen Skeptizismus bewiesen, daß die Sätze der Mathematik transzendental allgemeingültig a priori sind. Das nun schob er in die Ethik hinein. Es soll außer den mathematischen Sätzen noch andere transzendentale, a priori allgemeingültige Sätze geben: die Prinzipien des Rechts und der Moral. Das ergibt die monistische Apotheose, den Fundamentalsatz der Kantischen Ethik und den Grund-, Haupt- und Schlußsatz der Kantischen Metaphysik.

Dieser Satz ist falsch. Es gibt keine transzendentalen Rechts- oder Sittenregeln, die als bedingende Form der Mannigfaltigkeit erfahrbarer vergänglicher Rechts- und Sittenregeln vorstünden; werde das Verhältnis auch noch so scharf als rein teleologisches und wertendes gefaßt. Wohl kann ich eines Rechts- oder Sittengesetzes Bewertung aussprechen; aber absolut aufgestellt: „gerecht", „ungerecht", „sittlich", „unsittlich" — bleibt das Werturteil rein formal und inhaltlos. Daher rein voluntär; zu deutsch: Gefühlsurteil! Sonst muß es begründet werden: dann bekommt es einen Inhalt, der — ein neuer, höherer Rechts- oder Sittensatz — dann aber empirisch aufgestellt, positiv ist und nicht absolut, sondern aus Gründen, also hypothetisch gilt. Es gibt keine kategorischen Imperative, die irgendeinen Wissensinhalt (Gebotsinhalt) in sich tragen, wie die Sätze der Mathematik das tun. Diese sind einzigartig. Es soll nach Kant in der Moral und Rechtswissenschaft ein Zweites wie die Mathematik geben; und das gibt es nicht. In der Moral sind wir, mangels solcher transzendentaler Werte, völlig ohne positiven Anhalt und *völlig frei*. Wohl ist Freiheit nicht Willkür. Sie soll nicht unstet handeln, sondern nach einem Ziel. Und zwar zu höherem Ziel, dem höchsten, das die Persönlichkeit begreift. Das ist aber auch ihr einziges Gesetz. Und das ist rein formal und völlig jeden Inhalts bar. Wir sind völlig frei zu schaffen, was zu wollen wir kühn genug. Wie unser Wille die sittliche Welt macht, so wird sie. Wir sind für sie *voll* verantwortlich. Diese unbegrenzte Schöpferkraft und diese volle Verantwortung wollen wir. Sie ist uns moralische Notwendigkeit, die ethische Forderung; und der ethische Relativismus schreckt deshalb nicht, welcher skeptisch nur dem erscheinen kann, der Moral und Recht nun einmal nicht zu fassen vermag denn als Naturrecht. Wir können von diesem moralischen Standpunkt zu einer Pseudo-Autonomie nicht zurück, die gerade an den wichtigsten Punkten vor festgelegten Normen halten soll; da es dann gleichgültig ist, ob solche Normen im Kardinalskollegium erflossen sind oder in der communis opinio philosophischer bzw. juristischer Fakultät. Daß er die unbegrenzte Tat- und Schaffensmöglichkeit und daß er die volle Verantwortlichkeit gewährt, ist das *Erlösende* des *Positivismus*.

Die auf Kantianismus begrenzte Ethik drängt das Leben in doktrinäre Enge bis zur Komik und führt die Wissenschaft in eine mißliche und selbst schimpfliche Situation. Allem, was die moderne Rechtswissenschaft von uns verlangt und uns gibt, sahen wir die kantianisch-karikierte Lebensweise zuwider sein. Die Rechtswissenschaft hat in ihm so wenig Blüte wie die Rechtsphilosophie, und ebenso wenig die weitere Sozialwissenschaft. Die Lehre vom sozialen Monismus hat, da sie das Verhältnis von Recht und Wirtschaft ganz einseitig in das von Form und Materie setzt und den viel wichtigeren Gesichtspunkt der Wechselwirkung zwischen beiden ganz willkürlich wegdiktiert, die Forschung nach den Beziehungen beider Faktoren gelähmt.

Es mag dahingestellt bleiben, ob Begründung der Entwicklung noch die höchste Aufgabe der Rechts- und überhaupt Kulturphilosophie ist, wie *Kohler* lehrt, aber darin hat er mit seinen wiederholten Angriffen gegen die Kantianer jedenfalls recht, daß sie wenigstens das können muß. Ist doch noch immer fast ganz und gar die Evolution das fruchtbare erkenntnistragende Moment in all unserer Geisteswissenschaft. Es ward bisher wohl kaum geringer, seit wir in Auflehnung gegen Historismus die Kunstgeschichte zur Kunstwissenschaft und die Literaturgeschichte zur Literaturwissenschaft machen, wie auch jetzt wieder die Rechtsgeschichte zur Rechtswissenschaft und die Wirtschaftsgeschichte zur Wirtschaftswissenschaft. Der ethische und rechtsphilosophische Kantianismus kann aber aus seinem Prinzip nicht die Evolution und selbst kaum die Geschichte begründen. Die Vertretung evolutionistischer oder historistischer Weltansicht bei den Kantianern ist reine Konvention; es ist bei *Stammler*[52] durchaus nicht zu ersehen, weshalb denn das Naturrecht einen wechselnden Inhalt haben müsse. Statt dessen, was als lebendiges Recht und Kulturbetätigung heute im Vordergrunde wissenschaftlichen Interesses steht, ungeheure Ausbeute liefert und uns doch in jedem Augenblick noch größere Bedürfnisse und Aufgaben zeigt, sucht der Kantianismus als höchstes Ziel in Nachahmung Kantischer Gebärde eine Kategorientafel des Rechts herzustellen, die, wenn die Kategorien wirklich formal, gar keine Rechtsbegriffe, wenn sie aber Rechtsbegriffe sind, einen Inhalt haben, — der dann notwendig positiv. Infolge dieses Widerspruchs ist es kein Wunder, wenn die Kategorientafel durchaus nicht gelingen will. Je mehr sie zustandekommt, desto mehr muß sie ihren Meister diskreditieren und, wenn sie fertig wird, das ganze System, das sie krönen soll, zu Fall bringen. Wichtig wird statt der Mannigfaltigkeit des Lebens, die da wechselt, dem Kantianismus das Schema der Grundbegriffe und Grundsätze eines ewigen Naturrecht ganz wie in alter Zeit, und statt der modernen, induktiven, mit dem Materiale arbeitenden Rechtswissenschaft Naturrecht in Gestalt einer Rechtsfindung mittels formaler Reduktion aus Begriffen. Der „Monismus des sozialen Lebens" hat letztens den Zweck, auch den Einzel-

---

[52] Über die Methode der geschichtlichen Rechtsschule, Festgabe zu Windscheids 50 jähr. Doktorjubiläum, 1888; ders.: Theorie der Rechtswiss. S. 751 ff.

heiten des Rechts ein a priori zu sichern und also für das Ganze der Jurisprudenz jene alte überlebte Scholastik zu retten, die *reine Jurisprudenz,* wie man mit einem neukantianischen Worte die alte Naturrechts-Begriffsjurisprudenz wieder aufzubringen sucht.[53] So mußte es kommen, daß (trotz der bedeutenden Anläufe, die auf erkenntnistheoretischem Gebiete gerade auch dem Neukantianismus entsprossen sind: Vaihinger, Cassierer) der ethische und rechtsphilosophische Kantianismus geradezu zum Schulbeispiel des gröblichen Dogmatismus geworden ist, den der Philosoph und Kulturwissenschaftler zu vermeiden gelernt haben muß.

Es ist am Ende kaum noch nötig, darauf hinzuweisen, daß Kant selbst seine Philosophie nicht als System der Metaphysik oder der Philosophie selbst, sondern als dessen Vorbereitung bezeichnet hat. Davon abzugehen und in Kant wider seinen Willen auch den Vollender zu sehen, ist übel angebrachte Verherrlichung. Ich meine, daß die Beschränkung der Anerkennung auf das Werk der Grundlegung Kant nur erhöht. Es ist die ungeheuerste Vorbereitung und Grundlegung, die je geleistet worden ist. Die Ausrottung alles Aberglaubens. *Kant hat die Aufklärung bewiesen,* während sie vordem nur Meinungs- und Parteisache gewesen ist. Was das gerade auch für Ethik und Rechtsphilosophie bedeutet, ist daran erkennbar, wie noch lange nach Kant ein erheblicher Teil der Ethiker, nämlich die Theologen und die ihnen folgenden Frommen — auch unter den Juristen, die Christen sein sollten — sich verpflichtet halten mußten, eine Masse gröblicher Fiktion und unmoralisch-primitiver Eschatologie zu glauben, um — schlimm eudämonistisch — die Moral begründen zu können.

Kant bleibt, als Schutz vor Aberglauben, als Schöpfer der *Kritik,* Grundlage aller künftigen Philosophie. Wie er es gewollt hat. Aber nicht als Inhalt jeder künftigen Philosophie. Ihn dazu zu machen, heißt ihn dogmatisieren, wie schon *Schelling* erkannte, daß man mit Kant dogmatischen Mißbrauch trieb. Von Kant muß jeder ausgehen, an Kant in jedem Augenblicke der Gefahr sich prüfen. Aber so sehr muß der Philosoph und methodische Wissenschafter der Kritik (Kants) inne sein, daß er, wo nicht besondere Auseinandersetzungen mit Kant erforderlich sind, seines Namens und Zitierens gar nicht bedarf. Die Kantianer führen den Namen Kants unnützlich. Der Inhalt der Philosophie liegt über Kant hinaus, und weit mehr als von der Metaphysik gilt das von der Ethik und Rechtsphilosophie.

Ist der Beweis, daß die Kantische Lehre ein Gipfelpunkt der Ethik und Rechtsphilosophie nicht ist, mit weitem Ausholen und gar langem Anhalten auf dem Wege zum Ziel des Themas erbracht, so ist dieser Beweis doch eben auch von der allergrößten Tragweite für die gesamte und grundsätzliche Beurteilung der Entwicklungslinie der Philosophie. Da Kant eben doch das

---

[53] Vgl. insbesondere *Bartolomei:* Giurisprudenza pura, Neapel 1912.

größte Ereignis in der Philosophiegeschichte ist. Es gibt für die Entwicklungslinie der Moral und Rechtsphilosophie gar keine wichtigere Frage als die, ob (gleichwie für die Erkenntnistheorie) der Kantianismus die höchste Blüte, die wahre Entscheidung bedeutet oder nicht. Es ist vom höchsten Werte einzusehen, daß sie es nicht ist, daß wir ethisch und sozialwissenschaftlich nicht zu leben haben unter dem dürren Schema „Form und Materie", unter der Autonomie, die sich der Tat versagt und Phantasie und Begeisterung aus dem Gemüte nimmt, und unter den superstitiösen Wahngebilden einer angeblich transzendental-allgemeingültigen, in Wahrheit dogmatistisch willkürlichen, der Rückständigkeit dienstleistenden Normenwelt.

Es läßt sich der Zeitlage gemäß, die neukantianisch ist, zugleich als wichtige Frucht der gewonnenen Einsicht ein Urteil bilden über die rechtsphilosophische Gegenwart. Diese empfindet sich als allergrößte Hochblüte der Rechtsphilosophie, wenn sie es auch nicht sagt; weil sie ja des Kantischen Blütetums verbesserte Auflage ist. Sie ist das aber nicht, auch nicht in ihren nichtkantianischen Strömungen.[54] Das ist eben auch gar nicht anders möglich, denn eine neue Rechtsphilosophie muß wie eine neue Ethik von einer neuen Metaphysik ausgehen, und das kann sie nicht, weil es trotz aller Renaissance der philosophischen Produktion und Interessen an der metaphysischen Basis gebricht. Da ist das Gegenbild zu unserem schnellebigen Zeitalter: die neue Metaphysik entringt sich langsam und schwer.[55] Jede Achtung den wahrhaft ins Neue greifenden Leistungen James und Euckens,[56] Mauthners,[57] Constantin Brunners,[58] W. Sterns,[59] B. Cassierers,[60] Bergsons, nicht zu vergessen auch der Wissenschaftslehre *Pollacks;*[61] aber voll im Neuen stehen sie alle noch nicht, und nicht gaben sie uns eines Weltbildes systematische Auffassung. Es ist darum noch nicht Zeit für neue

[54] Der Tadel der Neukantianer wider die ungefügen Rechtsphilosophien *Kohlers* und *Berolzheimers* beruht keineswegs nur auf Verständnislosigkeit. Beide Neuhegelianer stecken zum Teil in veralteter Problematik (vgl. Berolzheimer; System der Rechtsphilosophie II, Vorrede und S. 1 ff.)

[55] Während sie um 1800 in so unglaublich schneller und zum Teil auch gründlich ungesunder Wucherung emporgeschossen ist.

[56] Siehe *Goldstein:* Wandlungen in der Philosophie der Gegenwart, 1911; *Joel:* Die philosophische Krisis der Gegenwart, Baseler Rektoratsrede 1914.

[57] Beiträge zu einer Kritik der Sprache, 2. Aufl. 1906.

[58] Von den Geistigen und vom Volke.

[59] Person und Sache, 1906.

[60] Substanzbegriff und Funktionsbegriff, 1911; ders.: Erkenntnistheorie nebst den Grenzfragen der Logik, in *Frischeisen-Köhlers* Jahrbüchern der Philosophie I S. 1 ff. (1913).

[61] Daneben haben einen gewissen Anspruch, genannt zu werden: *Vaihinger* (Philosophie des „Als ob") und der *Relativismus* (juristische Vertreter: *Kantorowicz* und *Felix Somló*). Vgl. im übrigen *Jahrb. d. Philos.* I S. 6 ff., 99 ff., II (Kraus) S. 10 ff.

Ethik, da wir in der Metaphysik noch nicht an *vollführten Umschwunges* Ziel sind. Welches Ziel seinerzeit in Kant so ganz und gar erreicht worden ist. Wie der Pragmatismus so gar keine Ethik zu begründen vermag und deshalb seine Aktionskraft auch allmählich verliert, ist charakteristisch. — Und wiederum: wenn in irgendeiner modernen Philosophie wie seinerzeit in Kant das moderne metaphysische Problem wirklich gestellt und gelöst wäre, sofort würden wie eine neue Ethik haben! Und sogleich alsdann eine neue Rechtsphilosophie.[62]

Rechtsphilosophie, die sich nicht an neue Metaphysik anschließt, sondern nur den Lauf der Rechtsphilosophie und Ethik in sich fortbildet, bleibt epigonal. Alexandrinisch. Wertvolle Einzelverbesserungen sind ihr Verdienst,[63] zur Neuschöpfung bleibt sie unfähig. Das Werdensgesetz jeder Entwicklung der Philosophie (Ethik und Rechtsphilosophie erst *nach* theoretischer Philosophie) wird heute nicht und wurde in Kant bzw. seinen Nachfolgern nicht durchbrochen, findet vielmehr hier (wo der größte aller theoretischen Philosophen, aller Neuschöpfer theoretischer Philosophie, sich an die Ethik machte) seine gewaltigste Bestätigung.

Dieselbe Entwicklungslinie zeigt sich innerhalb der Rechtsphilosophie selbst. Am Ausgangspunkt steht das theoretische Problem, die ontologische, naturphilosophische Behandlung der Rechtsphilosophie, die gelegentlich mit der Frage nach der Entstehung des Rechts verknüpft wird. Die Fragestellung lautet: *Was ist das Recht?*

Gestellt und beantwortet wird die Frage zuerst von einem primitiven technischen Interesse aus, das immer der Ausgangspunkt des Wissens ist: Wie schafft und erkennt man Recht? Und die Antwort lautet: aus den Äußerungen der Natur, dem Urteil der Götter. Die ontologisch scharf gestellte Frage: was ist das Recht? beantworten die Orphiker und Pythagoreer dahin: das Recht ist etwas Mathematisches, Musikalisches und Architektonisches, eine Erscheinungsform des Maßes und der Harmonie. Als solche gehört es zum Wesen der Dinge. Auch die Sophisten stellen ihre Thesen zum wesentlichen noch ontologisch: das Recht ist die Machtäußerung, die Willkür und Gewalttat des Menschen, der das Maß und Wesen der Dinge ist. Das beste Recht ist Unrecht.[64]

---

[62] Wie sehr das heutige öffentliche Leben nach neuwertiger Rechtsphilosophie verlangt, empfindet man stark etwa bei Lektüre von *Potthoff:* Soziale Rechte und Pflichten, 1911.

[63] *Insofern* wahrhafte Blüte in unserer akademischen Literatur. Es ist eine Freude, wieviel fast jedes Werk an schätzbaren Einzelgedanken bringt. Und diese werden auch nicht verloren sein. Dienen sie der künftigen großen *Rechtsphilosophie* auch nur — als Düngemittel, so bilden sie doch, aus der für sie zu bewegten Sphäre der Philosophie niedersinkend das starke Sediment, das einst erscheinen wird als *fach*-wissenschaftliche Rechtswissenschaftslehre, Rechtssoziologie, Rechtspsychologie etc.

Ähnlich, freilich nicht so klar hervortretend, ist die Entwicklung auch in den Repräsentationen der Rechtsphilosophie, die die Zeit der christlichen Philosophie bietet: in der Frühzeit bei Antinomisten vom Schlage Marcion eine kosmologische Bestimmung des Rechts als dem Reiche des vorchristlichen Gottes angehörig; freilich schon zugleich verbunden mit einem stürmischen Werturteil, weil dieser, der Judengott, für jene Gnostiker der Herr des Bösen ist und das Recht zu den unreinen Substanzen gehört, ja der Urquell der unreinen Substanzen selber ist; dann bei Augustinus ein Zurücktreten des kosmologischen Problems innerhalb der Rechtsphilosophie und eine Rechtfertigung des ganzen, auch des menschlichen Rechts (civitas terrena), bei der die Rückleitung des ewigen Rechts auf Gott auch nicht mehr wesentlich der kosmologischen Erklärung (über Herkunft und Substanz des Rechts), sondern eben seiner Rechtfertigung dient als Teil der Heilsordnung, als Äußerung des Guten, als bestimmt von der Weisheit und Liebe Gottes.

Genau der antiken parallel geht wiederum die Entwicklung in der Neuzeit: zunächst die primitiv technische Fragestellung: wie ersehen wir Recht? und Antwort der Reformatoren: aus den Anordnungen Gottes in den Äußerungen der Schrift.[65] Das, worauf es vor allem ankommt: das Göttliche Recht. Menschliches Recht auf allerhand andere Weise. Das vollkommen-theoretische ontologische Problem stellt dann die frühe Naturrechtsschule und löst es rationalistisch dahin, daß es etwas Logisches oder Mathematisches (auch speziell etwas Geometrisches), und empirisch dahin, daß es ein biologisch-anthropologischer, ein menschlicher Lebensfaktor sei: Kombination beider durch den schon von Grotius herangezogenen *Sprachfaktor* und durch die Lehre des Spinoza. Die Sophisten werden genau vertreten durch die französischen Skeptiker.

Auf der zweiten Stufe steht das praktische Problem, das Problem der Rechtfertigung des Rechts, die Rechtsethik. Die Frage lautet nunmehr: *Was soll das Recht?* In den Sophisten vorbereitet ist dies das Problem der Sokrates, Platon, Aristoteles. In der Neuzeit entsprechen zwei Strömungen: a) das Übergehen des Cartesianismus in seine ethische Periode: Occasionalisten, Malebranche, b) englische Moralisten, Leibniz-Wolf.[66]

Auf der dritten Stufe stehen zusammen Rechtsästhetik, Rechtsgeschichtsphilosophie und Rechtsökonomik mit ihrem gemeinsamen Problem: *Wie wirkt das Recht?* Angesichts des embryonalen Zustandes dieser Disziplinen im bisherigen Ganzen der Rechtsphilosophie ist dazu hier nichts mehr zu bemerken. Aristoteles ist erwähnt; Wolf ist hinzuzufügen. Hugo, Krause,

---

[64] Thrasymachos (vgl. *Geyer*, N 4, S. 9).

[65] Buchfetischismus an Stelle von Naturfetischismus.

[66] Aber auch Pufendorf, Thomasius und selbst Hobbes bieten Beträchtliches auf rechtsethischem Gebiete.

Schelling, Hegel haben Rechtsgeschichtsphilosophie und Hegel[67] auch schon Rechtsökonomik entfaltet.

Das historische Verhältnis der Rechtsphilosophie zu den beiden nächstliegenden Disziplinen ist dieses: sie wird — nach erstem Keimen schon innerhalb der theoretischen, naturphilosophisch-logischen Denkstufe — in der Ethik vorbereitet und ist ihrerseits die Vorbereitung der Geschichtsphilosophie (nebst der Ökonomik). Dies gilt für die Zeitalter und zum größten Teil auch für den Entwicklungsgang der einzelnen Philosophen; es entspricht menschlichen Alterstufen. Nach einer Zeit bloßer Auffassung des Gegebenen (Erziehung) entfaltet sich der Geist zur aktiven Selbständigkeit in der Konzeption des Wertproblems, das zunächst einfach und emotional, idealistisch und rigoros erscheint und hernach sich gliedert und kompliziert, realistisch, technisch, opportunistisch auftritt, die Lebens- und Wirkensmöglichkeit methodisch ausspürend und darauf aus, ihre Gesetzmäßigkeit zu begründen; zuletzt aber in Beschaulichkeit übergeht, die die Schätzungen und Strebungen der beiden vorhergehenden Perioden zum Objekt nimmt, sie nicht mehr als absolute Maßstäbe, sondern als relative Größen ansieht, als Allgemeingültigkeiten nicht mehr, sondern als Einmaligkeiten, nicht mehr als Notwendigkeiten und entscheidendes Einzigwirkliches und Allerpersönlichstes, sondern als Kontingentien und Bilder; sie objektiv, aus der Distanz betrachtet; über ihre Herkunft, ihren Charakter, ihre Zukunftsbürgschaften sich Rechnung abzulegen begehrt. Und *damit* ins Ästhetische wie zugleich ins Geschichtsphilosophische gelangt.

Die jugendlich-moralphilosophische Periode möchte den notwendig-unfehlbaren Ich- und Weltzweck entdecken; die männlich-rechtsphilosophische will einen haltbaren Lebenszweck bzw. Methoden, haltbare Lebenszwecke feststellen. Die greisentümlich-geschichtsphilosophische (auch ästhetische und ökonomische) Periode sucht, aus abgeschiedenen Ich- und Weltzwecken Erinnerungen, Denkmäler am Licht zu halten, aus dem Chaos ihrer verflossenen Wirklichkeit heraus zu formen und Keime künftigen Lebens auszusondern, aus ihnen Unsterbliches für die Ewigkeit zu retten.

III.

Die moderne Rechtsphilosophie ist der antiken überlegen. Sie vermag die von der antiken Rechtsphilosophie erarbeiteten rechtsphilosophischen Einsichten selbständig ebenfalls herzustellen, vielfach in verbesserter Qualität — nicht immer und nicht in allem, da sie hinter *Aristoteles* eigentlich zu-

---

[67] *Di Carlo:* Per la filosofia della storia di Ferdinand Lassalle, 1911, S. 25 f.; vgl. noch *Eucken:* Thomas v. Aquino, S. 38.

rückgeblieben ist[68] —; sie sieht dasjenige, was die antike Rechtsphilosophie gesehen hat, und einiges mehr. Freilich sind die antiken Ergebnisse für das Ganze grundlegend,[69] und die Begriffe, mit denen die neuere Rechtsphilosophie der Vorkant-Periode arbeitet, überschreiten den Kreis der antiken rechtsphilosophischen Begriffe nicht. Aber die antike Rechtsphilosophie verhält sich zur modernen wie die wissenschaftliche Astronomie des bloßen Auges zu der des Teleskops.

Die Rechtsphilosophie der Neuzeit ist auch verstärkt und gehoben durch die Mitgift des Christentums, freilich nicht in dem Maße, wie es wünschenswert wäre, vielmehr hat die herrschende rationalistische Naturrechtsschule nur die Bibel als ein Historienbuch und einen Zitatenschatz benutzt; an innerer Bereicherung aus dem christlichen Erleben und seiner dogmatischen Ergießung fehlt es ihr vollständig; diese unermeßlichen Werte hat sie mit Willen preisgegeben; nur bei den in den Hintergrund gedrängten katholischen, gegenreformatorischen Schriftstellern[70] und den Anhängern der protestantisch-orthodoxen Schule[71] hatte die christliche Idee einigen Einfluß; aber, nur in der Starrheit des konzessionierten Dogmas zugelassen, führte es mehr zur Verknöcherung als zur Vertiefung, zumal bei den Protestanten. Immerhin ist bei zwei auch in der herrschenden Schule gewürdigten evangelisch-frommen Naturrechtslehrern, Heinrich und Samuel *Cocceji*, mehr Wärme und Tiefe, die denn auch vermöge ihres Eindrucks auf Kant zu dauernder Bedeutung gelangt ist.[72] Daß die herrschende berühmte Natur-

[68] In diesem Sinne hat sich in den letzten Jahren *Kohler* wiederholt geäußert, z. B. Rechtsphilosophie, 1909, S. 3; schon früher *Lasson*, Rechtsphilosophie, 1882, S. 56: „Gegen die Bedeutung und den Wert des von ihm geleisteten kommt aber auch nichts späteres irgend in Betracht. *Vielleicht* dürfen wir annehmen, daß die deutsche Wissenschaft unseres Jahrhunderts seit der Erneuerung alles wissenschaftlichen Denkens durch *Kant*, daß die historische Rechtsschule einerseits, *Hegels* Lehre andererseits einen Fortschritt über die Aristotelischen Gesichtspunkte hinaus bezeichnet, indem sie dieselben in einem umfassenden System philosophischer Wissenschaft bereichernd aufgenommen und übertroffen hat." Merkwürdigerweise ist in *Trendelenburgs* Rechtsphilosophie eine solche Wertung des Aristoteles nicht ausgesprochen. *Berolzheimer* steht dem Aristoteles kühl gegenüber.

[69] *Lasson* ebd. S. 45: „Das griechische Volk ist klassisch auch für die Fragen der Rechtsphilosophie; alle Probleme und Lösungsversuche erscheinen hier in ihrer einfachsten natürlichsten und unmittelbarsten Form, gleichsam als ein konzentrierter Auszug aus der gesamten Geschichte des menschlichen Gedankens." Hierauf wird noch kritisch zurückzukommen sein. Unbedingt zu verwerfen, als völlig unhistorisch, ist Lassons Folgerung: „Wir brauchen deshalb nur bei den Griechen ausführlicher zu sein und dürfen uns nachher um so kürzer fassen." So kann man keine Geschichte schreiben.

[70] Über sie, namentlich die bedeutende Schule von Salamanca, haben wir gar keine historische Darstellung.

[71] *Sternberg:* Begnadigung bei den Naturrechtslehrern, ZvglRw. XIII (1899), S. 360 ff.

[72] Ebd. S. 386, 389, 410 f.

rechtsschule in diesem Punkte hinter der Rechtsphilosophie der Scholastik weit zurücksteht, ist *Kohler*[73] ohne Einschränkung zuzugeben.

IV.

Bei den Hellenen bildete die Rechtsphilosophie stets einen abhängigen Teil der Staatsphilosophie. Ihr *politischer* Charakter[74] wurde nur dadurch abgemildert, daß auf dem Wege über den Gerechtigkeitsbegriff auch die Tugendlehre an das Recht herantrat — gewiß nur ein sehr unvollständiges Ersatzmittel für eine auf sich beruhende, reine, vom Staatsbegriff unabhängige Rechtsphilosophie.

Die gewaltige Intensität des politischen Lebens, das die sozialen Instinkte und Besinnungen des Hellenen ganz und gar beanspruchte, drückte die Dignität des Rechts stark herab, hemmte die Ausbildung des Zivilrechts und ließ es insbesondere zur Entstehung einer methodisch-systematischen Rechtswissenschaft niemals kommen. Bei der Kleinheit der Staatsgebiete und den fortwährenden Kriegen auf kleinstem Raum war das nicht anders möglich. Das Privatrecht und reguläre Strafrecht mußte als etwas untergeordnetes erscheinen, jede halbwegs bedeutendere Sache zur politischen Angelegenheit werden, Staatsgesetz zur Regelung eigentlich privater Sachen an der Tagesordnung sein und alle einigermaßen bedeutenden Einzelinteressen auf allein sichere Art politisch, durch Staatsrechts-, Verfassungsmodifikation verfochten werden. Entscheidungen und Edikte, gar Entscheidungs- und Ediktensammlungen mit Wirkung über ganz Hellas waren unmöglich; eine Diskussion über sie, die das gebildete Griechenland interessiert hätte, konnte es nicht geben.[75] Die Hellenen hatten eine Rechtsphilosophie, aber keine Rechtswissenschaft, und der Leistungsfähigkeit ihrer Rechtsphilosophie war damit eine unüberschreitbare Grenze gezogen.

Die Römer schufen die Rechtswissenschaft, sie entwickelten das Zivilrecht und an ihm die juristische Methode. Die deduktiv-systematische sowohl wie die induktive der Billigkeit. Ihnen fehlte die (eigene schöpferische, diese Grundlage auszuwerten fähige) Philosophie. Ein bloßes Nebeneinander der angenommenen griechischen Staatsphilosophie und der Prinzipien der nationalen Ziviljurisprudenz bildete den Inhalt der römischen Sozialwissenschaft und Spekulation über das Recht. Außerdem bemühten sie sich, für

[73] Rechtsphilosophie S. 3; *Cathrein*, ARWPh. IV, 387 ff.

[74] Dessen Nachwirkung hat z. T. die gänzlich verfehlte Identifikation oder Verschwisterung der Rechtsphilosophie mit der Politik gezeitigt, von der die neueren Schriftsteller fast alle nicht lassen können.

[75] *Richard Schmidt*, Allgemeine Staatslehre II/1, S. 148 ff. 153, 164; *Sternberg:* Das Verbrechen in Kultur und Seelenleben der Menschheit, 1911, S. 70.

die Dogmatik des Zivilrechts aus griechischen Philosophemen aller Art, namentlich naturphilosophischen, Nutzen zu ziehen, indem sie von ihnen Hilfe für die nähere Bestimmung dieser und jener einzelner juristischer Begriffe erhofften: die *Philosophie im Recht*, besonders die Philosophie im Privatrecht[76] — eine zweifelhafte Gabe — brachten sie so der Wissenschaft zu; die Philosophie *des* Rechts hat ihnen nichts wesentliches zu verdanken.

Die moderne Rechtsphilosophie entnimmt der Antike ihre Anregung; aber sie vermag da zu beginnen, wo die Antike aufgehört hat; was die Antike erst schaffen mußte und worin sie befangen war, das besitzt die Moderne und beherrscht sie: die hellenische Staatsphilosophie und die römische Rechtswissenschaft. Die bloßen Nachahmungen und Übertragungen der Antike, die ihr den Stoff übermitteln und Geist und Sprache des Altertums lehren, so die nötige technische Vorbereitung schaffen, halten sie nicht lange auf. Sie geht von Anfang an kühn und zielbewußt, wenn auch bis heute noch nicht mit vollem Erfolg, so doch mit stetigem Fortschritt an ihr Werk der *Synthese griechischer Staatsphilosophie und römischer Zivilrechtswissenschaft.* Die Philosophie wird auf das Ganze des Rechts angewendet; es entsteht jetzt die *Philosophie des Privatrechts,* die nun nicht mehr wie die römische Philosophie *im* Privatrecht das Verständnis beliebiger Spezialbegriffe durch Einschluß philosophischer Erwägung in die juristische Analyse zu unterstützen, sondern in Spekulation über die *Grundbegriffe,* zumal über Eigentum und Obligation, das Wesen des Rechts überhaupt und insbesondere des Zivilrechts zu ergründen sucht.

Insbesondere des Zivilrechts: Denn jetzt erlangt das Zivilrecht sogar die Prärogative in der Rechtsphilosophie. Als deduktiv-systematische Wissenschaft durchgebildet wird von der modernen Rechtsphilosophie eben nur das Privatrecht vorgefunden. Die juristische Wissenschaft des öffentlichen Rechts ist sie selber erst zu schaffen berufen. Sie wendet die Methode hellenischer Philosophie an auf das Zivilrecht, aber sie wendet auch die Methode römischer Zivilrechtswissenschaft auf das öffentliche Recht an. Sie gibt ihm juristische Form. Sie tut das, indem sie es zivilistischer Methode zu unterwerfen, in zivilistischer Begriffskonstruktion zu entfalten sucht. Sie unterlag hier zugleich den Wirkungen des Zeitgeistes, der — noch in Feudal- und Patrimonialgedanken verstrickt — die rechtsstaatsrechtliche Differenzierung von öffentlichem Recht und Privatrecht nicht zu vollziehen vermochte. Doch war die Übertragung zivilistischer als der damals einzig bekannten juristischen Methode die notwendige Vorbereitung und Vorbedingung für die Entwicklung einer eigenen Methode des öffentlichen Rechts.

---

[76] *Sokolowski:* Die Philosophie im Privatrecht, bisher 2 Bände. Wesentliche Förderung der Kenntnis der römischen Philosophie im Recht bringt *Rabels* Rezension Sokolowskis in der Savigny-Zeitschrift.

Die moderne Rechtsphilosophie sucht von ihren ersten Anfängen an beide, den Staat und das Zivilrecht philosophisch und juristisch in einem zu erfassen, sie sucht das Privatrecht vom Staatsgesichtspunkt aus und vor allem den Staat (nebst den überstaatlichen Organisationen der Völkerrechtsgemeinschaft, der Staatenbünde und des Reichs) nach Begriffen des Zivilrechts zu verstehen und gelangt so zu organischer Einheit juristischen und rechtsphilosophischen Systems.

Diese Einheit ist von dreifacher Bedeutung:

A. Einheitliche, Zivilrecht und öffentliches Recht gleichmäßig befassende Jurisprudenz.

B. Einheitliche, Zivilrecht und öffentliches Recht gleichmäßig befassende Rechtsphilosophie.

C. Die Einheit von A und B: das Naturrechtssystem.

Weder A noch B noch C[77] hat die Antike gehabt, und das Mittelalter hatte all das nur in Anfängen, undifferenziert.

Sofern man an einheitlich gefügte Rechtsphilosophie denkt, darf man den Anfängen der *modernen Schule der Rechtsspekulation* (zustimmend dem dictum „Grotius Vater der Rechtsphilosophie") die *Begründung der Rechtsphilosophie überhaupt zuschreiben.*

Für die *Antike* würde dann die Formel historischen Überblicks lauten: *sie besaß eine Staatsphilosophie, aber noch keine Rechtsphilosophie.* Sie besaß eine Staatsphilosophie, aber noch keine Staatswissenschaft; sie besaß eine Rechtswissenschaft, aber noch keine Rechtsphilosophie.

V.

Die Erhebung der beiden Bestandteile Staatslehre und Zivilistik zu ihrer Einheit hätte indes in der modernen Rechtsphilosophie so wenig wie in der römischen sich als möglich erwiesen ohne eine überragende Idee, die als ein drittes sich über beide setzte. Diese Idee — das Geschenk des Mittelalters, der christlichen Epoche — ist die *Strafe.* Wenn das Christentum überhaupt die Rechtsphilosophie in positivem Sinne[78] beeinflussen konnte, so mußte dies geschehen mittels der Strafidee. Sühne ist der fundamentale Gedanke des Christentums,[79] er hat seit anderthalb Jahrtausenden die Geister unab-

[77] Sie hatte das Naturrecht, aber nicht das Naturrechts*system.*

[78] Sein Einfluß in negativem Sinne ist der Antinomismus von Marcion bis auf *Tolstoj* und *Sohm* (Kirchenrecht I. Die viel berufene These am Eingang: das Recht steht mit der Kirche im Widerspruch).

[79] Leicht zugängliche Durchführung dieser Auffassung vom Christentum bei D. F. *Strauß:* Der alte und der neue Glaube. — Entsprechendes auch bei *Nietzsche* (*Kerler:* N. und die Vergeltungsidee, 1910).

lässig beschäftigt als der Menschheit Not und zugleich ihr einziges Heil. Er hat eine gewaltige Welle von Philosophie und Poesie entbunden, in deren Mittelpunkt das — im tiefsten *rechtsphilosophische* — Weltgedicht des *Dante* steht.

Dem „heiteren" Altertum hat die Strafe nichts bedeutet. Sein Strafrecht war verkümmert. Die Strafe ist Waffe im politischen Kampf und Werkzeug zur Niederhaltung von Gesindel, von Sklaven und sklaventümlichen geringen Leuten; den freien Bürger kann sie in seiner Innerlichkeit niemals treffen. Der antike Mensch kennt in der Strafe nur eine äußere Unannehmlichkeit; Strafe, Sühne im Sinn einer Katastrophe des Ich ist ihm unbekannt, bestenfalls eine verschollene Mär, die ihm von Tiefen der Seele, aber von überwundenen Tiefen ein verschleiertes Ahnen zurückführt in den Legendenstoffen der tragischen Dichtung. Ich habe hier sogleich das Verhältnis des klassischen Griechen zu den rechtsphilosophischen Tragödien bezeichnet, in denen das seelische Problem der Strafe allerdings mit beispielloser[80] Wucht hervorbricht — Orestie und Oedipus — (und trotzdem vermöge eines unerklärlichen Etwas in einer gewissen Äußerlichkeit befangen bleibt). Mit der Barbarei, die im Vernichten des von der Rache getroffenen Missetäters schwelgt, hat der antike Kulturmensch auch die Versenkung des Inneren in die Mysterien vom unendlichen schmerzvollen Kampf des Bösen mit sich selbst,[81] von der unentrinnbaren Notwendigkeit des Übels als einziges Mittel wider sich selbst, von der Vergeltung vollkommen abgestreift. Mit der zivilisierten Vergleichgültigung der Rache als des primitiven Instruments der Vergeltung ist ihm auch die Vergeltung selber wesenlos geworden. Von den Innerlichkeiten und Tiefen der tragischen Idee, die da zum Pessimismus und zur Erlösung führt, ahnt Sokrates, der Zeitgenosse des Oedipusdichters, ahnt die Ethik des Platon und des Aristoteles, ahnt die ganze große Philosophie des klassischen Griechenlands nichts in ihrem leichtbeschwingten Apollinismus.

Das Wesen des Griechen wird zur „heiteren Antike" kraft des Optimismus, der ihn die Unterwerfung und Ausmerzung der Macht des Übels durch die Kraft des Guten, der einfachen menschlichen Tugend erhoffen und erstreben heißt.

Dieser Optimismus weicht der Strafe aus. Die Antike vernachlässigt ihr Strafrecht absichtlich, aus Kulturgründen. Dieser Optimismus ist ausgesprochen *Kultur-Optimismus:* der Grieche glaubt, daß er des Verbrechens, des Übels im Staat — und anderes Übel interessiert ihn nicht — Herr werden

[80] Indem es das Ganze dieser Tragödien ganz und gar erfüllt.

[81] Den die Tragödien aus den dionysischen Kulten hinübergerettet hatten, der der brahmanisch-buddhistischen Philosophie zugrundeliegt, das Christentum hervorgetrieben hat und der Schopenhauerschen Philosophie als Ausgangspunkt ihrer emotionalen Problematik dient.

kann und muß durch Vervollkommnung der Staatsverfassung; und der Römer glaubt, daß man es erreichen muß durch vollkommenen Ausbau und kultivierte Handhabung des Zivilrechts. Darum ist dem klassischen Altertum das Strafrecht immer partie honteuse gewesen und darum galt für sie ein das Staatsleben durchwirkendes organisiertes Strafrechtssystem als ein Erbteil und Kennzeichen der Barbaren (Despotie). Hier lag der *Kulturgrund,* aus dem sie sich mit so erstaunlich irritablem Abscheu verwahrten und wehrten gegen die (in materieller und ästhetischer Kultur glänzende) *Tyrannis.*

Stellen wir dem die Andacht und Inbrunst gegenüber, mit der das Christentum, ohne Glaubens- und Liebesinteresse weder an den Feinheiten, Problemen des Verfassungslebens noch dem geschmeidigen Scharfsinn römischen Handelsrechts, die *Strafe* einsetzt zur Wahrung der irdischen und jenseitigen Ordnung. Eine dreifache Kraft wirkt in dieser Richtung zusammen: die orientalische Tradition, die immer die Rechtsordnung *kriminalistisch* basiert hat, das lange Überleben des Racherechts und daraus resultierende Unsicherheit des Landfriedens in der germanisch-romanischen Welt und die Übernahme der indischen und jüdischen Spekulation der Sühneidee. Diese hat das Christentum zu allumfassender und zu intensivster Entfaltung gebracht. Erfüllt vom Sühnegedanken tritt seine Wissenschaft an die juristische Wissenschaft heran; Kern des universalen Denkens, sucht die Sühnespekulation auch das Recht ihren Zwecken dienstbar zu machen.

Darum entsteht, alsobald die Moderne ihre Rechtswissenschaft konzipiert, *Strafrechtswissenschaft* und *Strafrechtsphilosophie,* erneut und angebaut an die Strafrechtsphilosophie und Strafrechtswissenschaft, die die Scholastik begründet hatte.[82] *Thomas von Aquino* diskutiert die Probleme der Strafrechtsphilosophie und was er dafür hält, d. h. eine Reihe kriminal-*juristischer* Fragen, sehr gründlich. *Grotius* tritt mit einer ausgearbeiteten Strafrechtstheorie auf, was auch *Pufendorf* dagegen sagen möge. Es steigt aber in der modernen Rechtsphilosophie die Bedeutung des Strafrechtsgedankens von Jahrzehnt zu Jahrzehnt; bei *Thomasius* und *Alberti*[83] bereits (1700) wird sie als Angelpunkt des ganzen Systems der Rechtsphilosophie empfunden; seitdem, besonders aber seit den beiden Cocceji und Kant, wird das Strafrecht *die* philosophische Disziplin der Jurisprudenz par excellence[84] und steigert sich immer mehr das Interesse an Strafrechtstheorien;

---

[82] Ihre Erforschung schreitet nicht im wünschenswerten Maße vorwärts trotz der unablässigen Rufe *Kohlers,* obwohl *Richard Schmidt* an der Sache Interesse nimmt und trotz des bahnbrechenden Anlaufs, den *Kantorowicz* genommen hat in seinem Albertus Gandinus und das Strafrecht der Scholastik I, 1907 (vgl. daselbst Vorrede S. VII).

[83] *Sternberg:* Begnadigung (N 71), S. 360 ff.

[84] An den deutschen Universitäten ist der Lehrauftrag für Rechtsphilosophie fast durchweg mit dem für Strafrecht verknüpft (vgl. auch *Lemayer:* Verwaltung der

absolut genommen beschäftigt man sich mit ihnen immer mehr, *auch nach Erlöschen der grundsätzlich philosophischen* (d. h. hegelianischen) Strafrechtsschule, und auch relativ bilden sie den über seine staatsrechtsphilosophische und zivilrechtsphilosophische Umgebung immer mehr hinauswachsenden Kern der Rechtsphilosophie, bis die letzte Strömung das Wesen des Rechts überhaupt in die *Strafe*[85] und dann in die *Vergeltung* setzt. Staat und Privatrecht, die bis dahin die Grundprobleme der Rechtsphilosophie bildeten (mit der gelegentlichen, auch nur begleitenden Konkurrenz des Völkerrechts bei Grotius), erscheinen hier prinzipiell subordiniert dem kriminalistischen Problem. Die älteren Zeiten wollen vor allem wissen: Was ist der Staat? der Souverän? Woraus Strafrecht und Zivilrecht, als von ihm getätigt, einzuleuchten schien. Das war der Standpunkt der klassischen Antike, des Mittelalters in seiner akademisch-rechtsphilosophischen Stellungnahme und des 19. Jahrhunderts.[86] Oder sie wollten wissen: wie sind Verbindlichkeiten möglich, und was ist die Bedeutung des Eigentums? Worauf dann der Staat durch den Vertrag erklärt und als Eigentumsschutz gerechtfertigt erschien.

Auf dem heute erreichten Punkt erscheint entweder das Wesen des Staates erklärt und gerechtfertigt als das der einzigen Vergeltungsmacht (Stammler) oder aber der Staat wird als notwendige Bedingung und Korrelat des Rechts überhaupt ausgeschaltet, bildet ein *Grund*problem der *Rechts*philosophie überhaupt nicht mehr, sondern erscheint nur noch als empirischer Hauptträger des Rechts.[87] In beiden Fällen wird das Privatrecht als Austausch-Vergeltungsordnung erklärt.

österreichischen Hochschulen, 1878, S. 186); nur selten noch mit dem des Staatsrechts oder Völkerrechts; fast gar nicht mehr mit dem für Zivilrecht.

[85] *Stammler*, der die kantianisch-fichtisch-schellingische Bestimmung des Rechts als Zwangs- und Gewaltordnung dahin vergenauert. Er bestimmt das Wesen des Rechts im Unterschied zur Konventionalregel (Sittenregel) nach dem Charakter der Gemeinschaft, von der die Norm emaniert, und bestimmt dann den Staat als die strafmächtige Gemeinschaft (Wirtschaft und Recht, 1896, S. 130).

[86] *Gegenwärtig*, nach der Begründung der neukantianischen Rechtsphilosophie, stellt wieder *Radbruch* (Einführung in die Rechtswissenschaft, 1910 und 1912) sein Grundproblem in diesem Sinne. Ebenso *Kelsen:* Hauptprobleme der Staatsrechtslehre, 1911. Diese Art, die Devise „Alles Recht ist Staatsrecht" einfach zu hypostasieren, den Staat einfach als gegebenes schlechthin, als positives Urphänomen des Rechts und gewissermaßen als rechtlichen und ethischen *Urgrund* zu nehmen, ist natürlich philosophisch sehr bedenklich.

[87] *Sternberg* und ganz besonders *Eugen Ehrlich:* Grundlegung einer Soziologie des Rechts, 1913. Ein Versuch *Stammlers*, mit diesem Standpunkt ein Kompromiß zu machen, ist nicht ernst zu nehmen. Den Anarchisten, die den Staat als Rechtsbasis *verwerfen*, nähert sich *Franz Oppenheimer:* Der Staat, 1907, und System der reinen und politischen Ökonomie, 1910.

Das rechtsphilosophische Problem ist damit in der Moderne auf ethische Basis gebracht, zu einer von der Antike nicht gekannten Reinheit erhoben; es ist aus dem politischen Problem der Staatsverwaltung, dem wirtschaftlichen Problem des Zivilrechts herausgeschält. Dem ethischen Gehalt des modernen rechtsphilosophischen Problems gegenüber erscheint die antike Rechtsphilosophie, als ganzes, utilitaristisch. Faßt man die Entwicklung hier, *so scheint es, als ob doch fortschreitend immer ein höherer Standpunkt des Ideals ergriffen werde*. Das Recht ist in Hellas Teilthema des Themas „Regierung", Justiz ein Mittelzweck des Staatsgedeihens, in Rom Teilthema des Themas „bürgerliche Existenz", „Anteil an den Lebensgütern"; als Vergeltung erst ist es Thema für sich und gänzlich selbständig. Das rechtsphilosophische Problem ist in der strafrechtsphilosophischen Arbeit freigelegt. Das ist der Grund, weswegen Strafrecht bekanntermaßen die „philosophischste" aller Rechtsmaterien ist.

Als geschichtsphilosophisches Schema darf die Formel aufgestellt werden: *die hellenische Rechtsphilosophie war Staatsphilosophie, die römische* war Anflug einer *Privatrechtsphilosophie* (den die Moderne erst zur Entfaltung brachte), *die moderne Rechtsphilosophie ist Strafrechtsphilosophie*.

Das Mittelalter brachte außer der Idee der Strafe noch eine zweite Gabe bei, die christlichen und germanischen Geistes ist. Das ist die Idee der *Universalität* des Rechts. Diese Idee ist unendlich fruchtbar an Keimen der Kultur und Humanität. Sie formuliert als feste Prinzipien *Internationalrecht, Völkerrecht, Menschenrechte: eigene* Rechtsstellung jeder *natürlichen und juristischen Person* und darin also schließlich den *sozialen* Gedanken, der — wenn er *zum Heil des Ganzen* Existenz- und Auslebensmöglichkeit schaffen will — *für alle einzelnen Personen* (Menschen und Verbände) sich auswirkt als *Verwaltungsrecht*. All diese neuen Aufgaben sich bewußt —was Wunder wenn die beginnende rechtsphilosophische Neuzeit, das Zeitalter eines Grotius besondere rechtsphilosophische Größe für sich beansprucht.

Allerdings ist dann aus der Philosophie des Internationalrechts nicht viel geworden, ebenso wie aus der des Verwaltungsrechts, so daß beide heute noch als unphilosophische Disziplinen gelten, wie ja ferner auch gleichfalls noch völlig unentwickelt ist die Prozeßrechtsphilosophie. In der heutigen Rechtsphilosophie müssen gerade sie behandelt werden; eine Rechtsphilosophie, die sich ihnen versagte, hat keinen Anspruch auf Beachtung mehr. Wie wird dadurch mindestens der besondere Teil der Rechtsphilosophie modifiziert, und wie modifiziert sich auch damit wieder das Verhältnis der neuen Geschichtsschreibung zur Geschichte der Rechtsphilosophie!

VI.

Die vollzogene endgültige Abkehr der Rechtsphilosophie von der Naturrechtsspekulation insinuiert einen dritten Begriff von Geschichte und Vorgeschichte des Rechts.[88]

Bis zum Beginn des 19. Jahrhunderts herrschte der Naturrechtsglaube. Er schließt, dogmatisch voreingenommen, eine voraussetzungslos vollwissenschaftliche Rechtsphilosophie noch aus. Dann erscheint gänzlich unvermittelt der Positivismus und Historismus des 19. Jahrhunderts, der — zum ersten Male in der Weltgeschichte — geradezu ein rechtsphilosophisches Vakuum schafft, indem er mit dem Naturrecht die Rechtsphilosophie für unmöglich erklärt; ich würde sagen: für eine der zufolge der Kritik der Vernunft unmöglichen Wissenschaften gleich der rationalen Psychologie und Theologie, wenn es sich nicht träfe, daß alle Kantianer der älteren Zeit bei dem Naturrecht treulich Wache halten — die großen Schöpfer eigener Systeme ebenso wie die Kleinen, die Schüler und Kärrner, und wenn nicht somit der antinaturrechtliche und antirechtsphilosophische Standpunkt ausschließlich von ganz anderer Seite und mit ganz anderen Argumenten vertreten würde als philosophisch-kantianisch. Nur einer von den Kantianern hat den Rechtsbegriff und den Begriff der Rechtsphilosophie im kritischen und modernen Sinne gebraucht, und dieser eine ist freilich auch der ganz große, und dieser eine[89] ist *Schelling.* Dieser ist auch für die Rechtswissenschaft der entscheidende, denn auf ihn fußen *Savigny, Puchta* und *Stahl.* Schelling braucht ebenso wie Hegel und Krause noch das Wort „Naturrecht," aber in genau demselben Sinne, wie wir heute von einem Zusammenhang des Rechts mit der Natur reden und reden müssen: daß das Recht im Naturzusammenhang steht und naturgesetzlich nach Funktionsgesetzen (*Comtes* „Stabilität") und Entwicklungsgesetzen (*Comte-Spencers* „Labilität) psychologisch, biologisch und sonst kosmologisch sein Wesen hat. Aber der *Inhalt des Rechts* ist ihm positiv, ist durch Willkür gesetzt und notwendig wechselnd. Bezeichnend nur für die Riesenautorität des Begriffs Naturrecht in der Philosophie, daß Schelling den durch ihn nun ganz zweideutig gewordenen Ausdruck „Naturrecht" noch nicht abzutun geneigt ist, und daß auch noch der späte Nachfahr ihn auf dies „Naturrecht mit wechselndem Inhalt"[90]

[88] Die üblichen Begriffe sind:
1. Vorgeschichte ist die Vorantike.
2. Vorgeschichte ist alles bis zu Grotius.

[89] Unter den Philosophen. Darüber, wie *Stahl* ihn und sich als Begründer der wahren Rechtsphilosophie empfindet, vgl. *F. Harms* a. a. O. S. 137, 140.

[90] *Schelling* hat diesen Begriff vollständig ausgeprägt, nicht erst *Stammler.* Außer Schelling *Hugo.* Der Begriff des Entwicklungsnaturrechts, Geschichtsnaturrechts, den *Lask* a. a. O. S. 281 f. historisch-kritisch feststellt, war diesen aktuell-geläufig; und kaum noch in *Montesquieuscher* Art unklar.

anwenden zu sollen glaubte. Und groß das Verdienst *Stahls,* als er als erster der Philosophen — allerdings ein Halbphilosoph, Halbjurist! — mit dem *Begriffe* des Naturrechts *brach.* Es genügt nämlich nicht, das Naturrecht zu *leugnen,* was schon Sophisten und Skeptiker gekonnt. Sie blieben immer Dogmatisten, weil sie die Frage, ob Recht möglich sei oder nicht, auf die *Natur*rechtsfrage abstellten. Gleich ihnen waren die strengen Positivisten und Historiker, da sie Rechtsphilosophie sich nur als Naturrecht denken konnten, befangen im Dogmatismus. Es paßt auf nichts besser als auf ihren doktrinalen Status das Wort *Jellineks:* „Es sind nicht alle frei, die ihrer naturrechtlichen Ketten spotten." Ihr Armutszeugnis wird gesiegelt durch die Feststellung, daß nach solcher Auffassung neben der Jurisprudenz, der Wissenschaft *im* Recht, nun irgendeine Wissenschaft *vom* Recht überhaupt nicht mehr möglich war. Das hat auch später der Soziologie den Eingang nach Deutschland so sehr erschwert und die Ausbildung einer Sozialgeschichte des Rechts zu unberechenbarem Schaden der Wissenschaft so lange hintangehalten.

Hiernach ergäbe sich nun für die Geschichte der Rechtsphilosophie das folgende Schema:

Hellas hatte keine Rechtsphilosophie, denn es hatte kein Recht, d. h. es fehlte ihm die Unterlage einer Rechtswissenschaft.

Rom hatte keine Rechtsphilosophie, denn es hatte keine Philosophie, d. h. es fehlte ihm die Intensität des philosophischen Geistes zur Bewältigung der mit dem Vorhandensein seines Zivilrechts gestellten spekulativen Aufgaben.

Die Moderne bis ins 19. Jahrhundert und *alle vorhergehende Zeit* hat keine Rechtsphilosophie, weil sie sich durch den Naturrechtsglauben, nämlich

a) durch einseitige Festlegung des Rechts als eines Naturdinges,[91] sodann
b) durch die Spekulation über das beste Recht

den Weg zur wirklich rechtsphilosophischen Fragestellung verrammelt.

Unter diesem Aspekt beginnt die Geschichte der Rechtsphilosophie erst mit Beginn des 19. Jahrhunderts, also gerade in dem Moment, da sie totgesagt ist und erloschen scheint. Da man den Mut zu dem Gedanken gefunden hat, daß es eine Welt und eine Wissenschaft ohne Rechtsphilosophie geben könnte, da infolgedessen die akademische Tradition und Dignität der Rechtsphilosophie dem schmählichsten Verfall entgegenging;[92] da man juristisches Studium ohne Unterricht in der Rechtsphilosophie und Philosophie, das System der Philosophie ohne Rechtsphilosophie für das Rechte hielt.

---

[91] *Harms,* a. a. O. S. 61, 62, 85 ff., 89, 92, 95, 97 f., 147.

Dann teilen sich in die Ehre der Begründung der Rechtsphilosophie *Schelling* und *Stahl;* oder, wenn man Schelling seine Benutzung des *Wortes* „Naturrecht" zur Verurteilung gereichen läßt, ist der Vater der Rechtsphilosophie *Stahl* allein.

Stahl! Aber: wie ist es doch mit dieser berühmten *Philosophie des positiven Rechts;* ist nicht das positive Recht, an dem der Grund und das Wesen des Rechts demonstriert wird, das positive *göttliche* Recht? Dem ius positivum divinum, dem Kirchenglauben hat sich Stahl verschrieben — auf dem Punkt, die freie reine Rechtsphilosophie des positiv-geschichtlichen auf freier Tat beruhenden Rechtes zu schaffen, ist er freiwillig ins Mittelalter zurückgekehrt. Zurückgekehrt zum geoffenbarten göttlichen Recht, das in einer Art und in gebräuchlichem weiterem Sinne immer Naturrecht ist. Das Recht hat keineswegs beliebige Inhalte, so erklärt Stahl ausdrücklich. Danach ist man — was die Grundlegung der Rechtsphilosophie angeht — mit ihm fertig.[93]

Dann aber beginnt die Geschichte der Rechtsphilosophie erst *jetzt,* mit dem späten Ende des 19. und dem Anfang des 20. Jahrhunderts; in dieser Zeit sogenannter Neublüte der Philosophie, mit *Jhering, Wundt* oder *Stammler,* mit *Lasson, Kohler* oder mit dem *Methodenstreit.* Die gesamte frühere Entwicklung bis auf unsere Zeit wäre *Prähistorie.*

Man würde sagen: Der Begriff des Naturrechts ist so falsch, so innerlich sich widersprechend und superstitiös, daß die Geschichte der Rechtsphilosophie sich bei ihm so wenig aufhalten kann, wie die Geschichte der Chemie und Astronomie beim alchemistischen und astrologischen Spielwerk oder die Geschichte der Zoologie bei den Doktrinen von den Meerwundern. Solange qualitates occultae wie Elementar- und Planetargeister das grundbegriffliche Element der Natur- und Weltbau-Wissenschaft bilden, kann diese nicht als in ihr geschichtliches Stadium eingetreten gelten, und wie die Geschichte der Chemie und Astronomie ihre eigentliche Erörterung erst mit der sicheren Festlegung ihrer Gegenstände als *Körper,* als *Materie* ansetzen, so kann auch die Geschichte der Rechtsphilosophie erst beginnen mit der Festlegung der Erkenntnis des Objekts der Rechtsphilosophie, des Rechts als *Sittlichkeit,* als *Geschichte,* als *positiv.*

---

[92] Die Ehre einzelner, die dann in der Verfallzeit die Leistung rechtsphilosophischen Vortrages tapfer und mit Erfolgen aufrecht hielten, leuchtet darum nur um so heller (*Lasson, Michelet, Geyer, Trendelenburg, Ahrens*).

[93] *Lessings* Gebet, Gott möge nicht die Wahrheit an sich, sondern das unerschöpfte Streben nach Wahrheit gewähren, gilt am Ende auch für die Rechtswissenschaft.

VII.

Dies ist über Geschichte und Vorgeschichte des Rechts der Begriff der Zukunft. Die Gegenwart muß von ihm zurückweichen. Er gehört uns noch nicht. Noch nicht, weil wir selbst zu stark noch in der Vergangenheit gefesselt sind — nennen wir uns einmal Diluvialmenschen der Rechtsphilosophie. Wir müßten den Boden unter den Füßen verlieren, wenn wir uns diesem Begriff der Geschichte der Rechtsphilosophie restlos anheimgäben.

Wir können und müssen erklären: die Geschichte der Rechtsphilosophie in ihrem reinen Zustande beginnt erst jetzt; denn alle frühere Rechtsphilosophie war Naturrecht. Aber wir können unsere Geschichtsschreibung des Naturrechts nicht darauf radizieren. Wir lassen notwendigerweise die Geschichte des Naturrechts als Geschichte gelten: als erlebten Teil unseres rechtsphilosophischen Ichs (Bewußtseins), nicht bloß als Prähistorie, als außer uns und hinter uns liegende Sammlung von Kuriositäten.

Natürlich kann die Geschichte des Naturrechts nicht mehr der Haupt- und Selbstzweck der rechtsphilosophischen Geschichtsschreibung sein. Wir fördern die Naturrechtslehren historisch zutage, aber wir schmelzen aus ihnen heraus das reiche Erz der Gedanken wirklicher Rechtsphilosophie, das sie enthalten und das wir von andersher nicht haben können. Unsere Rechtsphilosophie ist Philosophie des einzig möglichen, des positiven Rechts; aber dieses ist im Naturrecht vorbereitet, und die Darstellung des Keimens und des endlichen Durchbruchs des Begriffs des positiven Rechts ist für die Geschichte der Rechtsphilosophie einstweilen am Ende noch das wichtigste Problem. Als solches erlangt es auch für die systematische Rechtsphilosophie Bedeutung. Wie die Historiker der Naturphilosophie die Astrologie und Alchemie etc. verwenden, nur vielleicht mit noch größerem Nutzen, verwenden wir das Naturrecht: als Wegweiser für die Einsicht in die Entwicklung der Methoden und Begriffsbildung, in die dem Wissenszweige eigentümlichen dogmatistischen Fallen, Fehlerquellen, gegen die auch wir noch nicht gefeit sein mögen.

VIII.

Die Naturrechtsgeschichte geht in die Geschichte der Rechtsphilosophie mit ein; als Vorgeschichte wird nur zweierlei auszusondern sein:

a) solche Völker, deren Rechtsphilosophie noch so gut wie unbekannt ist, wie z. B. die chinesische Rechtsphilosophie wenigstens für die westliche Wissenschaft; auch die persische, keltische sind hierherzustellen und, trotzdem einige innige Befassung dieser bedeutenden Kulturvölker mit rechtsphilosophischem Denken sicher ist, auch die der Ägypter, Babylonier, Juden.

b) jene eigentliche, in strengem Sinne Prähistorie der Rechtsphilosophie, die Prähistorie nicht bloß formaliter ist wegen unserer Unkenntnis der Urkunden, sondern materiell ist und bleibt: Rudimentäre Rechtsphilosophie, die — in anderweitige Spekulation eingebettet — erst ungestaltete Keime rechtsphilosophischer Gedanken enthält,[94] noch nicht aber über das Recht als einheitliches Wesen sinnt. Diese Prähistorie ist natürlich allen Völkern gemein; sie ist aus deren nichtrechtsphilosophischen, vor- und außerrechtlichen Geistesäußerungen zu erschließen und lebt als populär lange noch neben der wissenschaftlichen Jurisprudenz und Rechtsphilosophie.

IX.

Die hiermit endende Darstellung zeigt, wie außerordentlich viel — nach wie vor — für das traditionelle klassische Schema der Entwicklung der Rechtsphilosophie spricht. Aber sie hat an zahlreichen Stellen auch aufgedeckt, wieviel dagegen und wieviel zugunsten anderer Periodisierung spricht. Ist es doch eine gar beträchtliche Anzahl von Zeitaltern, die als intensivste Inauguration der Rechtsphilosophie in Frage kommen können. Und streiten doch gar zu viele der großen Weisen um den Titel eines Begründers der Rechtsphilosophie.

Babylonier und Juden werden auf die Dauer wohl ebensowenig wie Chinesen und Inder[95] die Verweisung in die bloße Vorgeschichte erlauben; diese „semitischen" Orientalen können immer wieder darauf pochen, daß gerade sie das Recht zum Ein und All ihres Glaubens und ihrer Lehre gemacht. Freilich kann man ihnen entgegenhalten, daß ihre Rechts-Spekulation sich zu schnell in den Glauben gestürzt, durch Zuflucht zu Gottesrecht und Erlösungsmythos zu früh den Zweifel und mit ihm die Forschung stillgelegt haben (was auf erstaunliche Art sich von neuem abspielt bei ihrem Nachfahr *Stahl*). Aber man soll nicht übersehen, daß dieser Gottesrechtsmythos in großartiger und tiefer Phantasie gestaltet worden ist in dem Zusammenhang von Recht, Tod, Totenrichter, Gottmensch, wie es auch in Indien und Ägypten und später nach orientalischem Vorbild in Griechenland geschah. Und daß ein Volk, das solche Anfänge der Rechtswissenschaftslehre hatte wie die Juden, ein Volk ferner, bei dem zweifelhaft werden konnte, ob

[94] Probe bei *Sternberg* Einführung in die Rechtswissenschaft I, S. 51 - 53. Auch *N. Hozumi:* Ancestor Worship and Japanese Law, und insbesondere *Hirzel:* Themis, Dike und Verwandtes.

[95] Für Begründung hochqualifizierter Rechtsphilosophie in Indien *Kohler,* insbes. Vedantalehre, ARWPh. V, 556.

eine Gesetzesstelle einfach laute: „Du sollst, Richter, auch dem Armen," oder „Du sollst, Richter, auch dem Großen" (aus sozialem Empfinden nämlich) „nicht das Recht beugen",[96] daß solch ein Volk in der Geschichte der Rechtsphilosophie gehört zu werden und einen Ehrenplatz zu finden verdient. Zumal insbesondere, da es mit besserer Kenntnis der Literaturdenkmäler immer klarer wird, wie tief die Propheten das soziale Problem in Verbindung mit dem individualethischen, der irdischen Gerechtigkeit in Verbindung mit der ewigen zu erfassen wußten, wie wahrhaft bedeutsam mithin der jüdische Begriff der *„Gerechtigkeit"* für die Rechtsphilosophie ist — hätte diese Rechtsphilosophie auch nicht gerade so stark, wie sie es getan hat, fortgewirkt im byzantinisch-römischen Reich und Rechtsdenken[97] und später im englischen. *Aber von rechtsphilosophischer Seite her ist weder der jüdische noch der byzantinische noch der englische Quellenkreis bisher* auch nur annähernd recht *gewürdigt.* Solche und mehr dergleichen Lücken sind noch zu füllen, ehe über die Periodisierung nach Völkern vom heutigen Standpunkt aus Endgültiges zu sagen ist.

Wie die sieben Städte um den Ruhm der Heimat Homers und die neun Könige um den Kampf mit Hektor, streiten um den Titel des Vaters der Rechtsphilosophie: Platon, Aristoteles, Thomas von Aquino,[98] Grotius, Kant, Krause, Schelling, Hegel, um nur die größten zu nennen, neben denen aber auch *Konfuzius*[99] und *Jesaia* ihre Ansprüche immer stärker geltend machen dürften.[100]

Neuestens hat mit bewegten und klugen Worten *Leonhard* gar die Ansprüche der *Römer* angemeldet;[101] und wenn man die durchaus originalen

---

[96] Hierauf hat Herr Rechtsanwalt Dr. E. *Feder* mich aufmerksam gemacht. Über rechtsphilosophische Probleme im Talmud: *Kohler* in seiner Vorrede zur Neuausgabe der rechtswissenschaftlichen Sektion des Talmud.

[97] *Leonhard:* Roms Geschichte und Deutschlands Recht, S. 157 ff.

[98] Ganz ungünstig wird Thomas beurteilt von *Eucken:* Die Philosophie des Thomas von Aquin und die Kultur der Neuzeit, 2. Aufl. 1910. Prinzipiell: kein Philosoph erster Größe, hochbegabter vornehmer Summist, S. 8 ff. — Speziell für die Rechtsphilosophie: S. 34 ff. Aber hier ist wieder einmal der *rechts*philosophischen Bewertung die Staatslehre zugrundegelegt, was allgemein unzulässig, hier aber ganz ungerecht —völlig anachronistisch, wie *Eucken* gerade nach seinen eigenen Erörterungen sich hätte sagen können. Allerdings drängt ihn sein Hauptthema in diese Position.

[99] Dessen ökonomische Lehren bereits zum Gegenstand moderner Darstellung gemacht sind durch *Chen Huang Chang:* Economic Principles of Confucius and his school. Über die chinesische Rechtsphilosophie stehen Arbeiten japanischer Gelehrter zu erwarten, da nach gefälliger Mitteilung meines Kollegen *S. Mitsuma* ein beträchtliches Quellenmaterial sich in Japan befindet.

[100] Aufgetreten sind auch *Sokrates, Vico, Montesquieu, Comte;* Sozialisten denken an *Marx,* der aber im Schatten bleibt, weil Rechtsphilosophie für die Sozialisten programmäßig etwas Minderwertiges und der Wirtschaftsphilosophie Untergeordnetes.

Gründe, die er geltend macht, unbefangen hört, so möchte es wohl dem durchdrungensten Römer-Antipathen und Anhänger der klassischen Geringschätzung der römischen Rechtsphilosophie plausibel und einer Revision seiner Ansicht wert erscheinen.

In Parallele mit dieser Insinuation des Römers als Begründers der wissenschaftlichen Rechtsphilosophie tritt auf die des *Romanisten* — aber noch viel ernster, noch unverhoffter als jene und überhaupt von *jetzt* nicht ganz zu ermessender Tragweite. Es handelt sich um den, den die zünftige Philosophie niemals in Betracht zog, von dem absichtlich hier bisher nicht gesprochen ward: *Hugo*.[102] Hugo schrieb schon eine Philosophie des positiven Rechts und bekämpfte mit bedeutenden, lichtvollen und tiefdringenden Gründen das Naturrecht. Zweifellos ist es Kant gewesen, der die Bahn für wahre wissenschaftliche Rechtsphilosophie im modernen kritischen Sinne freigelegt hat, und zweifellos ist *Hugo* unter den Juristen zum mindesten[103] der erste und größte unter den Rechtsphilosophie betreibenden Kantianern.[104] Sein Verdienst entscheidend zu würdigen, wäre hier nicht der Ort, auch wenn seine rechtsphilosophischen Werke zur Verfügung stünden. Sie fehlen nicht bloß in Tokyo — das Dernburgs Bibliothek besitzt! —, sondern auch sonst bekommt man sie selten zu Gesicht. Bezeichnend das, wo der Mann, das sei zum Schluß gesagt, der mächtigsten Bewerber um die Krone

[101] *Leonhard:* Roms Vergangenheit und Deutschlands Recht, insbes. S. 71. Er sagt über die Zeit der sinkenden Republik: „Als der Staat am verderbtesten war, erzeugte man die meisten Heilmittel für seine Leiden ... Indem man sich fortwährend davon überzeugte, daß man keine Gesetze machen konnte, lernte man es schließlich doch. Mit einer Findigkeit, welche nur der Wettbewerb erzeugt, entstand die Kunst politischer Beredsamkeit, und die Wissenschaft der berechnenden Gesetzgebung, beide in Rom von den Griechen erlernt, beide in der ungewöhnlichen Anspannung des Straßenkampfs so vervollkommnet, daß das Urbild dadurch in den Schatten gestellt und Rom das Klassische Land der Beredsamkeit und der Staatsweisheit wurde. In dieser Zeit liegen die Vorbilder und Wurzeln jedes späteren Parlamentarismus, *hier die Keime der* Rechtsphilosophie und ihrer Töchter, der Nationalökonomie und der Soziologie." Leonhard sieht offenbar auch in den Gedanken, die das römisch-byzantinische Juristentum sich unter dem Einfluß des Christentums über das Recht machte, ein bedeutendes Erscheinen der Rechtsphilosophie.

[102] Offenbar gemacht hat ihn in neuerer Zeit zunächst die hochbedeutende Studie von *Heinrich Singer:* Zur Erinnerung an Gustav Hugo, *Grünhuts*Z XVI (1889), S. 273 - 319. Alsdann *Landsberg:* Kant und Hugo, ebd. XXVIII S. 670 ff., gleichfalls eine der schönsten Arbeiten zur Geschichte der Rechtswissenschaft, und dann *Landsbergs* Geschichte der Rechtswissenschaft III, 1910, S. 1 ff.

[103] Doch nannte ihn die Universität Halle bereits 1838 zu seinem Doktorjubiläum „Um die Philosophie nicht weniger verdient als um die Romanistik" (Singer S. 273). Daß Hugo selbst sich auf rechtsphilosophischem Gebiet als bahnbrechend empfand, zeigt *Singer* a. a. O. S. 293 n. 27.

[104] Auch *Radbruch* wird ihm kaum zu *Feuerbachs* Gunsten diesen Rang streitig machen wollen.

moderner Rechtsphilosophie einer ist! Hugos Bedeutung als Begründer der historischen Schule mußte zurücktreten, gerechterweise, hinter dem Glanze Savignys.[105] Das ist je länger desto mehr entschieden. Aber gerade je mehr Hugo von dem Verdienst und Verschulden, die historische Schule geschaffen zu haben, frei wird, steigen seine Ansprüche auf den Rang des Begründers der Rechtsphilosophie im Rahmen moderner kritischer Geisteswissenschaft.[106]

Es bedarf wohl nicht der Versicherung, daß noch manche Epochen als von entscheidender Bedeutung für die Entwicklungslinie der Rechtsphilosophie erweisbar wären, wenn ein Volk und eine Persönlichkeit so gänzlich unerwartet mit der Aspiration auf erste Stellung hervortreten können. Wie nun disponieren?

Es würde ganz fruchtlose Dialektik sein, Beweis zu führen zugunsten einer Entwicklungslinie, sei es der klassischen, die Restauration in der Neuzeit nach wissenschaftlichem Tiefstand annimmt, und der das Mittelalter würdigenden oder gar mit den katholischen Kirchenschriftstellern[107] und Kohler über die Neuzeit setzenden Kontinuitätstheorie.[108] Das kann nur ausmünden in Sisyphusarbeit und *falsches* Resultat.

Wir brauchen beide gleichmäßig. Können keine entbehren. Wir brauchen ebenso gleichmäßig die akademische Rechtsphilosophie, wie des Franz von Assisi, der Mystik, des Antinomismus und Anarchismus stürmische und wenig wissenschaftlich geformte Emotionalität. Beide tragen einander; wollen sie des anderen entraten, so sind beide tot. Muß es ohne die emotionale Glut der Unmittelbarkeit bleiben, so bleibt das rechtsphilosophische Problem immer indifferent und schwach, und muß es ohne die wissenschaftliche schulmäßige Theoretisierung bleiben, so bleibt es ohne Antwort und fortschrittslos.

Die Darstellung der Geschichte der Rechtsphilosophie kann sich also nicht binden an das Einheitsbedürfnis der Disposition, sondern die Aufgabe ist, eine Menge gleichberechtigter Periodisierungen verschiedenen Ranges gleichmäßig miteinander und für- und widereinander zur Anschauung zu

---

[105] Über diesen Thronstreit ausführlich *Singer* S. 283.

[106] Mit scharfem Blick hat *Hugo* gerade das erkannt, daß die Kantische (Ethik und) Rechtsphilosophie unkritisch ist, und sich die kritische Rechtslehre, die wahre rechtsphilosophische Ergänzung der Kantischen Lehre zu schaffen vorgesetzt (*Singer* a. a. O. S. 281/294). Vgl. aber auch *Landsberg:* Geschichte (N 102), S. 2 n. 72.

[107] Über ihre Stellung vgl. auch *Singer* a. a. O. S. 287. — Nach der Salamanca-Schule der Gegenreformation wurde bedeutend der Benediktiner *Desing* (Juris naturae larva detracta, München 1753).

[108] Bedeutend insbesondere *Wendland:* Hellenistische und römische Kultur, 1907. Weitere Literatur bei *Billeter:* Die Anschauungen vom Wesen des Griechentums, S. 89. *Sternberg:* Zur Würdigung der mittelalterlichen Philosophie und Rechtslehre ARWPh.V, 452.

bringen nach Grundsätzen des hypothetischen Perspektivismus.[109] Ihrer keine darf geopfert werden dem bloßen Bedürfnis der Disposition. Das würde zurückgleiten heißen in eine überwundene Stufe wissenschaftlichen Denkens.

In den früheren Zeiten konnte man hoffen, den vollen Gehalt und die volle Gewißheit der Wissenschaft zu erlangen durch ein *eindeutiges* System. Das ergab aber für das Recht, wo besonders *Domat*[110] für den Gedanken gewirkt hat,[111] Naturrecht, und für Geschichtsdarstellungen theologische oder sonst dogmatische Voreingenommenheit, Hineinlegung eines willkürlich konstruierten Heilsplans. Man nannte die Systeme als solche denn auch gern „natürliche".

Das also zeigt letztlich, warum wir keine heutigem Bedürfnis entsprechende Geschichte der Rechtsphilosophie und im Zusammenhang damit auch keine heutigem Bedürfnis entsprechende dogmatische Rechtsphilosophie besitzen. *Die Geschichtsschreibung der Rechtsphilosophie muß erst eingerichtet werden nach dem Gesetze der modernen Denktechnik, die nicht mehr Systematik* ist, *sondern Synthetik,* nicht mehr auf Disposition in eindeutiger Übersicht und *zustandhafter* Ordnung gerichtete *Klassifikatorik* und Systematismus, sondern ganz auf das *Verfahren* gerichteter *Komparatismus* und *Methodismus.*[112]

Dies muß *positiv* geschehen. Von der Geschichte der Rechtsphilosophie aus bestimmt sich dies für alle Geschichtswissenschaft: Es genügt nicht die skeptische *Negative;* es genügt nicht, unter vornehmem Lächeln über einseitige Geschichtskonstruktion und speziell Hegelianismus nun auf das Entwicklungsmoment zu verzichten und nun als spezifisch historisch und kritisch zu empfinden, daß man wiederum das Geschehen als bloßes Schicksal gibt — wenn solche Darstellung uns auch heute wieder mit feinem künstlerischen Reize treffen kann.[113] Die vielseitige, durch Mannigfaltigkeit vollständige und ohne materiale dogmatistische Zielsetzung formal einheitliche — „abstrakt-monistische"[114] — Geschichtskonstruktion gilt es zu schaffen.

---

[109] *Walter Pollack:* Über die philosophischen Grundlagen der wissenschaftlichen Forschung als Beitrag zu einer Methodenpolitik, 1907; ders.: Perspektive und Symbol in Philosophie und Rechtswissenschaft, 1912.

[110] Les Lois civiles dans leur ordre naturel.

[111] Aber man findet diesen veralteten Gedanken noch fast in allen Einleitungen der Privatrechtslehrbücher und Rechts-Enzyklopädien und Methodologien. An der Unwissenschaftlichkeit der vorfreirechtlichen Jurisprudenz hat diese primitive Didaxis starken Anteil.

[112] Das Wort muß passieren. Ich denke, daß es in dieser Verwendung viel wichtiger denn als kirchliche Sektenbezeichnung ist.

[113] Fühlbar z. B. in *Lehmann:* Mystik in Heidentum und Christentum, 1908.

[114] *Sternberg:* Forel und die Metaphysik, in: Wissen und Leben 1912, S. 123 f., 185 ff., 194 ff.

X.

Man versteht, weshalb diese Abhandlung dem Andenken *Lamprechts* gewidmet ist. Er war ein Führer zu synthetischer Geschichtsschreibung, der sich durch die negativistische Resignation, die die Geschichte auf bloße Analyse reduzieren will, nicht schrecken ließ. Wer den Beginn dieser Abhandlung liest, wird vom Bedürfnis der Rechtsphilosophiegeschichte aus darauf hingewiesen, was Lamprechts Mut und Standhaftigkeit für die Geschichtswissenschaft für eine Bedeutung hat.

Man versteht, daß ich den Vorwurf des Eklektizismus und der Vermengungssucht nicht scheuen werde. Auf dem Standpunkt der alten systematologischen Denktechnik konnte man darin ängstlich sein, auf modernem synthetistischem nicht. Eklektizismus ist Auflesen alter Probleme — „toter Symbole" würde *Mauthner* auch sie nennen können — in der Doktrin. Wer aus dem Leben neue Probleme nimmt, steht zum Eklektizismus im denkbarsten Gegensatz. Von ihm verlangt die Fülle des Lebens auch Fülle im Geschichtlichen. Vermengung und Uferlosigkeitsgefahr aber lassen ihn sorglos, sofern er die Methode gelernt hat, weil er weiß, daß der Komparatismus trotz der breiteren Basis im Material wesentlich vereinfachend wirkt.[115]

Endlich gibt es den Vorwurf: weit besser, als über Methode zu reden, sei, die Sache selbst zu schaffen, wenn man doch so unterrichtet und denkend im Verfahren sei. Wohl jeder hat mit der Aufstellung dieses Grundsatzes sich schon mal groß und zugute getan. Er ist absolut banausisch. Wenn wir auch die Geschichtsschreibung oder sonst irgendwelche wissenschaftliche Tätigkeit noch so schön könnten und wir würden uns nicht darüber klar, wie es gemacht wird, wir würden nie zufrieden sein. Reine Methodologie als Selbstzweck ist und wird mit jedem Tage stärkeres Bedürfnis der Wissenschaft; und man kann selbst dem nicht unbedingt widersprechen, der sie — *Methodologismus* — als obersten Zweck zu setzen wagt.

---

[115] *Sternberg:* Forel etc., S. 196.

Die Bedeutung der Handelsgesellschaften und der Untergang der antiken Welt

Zum Zerfall der Wirtschaft im römischen Reich [*]

Die Frage, ob Handelsgesellschaften bestehen oder nicht, ist unter kapitalistischem oder halbkapitalistischem System für die Kultur, die Wirtschaft, die Macht und schließlich die Existenz eines Landes und Volkes von großer Bedeutung. Abgesehen von dem Wirken der kleineren Gesellschaft von meistens zwei Teilhabern,[1] das durch die Blüte der Gesellschaft mit beschränkter Haftung neuerdings an Bedeutung zunimmt, sind es namentlich die großen Handelsgesellschaften, die ökonomische Expansion ermöglichen. Zumal im Überseehandel: die Blüte des Großhandelsgesellschaftswesens erhob sich aus den kleinen Anfängen der Reederei. Es führte, über die Kommanditgesellschaft, zum Aktientrust. In einem großen Reich ist auch im Inneren die Warenversorgung, die Ernährung des Volkes ohne große Handelsgesellschaften nicht möglich — so unter dem kapitalistischen Regime, und selbst die Bolschewiki müssen auf Handelsgesellschaften zurückgreifen. Die Römer ließen die Handelsgesellschaften verkommen, wozu namentlich beitrug, daß sie mit dem Tode jedes Gesellschafters die Gesellschaft aufgelöst sein ließen; unter diesen Umständen konnten große potente solide Handelsgesellschaften sich gar nicht bilden. Solche mit juristischer Persönlichkeit, die — bei beschränkter Haftung der Mitglieder — von deren Tode und Leben unabhängig gewesen wären, duldete man überhaupt nicht. Die juristische Persönlichkeit gönnte man bloß den volkswirtschaftlich schädlichen Räubertrusts der Publikanengesellschaften (Steuerpächter), die kaum etwas besseres waren als Korsaren, und daneben Konsumtionsvereinen (einschließlich Kreditvereinen mit konsumtivem Zweck), nicht aber volkswirtschaftlich-privatwirtschaftlich produktiven Organisationen. Mangels solcher Organisation verkam die römische Volkswirtschaft und das römi-

* Hogaku Kenkyu II (1922) Heft 2.

[1] Man tut sich lieber zu zweien auf als allein. So werden Unternehmungen, die für den Warenvertrieb, die bequeme Volksernährung und gesunde Konkurrenz nötig sind, ermutigt. Die Begründung des Geschäfts wird sorgfältiger vielleicht als vom Einzelkaufmann angelegt. Zugleich wird Kapital und Kredit der Unternehmung gestärkt, was das Kapital angeht, die Begründung ganz kapitalarmer Zwerggeschäfte vermindert und der Kapital- und Kräftezersplitterung entgegengewirkt, der Kredit aber sehr belebt, nämlich neuer ins Leben gerufen.

sche Volk; Staatswirtschaft, korrupteste, versorgte lungernde Massen mit Nahrung, deren grossistischer Vertrieb durch Handelsgesellschaften hätte besorgt werden sollen. Großbanken, die die Ernährung und überhaupt Versorgung eines großen Volkes und gar eines Riesenreichs ebenfalls braucht, wurden nicht entwickelt, weil dazu große Handelsgesellschaften nötig sind. So gab es keine planvoll aktionsfähigen wirtschaftsstrategisch auf hoher Warte dirigierende Geldakkumulationen (sondern das Geld blieb in toten Händen schwelgerischer gedankenloser Landlords); es entwickelte sich kein Kredit und nicht die zur Expansion und selbst nur Aufrechthaltung des Reiches nötigen Fortschritte in kommerziellen und industriellen, auch agrarischen Unternehmungen. Es litt das Verkehrswesen. Die Heereslieferungen, die von Handelsgesellschaften vermöge der Kontrolle durch den Zivilrichter und durch ihre eigene Konkurrenz untereinander vernünftig hätten durchgeführt werden können, wurden so und so sehr zu bloßen Plünderungszügen der korrupten Feudalen und Bureaukratie, daß man ausreichendes, zu auswärtigen Unternehmungen genügend gerüstetes und diszipliniertes Militär nicht halten konnte und schwachen Barbarenstämmen gegenüber in verzagter Abwehr bleiben mußte, statt sie zu unterwerfen, bevor sie alle Wälle überspülten. Den Handelsgesellschaften des neuzeitlichen Europa erlagen Indien und Afrika.

Es fehlte dem riesigen römischen Kaiserreich auch an Geld für das Militärwesen, die Geldwirtschaft verkam wegen des Mangels an Großbanken, das Gold verlor sich aus selbem Grunde, strömte ab bis ins entlegene China[2]; von der bloßen Gold- und Silberbasis loskommen, Papiergeld entwickeln konnte man wieder nicht, weil die Banken fehlten. Papiergeld, überhaupt Wertpapiere mit ihrer Beflügelung des Unternehmungswesens hätten auch wieder Gold ins Land gebracht. Aber zu all dem braucht man Handelsgesellschaften.

Man hat den Untergang des gewaltigen römischen Reiches auf verschiedene Ursachen zurückzuführen versucht: vorherrschend ist die Idee, daß fremde Blutbeimischung zum italischen Volkstum verderblich gewirkt, was der reine Unsinn; denn da das Reich nicht Italien war, sondern man Griechenland, Gallien, die Donauländer, Germanien (links des Rheins), Britannien, Sizilien, Spanien, Asien, Ägypten, Afrika erobert hatte, wie hätte man ohne Britannen, Griechen, Gallier, Ägypter, Germanen, Danubier, Sikelioten, Spanier, Afrikaner, Asiaten leben sollen? Sie bloß beherrschen, als höhere Rasse? Sie waren nur zu sehr beherrscht. Sie gaben Rom die besten Denker, Soldaten und Kaiser. Nicht hochthronende Abtrennung von den Provinzen, sondern Verschmelzung mit den Provinzen (die Idee schon Alexanders des Großen) fehlte den Römern. Die allgemeine Verleihung des Bürgerrechts unter Caracalla hat die Vernachlässigungen der Organisation

[2] Vgl. etwa Hermann: Chinesische Geschichte; Lassar-Cohn: Goldwährung, 1922.

nie wieder gut gemacht. Handelsgesellschaften würden die organische Penetration und Verknüpfung des Provinzenbestands besorgt haben, wie sie es im englischen Weltreich getan haben, sie würden die Reichtümer der Provinzen in einer solchen Weise nach Rom geführt haben, die kraft des Tauschverfahrens zum Aufblühen auch der Provinzen geführt hätte, während die Bureaukratie mit ihren Publikanen es auf dem Wege der Aussaugung, des Raubes tat, so daß die Peripherie und mit ihr dann (als es nichts mehr zu saugen gab) das parasitische Stammland auch verkam.

Man nennt die sittliche Entartung des Volkes: die Provinzialen entarteten in der Not, die durch den Raub — während Handelsgesellschaften Äquivalente hätten bieten müssen — sie entvölkerte; die Italiker entarteten kraft desselben Systems, das ihre Massen gratis füttern konnte, weil es die Werte nicht bezahlte. Wenn der römische Pöbel sich als Herrenrasse fühlen konnte mit dem vornehmen Gefühl, in Nichtstun und ohne Steuern leben zu können, während man, für ihn, die Menschen in der Provinz der Nahrung und Kleidung beraubte, wie hätte er der tiefsten Gemeinheit, im Kultus dieses seines irrationalen Wertes, fern sein sollen. Schon damals wirkte völkische Philosophie.

Man spricht davon, daß der Italiker die Wehrpflicht nicht mehr leistete; aber das tut niemand, der ohne Dienst gratis ernährt wird. Außerdem sahen wir, daß mangels Handelsgesellschaften die Lieferungen und die Finanzen gar nicht so gestaltet werden konnten, daß ein vollgerüstetes Heer auf Grundlage der allgemeinen Wehrpflicht (nur der freien Bürger!) hätte gehalten werden können.

Man spricht von der Bildung der Latifundien mit Rückgang der Bevölkerung; mangels Handelsgesellschaften, insbesondere Großbanken und Kreditwesen, kümmerten Handwerk und Industrie, die dichte Massen Bauernvolks hätten versorgen können. Das schlechte Hypothekarkreditsystem fällt hier mit in Betracht, doch auch auf dieses hätten Großbanken-Handelsgesellschaften Einfluß üben können[3]; dazu auch das schlechte Pachtrecht. Doch vor allem: der Industrie fehlte, beim Mangel großen Kreditsystems (mangels Großbanken-Handelsgesellschaften) der große Impuls zu Nutzleistungen, die Entwicklung gezeitigt hätten — Entwicklung, menschliches Höherwerden, das größte Ideal —; die Industrie verästhetelte, statt technische Werte zu schaffen. Man spricht von der allgemeinen geistigen Erschlaffung, der Weltweisheit, die Weltmüdigkeit war, der Lebensmüdigkeit — aber die Selbstbetrachtungen des Kaisers Mark Aurel hätten den Weg der Wertlosigkeit aller Aktivität nicht beschritten, wenn man nicht so ziellos gewesen wäre, wenn die Handelsgesellschaften durch Großbank und See-

[3] Entscheidungen nicht unbedingt, wie das englische Beispiel zeigt, wo trotz Großbank und Handelsgesellschaft der landlordism und der Advokat das Grundbuchsystem bis heute nicht zur Reife kommen ließen.

fahrt zu wundervollen Entdeckungen auf dem Planeten und wundervolleren Erfindungen geführt hätten und das unendliche Feld der Forschungen und der Gestaltungen des Lebens, der Natur und des Geistes geoffenbart hätten, um das die Neuzeit weiß.

Privatrechtlicher Organisationsfehler, ein gewaltiger: die Nichtschöpfung der Handelsgesellschaft ist die Ursache des Untergangs der antiken Welt. Es erweist diese Betrachtung auch, daß nicht, wie der Marxismus will und fast jeder heute ihm nachredet, die Wirtschaft und Naturnotwendigkeit/Naturgesetzlichkeit das Recht erzeugt. Das Recht ist der Wirtschaft gegenüber sehr frei, und man kann mit schlechtem Recht die beste Wirtschaft totschlagen, mit genialem Recht oder sogar nur mit gutem Recht ungeahnte wirtschaftliche Möglichkeiten hervorrufen.

Die Rechtsanwaltschaft beim Reichsgericht*

Es besteht die Frage: Soll eine Rechtsanwaltschaft beim Reichsgericht geschaffen werden nach deutschem Muster, mit einem numerus clausus?

Diese Frage muß verneint werden. Die Schaffung einer Rechtsanwaltschaft beim Reichsgericht ist allerdings erwünscht. Aber der numerus clausus ist zu verwerfen.

Das Vorhandensein einer Rechtsanwaltschaft beim Reichsgericht, von besonderer Auszeichnung, wie sie das Reichsgericht selber und nicht minder die bei ihm amtierende Staatsanwaltschaft aufweisen soll, ist notwendig. Aber durch den numerus clausus kann nur das Gegenteil erreicht werden. Dies hat das deutsche Beispiel erwiesen.

Die Notwendigkeit einer besonders ausgezeichneten Rechtsanwaltschaft beim Reichsgericht ist durch das unmittelbare Interesse der praktischen Rechtspflege gegeben: die Rechtsanwälte beim Reichsgericht müssen den dort wirkenden ausgezeichneten Richtern und Staatsanwälten als juristische Gegner voll ebenbürtig sein. Sonst würde das rechtsuchende Publikum gerade diesem Teil der Rechtsanwaltschaft nicht das ausreichende Vertrauen entgegenbringen können. Ebenso müssen sie ihnen als Mitarbeiter in der Rechtsfindung ebenbürtig sein.

Die Rechtsanwälte am Reichsgericht müssen auch um deswillen ausgezeichnete Männer sein, um das Ansehen der japanischen Juristen wie im Inlande so auch im Auslande zu heben.

Drittens müssen die Anwälte beim Reichsgericht ausgezeichnete Männer sein, damit unter ihrer Mitwirkung beim Reichsgericht hochwertige Urteile zustandekommen, damit durch das anspornende Einwirken höchstwertiger Anwälte auf höchstwertige Richter bei der Rechtsprechung erste Qualität und bahnbrechende Gedankenkraft zustandekommen, die Japan zum Segen gereichen und im Verein mit den obersten Gerichten anderer Länder zur Bildung und Entwicklung des werdenden Weltrechts beitragen. Das ist nur dann möglich, wenn die Auslese der Besten im freien Wettbewerb erfolgt.

In Deutschland hat jene Ängstlichkeit, die bei der Bildung einer Rechtsanwaltschaft beim Reichsgericht zum numerus clausus griff, ein vollständi-

---

* Hogaku Kenkyu IV (1925) Heft 1. Es handelte sich hier um ein dem japanischen Justizministerium erstattetes Gutachten.

ges Mißlingen gezeitigt. In der Rechtsanwaltschaft beim Reichsgericht regiert die Mittelmäßigkeit. Den ersten Kräften praktischer Jurisprudenz, die die Richterbank und die Sessel der Anklagebehörde zieren, steht eine Advokatur lediglich mittlerer Art und Güte gegenüber. Fast jeder Reichsgerichtsrat ist in Deutschland ein Mann, dessen Leistung von sich reden gemacht hat; von den Leistungen der Anwälte beim Reichsgericht schweigt des Sängers Höflichkeit. Keiner kennt ihre Namen.

Von den großen Namen deutscher Rechtsanwaltschaft findet sich keiner beim Reichsgericht. Ganz besonders auffällig ist hier das Verhältnis der literarischen Leistung. Was die Amtsgerichte, Landgerichte und selbst noch die Oberlandesgerichte betrifft, so zeigen im allgemeinen die Rechtsanwälte eine größere produktive und wissenschaftliche Regsamkeit als die Richter. Obwohl sie durch ihre Einkommensverhältnisse im allgemeinen weniger auf Nebenerwerb angewiesen sind als die Richter. Beim Reichsgericht aber ist das Verhältnis umgekehrt! Fast jeder Reichsgerichtsrat ist ein angesehener Schriftsteller, und die Rechtsanwälte beim Reichsgericht leisten gar nichts.

Man war erstaunt, als neulich einmal ein Rechtsanwalt beim Reichsgericht sich literarisch bemerkbar machte; es war der Justizrat Wildhagen. Er schrieb einiges zu den modernen Jusitzreformbestrebungen. Aber ein Führer war er nicht. Weder im Sinne der Initiative noch im Sinne der Qualität. Und seine Beiträge waren nur klein und schwächlich. Ihm fiel ein gutes Thema auf, und er hat es dann ganz unausgiebig behandelt. Die große grundsätzliche Prozeß- und Rechtsprechungs-Reformbewegung, an die die Idee der freien Rechtsfindung und freien Rechtswissenschaft anknüpft, ist innerhalb der Rechtsanwaltschaft beim Reichsgericht (sonst) völlig tot verlaufen.

Man bedenke, was das besagen will! Man braucht die Erörterung, die peinlich ist,[1] kaum weiter fortzuspinnen, da der Kundige bereits nach dem Gesagten die Dinge voll übersieht. An der Stelle, an der innerhalb des juristischen Praktikertums für die Ausbildung neuer schöpferischer Rechtsfindungsmethoden und die Verbesserung des Verfahrens das lebendigste Interesse und die reichste förderliche Anregung quellen sollte, gibt es von all dem nichts.

Auch abgesehen von Reform und neuen Grundideen: die Anwaltschaft, die das spezifisch bewegliche und anregende Moment auch innerhalb der normalen Rechtspflege darzustellen berufen ist, eine Aufgabe, die dieser Berufung bei den Landgerichten und Oberlandesgerichten — und nicht zu schweigen von der amtsgerichtlichen Praxis — auch sachgemäß erfüllt, sie versagt am entscheidenden Punkt. Die Bureaukratie, wie sie im Richteramt

---

[1] Und für Deutschland beschämend. Leider hat das alte Deutschland sich in seiner Organisation viele solche unnötigen Hemmungen geschaffen.

vertreten ist, ist ja immer eher konservativ; neigt zum Stillstand, wenn sie nicht zur Vorwärtsbewegung veranlaßt wird, glaubt Wertvollstes geleistet zu haben, wenn sie nur Vorschriften irgendwie erfüllt, und lebt so mit gutem Gewissen der bloßen Routine. Dieser Zug zur Routine verliert sich auch bei den großenteils ausgezeichneten Richtern des Reichsgerichts nicht ganz. Obwohl in vielen von ihnen der Ehrgeiz lebt, ein wirklich wegweisendes und die Rechtsprechung wirklich leitendes, das Recht entwickelndes Organ zu sein und viele von ihnen ausgezeichnete Kenner der Lebens-Praxis sind, kann Routine und Scholastik aus ihrer Leistung schon deshalb nicht verschwinden, weil sie überlastet sind. Sie können deshalb ihre Persönlichkeit und ihre Arbeitskraft nicht voll zur Geltung bringen. Die englischen Richter sind deshalb besser. Um so mehr bedürfen die Richter auch beim Reichsgericht, um zu einer lebendigen, den Erfordernissen moderner schneller Rechtsfortbildung und Ermessensjustiz entsprechender Judikatur befähigt und gewillt zu werden, des Anstoßes durch eine selber kühne, tief und großzügig denkende und ideenreiche, eine vorwärtsdrängende Anwaltschaft.

Die Anwaltschaft ist gar nicht bloß durch Beruf und Temperament zu dieser Rolle bestimmt und verpflichtet, und durch ihre unmittelbare Fühlung mit Leben und Geschäft, woraus die rechtsfortbildenden und Billigkeits-Entscheidungen erfließen, sondern einfach dadurch, daß die Überlastung der Richter, die Japan und Deutschland aus finanzpolitischen und justizorganisatorischen Gründen leider nur schwer oder kaum vermeiden können, auf den Anwälten nicht zu lasten braucht. Deutschland aber hat durch den numerus clausus dieselbe Überlastung, die ihm den Wert seiner Reichsrichter vermindert, künstlich auch bei den Rechtsanwälten am Reichsgericht hervorgerufen. Damit hat es die Rechtspflege und den Stand der Rechtsanwälte schwer geschädigt. Denn die Rechtsanwälte bei den Landgerichten und in gewissem Maße bei den Oberlandesgerichten müssen viele Fälle übernehmen, um leben zu können, und sind daher auch vielfach überlastet und allgemein, wie man weiß, ebenfalls der Routine verfallen. Bei dem Reichsgericht könnte sich aber jeder Anwalt mit einer geringeren Zahl von Reichsgerichtsfällen begnügen und so die Gedankenkraft eines ausgeruhten Kopfes in den Dienst des einzelnen Falles stellen und damit in den Dienst der Rechtsfortbildung. Die Leistungen der Rechtsanwälte beim obersten Gericht können damit eine viel größere und gelegentlich monumentale Bedeutung erlangen, gleich den römischen responsa prudentium.

Wo ist heute von solcher Größe der Anwaltschaft in Deutschland etwas zu spüren? Man sieht, daß der numerus clausus der Rechtsanwälte beim Reichsgericht die Bedeutung des gesamten Rechtsanwaltsstandes erniedert hat. Der Weg zur juristischen Größe ist der Anwaltschaft damit verbaut. Da wir diese Größe der Anwaltschaft mit allen Mitteln fördern wollen, zum Heil der Rechtsprechung, der Wissenschaft und des Staates, so müssen wir dem numerus clausus der Rechtsanwälte beim Reichsgericht entschieden widersprechen. Da ist der Rechtsanwaltsstand das lebendigste, beweglichste Moment in der Rechtsprechung, und plötzlich vor der entscheidenden Spitze bricht dies ganze Leben und die Bewegung ab. An seine Stelle tritt hier plötzlich Totes. Auch in Deutschland sind somit zweifellos die Tage des numerus clausus gezählt. Denn er ist, wie gezeigt, ein reaktionäres Moment. Die gegenwärtige Reichsjustizreform wird ihm schnell ein Ende machen.

Heute ist der Zustand so, daß ungeachtet der vorzüglichen, in der Welt zum mindesten quantitativ an erster Stelle stehenden Organisation der Rechtswissenschaft, trotz der langen Ausbildungszeit der Juristen, trotz des unübertrefflich pflichtbewußten Richter- und Anwaltsmaterials das deutsche Reichsgericht, unser führendes Organ der praktischen Rechtsbildung, nicht etwa führendes Organ der Rechtsbildung innerhalb der ganzen Welt ist — was man von ihm, dieser Tatsachen halber, auch im Ausland vielfach erwartet hat —, sondern den obersten Gerichten anderer Länder, die nicht so günstig gestellt sind (Österreich, Frankreich, England) höchstens gleichsteht. Ja das Schweizer Bundesgericht, das Obergericht eines kleinen Staates sogar, dem doch nicht entfernt die Personal-Auslese wie dem deutschen Großstaat zur Verfügung steht und das zudem unter viel ungünstigerem Stand der Gesetzgebung, der Literatur und des Präzedenzenmaterials (und freilich etwas besserem Stand der Rechtsvergleichung) zu arbeiten hat, muß mit Kohler als dem deutschen Reichsgericht überlegen bezeichnet werden.

Man hat hierzu eingewendet, daß *Kohler* das Schweizerische Bundesgericht deshalb mit seinem Lobe bedacht, weil es regelmäßig ihm gefolgt ist; und gewiß war der große Jurist von solcher Schwäche nicht frei; indessen bleibt es dabei der hohe Ruhmestitel des Schweizerischen Obersten Gerichts, daß es dem vorwärtsdrängenden Geiste Kohlers zu folgen vermocht hat, wie es andere Gerichte nicht vermocht haben. Ohne das Schweizerische Bundesgericht wäre ein großer Teil des Werkes des größten juristischen Führers aller Zeiten steril geblieben.

Das deutsche Reichsgericht hat es nicht vermocht, vielmehr durch Rückständigkeit und Ängstlichkeit vielfach sich bloßgestellt. Man braucht nur daran zu erinnern, wie ihm fehlschlug, was der französischen Rechtsprechung gelang, ein Recht der Bekämpfung des unlauteren Wettbewerbs zu finden. Wie ihm die praktische Wesenheit des allgemeinen Zivildelikts zu bilden nicht gelang, was doch seine Aufgabe gewesen wäre (waren doch die Römer nah genug daran). Wenn das Reichsgericht so versagt hat und nicht, wie es angesichts der in Deutschland dafür gegebenen Bedingungen sein müßte, den leitenden Gerichtshof der Welt, sondern gerade höchstens nur das normale Obergericht eines höchstkultivierten Sechzigmillionen-Volks bildet, so liegt der Grund darin, daß ihm eine kongeniale, eine ausreichende Rechtsanwaltschaft gefehlt hat.

Man sieht an diesem Punkte, von wie gewaltiger, entscheidender Bedeutung die Rechtsanwaltschaft für das ganze Niveau der Rechtspflege ist, und man wird nun vergewissert halten, daß gerade dieses mein Votum die Bedeutung der Anwaltschaft so hoch einschätzt, wie sie höher nicht eingeschätzt werden kann, und nicht anders kann, als mit ernstestem Bemühen die Bedeutung der Anwaltschaft für die Rechtspflege so sehr nur irgend möglich weiter zu steigern und zu entwickeln. Gezeigt wurde, daß dieser Bedeutung und dieser Entwicklung der numerus clausus der Rechtsanwälte am obersten Gerichte Abbruch tut; daß er den obersten treibenden Faktor der Rechtsbilligkeit und der Rechtsbildung innerhalb der Praxis lahmlegt.

Nun mag vielleicht eingewandt werden, daß es noch an anderen Stellen, die für die lebendige Rechtsfunktion von zentraler Bedeutung sind, numerus clausus gibt; sind doch die Reichsrichter selbst (Präsidenten, Senatspräsidenten und Räte) ein numerus clausus. Und ebenso sind numerus clausus die Professoren der Universitäten.

Darauf ist zu antworten: *Tatsächlich* entsteht ein numerus clausus überall, wo Höchstleistung gefordert wird. Denn die Fähigkeit zu Höchstleistungen besitzt, unter heutigen Lebensumständen, nur eine begrenzte Zahl von Menschen. Aber dieser *tatsächliche* numerus clausus ist das gerade Gegenteil vom *rechtlichen*. Dieser Zustand besteht nun beim Reichsgericht. Es ist tatsächlicher numerus clausus trotz der gesetzlich festgelegten Zahl der Reichsrichter, weil die Reichsrichterschaft nach einem System freien Wettbewerbes ausgewählt wird. Ein System, das Auslese der Besten in hohem Grade sichert. Denn es steigen diejenigen Richter zur Reichsgerichtsfähigkeit auf, deren Judikatur die Höchstzahl der im Instanzenzug nicht abgeänderten Entscheidungen aufweist. Nur nebensächlich wirkt noch ein anderer Faktor ein: Berücksichtigung der einzelnen deutschen Länder. Auch das ließe sich beseitigen und sollte beseitigt werden. Wenn man denn fragt, weshalb man mit diesem System in Deutschland beim Reichsgericht keine Über-Richter salomonischer Kraft, ja selbst keine *Cokes* und *Marshalls*, kein *Magnarius* etc. hat, so bleibt die Antwort: *ein* Grund ist das Fehlen mitwirkender *Über-Anwälte*. Nun sind diese eigentlich viel leichter zu produzieren als Über-Richter. Denn der sehr befähigte Jurist wendet sich im allgemeinen lieber dem Anwaltsstande zu. Vom Richterstand schreckt ab die zu geringe Besoldung und heute kaum mehr neidenswerte soziale Stellung. „Wenn es schief geht, kann man auch Richter werden."

Ein anderer Grund aber führt auf den numerus clausus der Professoren. Bei diesen ist es ja nun leider so, daß in den Universitätskörpern, in denen heute die Wissenschaft nach mittelalterlicher Weise organisiert ist, rechtlicher und tatsächlicher numerus clausus herrscht. So bildet die Professorenschaft eine beschränkte Masse. Wirkliche Rechtswissenschaft und wissenschaftliche praktische Einsicht in die sozialen und politischen Wesenheiten, wie sie die heutige Zeit (ermöglicht und) erfordert, hat diese (natürlich) nicht zu erzeugen vermocht. Die Welt leidet heute unter den Folgen. Doch es gehört nicht in den unmittelbaren Aufgabenkreis dieses Gutachtens, für die Beseitigung des überlebten und zum Krebsschaden gewordenen numerus clausus der berufenen Theoretiker die Wege zu zeigen; es muß nur dafür wirken, daß unter den freien Praktikern der numerus clausus gar nicht erst entsteht oder, soweit es sich um Deutschland handelt, daß bestehender beseitigt wird. Während die Abbaunötigkeit des numerus clausus der Theoretiker und die anzustrebende neue Wendung darin sich nur schwierig und allmählich begreiflich machen lassen wird, läßt sich der numerus clausus des an der Spitze leuchtenden Hains der Praktiker durch einen Federstrich tilgen.

Da bei der Herrschaft des numerus clausus unter den Anwälten beim Reichsgericht ein ähnlicher Maßstab nach gezählten Erfolgen im Wettbewerb, wie er bei den Richtern besteht[2], sich nicht leicht zur Anwendung bringen läßt (das hieße, die Anwälte nach der Statistik ihrer Siege zu berufen), so muß der numerus clausus natürlich auch zu Mißbräuchen im Sinne einer *Auswahl nach unsachlichen Gesichtspunkten führen.* Einiger Nepotismus zeigt sich gelegentlich selbst bei Berufung von Räten zum Reichsgericht, bleibt hier freilich unbedeutend. Bei der Reichsgerichtsanwaltschaft hat er ein weites Feld.

Ebenso wird eine Auswahl nach der politischen Stellung leider beim Reichsgericht nicht ganz vermieden, und sie hat beim deutschen Reichsgericht bereits unter der Monarchie starke und üble Wirkungen gezeigt. So gab es beim Reichsgericht bisher *keine jüdischen Anwälte,* obwohl doch die jüdischen Anwälte unter der gesamten Anwaltschaft derzeit eine quantitativ und qualitativ so hervorragende Stellung einnehmen. Besteht nun diese besondere Gefahr, durch die Deutschland die für seine oberste Rechtspflege und Rechtsentwicklung verfügbaren mobilen Kräfte willkürlich einengte, für Japan nicht, so ist andererseits klar, daß bei einem numerus clausus die Zustände sofort besonders schlimm werden müssen, wenn „Demokratie" sich dazwischen mengt; nämlich wie die Zustände in Japan heute sind, die Zustände ausgesprochener Parteiregierung, so sagt sich ein jeder, daß die Besetzung der Anwaltsstellen beim Reichsgericht weithin, wo nicht wesentlich aus Parteirücksichten erfolgen würde.[3] Jeder vernünftige und patrioti-

---

[2] Statistik der aufrecht gebliebenen Urteile. Über Richterbeförderung nach Urteilsstatistik habe ich dem japanischen Justizministerium anderweitige Gutachten erstattet.

[3] Sehr grob gesprochen: Auslieferung der Reichsgerichtsanwaltschaft an die politische Korruption über das bisherige Maß hinaus, in englischem oder amerikani-

sche Politiker und jeder Anwalt wird wohl dahin zustimmen, daß dies vermieden werden muß.

Noch eine Reihe geringerer oder erheblicher Nachteile sind bei dem deutschen System aufgetreten. So hat es sich nicht vermeiden lassen, daß die Anwaltschaft beim Reichsgericht ihrer Bestimmung offenbar zuwider zu sehr Lokal-Anwaltschaft geworden ist. Es sind zu viele *Leipziger* Anwälte, und es sind zu viele *Sachsen* beim Reichsgericht. Nun sind zwar die Sachsen hellsichtig und geschäftsklug, aber eine Auslese Alldeutschlands vermögen sie doch nicht zu vertreten. Ihren Wert wird nie unterschätzen, wer daran denkt, daß *Lessing* ein Sachse war. Doch wenn Spitzfindigkeit und Kleinkrämerei den Verhandlungen und Entscheidungen des Reichsgerichts nicht fern geblieben ist, wenn edlere Größe des Charakters, wenn gesamtdeutsche Kraft und Tiefe in den Entscheidungen des Reichsgerichts nicht in dem Maß zum Ausdruck kommt, wie es sein müßte (bei vielem Gediegenen, Förderlichen, Verständigen), so hat das mit in jener Lokalfärbung des Reichsgerichts seine Ursache, die aber durch den numerus clausus der Reichsgerichtsanwälte noch besonders Nahrung erhalten hat. Da die Atmosphäre des Sitzes des zentralen Gerichts an sich unvermeidlich auf dasselbe abfärbt, so wäre das richtige gerade, die Zahl der von dem Orte und aus dem Lande des Gerichtssitzes stammenden Anwälte eher etwas kleiner zu halten. Heute ist das wichtige Berlinische Element ungenügend in der Anwaltschaft des Reichsgerichts vertreten, und noch schwerer macht es sich bemerkbar, daß hanseatische und rheinländische Juristen unter der Anwaltschaft des Reichsgerichts nicht machtvoll vertreten sind. Damit ist ihr die lebendige Fühlung mit dem französischen und dem englischen Recht verloren gegangen, die beide Faktoren in sich enthalten, um gegenüber Eigenbrödeleien deutscher Rechtsprechung ausgleichend zu wirken, ihrer Gründlichkeit und allzu systematischen Bedächtigkeit mit Klarheit und Großzügigkeit zuhilfe zu kommen und das wichtige Moment der Rechtsvergleichung oder, sagen wir, verschiedenen Rechtsgeistes zur Wirkung zu bringen.

Diese letzten Erwägungen fallen nun an sich für Japan weniger ins Gewicht; aber sie zeigen, wie aus dem numerus clausus in den verschiedensten Richtungen Übelstände entstehen; wie denn aus jeder *Beengung* (und das ist hier, abschließend, das wesentliche) Reibungen, Mißstände, Hemmungen aller möglichen Art und solcher, die man nicht absehen kann, hervorgehen. Es muß deshalb empfohlen werden, die Rechtsanwaltschaft beim Reichsgericht *nicht* zu lokalisieren. Ist die Organisation der deutschen Rechtsanwaltschaft im allgemeinen mustergültig zu nennen, so ist die Organisation der

---

schem Stil oder noch schlimmer. Daß in Deutschland der numerus clausus Handhabe politischer Entwicklung ist, ergibt sich aus allem obigen. Auf jeden Fall bedeutet der numerus clausus, woran man bisher wenig gedacht, ein Stück unterirdische Zernagung der rechtsstaatlichen Gewaltentrennung.

deutschen Rechtsanwaltschaft beim Reichsgericht ebenso entschieden als ein Mißgriff zu beurteilen und zu verwerfen. Es darf auch nur eine Frage kürzester Zeit sein, daß die Organisation der Reichsgerichts-Advokatur in Deutschland geändert wird. Die Zeit ist reif dazu. Deutschland kann unmöglich seine Reichsgerichtsleistung auf niedrigerem Standpunkt als dem ihr von Rechts wegen gebührenden stehenlassen.

Dieses, die Nicht-Lokalisierung der Rechtsanwälte beim Reichsgericht und die Verneinung des numerus clausus, bedeutet *eine Rechtsanwaltschaft beim Reichsgericht schaffen* nicht nach einer bloßen „Ersatz-Auslese", sondern nach einer echten Auslese. Es wird auch auf diese Art eine gewisse geschlossene Rechtsanwaltschaft beim Reichsgericht entstehen, die sich als eine besondere Gruppe in der Rechtsanwaltschaft abhebt. Aber die Geschlossenheit und Abhebung wird auf Fähigkeit beruhen und nicht auf Willkür. Ganz von selbst (und namentlich in Japan sind günstige Bedingungen für diese Unterscheidung gegeben) werden diejenigen Anwälte sich absondern, die — schon nach ihren Universitäts- und späteren Vorbereittungsleistungen — es sich zutrauen, an der zentralen Stelle der Rechtsprechung mit den besten Kräften des Landes in Konkurrenz zu treten. Ihnen werden aus dem Amt scheidende Professoren und Gerichtsräte sich gesellen sowie solche Anwälte, die sich als selbständige Köpfe und von rechtschöpferischer praktischer Kraft in ihrer Tätigkeit bei Land- und namentlich Oberlandesgerichten bewährt haben.

Natürlich werden diese sich möglichst in Tokyo ansiedeln. Aber nötig ist das nicht. Man wird auch in Kyoto, in Osaka, in Kobe, in Nagoya und anderen Großstädten des Reiches Reichsgerichtsanwälte haben; Männer, die sich ausschließlich auf die reichsgerichtliche Zivilpraxis beschränken. In dem Maße, in dem solch Dezentralisation eintreten wird und kann, ist sie nur ein Vorteil. Bei der geringen Zahl von Fällen, die ein Reichsgerichtsanwalt nur zu übernehmen, und der geringen Anzahl von Terminen, die er nur persönlich wahrzunehmen braucht, spielen die Reisen keine so große Rolle. Wenn dauernd die besten und rechtstüchtigsten Richter und Anwälte an dem Reichsgericht zusammenwirken, wird dort eine Art des Verhandelns, eine hochstehende und ständig sich fortentwickelnde Routine entstehen, durch die Unberufene überhaupt davon abgeschreckt werden, sich einzudrängen.

Für Japan wäre die Lokalisierung oder, was dasselbe ist, die Schaffung eines numerus clausus der Rechtsanwälte beim Reichsgericht ein Rückschritt. Denn Japan hat heute die freie Auslese. Wenn es den numerus clausus an die Stelle setzt, würde die Qualität schlechter werden. Es wäre ein Herabsteigen, ein Abschneiden der Höher-Entwicklung, wie am deutschen Reichsgericht gezeigt.

Gerade auf diese Höherentwicklung und die Fähigkeit zur *schnellen* Höher-Entwicklung muß aber besonderer Wert gelegt werden, weil die Gegenwart eine große Krise der Rechtspflege, ein grundstürzendes Erdbeben unter den für unerschütterlich gehaltenen Grundsätzen des Zivilrechts und eine rapide Neuentwicklung hervorgerufen hat. Ihr in einer Weise zu dienen, die dem Volke Leiden und Rechtsunruhe, der Wirtschaft Verluste und Unsicherheit (die doppelter Verlust ist) erspart, und die Bahn zu brechen, ist in besonderer Weise Sache der reichsgerichtlichen Rechtsanwaltschaft.

Die Bedingungen für Höchstleistung der Rechtsanwälte sind an der Peripherie und im Zentrum *entgegengesetzte.* An der Peripherie wird die größte Intensität rechtswalterischen Wirkens hervorgerufen durch die Lokalisation, im Zentrum durch freien Zutritt.

Strengrecht und Billigkeitsrecht*

1. Billigkeit zu üben ist die Hauptaufgabe des Rechts. Dies kann freilich bestritten werden. Und es ist oft nicht gewußt, oft verkannt und ist oft bestritten worden. Die Ansicht ist immer wieder vertreten und auch geglaubt worden, und auch einfach unterstellt, daß Strenge die Hauptaufgabe des Rechtes sei. Härte des Wollens sei sein Hauptcharakterzug. Also moralische Strenge, harte Gesetze, dura lex, also Begriff und Idee des Rechtes überhaupt (der drakonische Gesichtspunkt)[1] und damit zugleich, was man „logische Strenge" oder logische Schärfe genannt hat,[2] ein Verharren in seiner Regel und seinem System ohne Rücksicht auf regelwidrige Wendungen in den ihm unterstellten Tatsachen und Ereignissen.

2. Diese aber gehören dem Leben an, und gar dem über alles bloß biologische Leben hinaus weit komplizierten und aktiven, beweglichen, veränderlichen, individualisierenden Kulturleben, und dies Leben hat sich bisher noch nie in einem vorausgedachten System und einem Planen vollständig erschöpfen lassen. Glücklicherweise nicht.[3] Und je mehr die Menschheit vorgeschritten ist, um so weniger. Denn um so mehr differenzierte, spezialisierte und individualisierte sich ihr Leben, ihr Tun, ihr Empfinden, Wollen und Streben; diese Variabilität wie überall in der Natur gerade die Entwicklung sichernd und bereitend, offenbar deren Bedingung; und um so mehr beschleunigte sich die Entwicklung. Sie akzeptierte und sie variierte immer weiter. Noch ist nicht einmal die Natur, und in ihr namentlich das Leben (rein zoobiologisch begriffen), nach ihrer sehr ersichtlichen und leicht[4] studierbaren Gesetzlichkeit von uns in einem vollkommenen System erkannt und verstanden, noch weniger ist das möglich mit der Kultur. Oder richtiger (denn es besteht nicht nur Erkenntnis-, sondern auch Tatsachenverschie-

* Hogaku Kenkyu XIII (1934) Heft 1.

[1] Hier als das ganze Recht betreffend. Im Strafrecht hat der Drakonismus noch eine besondere Bedeutung, die hier nicht in Betracht fällt.

[2] Zur Kritik dieser Bezeichnung Sternberg: Allgemeine Rechtslehre I, 1904.

[3] Denn es muß immer wieder Ungeahntes entstehen, wenn die Welt wirklich vorwärts kommen soll. (Jungfräuliche Geburt des Logos!) Das gilt auch dann, wenn das Planen und Voraussehen in wünschenswerter Weise zu einer ganz anderen Vollkommenheit aufgestiegen sein wird, als es heute besitzt. Bereits der heutige Grad davon ist weit höher als in allen früheren Zeiten.

[4] Gedanke der Leichtigkeit der Naturwissenschaft (der Mathematik) in Comtes Stufenbau der Wissenschaften.

denheit): die Natur ist von einer relativ (früher meinte man absolut) vollkommenen oder geschlossenen Gesetzlichkeit, eben der Naturgesetzlichkeit, allerdings beherrscht. Von der Kultur aber gilt dies nicht, und noch viel weniger von dem Geiste.

3. Das Recht kann also mit einer starren Norm, die nichts als Strenge hat, der Kultur[5] nicht gerecht werden, Norm, die dann oft zumal da besonders streng sein will, wo sie nicht paßt. Sie hat sich freilich, in den der Billigkeit skeptisch und ablehnend gegenüberstehenden Richtungen, gerade hierauf viel zugute getan und mit selbstgerechtem Wohlgefühl ihre geistige Unzulänglichkeit durch erhöhte Strenge auszugleichen gesucht.

4. Das darf nicht sein. Gerade die Strenge des Rechts kann nur durch seine Billigkeit gerechtfertigt werden. Man spricht von Recht und Billigkeit, aber Recht und Billigkeit sind darum nicht zwei verschiedene Größen.[6] Wenn man Billigkeit definieren will, so kommt man sehr bald dazu, zu sagen, Billigkeit sei eigentlich Gerechtigkeit. Das ist keine Unbeholfenheit. Das ist richtig. Wenn man Gerechtigkeit definieren will, geht es einem alsbald ebenso. Wieder ohne Irrtum. (Dagegen sind Strenge und Recht keineswegs Wechselbegriffe.) Die Gerechtigkeit ist Billigkeit, und die Billigkeit ist Gerechtigkeit. Gerechtigkeit ist Billigkeit, und also ist die Billigkeit das Recht.

5. Das konnte nur anders sein, als das Recht erst in seinen Uranfängen war, weil damals im Recht nur ein sehr schwaches und überhaupt noch kaum erkanntes Bedürfnis nach Gerechtigkeit herrschte; damals an der Grenze, dem Übergang zum Recht von dem vor ihm allein herrschenden Kampf, genügte, daß es Ordnung schaffe ohne Billigkeit. Es brauchte kein wesentlich gerechtes Recht. Wenn es nur die Horde vor Zersplitterung wahrte und so nach außen schützte. Dies beleuchtet sich immer wieder noch heut im Kriegszustand. Das Recht des Kriegszustandes ist ein (vergleichsweise) strenges; die Billigkeiten treten zurück, und zurück tritt die Gerechtigkeit.

Das Recht ist Billigkeit, und die Billigkeit ist das Recht. Es ist also ganz falsch zu sagen, die Billigkeit sei das Ideal des Rechts. Über solchen primitiven Zustand sind wir hinaus. Es soll nicht bestritten werden, daß ein solcher Zustand war. Im Gegenteil, wie schon aus dem Gesagten hervorgeht. Die Macht der Billigkeit war anfangs klein und ihr Gebiet und Umfang ebenso. Ein Recht herrschte, das von Billigkeit nichts wußte. Und dann eins, das wenig von ihr wußte und noch weniger von ihr wissen wollte. Sich des wenigen, was es von ihr wußte, schämte. Auf dritter Stufe endlich wird die

---

[5] Außer in den allerfrühesten Anfängen oder Vorstadien.

[6] Gerade in der deutschen Formel „Recht und Billigkeit" sind die Begriffe eigentlich eher identifiziert, das „und" ist mehr ein verschleifendes als ein disjunktives. In den anderen Sprachen ist dies nicht so; sie trennen mehr. Dieser Unterschied entspricht vielleicht einem Unterschied der Rechtsidee und historischen Rechtsentwicklung bei den Deutschen und den anderen Völkern.

Billigkeit, wenn auch als ein notwendiges Übel und vereinzelte nicht ganz loszuwerdende Erscheinung, endlich anerkannt; auf vierter Stufe erringt sie Gleichberechtigung mit dem strengen Rechte und gelangt oft zu einem System, auf der fünften endlich verschmilzt die Billigkeit mit dem Recht.

Die Billigkeit hat sich also ihren Platz als das Recht erst erkämpfen müssen, obwohl sie doch die Gerechtigkeit war. Dieser Kampf dauert heute noch fort. Indes wir dürfen uns als auf der fünften Stufe angelangt betrachten.

Manche halten den Kampf für einen notwendig immerwährenden. Ja dies ist wohl noch die herrschende Meinung. In jenen Kämpfen tritt namentlich jene Verschämtheit der Konzessionen an das vordringende Billigkeitsrecht immer wieder auf und manche andere Phänomene früherer Stufen, die eigentlich hätten überwunden sein sollen.[7]

Heut ist die Billigkeit das Recht.

6. Aber trotzdem muß die Billigkeit schließlich definiert werden. Wenn auch heutzutage jeder sich sagt, daß er wisse, was Billigkeit sei und daß eine Definition gar nicht erforderlich und gar nicht möglich sei. Indes: so ist es heutzutage. Aber es gab doch eine Zeit, da niemand etwas ahnte von Billigkeit.

Billigkeit ist die Rechtshandhabung, die individuell verfährt, die dem konkreten Fall sein Recht sichert.

Das aber soll geschehen, so urteilen wir heute. Diese Wahrung des Rechts des konkreten Falles kann oft geschehen im Rahmen der abstrakten Norm, der nur das typische Interesse, nicht das spezielle berücksichtigenden Regel, die das strenge Recht ist. Sie kann aber auch geschehen im offenen Gegensatz zu dieser Regel. Endlich drittens in Fällen, für die eine Norm gar nicht vorgedacht ist. Verfechter des Strengrechts haben in diesem letzten Fall immer wieder den schönen Wunsch vertreten, unter den vorhandenen Normen, da man eine passende nicht hat, eine der nicht passenden anzuwenden, und sie nennen solches „strenges Recht", summum ius.

Die Begriffe Billigkeit und strenges Recht unterscheiden sich also nach dem Gegensatze: Individualisierung und Typizität.

Man erkennt nach dem Finden einer Billigkeitsentscheidung aber oft, daß der konkrete Fall doch typisch auftritt, und die als einzeln, neu und außerordentlich empfundene Billigkeit dieses Falles wird dann gemeines Recht und

---

[7] Im Kampf gegen diese Rückstandsphänomene heute die Freirechtsschule; innerhalb ihrer ganz besonders auf diesen Punkt gerichtet, im Angriff auch gegen manche Freirechtsvertreter selbst, Ernst Fuchs: Gemeinschädlichkeit der konstruktiven Jurisprudenz u. a. (Der Titel dieses ausgezeichneten Buches nebst seinen Konsequenzen ganz abwegig. Alles Recht konstruiert, auch das freieste Billigkeitsrecht. Interessenwägungen und Konstruktion sind keine Gegensätze.)

oft im Verlaufe weiterer Kulturverfeinerung, der gegenüber sie selbst rückständig wird, unbilliges Recht. Neue Billigkeit muß sich über sie lagern.

Die Billigkeit ist selber Recht. Sie ist nichts anderes als Recht. Man hat sie, auf Seiten ihrer Gegner nicht nur, sondern auch auf Seiten ihrer Vertreter als anderes, Außerordentliches ansehen wollen. Das trifft nicht zu, die Billigkeit ist selber Recht, wir sprechen also zutreffend von Billigkeitsrecht, nicht bloß von Billigkeit, von ius aequum, nicht bloß von aequitas.

Wo man das Billigkeitsrecht (auf der vierten Stufe) zu einem besonderen System gefaßt hat neben dem strengen Recht (ius strictum), ein in sich geschlossenes Billigkeitssystem neben ein in sich geschlossenes Strengrechtssystem (oder gar „Rechtssystem") gestellt hat, wie das namentlich in Rom und England geschehen ist, da war dies freilich ein Fehler. Und es tat das die vierte Stufe auch gar nicht einseitig und aufrichtig, um damit die Gleichberechtigung der Billigkeit nun anzuerkennen, sie wies ihr damit gleichzeitig ein Ghetto zu.

Deshalb mußte diese Sonderung beim Übergang von der vierten Stufe zu der fünften fallen. Die Bedeutung der vierten Stufe war, daß sie das bis dahin Außerordentliche und Nebensächliche allmählich fest als Ordentliches und Hauptsächliches etabliert. Doch sind in England die Spuren und nachteiligen Nachwirkungen der veralteten Sondersystematisierung der Billigkeit noch nicht verschwunden.

Wenn heute noch meist die Lehrbücher, selbst in Deutschland, von einer Gleichberechtigung des Strengrechts und billigen Rechts oder gar des Rechts und der Billigkeit reden, so ist das eine verfehlte Wendung und Vorstellung, die aus der vierten Stufe her verblieben ist und viel Schaden anrichtet. In Wirklichkeit ist heute die Billigkeit das Recht. Das darf der Jurist nie vergessen, und das muß dem Volk eingeprägt werden. Sonst kann ein Vertrauen des Volkes zum Recht nicht gedeihen. Sonst kann die Rechtsfremdheit des Volkes in dem Grade, wie es doch möglich ist, nicht überwunden werden.

7. Nun ist das Strengrecht, das ius strictum, bis heute nicht ausgerottet, und es wird wohl nicht ausgerottet werden, solange Rechtsordnung überhaupt existiert. Strengrecht, das wir nicht entbehren können, ist z. B. das Wechselrecht. Soweit ist also das Prinzip und Bestehen einer doppelten Rechtsordnung aus Strengrecht und Billigkeitsordnung ewig, wenigstens noch für den Höchstkapitalismus.[8]

---

[8] Wie sich das Verhältnis im Sozialismus gestalten wird, steht zur Debatte. Manche Sozialisten nehmen eine noch weitere Stufe an, auf der alles Strengrecht überhaupt verschwindet und die Rechtsordnung reines Billigkeitsrecht wird. Wie sie im Anfang reines Strengrecht war.

Aber die Formulierung ist doch in der Form eine veraltete. Wir müssen sagen: eine Rechtsordnung, die Billigkeitsordnung, mit darin verbliebenem Strengrechtsrudiment. Manches, vieles von dem letzteren Bestande könnte und wird vielleicht sogar noch wegfallen, so gerade auch möglicherweise der vornehmste der noch übrigen Repräsentanten des Strengrechts in unserer modernen Welt, das Wechselrecht, wenn eine sozialistische Gesellschaftsordnung schulgerecht nach den Gedanken des Kommunismus durchgeführt würde.[9] Gleichwohl ist kaum anzunehmen, daß alles Strengrecht überhaupt verschwinden werde.[10] Nur ist die Entwicklungslinie so, daß bei fortschreitender Kultur das Billigkeitsrecht vordringt und das Strengrecht immer mehr zurücktritt.[11]

Das Ergebnis aber ist: die Billigkeit herrscht als Recht, sie ist das Recht, und von dem Strengrecht macht sie nur als von einem Instrument zu bestimmten Zwecken ihren Gebrauch. Es ist also das die wichtige Entwicklung: das Strengrecht wird aus dem Herrn der Rechtsordnung (Le Droit c'est moi! sprechend) zu einem Mittel der Rechtsordnung: die Instrumentalisierung des Strengrechts.

8. Wenn man nach der Quelle des Billigkeitsrechts fragt, so ist es eigentümlich zu sehen, in welchem Gegensatz die populäre Meinung zu der faktischen und historischen Wahrheit steht. Diese Meinung sieht die unentwegten Träger starren Strengrechts in den Juristen und nimmt das gar als ihren Beruf, und alles Heil der Billigkeit komme aus der unbefangenen und wohlwollenden Seele des Volkes. In bemerkenswerter Paradoxie meint und will diese Auffassung den Juristen als den Träger der Billigkeitslosigkeit, als den sie ihn gleichzeitig moralisch verwirft. Diese Paradoxie ist ja nun im wesentlichen nur eine Unklarheit der Nichtrechtskenner über die Juristen und über sich selbst. Tatsächlich ist nicht das Billigkeitsrecht Volksrecht und das Strengrecht Juristenrecht.

Tatsächlich weiß der Mann aus dem Volke, vor die Aufgabe einer Rechtsentscheidung gestellt, diese gewöhnlich nur höchstens mit gleicher Fähigkeit im Sinne schöner und zweckvoller Billigkeit zu lösen wie der Jurist.

[9] Vgl. Bebel: Die Frau und der Sozialismus.

[10] Vielfach wird gegen den Sozialismus eingewandt, daß er des Strengrechts zuviel einzuführen drohe. Die Stichhaltigkeit dieses Einwands ist hier nicht zu erörtern. Der Erörterung müßten auch noch Begriffsschärfungen vorausgehen. Jedoch beruht ganz sicher die sehr verbreitete Auffassung vom Sozialismus als einer neuen reinen Strengrechtsordnung („Zuchthausstaat"), also eines Rückfalls in Primitivismus, auf einer verkehrten, völlig unwissenden Vorstellung vom Marxismus, die sich bei vielen namhaften „Gelehrten" findet. Nur in älteren, unvollkommenen, theokratisierenden und (anderen) utopistischen Sozialismen gibt es solches; sie aber spielen keine Rolle.

[11] In welchen Verhältnissen dabei intellektuelle, moralische und wirtschaftliche Faktoren (Reichtumssteigerung! Produktionssteigerung!) zusammenwirken, könnte noch mehr als bisher geklärt werden.

Meist nur dann, wenn die Jurisprudenz oder Gesetzgebung einen Fehler gemacht hat, zeigt sich die billigkeitsfindende Überlegenheit des Nichtjuristen. Es ist also wesentlich nur eine epikritische Fähigkeit; das Klügersein dessen, der vom Rathaus kommt, gegenüber dem, der erst hingeht. Und auch dann versagt sie öfter, als sie wirkt.

Noch weit schärfer beleuchtet sich diese Unrichtigkeit der Inanspruchnahme des Billigkeitsrechts als Volksrecht beim Blick auf die Geschichte. Die Rechtsgeschichte ist Geschichte der Billigkeit, wie es die vorangehenden Ausführungen ergeben haben. Die Rechtsgeschichte aber ist doch eben ganz wesentlich von den Juristen gemacht. Wie die Entwicklung des Hauses von den Architekten und des Schuhs von den Schuhmachern. (Die Kleider und Schneider, die dem Recht und Juristen fast näher stehen als Hausbauer und Schuhmacher, nicht zu vergessen). Das Billigkeitsrecht ist in Wirklichkeit Juristenrecht.

Die entgegengesetzte, unrichtige Vorstellung beruht nicht nur auf urwüchsig populärer Selbsttäuschung allein: früh am Anfang seiner Schulbildung, als Gymnasiast, lernt der Jurist, daß in Rom dem Rechtsbrecher, der vom Richter nach dem Gesetz verurteilt war, die Berufung an das Volk, provocatio ad populum freistand; das Volk als Gnadenträger erscheint so im Lichte der Barmherzigkeit und der höheren Weisheit. Aber dies ist eben, mehr als je eine andere, gerade die Ausnahme, die die Regel bestätigt. Diese Funktion höherer Rechtsvernunft des Volkes bleibt sehr allein. Zudem ist zwar die Gnade allerdings ein wesentlicher Ausdruck der Billigkeitsidee, steht aber und stand namentlich in allen früheren Zeiten, eben bis auf die jüngste Gegenwart, als etwas Besonderes außerhalb ihrer.[12]

Später hört man wenig von wirklich billigkeitsschöpferischer Volksweisheit. Erst die Kaufmanns- und Gewerbegerichte könnten wieder in Betracht kommen. Doch auch da tun das meiste die Juristen. Volkssinn in der Rechtsbildung schafft eher neue Rechtsinstitute als neue Billigkeit. Porzia (Shakespeares) ist eine Märchengestalt, man vergesse es nicht. Und ihre Billigkeit ist ja auch eine arge.

Es bleibt dabei, die Rechtsgeschichte der Billigkeit ist gemacht von den Juristen. Sie sind schließlich doch die besseren Christen gewesen. Und solange das Volk allein arbeitete, wollte das Recht gar nicht aus dem Zustand des reinen Strengrechts herauskommen. Das freiere Recht, das Billigkeitsrecht kommt erst mit den ersten Keimen des Juristentums. Namentlich wenn es als solches sich vom Priestertum loslöst. Das Priesterrecht kommt ja nicht ganz so schwer vom Strengrecht los wie das Volksrecht. Aber

[12] Daß sie diese Besonderheit gerade jetzt stark eingebüßt hat, beruht auf modernsten Erörterungen der Billigkeitsidee, die auch auf dem Boden des Strafrechts Fortschritte macht und gerade die bisher einzelstehende Begnadigung sich mehr oder minder einverleibt.

doch schwerer als das Recht der Juristen. Die Arbeitsteilung macht sich geltend gerade in der Leistung des Billigkeitsrechts. Da genügt der Theolog der (juristischen) Aufgabe nicht mehr. Es braucht den Juristen. Wenn vom Rechte, das mit uns geboren ist, die Rede ist, so ist zu sagen, daß es mit den Juristen geboren ist.

9. Die wahre Finderin des Billigkeitsrechts ist die Wissenschaft. Zuerst in ihrer Gestalt als Praxis, und mehr und mehr auch in der Theorie. Finden des Billigkeitsrechts ist ihre eigentliche Aufgabe. Modernes Recht ist Wissenschaftsrecht, weil und sofern es Billigkeitsrecht, freies Recht ist.[13] Und wir brauchen heutzutage so viel Wissenschaft, weil wir so viel Billigkeit brauchen.

10. Auch die Wissenschaft des Rechts rechtfertigt sich aus der Billigkeit.

Ein wichtiger Faktor, aus dem das Billigkeitsrecht hervorgeht, ist endlich der Staat. Erst da die amorphe Volksmasse zum Staat konsolidiert, kommt das Billigkeitsrecht. Der entstehende Staat gründet sich sehr wesentlich, ja ganz besonders auf Billigkeitsrecht. Er ist Billigkeitsorganisation, was das staatlich amorphe Vorstadium, die Volksgemeinde, nicht zu sein vermochte und wagte. (Im einzelnen ist hier natürlich sehr vieles modifiziert.)

Das Billigkeitsrecht entspringt aus durchgeführter, zu dauerndem Wirken organisierter und zu regulärem Dienst entwickelter Zentralverwaltung. Es ist staatliches Recht; es ist Amtsrecht — ius honorarium.[14]

Die Volksgerichte besitzen weder die Gewandtheit, noch die systematische Übersicht ihres eigenen Rechtsdenkens und -schaffens, noch die Autorität, um neues Recht in merkbarem Maß einführen zu können; auch dann noch kaum, als an Stelle der Vollversammlungen der Gemeinde Urteiler-Ausschüsse getreten sind. Sind diese weniger schwerfällig, so mißtraut ihnen nur, als Einzelnen, der Bauer und nagelt sie aufs Herkommen fest. Aufs „alte gute Recht", aufs common law. Soweit er dieses nicht vergessen hat: im Rechtsirrtum öffnet sich so neues Recht.

So wenig nur wie die fränkischen Rachineburgen und deutschen Schöffen, die englischen jurors, die attischen Heliasten hat selbst der römische iudex (in Gestalt von Ausschüssen der Centum viri und Decem viri entscheidend) das Recht erneuert. Auch entsteht durch das Auftreten des Billigkeitsrechts neben dem alten starren Volksrecht, da dieses — offiziell immer als feste

[13] Sternberg: Einführung in die Rechtswissenschaft I, 1912/1920, 27.

[14] Das Billigkeitsrecht, das dem altgeheiligten ius Quiritium adiuvandi, corrigendi, supplendi causa gegenüberzutreten sich unterfangen darf, erfließt aus den Stellen, denen das römische Volk seine Gesamtangelegenheiten anvertraut hat. Auch die Anerkennung rechtschöpferischer Kraft, die man dem englischen Gericht so viel deutlicher als den kontinentalen zugebilligt hat, hängt damit zusammen, daß es wie die Prätur Zentralgericht, Reichsgericht ist.

Grundlage des nationalen Rechtes, als das ius civile, als das common law geltend — gesetzgeberisch nicht beseitigt werden kann, eine doppelte Rechtsordnung, und die Konflikte, die davon entstehen, zu schlichten hat selbstverständlich nur Zentralgewalt, Staatsgewalt, die erforderliche Macht; das Volksrecht und Volksgericht, das sich nur auf Intelligenz, Autorität und guten Willen einer Gemeinde stützen kann, versagt da.

11. Die Kontinuität sozialtechnischer Tätigkeit, die in den zentralen Amtsstellen, neben der Auswahl der Besten aus dem ganzen Lande, die erforderliche geistige Tüchtigkeit, Schulung, Methodik erzeugt, beruht nicht in erster Linie in ihrer Justiztätigkeit, sondern darin, daß sie eine laufende Verwaltung führen, von der gerade bei ihnen die Justiztätigkeit zuerst nur ein Anhängsel ist. Durch ihre Verwaltungstätigkeit lernen sie die Fragen, die der Gerichtstag zwar regelmäßig, aber in abrupto bringt, prinzipiell und unter rationellem Gesichtspunkt des Gemeinwohls erfassen.[15] Nicht damals nur; immer wieder hat das Billigkeitsrecht aus der Verwaltung sich Licht und Kraft geholt, die Werte der höheren, spezialisierenden wie von hoher Warte verallgemeinernden Zweckmäßigkeit.

Beim Entstehen des Billigkeitsrechts werden somit seine Gaben sein: Eindringen der Verwaltungsroutine und Konsequenz in das Recht.[16] Systematik und allgemeine Gültigkeit für den Staat: das Billigkeitsrecht ist in erhöhtem Maße objektives Recht. Damit erscheint denn auch rationale Rechtswissenschaft, während die Rechtswissenschaft unter Allein- und Vorherrschaft des strengen Rechts mehr bloß deskriptiv-feststellend, traditionalistisch-historisch gewesen ist. Damit erst kommt sie (wie man auch in unseren Tagen wieder sieht) wirklich zu sich selbst. Das Strengrecht erzeugte eine falsche Idee der Rechtswissenschaft, eine primitive. Die Aufgabe der Rechtswissenschaft ist nicht, exakt zu sein, sondern schöpferisch.

Das Amt, die Zentralbehörde der Staatsverwaltung, von der das Billigkeitsrecht erfloß, war in Rom der Prätor (neben ihm für Marktsachen der Ädil, für gewisse mehr nebensächliche Dinge der Quästor), in England des Königs Kanzler.

12. Daß alsdann die Wissenschaft an der Schöpfung des Billigkeitsrechts ihren Anteil hat, wurde oben bemerkt. Sie hat schließlich den hauptsächlichen. Wie hätte dies gerade in Rom anders sein sollen? Schöpften wir doch bis auf die jüngste Zeit unsere Kenntnis von der Erarbeitung von Billigkeits-

[15] Unter ähnlichem Gesichtspunkt hat man die Kaufmanns- und Gewerbegerichte den Gemeinden zugewiesen, die dann den Vorsitz städtischen Verwaltungsbeamten übertragen, was im Sinn des Billigkeitsrechts gedacht war und sich so auch vollkommen bewährt hat.

[16] Die mit Hilfe zugleich des Verwaltungszwanges u. a. den Prozeß verbessert, was sehr wichtig ist. Endloser Prozeß kommt nicht leicht auf bei Billigkeitsgerichten, die nicht lediglich mit reinen Juristen besetzt sind.

recht vor allem aus der römischen Rechtswissenschaft. Wichtig, wie nun selbst diese als schöpferisch und kühn vor allen anderen — mit Recht oder Unrecht, aber sie konnte doch jedenfalls in dieser Geltung stehen — angesehene Wissenschaft jene Verschämtheit und Erschleichung bei der Herstellung neuen billigen Rechts geübt hat. Viel zaghafter darin als der Prätor —immer bis heute der Fehler der Wissenschaft, die doch frei sein soll. Die es doch nicht nötig hat.

Keineswegs machte die Zeit der römischen klassischen Juristen dem altnationalen Rechte bloß zeremonielle Reverenz, sondern sie arbeitete noch praktisch mit ihm. So manche spezifisch römische Formen wurden erhalten oder wiederbelebt; die quasiromantische Strömung des Romanismus, die zeitweise in Reaktion gegen den Hellenismus einsetzte,[17] tat dazu das Ihrige. Die kommentatorische Tätigkeit der Klassiker und noch ihrer Nachfolger beschränkte sich nicht auf das prätorische (ädilizische) Edikt, sondern auch die XII Tafeln wurden nach wie vor häufig und eingehend kommentiert.

Ein Dualismus des Strengrechts- und Billigkeitsrechtssystems besteht also immerhin und läßt das Bild eines im Billigkeitsprinzip rein aufgegangenen modernistischen Rechtssystems nie zustande kommen. Es bleiben zwei der Quelle nach getrennte und unterschiedene Rechtssysteme. Und dieser systematische Dualismus oder „Systemdualismus" zeigt auch deutliche Ansätze zu dem, was Organ-Dualismus des Strengrechts und Billigkeitsrechts genannt sei, nämlich Verkörperung des Dualismus in gesonderten Organen der Emanation. Das Strengrecht, das ius civile, wird nicht nur von einer pietätvollen Wissenschaft als eigenes Rechtssystem gepflegt, es wird auch von der Gesetzgebung noch weiter behandelt. Schon das sichert ihm organisches Leben in Gesellschaft und Staat. Überdies jedoch finden sich für beide Systeme zeitweise gesonderte Gerichte, noch verstärkt in der Zeit, als die Sondergerichtsbarkeit, die extraordinaria cognitio des Kaisers neben der ordentlichen Gerichtsbarkeit der Magistrate, dem ordo iudiciorum des prätorischen Geschworenengerichts wirkt. Schon vorher war bei dem Prätor der Fremdengerichtsbarkeit, dem praetor peregrinus, mehr und spezifischer Billigkeitsrecht zu finden gewesen als bei dem praetor urbanus.

13. Rom und England sind die klassischen Stätten der ursprünglichen Entwicklung des Billigkeitsrechts. Im fränkischen Reiche, von dem die Normannen und dadurch die Engländer lernten, schuf Amtsrecht der König mit seinem Protonotarius, Referendarius am Hof, mit den Missi und selbst mit den Grafen im Land. Die Reife systematischer Organisation und Kontinuität erreichte diese Emanation von Amtsrecht nicht.

---

[17] Wendland: Zeitalter des Hellenismus, 1907.

14. In Deutschland hinderte die Auszehrung der Zentralgewalt den Ausbau des Amtsrechtsapparates, und die Emanation zentralen Billigkeitsrechts versiegte. Für die Kraft und Entwicklung des Rechtsbewußtseins im Volk und für die gesamte Kultur des Volkes ein unermeßlicher Schade. Bis heute nicht gutgemacht. Und da das deutsche Recht nicht genug Billigkeit schuf, mußte man sie sich schließlich aus dem antiken holen.

15. Das Billigkeitsrecht bezeichnet eine Mutation[18] des gesamten Rechtswesens. Es bringt der Rechtsordnung seine — gewaltig regenerierenden — Vorzüge zu, die im vorigen und gegenwärtigen Abschnitt seiner Schilderung hervorgetreten sind und die hier noch einmal, in etwas konventionellerer Art, zusammengefaßt seien: ein praktikabler und, namentlich hinsichtlich der Belangbarkeit[19], rationalisierter Prozeß, eine unendlich gehobene Geschmeidigkeit, Gerechtigkeit und dabei Sicherheit des Rechts; diese drei Eigenschaften, in denen das unbeholfene Strengrecht nur Gegensätze sieht, die sich aneinander reiben und hoffnungslos hemmen und in ihrem Widerstreit das Recht kränken (so daß man schließlich am besten tue, sich der Sicherheit hinzugeben und ihrem Zorn die Geschmeidigkeit und Gerechtigkeit, wo immer pietätvoll, fromm zu opfern), diese alle drei sind gleichzeitig unendlich erhöht! Der scheinbar kindisch ungereimte Wunsch, der Gerechtigkeit, Geschmeidigkeit und Sicherheit gleichzeitig haben zu wollen, und ihr Bedürfnis, ihr Schrei danach hat sich erwiesen als erhabener Wunsch, und seine Verwirklichung wie bereits seine Konzeption als überlegenen, unbegriffenen Geistes geniale Tat. Takt, Geschmeidigkeit und Sicherheit des Rechts, Promptheit und Zuverlässigkeit des Rechtsgangs sind verstärkt ... da werden die Gegnerpaare auch in Zukunft in dem Gleichgewichte bleiben, das die Gerechtigkeit trägt.

Das die Form. Inhaltlich bringt das ursprüngliche Billigkeitsrecht nichts geringeres als die Umbildung des reinen Geschlechterrechts[20] in die ständische und dann in die bürgerliche Rechtsordnung. Es reformiert die Landbe-

---

[18] Ich übernehme den biologischen Begriff der Mutation in der durch Hugo de Vries begründeten Anwendung. Er nimmt an, daß durch die unendlich langsam wirkenden Mächte der Anpassung und Selektion und der Vererbung, wie Lamarck, Darwin sie lehren, die Fülle der zu unendlich verschiedenen Graden der Entwicklung gediehenen Lebensformen sich nicht erklären ließe und, mit guten Gründen, daß jede besondere Art der Wesen Perioden habe, in denen plötzliche überschießende Entwicklungsenergie ihre Eigenart fortentwickele, etwa so wie die Pubertät schnell fortentwickelnd und umbildend wirkt; solche Wandlung, die die gewöhnliche allmähliche unterbricht oder vielmehr unendlich intensiviert, nennt er Mutation. Sie schafft nach ihm recht eigentlich die neuen Arten der Wesen.

[19] Es gibt mehr Klagearten usw.

[20] Im Sinne Lorenz v. Steins (Rechtskultur der Sippen-Ordnung, des gentilizischen Stadiums der Gesellschaftskultur). Vgl. von Steins Werken namentlich Zukunft der Rechtswissenschaft in Deutschland, 1876. Dies Buch enthält eine glänzende Schilderung des Sippenrechts als Recht des Vor- und Frühmittelalterstadiums überhaupt.

sitzordnung im Sinne der Zulassung individuellen veräußerlichen Grundeigentums. Es gibt dem Mobiliarsachenrecht die Form, die es vergrößertem Verkehr dienlich macht. Es ermöglicht damit den Zustand der Kultur, in dem der Gebrauch von Erzeugnissen des Gewerbefleißes unentbehrliches Gemeingut aller ist. Es ermöglicht zugleich den Handel. Das besagt: es schafft ein durchgebildetes, für den Tag praktikables Obligationenrecht und anständiges Pfandrecht. Letzteres auch im Sinne der Landbesitzordnung. Es löst den starr allmächtigen und schwerfällig militärischen Agnatenverband der Sippe (gens, clan) auf[21], hebt und humanisiert, das kognatische Verwandtschafts- und Erbrechtssystem zur Geltung bringend, in den sich demilitarisierenden breiten Volksschichten die Familie und das Individuum, die Träger intensiver fruchtbringender friedlicher Gütererzeugung. Es bedeutet eine Stufe eminent höherer Gesittung. Es erscheint und hat sich durchzukämpfen anfangs als ein Frevel am Göttlichen. Doch es hat das Recht defetischisiert und vergöttlicht.

Es ist das Recht dicht gewordener Bevölkerung. Das Recht intensiver Produktion. Das Recht, in dem das nützliche Ergebnis (actiones utiles!) wichtiger geworden ist als die Vergeltung; in dem die Wirtschaft sich rühmt wider das Recht. Es nützt dem Individuum, der Persönlichkeit, ohne etwa, wie man irrig gemeint — oder besser: nur gesagt — hat, auf die Gesamtheit weniger Rücksicht zu nehmen als das strenge Recht. Im Gegenteil, die bürgerliche ist eine höhere, stärkere, intensivere, festere Gesellschaftsform als die feudalistische und gemeinbäuerliche und verdankt diese Qualität gerade dem Billigkeitsrecht, aus dem sie besteht. Oder das doch ihr Halt ist. Die Unzahl der Rechtsregeln, die eine solche intensivierte arbeitsteilige Gesellschaft und Kultur verlangt, ließe sich mit bloßen Strengrechtsregeln gar nicht herstellen. Das Billigkeitsrecht führt zum Rechtssystem. Das Billigkeitsrecht ist die Rechtswissenschaft. Es ist das Rechtsdenken. Es ist die Rechtsmethode.

16. Das Billigkeitsrecht begleitet den Übergang aus der feudalistischen in die arbeitsteilige kapitalistische Wirtschaft. Das Billigkeitsrecht ist endlich die erzieherische Vorstufe zu dem Güterecht, das beim Übergang des Kapitalismus in den Sozialismus entsteht; heute vor unseren Augen in der einst für unmöglich gehaltenen bedingten Verurteilung, im sovietrussischen[22] Erziehungsstrafvollzug, dem Konkursabwendungsrecht und allumfassendem Ausbau zivil(verwaltungs)prozessualen Güterechtsverfahrens entwickelt, von welch letzterem die freiwillige ebenso segens- wie arbeitsreiche Vermittlungs-Güte-Praxis der japanischen Staatsanwaltschaft innerhalb der bürgerlichen Kultur die schönste und fortgeschrittenste Blüte ist.

---

[21] Gleichwohl liegen die Sippen-Interessen keineswegs bloß im Kampf mit dem Billigkeitsrecht, benutzen es vielmehr und schaffen es oft gerade für sich.

[22] Anderwärts hier und da schwach nachgeahmten.

Der Witz im Recht*

Juristen sind als witzig bekannt, und man braucht sich vor der Idee nicht zu scheuen, der Jurist solle Witz haben. Auf alle Fälle innerlich. Der humorlose Jurist ist geradezu gefährlich, zumal wenn er als Richter zu entscheiden hat. Und auch wo es so weit, bis zu falscher Tat- und Rechtsauffassung infolge Humorlosigkeit, nicht geht: der grämliche Richter oder selbst Anwalt kann über die Sitzung eine Stimmung verbreiten, die sehr viel verderben, gerade auch dem Zweck der Ermittlung der Wahrheit schaden, ja ihn vereiteln und so die Unmittelbarkeit und Mündlichkeit der Verhandlung in ihrem Werte zunichte machen kann. Eine offenbar teilnehmende, aufmerksame, maßvolle Serenität des Richters und des Anwalts wird das Vertrauen zur Justiz sichern, das jeder Verhandlung nötig ist. Das innere Verständnis des Humors, der Situationen, Persönlichkeiten und der Grenzen der Macht der Einsicht und des Rechts stützt ihn dabei.

Wie weit der Jurist im Berufe sein Humorempfinden *äußern* soll, ist eine besondere Frage. Keine in Bezug auf den Theoretiker. Er könnte sich weit mehr des Witzes bedienen, als je geschieht. Ihm sind in der Benutzung des Witzes keine anderen Schranken gesetzt als die des Geschmacks. Witz, weil er harmlos, ist besser als giftige Polemik, in die juristische Meinungsverschiedenheit, wenn auch nicht so oft und wild wie in der Gottesgelahrtheit oder Politik, ausartet; sachlicher Witz ist besser und klärt die Dinge besser als persönlicher Angriff. Wenn man schon das argumentum ad hominem will, er urbanisiert das argumentum ad hominem. Ein Schriftsteller, der Humor hat, wird auch nicht, wie es leider sehr üblich ist, seiner Gegner Meinung in ihrer möglichsten Schwäche darstellen; oder gar unmöglichsten, indem er sie dazu noch verdreht; womit er sich doch aber nur selbst ein Armutszeugnis ausstellt. Prominenteste haben das getan; am schlimmsten wohl freilich kein Jurist, sondern ein Nationalökonom, Böhm-Bawerk, der freilich studierter Jurist war. Aber die Beispiele unter den reinen Juristen fehlten nicht. Wer sich stark fühlt, stellt die Meinung seines Gegners in ihrer denkbar stärksten Gestalt dar; möglichst stärker als jener selbst, und er widerlegt sie dann in all ihrer Kraft. Des Juristen Gewöhnung zu plädieren sollte ihn nicht dazu führen, die Meinung des Gegners zu schwärzen, sondern im Gegenteil, sie möglichst fair herauszuarbeiten. Wer humorlos ist, wird das

---

* Hogaku Kenkyu XVII (1938), S. 752 - 762 (als Vorwort zu einer Sammlung juristischer Anekdoten konzipiert).

freilich schwer können. All dies zeigt aber, daß die Verwendung des Witzes auch eine ethische Hilfe darstellt, nicht weniger als eine technische. Daher sollte aus beiden Gründen dem Witze in der Rechtswissenschaft mehr Raum gegeben werden, als man bisher dachte. Es gibt überall Lächerliches; auch im Rechtsleben und der Rechtswissenschaft kann durchaus nicht alles auf solchen Ernst Anspruch machen, daß es nur im Talar erhabner Würde behandelt werden müßte; eine humoristische Abfertigung wäre manchmal dienlicher. Es ist falsch, wenn man den Witz nur als reines Allotrion in die Isolierbaracken spezieller „Scherz und Ernst"-Werkchen stellt; auch für die Pedanten nutzlos, denn anstecken tut er so auch; und erst recht. Fast jede juristische Arbeit darf ruhig auch im Sinne des Witzes geistreich sein. Ein Allzuviel verbietet sich aus dem Wesen des Witzes von selbst. Das attische Salz hat bekanntlich die Eigenschaft, bei Massenaufstreuung dumm zu werden.

Dem Gebrauche des Witzes in der Praxis freilich stellen ethische Grenzen sich streng entgegen. Ein Teil von ihnen wird als Verbot der Ungebühr vor Gericht zu juristischen.

Die ethischen Schranken wider den Witz sind beim Anwalt sehr weit gezogen, und die Benutzung des Witzes, beim Theoretiker zu empfehlen, liegt ihm vielleicht sogar ob. Vielleicht kann mancher große oder kleine Anwalt mit dem reinen Ernst auslangen; doch wird es wohl der beste solche sich manches Mal ernst überlegen, ob er auf die Waffe der Ironie verzichten darf, auf die Möglichkeit, einer unrechtwollenden Partei ihre Lächerlichkeit zu Gemüte zu führen und sie so bei der Ehre zu packen, damit sie nachgibt. Der Anwalt wird in der Verwendung des Witzes sogar auf das Gebiet der Ungebühr vor Gericht sich wagen dürfen und im Interesse seines Schützlings sollen, wenn nämlich das Gericht sich ungebührlich benimmt; was denkbar ist. Ein gutgezielter Witz in Notwehrungebühr mag hie und da einen selbst der Ungebühr verfallenden Gerichtshof leichter zur Besinnung bringen als ein beschwerdedrohender Protest. Takt natürlich entscheidet hier über die Vermeidung von Klopffechterei. Der Takt des Anwalts muß dahin wirken, das in dem Richter etwas momentan erloschene Taktgefühl wieder wachzurufen.

Ganz anders steht es mit der Übung des Witzes durch den Richter. Hier sind die ethischen Schranken eng. Den Richter, der den Witz lieber ganz vermeidet, kann man nicht tadeln. Nur dann ist diese Zurückhaltung unangemessen, wenn der Richter nur mit Anwälten verhandelt; hier gilt über das Empfehlenswerte des Witzes dasselbe, was für den Theoretiker und den Anwalt ausgeführt ist.

Es gilt aber nicht in der gleichen Weise, d. h. nicht im gleichen Maße für den Verkehr des Richters mit Anwaltsvertretern, also Referendaren, Assessoren, weil diese in Abhängigkeit von ihm sind.

Denn der Grund, der dem Richter die Anwendung des Witzes verwehrt, ist eben nicht sowohl die Würde des Gerichts, die gerade, wo sie sich spreizt, die Verhandlung zur Farce macht — Satiriker nehmen das manchmal aufs Korn —, sondern es ist die Tatsache, daß der Richter Macht hat; Macht über die Partei; und damit wird der Witz leicht zur Vergewaltigung. Der Richter darf nur mit Behutsamkeit den Witz gegen die Partei kehren, die sich ganz und gar nicht so wie der Anwalt der gleichen Waffe gegen ihn bedienen kann. Im Verkehr mit der Partei darf der Witz dem Richter nicht überwiegend *Waffe* sein, sondern Mittel der *Pflege* kraft Anbahnung näherer menschlicher Verständigung. Der Witz als Mittel des Richters soll eine *Milde* sein und keine Grausamkeit. Diese wird der Witz besonders leicht im Munde des Staatsanwalts. Damit ist aber nicht gesagt, daß dem Anklagevertreter der Witz überhaupt versagt sein müsse. Denn auch ihm bietet er zur taktvollen und gebührend teilnehmenden Herstellung menschlichen Verständnisses mit Angeklagten, Zeugen, Sachverständigen Gelegenheit.

Grausamkeit durch Witz darf aber selbst dann nicht geübt werden, wenn der Mensch vor Gericht, gegen den dieselbe sich richtet, sich in seiner Tat als ein Verworfener gezeigt hat. Kriminalstrafe gehört nicht in den Prozeß. Auch hat der Richter nicht das Recht, mittels der Prozeßleitung oder der Sitzungspolizei auf diese Art arbiträre Ehrenstrafen zu verhängen. Auch ist bis zum Urteil die Tat und Verworfenheit nicht erwiesen. Nur prozessualen Ungezogenheiten der Prozeßvertreter darf der Richter wie mit jeder angemessenen Schärfe, so auch mit der des Witzes, gegenübertreten. Wenn die Schwere der Situation ihm nicht entgegensteht, etwa eine zu erwartende furchtbare Strafe oder herzbrechendes Elend der Angehörigen des Angeklagten bzw. des Verletzten oder des Angeklagten selbst.

Es kann aber die Milde, die hier als Rechtfertigungsgrund des Witzes im Munde des Richters gefordert wird, auch darin bestehen, daß eben der Richter den Witz gebraucht, um sich mit dem Prozeßbeteiligten auseinanderzusetzen. Da kann der Witz sehr fördernd, sehr erlösend sein.

Die Würde des Gerichts? Von ihr soll jetzt ausführlich gesprochen werden. Von der Achtung, die für den Beruf des Anwalts erforderlich ist, und von der Würde des Menschen vor Gericht, die das Gericht nicht zerbrechen darf, nicht zu schweigen.

„Unsere ernste Kunst" hat *Gustav Radbruch* die Rechtspflege genannt; in der Rede, mit der er sich als Minister den Mitgliedern des höchsten Justizverwaltungsamtes der Deutschen Republik vorstellte.

Wir alle wissen, wie ernst sie ist. Wie viel ernster mit den höheren Forderungen, die jedes Jahr an sie herantreten, den größeren Schwierigkeiten, mit denen sie Tag für Tag kämpfen muß, um diese zu bewältigen. Dieser Ernst gibt uns die Würde, die wir beanspruchen und immer mehr in uns heben müssen.

Aber wir wissen auch, wie viel menschliche Schwäche in allem Wesen der Justiz beteiligt ist. Menschliche Schwäche ist es ja, die zu all' unserem Tun als Juristen den Anlaß gibt, mit jedem Fall als Lebens- und Schicksalsmonade vor uns tritt und unsere Hilfe und unsere Strenge heischt. Menschliche Schwäche, wie vor dem Gericht so auch im Gerichte. Menschliche Schwäche, da sie Menschen sind, und sein müssen, in den Richtern. Ja auch die, die vom Katheder oder im Sachwalterberuf vor Gericht den Richtern vorhalten, wie das Recht wahrhaftig sein sollte, sollen menschlicher Schwäche fähig sein.

All das dürfen wir nie vergessen; nur so können wir die Verantwortlichkeit, die uns vor allem obliegt, erlangen und immer neu in uns gründen.

Im ganzen ist die Rechtspflege ein *tragisches* Geschäft. Wie in der Musik fehlt der tragische Klang nie ganz. Hier erscheint das Wort: „Pectus Iurisconsultum facit". Wo, wenn auch noch so flüchtig und leicht, uns immer der Menschheit Jammer und Elend anfaßt, und immer der Menschheit ganzer Jammer im Hintergrund.

Wie aber die menschliche Schwäche den Kern der furchbaren Tragik Shakespeares bildet — Shakespeares, der das Recht so oft vor sein Forum gezogen hat —, so auch der befreienden Komik Molières. Er wie jener ist Dramatiker der menschlichen Schwäche, mit der wir in unserem Beruf zu tun haben; die west und agiert in jedem kleinen und großen Drama, das täglich uns anruft. Die Schwäche vor und in uns. Uns anruft nicht aber nur in der Tragik des unvermeidlichen Kampfes ums Recht, des bislang unentrinnbaren, noch nie ausgekämpften, sondern auch in der Komik des unklug unzulänglichen, in seiner Schwäche Eifer lächerlichen, sich karikierenden Rechtsbewußtseins.

Und ein gutes, gutes Hilfsmittel ist diese Komik, uns der Schwäche in uns, in unserem pectus iurisconsulti bewußt zu werden; was denn unser Größtes, Nötigstes, das Verantwortungsbewußtsein wachhält. Und was aus seinem Teile uns hilft, die menschliche Schwäche der Menschen, die sie vor die Schranken des Gerichts führt, freundlich anzusehen. Der Rechtsuchende, und gerade auch der Sünder, er, der sein Recht im falschen Sinne sucht (aber nicht *nur* im falschen Sinne, weil er nämlich mit Recht Schutz vor Rache suchen darf und soll in der Gerechtigkeit), muß die Freundlichkeit des Richters spüren. Er muß spüren, daß nicht nur sein Anwalt, sondern daß gerade auch der Richter sein Freund ist, sein besseres Selbst. Der denn auch den Sünder leitet, sein Recht im rechten Sinne zu suchen. Mag diese Wertgebung des officium iudicis, beneficium iudicis, daß der Richter des Rechtssuchenden Freund sein sollte auf dem Stückchen Lebensweg, das sie zusammenführt, wie der Arzt, der Lehrer, manchem zu sentimental erscheinen, übertrieben idealistisch, verstiegen, irreal. Jedenfalls wohl darf der Richter keines Rechtsuchenden, keines vor ihm Erscheinenden *Feind* sein. Feindschaft muß vor allen Dingen der Richter in sich unterdrücken. Wenn irgendeiner, muß er erhaben über alle Feindschaft sein. Leider aber finden wir Menschenverachtung und Menschenfeindschaft bei so manchen Juristen.

Die Komik des Rechts, der Humor im Recht, die reinigende und läuternde Macht des Humors mag dem Juristen helfen, im oft verdrießlichen Ernst abstoßender Tagesgeschäfte sich, vorbeugend, vor der Entwicklung der Menschenverachtung, des zynischen oder melancholisch hilflosen Abscheus und Ekels am Rechtsleben — da es so sehr Unrechtsleben ist — zu schützen.

Freilich ist das Mittel auch nicht ohne Gefahr. Fern, es kritiklos anzupreisen. Jedes Mittel ist heilsam nur in der Hand des Verständigen. Trivial genug. Die Einstellung auf das Komische, der Humor im Rechtsleben kann auch schaden, nämlich die Gleichgültigkeit und die Oberflächlichkeit züchten, die in ihrer Art des Zynismus und in ihrer Art der Menschenverachtung noch geringwertiger sein kann als der Abscheu, der doch immerhin ein Gefühl ist. Wer gegen Menschenverachtung im Ergebnis seines Verkehrs mit den Menschen vor Gericht sich nicht immun zu machen vermag — er sollte eigentlich nicht Richter sein —, der mag durch die Komik des Justizerlebnisses, seiner Schuldigen und Opfer, doch lernen, die Menschen zu verachten wie Anatole Frances' Abbé Coignard, der „les méprisait avec tendresse".

Was das Ästhetische über den Menschen, zur Erziehung des Menschen vermag, muß dem Juristen werden, da kein Mittel zu seiner Höherbildung fehlen darf. Aber wir treffen leider bei Juristen häufig eine in Hinsicht auf ihren Beruf negative Wirkung des Ästhetischen an, das ihn seinem Beruf, wenn er diesem innerlich fremd geblieben ist, nur in Geist und Gemüt noch mehr entfremdet. Das Ästhetische dient ihm dann gegenüber dem Juristischen, das ihm aufgezwungen oder infolge zu weniger (er glaubt meist: zu vieler) Vertiefung in das Rechtsleben verleidet ist, zum Trost oder zur Ablenkung. Er läßt in vermeintlich menschlich nötiger Scheidung das Ästhetische auf seine Persönlichkeit als Jurist nicht einwirken und wird als Mensch Ästhet.

Das ist nicht gerade schön. Das ist nicht würdig. Nicht für das Ästhetische und nicht für das Juristische. Es ist dafür zu sorgen, daß die ästhetische Bildung des Juristen seine juristische berührt. Nicht nur formal, so daß er als ästhetisch erzogener Mensch, als schöne Seele im Sinne Schillers, wie allen Dingen, so eben auch den Aufgaben und der Anschauung des Rechts verfeinert gegenübersteht — nicht bloß als allgemein kultivierter Geist — (so sehr auch allgemeine Kultiviertheit für den Juristen zu schätzen und nötig ist), sondern auch materiell, direkt.

Das mag schwer sein, denn es ist noch nicht sehr viel darin geleistet. Besonders in Deutschland, wo nach 1900 außer dem unvermeidlich angeschwollenen Rechtsstoff auch noch unnötigerweise ein übertriebener dogmatischer Drill die Kultur allgemeiner Bildung dem studierenden Rechtsbeflissenen überhaupt genommen hat, sich dazu die Wege mehr als je verbaut. In Japan besteht glücklicherweise dieses erziehungsschädliche Übermaß der „praktischen" Übung noch nicht. Den hochentwickelten ästhetischen Sinn dieser Nation der direkten Einwirkung in den Geist seiner Rechtspfleger zuzuleiten bleibt eine schöne und lösbare Aufgabe.

Einer der Wege neben dem anderen, vorzüglichsten, nämlich der Lektüre der großen Roman- und dramatischen Literatur, und in ihr besonders der der Rechtsprobleme (doch nicht des Detektivromans und -films) wie Kleists Michael Kohlhaas, Der zerbrochene Krug, Brieuxs La Robe Rouge, Dickens' Bleakhouse, Pickwick Papers, Little Dorrit, einer neuesten österreichischen Schriftstellerin „Obergerichtsrat Weyer", Victor Hugos Schilderung des Staatsanwalts Tholomyès in Les Misérables und Anatole Frances Les Juges Intègres, Franzos' Ein Kampf ums Recht, Jakob Wassermanns Der Fall Mauritius und Etzel Andergast, Ottwalds Denn sie wissen, was sie tun, ist — ein guter und leichter Weg — der Juristische Witz.

Allzuleichter? und insbesondere auch allzuleicht, um als zum Ästhetischen überhaupt gehörig anzusehen zu sein? Um ästhetisch wirksam zu sein? Es kommt darauf an. Der Witz muß danach sein und sein Gebrauch.

Krieg führt der Witz auf ewig mit dem Schönen? Gewiß. Aber unser moderner Begriff des Ästhetischen, der Kunst, ist längst, sollte sein schon seit Friedrich Schlegel, über die gewiß herrliche Enge des Schönen hinaus. Längst ist er, auch wieder der Eigenbedeutung des Wortes entsprechend, das *Eindrucksvolle*. Und der Witz muß mit dem Schönen Krieg führen, als Teil des Ästhetischen und damit des Schönen selbst; denn er hängt ja dem Schönen an als sein Satyrspiel; so ist er das Schöne und nicht das Schöne, sondern ... eben der Witz. Er ist der Vermittler zwischen dem Schönen und unserer nichtschönen Menschlichkeit. Die Rechtspflege ist mit dieser vor allem beschäftigt, da dieses ihr Gebiet. So soll sie auch diesen Vermittler nicht verschmähen. Er ist ja Vermittler nicht nur zum Schönen, sondern auch zum Guten. Im Witz erhebt sich wider die menschliche Schwäche das nichtschön Menschliche, die Anklage gemischt mit dem Verzeihen. Dies möglich, ermöglicht im Witz durch die Enge, Kleinheit, weil der Witz ein Enges, Kleines ist. Der Witz ist dadurch etwas ganz Großes; er ist die Anklage, welche zugleich Verzeihung ist.

Der Witz ist das Recht und die Gnade. Der Witz ist unser Kollege, denn aller Witz ist Richter. Und er ist, weil ihm die Gnade verliehen, im gewissen Sinne der höhere Richter. Zur Gnade zuständig, souverän. Er ist die unendlich heitere, doch in der Heiterkeit auf den Ernst hinweisende und es uns erleichternde Mannigfaltigkeit des: „Richtet (nicht), daß ihr nicht gerichtet werdet."

Er glaubt nicht an den Engel und an den Gott? Nein, er glaubt nicht, denn er ist der Witz. Aber er weist auf den Glauben hin; drängt auf ihn zu. Freilich, wenn er schlecht ist, enthält und erzeugt er die Gemütlosigkeit und Herzenskälte. Aber wenn er gut ist — er mag noch so böse sein; wer sein Kind liebt, der züchtigt es —, wenn der Witz gut ist, lächelt durch seine Bosheit die Güte, die weiß, sich bewußt bleibt, daß wir alle nur Menschen sind. Sich dessen bewußt bleibt auch in der göttlichsten Sendung. „Nur" Menschen? Menschen in Demut und in Stolz. Das Lachen ist dem Menschen gegeben; keinem Tier. Warum hat er es? Damit die Menschheit sich gegen übeltätigen Angriff auch anders zu wehren wisse als mit dem in Angst und Wut geschwungenen Schwert. Das Lachen, der Humor ist tapfer und besonnen; Humorlosigkeit ist ungebändigte Angst.

Der Juristen-Witz ist schädlich oder heilsam je nach Gehalt und Gebrauch; schädlich, wenn er gebraucht wird zum bloßen Witzeln entweder oder zum falschen Sicherheben über die Dinge, selbstgenügsam, selbstzufrieden, als neue erbärmliche Schwungkraft zum Sichüberheben; gut, wenn er gebraucht wird als Hilfsmittel zum schärfsten Richten, das der Jurist zu vollziehen hat, zur Selbstkritik. Selbstkritik macht den Juristen ... wie freilich den Menschen überhaupt. Das Juristische und das Menschliche treffen hier zusammen. Witz, der Schalknarr, ist ernster Mahner zur Selbstkritik. Kleid und Amt bestimmen uns zur Weisheit. Gegenwärtig soll er uns halten, wie leicht wir doch alle arme Narren sind. Und daß wir das um unserer Schutzbefohlenen willen, um der Rechtsuchenden willen nicht sein dürfen.

Aber der Juristenwitz ist nicht nur für den Juristen, sondern für alle. Nicht bloß deshalb, weil unter allen Berufen auch der Juristenstand doch wenigstens soviel Interesse und Teilnahme aller Mitmenschen beanspruchen darf, daß man ihm doch immerhin seinen Anteil des Spottes gönnt. Mögen wir böse Christen, unsympathische, uninteressante, trockene Leute sein, ... sollen wir so verdammt sein, so einsam, daß wir nicht einmal auf dem großen allgemeinen menschlichen Narrenschiff unseren Platz haben?

Wir sind in exponierter Stellung, d. h. wir sollen kritisiert werden. Wozu ist sonst die Öffentlichkeit der Rechtspflege, dies teure Gut? Wir wollen es: gründlich, wachsamst kritisiert werden. Zum Besten der Rechtspflege soll die Kritik an uns nicht weniger wachsam sein als wir selbst. Aber neben aller Strenge der Kritik an uns, die wir beanspruchen, dürfen wir auch wohl gelegentlich die Milde genießen, die der Witz ist.

Wir wünschen von den Menschen, daß sie unsere menschliche Schwäche nicht nur angreifen in des wirklich oder vermeintlich Rechtsgekränkten schwerer Verärgerung — was ein wenig ungerecht ist, weil wir ja doch nur schwache Menschen sind —, sondern manchmal mit Lachen. In welchem sie sich sagen, daß wir *auch* Menschen sind.